全国普通高等院校
信息管理与信息系统专业规划教材

信息系统运维服务管理

符长青 符晓勤 符晓兰 编著

清华大学出版社
北京

内 容 简 介

针对信息化建设及培养信息时代高级人才、创新型人才和复合型人才的需要,本书系统全面地介绍信息系统运维服务管理的主要内容和知识体系。全书共分10章,主要内容包括与信息化和管理相关的基本概念、信息技术服务和运维服务管理概述、信息技术治理和信息技术服务标准、信息技术基础架构库、中国的信息技术服务标准、信息系统运维服务的招标与投标、信息系统运维服务的组织机构、信息系统运维服务的用户需求分析和管理、信息系统运维服务的规划设计、信息系统运维服务的管理流程,在每一章最后都给出了该章的小结和习题。

本书取材来源于信息系统运维服务管理实践,取材新颖、内容丰富、概念清楚易懂,具有很强的可操作性,既可作为高等院校相关专业大学生的专业基础课程教材,也可作为相关专业研究生、MBA及从事信息化管理和组织工作的政府公务员的培训教材,还可作为公司经理和企业信息主管(CIO)日常工作的参考手册以及计算机专业教师的教学和工作参考书,对于希望全面了解信息系统运维服务管理知识的各类读者,本书也是一本较好的参考读物。

本书封面贴有清华大学出版社防伪标签,无标签者不得销售。
版权所有,侵权必究。举报:010-62782989,beiqinquan@tup.tsinghua.edu.cn。

图书在版编目(CIP)数据

信息系统运维服务管理/符长青,符晓勤,符晓兰编著. --北京:清华大学出版社,2015(2022.8重印)
全国普通高等院校信息管理与信息系统专业规划教材
ISBN 978-7-302-39506-5

Ⅰ.①信… Ⅱ.①符… ②符… ③符… Ⅲ.①信息系统-系统管理-高等学校-教材 Ⅳ.①G202

中国版本图书馆CIP数据核字(2015)第036951号

责任编辑:白立军　王冰飞
封面设计:常雪影
责任校对:时翠兰
责任印制:丛怀宇

出版发行:清华大学出版社
网　　址:http://www.tup.com.cn,http://www.wqbook.com
地　　址:北京清华大学学研大厦A座　　　邮　　编:100084
社 总 机:010-83470000　　　　　　　　邮　　购:010-62786544
投稿与读者服务:010-62776969,c-service@tup.tsinghua.edu.cn
质量反馈:010-62772015,zhiliang@tup.tsinghua.edu.cn
课件下载:http://www.tup.com.cn,010-83470236

印 装 者:三河市龙大印装有限公司
经　　销:全国新华书店
开　　本:185mm×260mm　　　印　张:21.5　　　字　数:525千字
版　　次:2015年9月第1版　　　　　　　　印　次:2022年8月第5次印刷
定　　价:59.00元

产品编号:063219-02

前　言

　　信息系统运维服务管理是时下IT业界最热门的话题之一，它是一个随着信息技术的深入应用而产生的新课题，受到人们越来越多的关注和重视。随着信息时代的来临和信息技术产业的飞速发展并成为支柱产业，企业信息系统的规模越来越大，复杂程度和重要性越来越高，信息系统的特点也发生了巨大变化。许多在工业时代制造业经济下建立的管理方法到了信息时代已经不再适用。在信息时代的知识经济环境下，业务的独特性取代了重复性过程，信息本身也是动态的、不断变化的，灵活性成了新时代新秩序的代名词。在企业信息化过程中，现代信息技术服务管理为实现这种灵活性提供了关键手段。

　　信息技术服务是供方（服务提供商）为需方（客户）提供开发、应用信息技术的服务，以及供方以信息技术为手段提供支持需方业务活动的服务，它常见的服务形态有信息技术咨询服务、设计与开发服务、信息系统集成实施服务、运维服务、数据处理和存储服务、运营服务、数字内容服务、呼叫中心服务及其他信息技术服务，其中，信息系统运维服务管理是信息技术服务管理的核心和重点部分，也是内容最多、最繁杂的部分。

　　信息系统运维服务管理理论来自于运维服务的工作实践，它最强调的是人员、流程和技术三大要素的有机结合，只要把信息系统运维服务管理当作一个整体系统，重视人员、流程、服务、工具之间的整体规划与动态协调，就能促进信息系统运维服务管理体系的和谐运行，最大限度地利用各种资源，大幅度提高信息系统的工作效率。随着信息系统运维服务管理知识的普及应用，运维服务管理的理论、工具和方法得到了很大的发展，已经相当完善，效率相当高。现在，信息系统运维服务管理对企业信息系统的成功运作发挥着越来越重要的作用，信息系统运维服务管理工作日益受到重视。

　　本书取材来源于信息系统运维服务管理实践，系统全面地介绍信息系统运维服务管理的主要内容和知识体系。本书的作者符长青、符晓勤和符晓兰多年来一直在信息化建设的第一线工作，具有10多年经营管理公司及IT项目管理和信息技术服务管理，包括信息系统运维服务管理的实践经验，其中第一作者符长青博士有40多年的实践经验，近几年来在广东科技学院担任专业课教师，有机会将管理工作实践、教学经验与理论研究相结合并完成了本书的著作。

　　在编著本书的过程中作者得到了广东科技学院副院长黄弢教授、计算机系主任曹文文教授，华南农业大学珠江学院张基温教授，深圳大学软件与计算机科学学院院长明仲教授，深圳信息职业技术学院院长张基宏教授、副院长梁永生教授，深圳职业技术学院副校长温希东教授，以及有关部门的领导、专家与同仁的大力支持与帮助，同时参考和引用了部分著作及文献资料，在此表示深深的谢意。

在编著本书的过程中,尽管作者付出了几年艰苦的努力,但由于作者本人学识有限,本书可能在许多方面存在不足,欢迎同行指正和交流(联系方式:fcq828@163.com)。作者十分希望能与国内同行携手,大家共同努力,将我国的企业信息化建设推向一个新的高度和水平。

作者
2015 年 5 月

目　录

第1章　与信息化和管理相关的基本概念 1
1.1　信息论、信息系统和IT的基本概念 1
1.1.1　信息论、信息系统和信息化的基本概念 1
1.1.2　IT和信息技术行业的基本概念 4
1.1.3　数字技术、数字化和大数据技术 6
1.2　管理及与其相关的基本概念 8
1.2.1　管理的基本概念 8
1.2.2　系统论的基本概念 9
1.2.3　控制论的基本概念 10
1.2.4　与管理相关的其他基本概念 12
1.3　质量和质量管理理论 14
1.3.1　质量和服务质量的基本概念 14
1.3.2　质量管理、质保和质保期的基本概念 15
1.3.3　质量管理体系和ISO 9000认证的基本概念 17
1.3.4　全面质量管理的基本概念 18
1.4　流程和流程管理理论 20
1.4.1　流程的基本概念 20
1.4.2　流程管理的基本概念 21
1.4.3　流程管理的内容和流程E化 22
本章小结 25
习题 25

第2章　信息技术服务和运维服务管理概述 26
2.1　信息技术服务的基本概念 26
2.1.1　信息技术服务的定义、特点和类型 26
2.1.2　信息技术外包 29
2.1.3　信息化工程项目及其建设标准 32
2.1.4　信息技术服务质量的基本概念 35
2.2　信息技术服务管理的基本概念 38
2.2.1　信息技术服务管理的定义和要素 38
2.2.2　信息技术服务管理的原理、发展历程、特点和价值 39
2.3　信息技术服务产业链和生命周期理论 43
2.3.1　信息技术服务产业链 43

  2.3.2 信息技术服务的生命周期理论 ……………………………………… 45
 2.4 信息系统运维服务管理的基本概念 …………………………………………… 49
  2.4.1 信息系统运维服务 ……………………………………………………… 49
  2.4.2 信息系统运维服务管理 ………………………………………………… 53
本章小结 ……………………………………………………………………………… 55
习题 …………………………………………………………………………………… 56

第 3 章 信息技术治理和信息技术服务标准 ……………………………………… 57
 3.1 信息技术治理的基本概念 ……………………………………………………… 57
  3.1.1 公司治理和企业信息化战略规划 ……………………………………… 57
  3.1.2 信息安全整体规划 ……………………………………………………… 60
  3.1.3 信息技术治理的定义、目标、流程和作用 …………………………… 62
  3.1.4 信息技术治理的设计框架及其与管理的关系 ………………………… 63
 3.2 信息系统审计标准 ……………………………………………………………… 65
  3.2.1 COBIT 的基本概念和发展历程 ………………………………………… 65
  3.2.2 COBIT 的内容、组件、领域和程序 …………………………………… 67
  3.2.3 国际信息系统审计师认证 ……………………………………………… 69
  3.2.4 COBIT 在信息系统运维服务管理中的应用 …………………………… 70
 3.3 信息安全管理标准 ……………………………………………………………… 71
  3.3.1 BS7799 标准和信息安全管理体系 ……………………………………… 71
  3.3.2 ISO/IEC 17799 标准的内容和 10 项最佳措施 ………………………… 73
  3.3.3 ISO/IEC 27001 标准的内容、重点和新版本 …………………………… 76
 3.4 信息技术治理标准 ……………………………………………………………… 78
  3.4.1 ISO/IEC 38500 标准的基本概念 ………………………………………… 78
  3.4.2 ISO/IEC 38500 关于信息技术治理的原则和模型 …………………… 79
  3.4.3 ISO/IEC 38500 标准的特点及其与 COBIT 的对比 …………………… 80
 3.5 信息技术服务管理标准 ………………………………………………………… 81
  3.5.1 ISO/IEC 20000 标准的基本概念 ………………………………………… 81
  3.5.2 ISO/IEC 20000 标准的主要内容和特点 ………………………………… 83
  3.5.3 ISO/IEC 20000 标准新旧版本的对比及其认证 ………………………… 86
本章小结 ……………………………………………………………………………… 88
习题 …………………………………………………………………………………… 88

第 4 章 信息技术基础架构库 ……………………………………………………… 90
 4.1 ITIL 的基本概念 ………………………………………………………………… 90
  4.1.1 ITIL 的由来和发展 ……………………………………………………… 90
  4.1.2 ITIL 的特点、价值和实施步骤 ………………………………………… 93
  4.1.3 ITIL 资格认证 …………………………………………………………… 95

4.2　ITIL v1 简介 …………………………………………………………………… 98
　　4.3　ITIL v2 简介 …………………………………………………………………… 99
　　　　4.3.1　ITIL v2 核心框架和服务管理模块 ……………………………………… 99
　　　　4.3.2　ITIL v2 运营指南模块 …………………………………………………… 103
　　　　4.3.3　ITIL v2 实施指南模块 …………………………………………………… 106
　　　　4.3.4　ITIL v2 小规模 IT 组织 ITIL 实施指南模块 …………………………… 107
　　　　4.3.5　ITIL v2 的应用和不足 …………………………………………………… 107
　　4.4　ITIL v3 简介 …………………………………………………………………… 108
　　　　4.4.1　ITIL v3 的体系结构 ……………………………………………………… 108
　　　　4.4.2　ITIL v3 的核心模块和特点 ……………………………………………… 110
　　　　4.4.3　ITIL v2 与 ITIL v3 的对比分析 ………………………………………… 113
　　　　4.4.4　ITIL 与 ISO/IEC 20000 标准的对比分析 ……………………………… 115
　　4.5　ITIL 的典型应用 ……………………………………………………………… 116
　　　　4.5.1　ITIL 应用于大型 IT 部门的信息系统运维服务管理 …………………… 116
　　　　4.5.2　ITIL 应用于中小型 IT 部门的信息系统运维服务管理 ………………… 118
　　　　4.5.3　ITIL 应用于信息技术服务外包管理 …………………………………… 120
　　　　4.5.4　ITIL 应用于数据中心管理 ……………………………………………… 122
　　本章小结 ……………………………………………………………………………… 124
　　习题 …………………………………………………………………………………… 125

第 5 章　中国的信息技术服务标准 …………………………………………………… 126
　　5.1　ITSS 的基本概念 ……………………………………………………………… 126
　　　　5.1.1　ITSS 的由来、原理和价值 ……………………………………………… 126
　　　　5.1.2　ITSS 的特点、使用对象、优势和实施步骤 …………………………… 128
　　　　5.1.3　ITSS 的体系结构 ………………………………………………………… 131
　　　　5.1.4　导入 ITSS 理念 …………………………………………………………… 132
　　5.2　ITSS 核心标准及与其他国际标准的对比分析 ……………………………… 134
　　　　5.2.1　ITSS 核心标准 …………………………………………………………… 134
　　　　5.2.2　ITSS 与其他国际标准的对比分析 ……………………………………… 139
　　　　5.2.3　ITSS 服务管理与项目管理方法的比较分析 …………………………… 141
　　5.3　ITSS 信息系统运维标准 ……………………………………………………… 142
　　　　5.3.1　ITSS 信息系统运维标准的主要内容 …………………………………… 143
　　　　5.3.2　ITSS 信息系统运维标准与 ISO/IEC 20000 的对比分析 ……………… 147
　　　　5.3.3　ITSS 信息系统运维能力的评定和培训 ………………………………… 149
　　5.4　信息系统运维服务的级别划分 ……………………………………………… 150
　　本章小结 ……………………………………………………………………………… 152
　　习题 …………………………………………………………………………………… 153

第6章 信息系统运维服务的招标与投标 ················· 154
6.1 信息系统运维服务项目的论证 ················· 154
6.1.1 信息系统运维服务项目的可行性研究 ················· 154
6.1.2 信息系统运维服务项目的申报立项 ················· 156
6.2 招标与投标的基本概念 ················· 156
6.2.1 招标与投标的定义、基本条件和作用 ················· 156
6.2.2 和招标、投标相关的法律法规 ················· 159
6.3 信息化工程招标的范围、分类、招标代理和保证金 ················· 160
6.3.1 信息化工程必须进行招标的项目范围 ················· 161
6.3.2 信息化工程招标与投标活动的原则和分类 ················· 161
6.3.3 信息化工程的招标代理、投标保证金和履约保证金 ················· 163
6.4 信息系统运维服务招标的条件、方式和程序 ················· 164
6.4.1 信息系统运维服务招标的条件及方式 ················· 165
6.4.2 信息系统运维服务招标的程序 ················· 166
6.5 信息系统运维服务项目的投标程序和开标程序 ················· 170
6.5.1 信息系统运维服务的投标程序 ················· 170
6.5.2 信息系统运维服务项目投标文件的编制和提交 ················· 172
6.5.3 信息系统运维服务项目的开标程序和废标处理 ················· 175
6.6 信息系统运维服务项目的评标工作及其后续工作 ················· 176
6.6.1 评标委员会和评标方法 ················· 176
6.6.2 评标内容和程序 ················· 177
6.6.3 评标的后续工作 ················· 179
6.7 投标人的法律责任 ················· 180
6.7.1 投标人的投诉与处理 ················· 180
6.7.2 投标人的民事责任 ················· 181
6.7.3 投标人的行政责任 ················· 183
6.7.4 投标人的刑事责任 ················· 184
本章小结 ················· 184
习题 ················· 185

第7章 信息系统运维服务的组织机构 ················· 186
7.1 现代组织论的基本概念 ················· 186
7.1.1 组织的含义及作用 ················· 186
7.1.2 组织结构和组织设计的原则 ················· 187
7.2 信息系统运维服务机构和组织模式 ················· 189
7.2.1 信息系统运维服务机构的设置和组织模式的类型 ················· 189
7.2.2 职能式组织模式 ················· 190
7.2.3 项目式组织模式 ················· 191

####### 7.2.4 矩阵式组织模式 194
####### 7.2.5 事业部式组织模式 197
7.3 信息系统运维服务组织建立的原则、特点和组织模式的选择 198
####### 7.3.1 信息系统运维服务组织建立的原则和特点 198
####### 7.3.2 信息系统运维服务组织模式的选择 199
7.4 信息系统运维服务团队的建设 201
####### 7.4.1 信息系统运维服务团队建设的内容、要求和阶段划分 201
####### 7.4.2 信息系统运维服务项目经理 203
####### 7.4.3 信息系统运维服务项目经理责任制 205
####### 7.4.4 信息系统运维服务项目经理的培养与挑选 207
7.5 企业对驻现场服务机构的监督管理 210
####### 7.5.1 企业对驻现场服务机构监督管理的必要性和方法 210
####### 7.5.2 企业对驻现场服务机构监督管理的措施 212
本章小结 214
习题 214

第8章 信息系统运维服务的用户需求分析和管理 216
8.1 企业信息系统的现状评估 216
####### 8.1.1 企业信息系统现状评估的定义、目的和内容 216
####### 8.1.2 企业信息系统现状评估的特点、方法和步骤 218
8.2 信息系统运维服务的范围管理 221
####### 8.2.1 信息系统运维服务范围管理的定义和内容 221
####### 8.2.2 信息系统运维服务的合同评审和服务项目的选择 223
####### 8.2.3 项目的工作分解结构 224
8.3 信息系统运维服务的用户需求调研分析 227
####### 8.3.1 信息系统运维服务的用户需求的特点和类型 227
####### 8.3.2 信息系统运维服务的用户需求调研的目标、任务和方法 230
####### 8.3.3 沟通是信息系统运维服务的用户需求调研成功的关键 233
####### 8.3.4 信息系统运维服务的用户需求调研的工作要求和成果 238
####### 8.3.5 信息系统运维服务的用户需求说明文件 239
8.4 信息系统运维服务的用户需求管理 241
####### 8.4.1 信息系统运维服务的用户需求管理的目标、原则和活动 241
####### 8.4.2 信息系统运维服务的用户需求评审 244
####### 8.4.3 信息系统运维服务的用户需求变更的控制 246
####### 8.4.4 信息系统运维服务的用户需求的属性、状态和处理结果 248
####### 8.4.5 信息系统运维服务的用户需求跟踪 249
本章小结 251
习题 252

第9章 信息系统运维服务的规划设计 ············ 253
9.1 信息系统运维服务的管理规划 ············ 253
9.1.1 信息系统运维服务实施的原则、管理制度和特点 ············ 253
9.1.2 信息系统运维服务管理规划的原则和目录梳理 ············ 255
9.2 信息系统运维服务的大纲、规划和实施细则 ············ 257
9.2.1 信息系统运维服务规划和实施细则的基本概念 ············ 257
9.2.2 信息系统运维服务规划的编制目的、意义、要求和内容 ············ 258
9.2.3 信息系统运维服务实施细则的编制依据及主要内容 ············ 261
9.3 信息系统运维服务的财务管理 ············ 265
9.3.1 信息系统运维服务财务管理的基本概念 ············ 265
9.3.2 信息系统运维服务费用的组成、计费模式和成本管理 ············ 268
9.3.3 信息系统运维服务项目的成本估算和计划 ············ 271
9.3.4 信息系统运维服务项目的成本控制 ············ 276
9.3.5 信息系统运维服务项目的财务决算 ············ 279
9.4 信息系统运维服务的组合管理 ············ 281
9.4.1 信息系统运维服务组合管理的基本概念 ············ 281
9.4.2 信息系统运维服务组合的数学模型和方法 ············ 283
9.4.3 信息系统运维服务组合的成本效益分析和冲突协调 ············ 285
本章小结 ············ 287
习题 ············ 288

第10章 信息系统运维服务的管理流程 ············ 289
10.1 信息系统运维服务的对象和内容 ············ 289
10.1.1 信息系统硬件和软件运维服务的对象和内容 ············ 289
10.1.2 主要子系统运维服务的对象和内容 ············ 292
10.2 信息系统运维服务的设计 ············ 296
10.2.1 信息系统运维服务设计的基本概念 ············ 296
10.2.2 信息系统运维服务的目录管理 ············ 298
10.2.3 信息系统运维服务的级别管理 ············ 299
10.2.4 信息系统运维服务的容量管理 ············ 300
10.2.5 信息系统运维服务的可用性管理 ············ 301
10.2.6 信息系统运维服务的持续性管理 ············ 302
10.2.7 信息系统运维服务的信息安全管理 ············ 303
10.2.8 信息系统运维服务的供应商管理 ············ 304
10.3 信息系统运维服务的转换 ············ 305
10.3.1 信息系统运维服务转换的基本概念 ············ 305
10.3.2 信息系统运维服务的变更管理 ············ 308
10.3.3 信息系统运维服务的发布与部署管理 ············ 309

  10.3.4　信息系统运维服务的资产和配置管理……………………………………310
  10.3.5　信息系统运维服务的知识管理………………………………………………311
  10.3.6　信息系统运维服务的验证与测试……………………………………………312
  10.3.7　信息系统运维服务的评估……………………………………………………313
 10.4　信息系统运维服务的运营……………………………………………………………314
  10.4.1　信息系统运维服务运营的基本概念…………………………………………314
  10.4.2　信息系统运维服务的事件管理………………………………………………315
  10.4.3　信息系统运维服务的故障管理………………………………………………316
  10.4.4　信息系统运维服务的请求履行………………………………………………318
  10.4.5　信息系统运维服务的访问管理………………………………………………319
  10.4.6　信息系统运维服务的问题管理………………………………………………320
  10.4.7　信息系统运维服务的运营职能………………………………………………321
 10.5　信息系统运维服务的持续改进………………………………………………………323
  10.5.1　信息系统运维服务持续改进的基本概念……………………………………324
  10.5.2　信息系统运维服务持续改进的方法…………………………………………324
  10.5.3　信息系统运维服务的度量……………………………………………………327
  10.5.4　信息系统运维服务的报告……………………………………………………329
本章小结………………………………………………………………………………………330
习题……………………………………………………………………………………………331

参考文献……………………………………………………………………………………332

第1章　与信息化和管理相关的基本概念

主要内容

(1) 信息论、信息系统和 IT 的基本概念。
(2) 管理及其相关的基本概念。
(3) 系统论、控制论的基本概念。
(4) 质量和质量管理理论。
(5) 流程和流程管理理论。

1.1　信息论、信息系统和 IT 的基本概念

信息系统运维服务管理是时下 IT 业界最热门的话题之一，它是一个随着信息技术的深入应用而产生的新课题，受到人们越来越多的关注和重视。研究有关信息系统运维服务管理问题，首先要了解有关信息、信息系统，IT、信息行业以及管理、控制、质量和流程的一些基本概念和特性。

1.1.1　信息论、信息系统和信息化的基本概念

1. 信息的定义和特性

信息是指向人们或机器提供关于现实世界的各种知识，是数据、消息中所包含的意义，它不随载体的物理形式的各种改变而改变。信息是事物运动的状态和方式而不是事物本身，因此，它不能独立存在，必须借助某种符号才能表现出来，而这些符号又必须附载于某种物体上。所谓载体就是承载信息的工具，例如文字、声音、图像、视频、电磁波、空气以及纸张、胶片、存储器等都是信息的载体。信息具有以下几个方面的特性。

(1) 客观性：任何信息都与客观事实紧密相关，这是信息的正确性与精确度的保证。
(2) 可处理性：信息是可以处理的，它可以被加工、存储和传输，也可以转换形态。
(3) 适用性：信息对决策十分重要，信息系统将人类社会中巨大的数据流收集和组织管理起来，经过处理、转换和分析变成对生产、管理和决策具有重要意义的有用信息。
(4) 传输性：信息可在发送者和接收者之间传输，有很多系统采用了网络传输技术。
(5) 共享性：信息与实物不同，可以传输给多个用户，为多个用户共享，而其本身并无损失，这为信息的并发应用提供了可能。
(6) 价值性：价值是指一种事物能够满足另一种事物的某种需要的属性。信息的价值性在于获取的信息可以影响人们的思维、决策和行为方式，从而为人们带来不同层面上的收益。
(7) 时效性：一条信息可能在某个时刻以前具有很高的价值，但是在某个时刻之后可

能就没有任何价值了,这就是信息的时效性。

2. 信息的形态

信息一般表现为 4 种形态,即数据、文本、声音、图像。

(1) 数据:从信息论的角度考察,指计算机能够生成和处理的所有事实、数字、文字、符号等。

(2) 文本:指书写的语言,即"书面文字",以示与"口头语"的区别。

(3) 声音:指人们用耳朵听到的信息,即说话的声音和音乐。

(4) 图像:指人们能用眼睛看见的信息。

3. 信号的定义和分类

信号是运载消息的工具,是信息的载体,它包含光信号、声信号和电信号等。在电信技术中信号是通信协议的一部分;在计算机科学中信号表示计算过程中传递的事件;在信息论中信号是可用数学函数表示的一种信息流。信号按数学关系、取值特征、能量功率、处理分析、所具有的时间函数特性、取值是否为实数等可以分为确定性信号和非确定性信号(随机信号)、连续信号和离散信号(模拟信号和数字信号)、能量信号和功率信号、时域信号和频域信号、时限信号和频限信号、实信号和复信号等。

4. 与信息相关联的其他概念

(1) 知识:知识是客观世界在人脑中的主观映像。其中感性知识是主体对事物的感性知觉或表象;理性知识是关于事物的概念或规律;实践知识是解决实际问题的技能;理论知识是从实践知识中总结、归纳、提炼出来的精华。

(2) 智慧:智慧是从感觉到记忆,然后到思维的过程。智慧的结果产生了行为和语言。

(3) 能力:能力是指行为和语言的表达过程。

(4) 智能:智能是智慧+能力的合称。智能过程是指感觉、记忆、思维、语言和行为的整个过程,它是智力和能力的表现。人类的智能包括语言、逻辑、空间、肢体运动、音乐、人际和内省 7 个方面。

5. 系统和信息系统

系统是具有特定功能的相互有机联系的许多元素构成的一个整体,系统的主要特性如下。

(1) 多元性:系统是多样性的统一、差异性的统一。

(2) 相关性:系统内不存在孤立元素,所有元素之间是相互依存、相互作用、相互制约的。

(3) 整体性:系统是所有元素构成的复合统一整体。

信息系统是指由计算机及其相关的和配套的软/硬件设备、设施(含网络)构成的,按照一定的应用目标和规则对信息进行采集、加工、存储、传输、检索等处理的人机系统。其结构如图 1-1 所示。

图 1-1　信息系统示意图

狭义的信息系统是指由系统软/硬件组成的系统本身，它是一个信息技术系统。广义的信息系统概念超越了"系统本身"的内容，认为信息系统是一个一体化大系统，它不仅是一个技术系统，而且是一个社会系统，因为任何一个实际有效的信息系统都是一个社会系统的映像，信息系统的运作可以提高社会系统的运作效率，它实际上也是社会系统的一部分，是社会系统高度发达的产物。这里的社会系统主要是指技术系统的应用，包括系统环境、系统设施和技术、系统中流动的信息和使用系统的人才技能等。

6. 信息论的基本概念

信息论是研究信息的本质和特点的科学，主要研究信息的产生、获取、处理、传输、存储及利用的一般规律。信息论研究的主要内容包括以下几个方面。

（1）哲学信息论：研究信息的概念和本质。
（2）基本信息论：研究信息的度量和变换。
（3）识别信息论：研究信息的提取方法。
（4）通信理论：研究信息的传递软件。
（5）智能理论：研究信息的处理机制。
（6）决策理论：研究信息的再生理论。
（7）控制理论：研究信息的调节原则。
（8）系统理论：研究信息的组织理论。

7. 信息化的定义及其基本要素

信息化是充分利用信息技术开发利用信息资源，促进信息交流和知识共享，提高经济增长，推动经济社会发展转型的历史进程。信息化是人类文明进程中的一个重要的社会发展阶段，主要是由于科技进步和信息技术广泛应用而引发社会的结构性变化。社会信息化的过程就是在经济活动和社会活动中建设和完善信息基础设施，发展信息技术和信息产业，增强开发和利用信息资源的能力，促进经济发展和社会进步，使信息产业在国民经济中占主导地位，使人们的物质和文化生活高度发展的历史进程。所谓"化"是指一种趋势、一种进程，也可以指由一种特定的力量（包括技术、观念、文化和自然气候等）引起的持续的改造状态。那么从字面上理解，信息化是指伴随着信息技术的广泛应用而出现的以信息作为重要的生产和生活资源的一种持续的社会改造和进化过程。信息化内容主要包含以下6个要素。

（1）信息资源：各种数据库、信息库。
（2）信息基础设施：各种有线或无线的骨干网络以及相关的支线网络。

(3) 信息应用系统：各种 MIS、ERP 系统和像金税、金关、金卡等应用工程。

(4) 信息人力资源：信息技术研究开发、应用和管理人才。

(5) 信息技术和信息产业：拥有我国自己知识产权的信息技术和强大的信息产业基础。

(6) 适合信息化发展的宏观环境：完善的相关法律、法规、规范和标准。

8. 国民经济和社会信息化

国民经济和社会信息化是指在现代信息技术应用的推动下，信息技术、信息产业和信息网络服务于国家经济和社会生活的各个领域，并逐渐渗透、引导国民经济和社会发展的过程。就其内涵来讲，国民经济与社会信息化包含了国民经济信息化和社会信息化两个层面的信息化。

国民经济信息化是国家信息化的起始阶段，它侧重于经济领域的信息化；而社会信息化则是从全社会大的范围来考虑信息化问题，是国家信息化的全面深入阶段。

9. 信息社会

信息社会（也称为信息时代）指在社会的政治、经济、生活等各方面大规模地生产和利用信息与知识，以知识经济为主导的社会。在信息社会中，信息与信息技术已经渗透到社会生活的各个方面，劳动生产率将大幅度提高；信息将成为社会最重要的资源和财富；信息产业将成为支柱产业，信息社会将是知识密集型社会；人类社会将走向小型化、分散化和多极化。

信息社会与以前的工业社会相比有以下主要特征。

(1) 信息成为社会的战略资源：在工业社会，物质和能源是最重要的资源。信息技术的发展使人们日益认识到信息已成为当今社会的重要战略资源，信息资源已成为当今信息时代生产力发展的决定性因素。在工业化社会，社会财富掌握在控制着能源或交通工具等人的手中，"洛克菲勒"集团奋斗 50 多年才成为工业寡头，而信息产业的代表比尔·盖茨用了不到 10 年的时间，即于 1992 年以 65 亿美元的资产跃居世界首富。一个企业不实现信息化很难在市场上有竞争能力；一个国家如果缺乏信息资源，不从战略高度重视发展、利用信息资源，在现代社会中将永远处于贫穷落后的地位。

(2) 知识在经济发展中起主导作用：在信息社会，信息对整个社会的发展起主导作用。信息与知识密切相关，信息的很大一部分直接涉及知识的产生、传播、存储和利用。因此，知识在经济发展中将起主导作用。

(3) 信息产业开始成为国民经济主导产业：信息产业虽不能代替农业生产粮食、代替工业生产机械，但它是发展经济的"效率倍增器"，通过信息化提高企业的管理水平、生产水平，改进产品质量，就能明显地提高企业的经济效益。

1.1.2 IT 和信息技术行业的基本概念

1. IT 的定义

IT（Information Technology，信息技术）是指信息的产生、获取、处理、存储、传输及应用的技术，是利用科学的原理、方法及先进的工具和手段有效地开发和利用信息资源的技术体系。它可能是机械的、激光的、电子的，也可能是生物的。现代信息技术在扩展人的信息感官功能方面发挥了巨大作用。

狭义的IT概念是指技术本身，IT翻译为"信息技术"，它包含现代计算机、网络、传感和通信等信息领域的技术；广义的IT概念超越了"技术本身"的内容，认为IT有3个层次：第一层是硬件，主要指数据传感、存储、处理和传输的主机和网络通信设备；第二层是软件，包括可用来搜集、存储、检索、分析、应用、评估信息的各种软件；第三层指应用，包括技术中流动的信息和那些使用技术的人才技能。广义IT概念的基本含义包含两个方面，一是技术，二是应用，其中技术只是手段，应用才是核心，当信息得到有效应用时IT的价值才能得到充分发挥，也才真正实现了信息化的目标。

在某些应用领域中，IT和信息系统被视为同义词，即IT被翻译为"信息系统"；而在另一些场合，一个则是另一个的子集。这些含义上的多重性要求用户在特定场合使用时对每一个术语的定义做出明晰的约定。由于广义的IT概念与广义的信息系统概念是一致的，因此本书中定义的信息系统运维服务和IT运维服务是同一个概念。

2. 信息技术行业的定义

信息技术行业也称为IT行业，是由社会经济活动中广泛应用到信息技术的行业，从事信息技术、信息技术服务、信息设备和产品生产的行业，以及从事信息系统设计、维护、安全、支持和管理的人员共同形成的一个几乎无所不包的行业统称。

信息技术行业涵盖的范围很广，包括所有应用到信息技术的行业，例如银行、咨询、医院、出版、制造、能源、交通、影视等，其共同的特点是高度依赖于信息技术和信息系统；所有从事计算机软/硬件、网络、传感和通信的行业，涵盖了信息采集、生产、存储、传递、处理、分配、应用等众多行业领域，包括信息技术产品制造业、软件业、电信、信息技术服务业等。信息技术行业包括了很多不同的职业，这些职业都是和信息技术相关的。

3. 信息技术行业的特点

在当今信息社会中，一方面信息技术已经成为人们工作和生活紧密而不可分的一部分，几乎所有的事情都要依赖IT，这种依赖关系导致了信息技术行业工作机会的大量涌现；另一方面由于信息技术行业是一个富有挑战性、职业技能、薪资提升的空间和速度比较快的行业，所以大部分年轻人都非常热衷于信息技术行业。信息技术行业的特点主要有以下几个方面。

（1）朝阳行业：信息技术行业是一个新型朝阳行业，能够利用最少的成本创造最大的价值，通常是传统行业的4倍。目前，信息技术行业处于快速发展、高速增长的通道中，是所有行业中发展最快的。

（2）政策支持：我国是一个发展中国家，现在已经意识到要大力发展信息技术行业，于是国家出台了相关政策支持信息技术行业的发展。

（3）专业性强：信息技术行业属于知识密集型行业，技术含量高、专业性强、涉及面广、知识更新快、新技术层出不穷，IT产品更新换代快且产品降价快，所以对从业人员要求很高。

(4) 风险高：信息技术行业遭遇风险危机的概率比其他行业大很多，其中包括技术风险、市场风险、资金风险、人才风险以及软件危机等，因此 IT 企业必须要有很强的危机意识。

(5) 人才需求旺：信息技术行业发展速度快，吸引着一批又一批的风险投资，有发展、有投入、有前景，需要大量的人才，因此用人需求将继续增加。年轻人进入信息技术行业不久，很快就能成为管理人员，这也是为什么信息技术行业有那么多年轻的老板、总经理、经理，这是传统行业论资排辈无法比拟的。

1.1.3　数字技术、数字化和大数据技术

1. 数字技术

数字技术是指借助一定的设备将各种信息（图、文、声、像等）转化为电子计算机能识别的二进制数字"0"和"1"后进行运算、加工、存储、传送、传播、还原的技术。数字技术一般包括数字编码、数字压缩、数字传输、数字调制与解调等技术。

在人们使用的各种各样的电子设备中，许多物理量既可以用模拟形式来表示，又可以用数字形式来表示。利用现代电子技术可以实现模拟量和数字量之间的相互转换。A/D 是模数转换，把模拟量转换成数字量。D/A 是数模转换，把数字量转化成模拟量。采用模拟电路的设备或元器件体积大、能耗高。模拟信号在长距离传输和多次加工、放大的过程中信号电流的波形会改变，使信号失去一些信息，表现为声音、图像失真，严重时会出现信号中断。

由于数字技术采用二进制，因此具有两个稳定状态的元件都可用来表示二进制，例如"高电平"和"低电平"，故其基本单元电路简单，对电路中各元件精度的要求不很严格，允许元件参数有较大的分散性，只要能区分两种截然不同的状态即可。采用数字电路的设备或元器件具有功耗低、信号稳定、功能更强大等优点。除此之外，电子计算机内部采用二进制表示指令和数据，任何需要利用计算机进行采集、存储、运算、处理和传输的信息必须是数字量，即原本是模拟形式的数据必须转换成数字形式才能被计算机读取。因此，数字技术属于 IT 的基础部分，也是信息技术行业最关键的基本支撑部分。

2. 数字化

数字化是将许多复杂多变的信息转变为可以度量的数字，再以这些数字建立起适当的数字化模型，把它们转变为一系列二进制代码，引入计算机中用 0 和 1 表示进行统一处理的过程。简而言之，将模拟信号转换为表示同样信息的数字信号的过程称为数字化。数字化是信息化的基础，数字化进程直接关系到信息资源建设这个核心问题。没有数字化的支撑，信息化就会变成空中楼阁。目前，数字化技术正在引发一场范围广泛的产品革命，各种电器设备都将向数字化方向发展，例如电视、电影、摄像机、电话等。数字化主要有以下优点。

(1) 稳定可靠：数字信号受外部杂波的影响小，信号传送的稳定性好、可靠性高、抗干扰能力强。

(2) 集成度高：数字设备使用大规模集成电路(Large Scale Integrated Circuit，LSI)，集成度高。

(3) 价格便宜：数字设备器件和电路可微型化，适合大规模批量生产，成本低、可靠性高。

(4) 节能环保：数字电路简单、微型化、功耗低，可降低耗电量。

(5) 方便压缩：数字信号是多媒体技术的基础，易于进行压缩，适合用于图像处理。

(6) 加密性好：数字信号形式简单，可以进行加密处理。

(7) 维护简单：数字电路没有模拟电路中的各种调整，工作稳定，维护简单、方便。

数字化是信息社会的技术基础，数字技术正在改变人类赖以生存的社会环境，并因此使人类的生活和工作环境具备了更多的数字化特征，也带来了人类生活和工作方式的巨大变化，这种由数字技术和数字化产品带来的全新的更丰富多彩和具有更多自由度的生活方式称为数字化生活。数字化生活是一种趋势，其根本动力源于人们对美好生活的渴望和追求，源于技术的进步和广泛应用。随着人类社会信息时代的发展，人们认识到信息化不仅是信息技术的应用和对传统产业的改造，还有信息技术本身和基于信息技术所包含、所带来的知识、技术、市场模式等的扩散和创新，以及由此形成的经济和社会的巨大变革与重组。

3. 大数据技术

随着互联网、移动宽带、物联网、云计算的迅猛发展以及越来越多的移动终端、传感设备接入网络，现代社会正在以不可想象的速度产生海量数据，人类已进入一个数据爆炸性增长的大数据时代。互联网上的数据每年将增长50%，每两年便会翻一番，而且目前世界上90%以上的数据是最近几年才产生的。此外，数据又并非单纯地指人们在互联网上发布的信息，全世界的工业设备、汽车、轮船、建筑物、各种仪表上有着无数的数码传感器，也产生了海量的数据信息。

大数据(big data)是指那些超过传统数据库系统处理能力的数据，包括企业创造的大量非结构化和半结构化数据，这些数据无法下载到关系型数据库中进行有效分析，数据量通常在10TB以上。大数据具有4个基本特征(4V)：第一，数据体量巨大(Volume)，从TB级别跃升到PB级别；第二，数据类型繁多(Variety)，数据类型不仅仅是文本形式，更多的是图片、视频、音频、地理信息等多类型的数据，个性化数据占绝对多数；第三，价值(Value)密度低、商业价值高，以视频为例，在连续不间断的监控过程中有用的数据可能仅仅有一两秒；第四，处理速度快(Velocity)，数据处理遵循"1秒定律"，可从各种类型的数据中快速地获取高价值的信息。

大数据技术是指从各种类型的数据中快速获取有价值信息的能力，它与传统的数据仓库应用相比较，具有数据量大、查询分析复杂等特点。大数据技术的具体内容包括海量数据分析技术、大数据处理技术、云计算技术、数据挖掘、数据可视化技术和可扩展的存储系统等。大数据技术的战略意义不在于掌握庞大的数据信息，而在于对这些含有意义的数据进行专业化处理。换而言之，如果把大数据比作一种产业，那么这种产业实现盈利的关键在于提高对数据的加工能力，通过加工实现数据的增值。物联网、云计算的发展离不开大数据，要依靠大数据提供足够有用的资源。

1.2 管理及与其相关的基本概念

管理和技术是人们看待问题的两个维度：技术是一项相对严谨又简单的事情，而管理则是一项相对开放且复杂的事情。管理本身既是艺术也是科学，其涵盖的内容非常广泛，尤其是现代管理科学，伴随着工业化与现代化的历史已经建立了相当完善的概念体系、基本原理、方法和技巧。

1.2.1 管理的基本概念

1. 管理的定义和特征

管理(Management)是指在特定的环境条件下以人为中心对组织所拥有的资源进行有效的计划、组织、领导、控制，以便达到既定组织目标的过程(图1-2)。通常，人们容易将管理与治理(Govermance)两个不同的概念混淆在一起。实际上，这两个概念是有较大差别的。管理主要是处理决策和执行方面的事物，而治理则是确保决策机制和权限控制完美。管理具有以下4种基本特征。

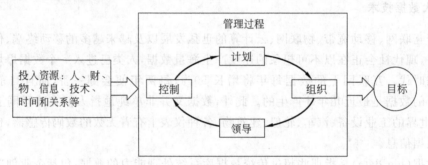

图1-2 表示管理概念的示意图

(1) 自然属性和社会属性：管理的自然属性是指管理所具有的有效指挥共同劳动，组织社会生产力的特性，它反映了社会化大生产过程中协作劳动本身的要求。管理的社会属性是指管理所具有的监督劳动，维护生产关系的特性，它反映了管理受一定的社会制度和生产关系的影响和制约。

(2) 科学性和艺术性：管理的科学性表现在管理活动的过程可以通过管理活动的结果来衡量，同时它具有行之有效的研究方法和研究步骤来分析问题、解决问题。管理的艺术性表现在管理的实践性上，在实践中发挥管理人员的创造性，并因地制宜地采取措施，为有效地进行管理创造条件，最富有成效的管理艺术来源于管理人员对它所依据的管理原理的理解和丰富的实践经验。

(3) 普遍性：管理的普遍性表现为管理活动是协作活动，它与人们的社会活动、家庭活动以及各种组织活动都是息息相关的。

(4) 共同性：管理和管理人员的基本职能是相同的，虽然管理人员所处的层次不同，在执行这些职能时各有侧重，但他们都需要为集体创造一种环境，使人们在其中可以通过努力去实现他们的目标,这便是他们共同的任务。

2. 管理的基本原则

管理的基本原则有两条,一是以虚控实;二是以一持万。

(1) 以虚控实:以虚控实就是以无形来把控有形,通过把握事物的本质属性和客观规律来把控事物的外在表现和存在形式。在管理活动中,规律是虚,现象是实;思维是虚,行为是实;哲学是虚,科学是实。

(2) 以一持万:"一"就是有把握的部分,管理者要通过把握事物的有形规律、事物的共性、事物的主要矛盾、事物有把握的部分去把控万物的发展变化。

3. 基本管理原理体系

考虑到各种管理实践活动的普遍共性,管理学的基本原理在某种程度上也就是哲学原理,从而构建以下基本管理原理体系。

(1) 系统原理:将组织看成一个系统,用系统论观点和方法解决管理中遇到的各种问题。

(2) 整分合原理:现代高效率的管理必须在整体规划下明确分工,在分工基础上有效地整合。

(3) 反馈原理:面对不断变化的客观实际必须做到灵敏、准确、有力的反馈。

(4) 封闭原理:任一系统内的管理手段必须构成一个连续封闭的回路。

(5) 弹性原理:管理必须保持充分的弹性,以适应各种可能的变化,实现动态管理。

(6) 人本原理:人是管理系统内部诸要素中处于主导地位决定管理成败的主要因素。

(7) 动力原理:管理必须有强大的动力,包括物质、精神和信息动力,这样才能持续有效地进行。

1.2.2 系统论的基本概念

系统论是研究系统的模式、性能、行为和规律的一门科学。它为人们认识各种系统的组成、结构、性能、行为和发展规律提供了一般方法论的指导。

1. 系统的分类

系统是混乱、无秩序的反义词,通俗地说就是有组织、有秩序地达到某种目的的一个组合体。在自然界和人类社会中普遍存在着各种系统。

(1) 自然系统:自然系统就是由自然物所组成的系统,它的特点是自然形成的。

(2) 人造系统:人造系统是由人工造出来的系统,主要有下面 3 种类型。

① 工程技术系统:由人们从加工自然物中获得的零部件装配而成的系统;

② 管理系统:由一定的制度、组织、程序、手续等所构成的系统;

③ 科学体系:根据人们对自然现象和社会现象的科学认识所创立的系统。

(3) 复合系统:复合系统是自然与人造相结合的系统,在现实生活中大多数是复合系统。

(4) 静态系统与动态系统：静态系统是指系统的性能和功效不随时间改变，反之就是动态系统。应注意的是，静态系统并非指系统中的一切绝对静止，即使是静态系统，可能仍存在着少量的物质、能量、信息交换。

(5) 封闭系统与开放系统：当系统与环境联系不密切，即很少与环境发生能量、物质、信息的交换时称之为封闭系统。封闭系统不易变化发展，往往形成静态系统。与外界环境完全没有联系的系统称为孤立系统，孤立系统在宇宙间实际上是不存在的，只是为了方便研究与计算，把某些封闭系统中与外界联系不密切的因素忽略不计，近似地作为孤立系统来对待。开放系统是指系统与环境经常有较多的物质、能量、信息的交换，而且这种交换影响着系统的结构、功能和发展，一旦与外界的联系切断便会影响系统的稳定，甚至破坏了系统。不论是自然系统还是人类社会系统，要构成高速度发展的动态系统，首先必须改封闭系统为开放系统。

(6) 实体系统与虚拟系统：实体系统是以矿物、生物、机械、人类等实体在物理方面的存在物为组成部分的系统。与此相对应，虚拟系统是以概念、想象、原理、法则、方法、制度、步骤、手续等非物理方面的存在物为组成部分的系统。

2. 系统论的基本理论

系统论的基本理论可以概括为以下 4 个方面。

(1) 整体的功能不等于各部分功能的总和：系统论的这一理论也被称为"整体性原则"，它要求人们在研究和处理问题时牢固地树立全局观念，始终把研究对象看作一个有机的整体。

(2) 系统的结构决定系统的功能：结构是系统内部各个要素的组织形式，功能是系统在一定环境下所能发挥的作用。系统的结构决定系统的功能，不同的结构可以产生不同的功能。

(3) 动态观点：任何系统都是一个运动过程，例如思维过程以感觉、知觉、记忆、分析、综合等来表征它的运动过程。系统论、控制论、信息论都是以动态的观点去分析考察事物，注意事物的运动状态，考察研究事物运动的过程，从而选择恰当的过程。

(4) 最优化观点：人们对系统进行研究和改造的最终目的是为了使系统发挥最优的功能。一个系统可能有多种组成方案，要选择最优的方案，使系统具有最优功能。例如，生产系统要求高产、优质、低成本、低消耗、高利润，具有多种目标。为了使生产系统具有最优的功能，必须将这些目标综合起来考虑，采用功能最优的方案，这就需要做出最优的设计、控制和管理。

1.2.3 控制论的基本概念

1. 控制和控制论的定义

控制是施控者作用于受控对象的一种主动行为，使受控对象按照施控者的意愿行动，如领导、指挥、管理、教育、设计、调节等都是主动的控制行为。控制是有目的的，如果控制系统的目的是一个，称为单目标控制系统；如果是多个，则称为多目标控制系统。

控制论是研究各种不同系统所共同具有的控制规律的科学。控制论的研究表明,无论自动机器,还是神经系统、生命系统,甚至经济系统、社会系统,撇开各自的性质、形态、特点,都可以看作是一个自动控制系统。在这类系统中有专门的调节装置来控制系统的运转,维持自身的稳定和系统的目的功能。控制机构发出指令,作为控制信息传递到系统的各个部分(即控制对象),由它们按指令执行之后再把执行的情况作为反馈信息输送回来,并作为决定下一步调整控制的依据。整个控制过程就是一个信息流通的过程,控制就是通过信息的传输、变换、加工、处理来实现的。根据这一理论,任何一个系统都能进行运算和记忆。美国麻省理工学院的一位教授为了证实这个观点甚至用石块和卫生纸卷制造过一台简单的能运行的计算机。

系统控制方法分为两种:一种是反馈控制,又称为被动控制或闭环控制;另一种是前馈控制,又称为主动控制或开环控制。两种控制形式的主要区别是有无信息反馈。

2. 反馈控制

所谓反馈就是指在完成控制的过程中收集行动效果的响应信息,并把其响应和目的要求相比较,进行工作的调整。这种行动后果的响应信息就称为反馈信息,当行动响应和目标要求一致时控制过程便告完成;当行动响应效果偏离目标甚至与之背道而驰时,就需要对系统进行调节,使其逐步接近目标,最后使系统得到合理的发展,如图1-3所示。

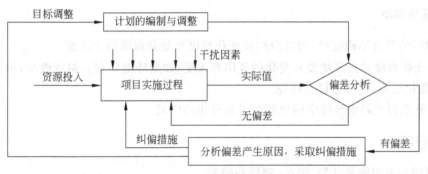

图 1-3 反馈控制示意图

反馈控制是一种技术方法,"控制信息→反馈信息→控制信息"形成闭环的信息通道,可以应用于各种场合,完成具有各种目的性的控制任务。按照反馈信息通道的多少,单路或多路反馈可以构成多级闭环控制系统。反馈信息被用来加强控制量对系统的作用,称为正反馈;反馈信息被用来抵消控制量对系统的作用,称为负反馈。所谓反馈控制就是由控制器发出的控制信息的再输出发生影响,以实现系统预定目标的过程,正反馈能放大控制作用,实现自组织控制,但也使偏差加大,导致振荡。负反馈能纠正偏差,实现稳定控制,但它减弱了控制作用,损耗能量。

反馈控制对系统的控制和稳定起着决定性的作用,无论是生物体保持自身的动态平稳(如温度、血压的稳定),还是机器自动保持自身功能的稳定,都是通过反馈机制实现的。反馈是控制论的核心问题。控制论就是研究如何利用控制器通过信息的变换和反馈作用使系统能自动按照人们预定的程序运行,最终达到最优目标的学问。

3. 前馈控制

前馈控制是没有反馈信息的控制系统,只有前馈的控制信息通道通常应用于比较简单的场合,在工程建设项目中较少采用。前馈控制示意图如图1-4所示。

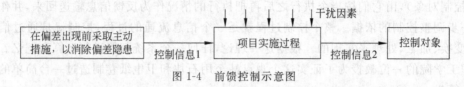

图1-4 前馈控制示意图

就工程项目而言,控制器是指工程项目的管理者。前馈控制对控制器的要求非常严格,即前馈控制系统中的人必须具有开发的意识。反馈控制可以利用信息流的闭合调整控制强度,因而对控制器的要求相对较低。工程项目实施中的反馈信息由于受各种因素的影响将出现不稳定现象,即信息振荡现象,项目控制论中称之为负反馈现象。从工程项目控制理解,所谓负反馈就是反馈信息失真,管理者由此决策将影响工程进度、质量、费用三大目标的实现。因此,在工程建设项目的实施过程中必须避免负反馈现象的发生。

1.2.4 与管理相关的其他基本概念

1. 管理环境

管理环境具有不确定性,可以分解成变化程度和复杂程度两个维度。

(1) 变化程度是指环境要素变化的范围和深度,如果环境要素大幅度改变,称为动态环境;如果变化很小,则称为稳态环境。

(2) 复杂程度是指环境中的要素数量及分布的区域。

2. 管理职能

管理的基本职能是计划、组织、领导和控制。

(1) 计划:计划是根据环境的需要和自身的特点确定在一定时期内的目标,并通过计划的编制协调各类资源以期顺利达到预期目标的过程。计划是管理的首要职能,计划职能的根本任务是确定目标,制定规则和程序,拟定计划并进行预测。

(2) 组织:组织是为了实现某一特定目标,经由分工与合作及不同层次的权力和责任制度而构成的人群集合系统,是依据管理目标和管理要求把各要素、各环节、各方面从劳动分工和协作上、从纵横的相互关系上、从时间过程和组织结构上合理地组织成为一个协调一致的整体,最大限度地发挥人和物的作用。

(3) 领导:领导是领导者为实现组织的目标而运用权利向其下属施加影响力的一种行为或行为过程。领导工作包括5个必不可少的要素,即领导者、被领导者、作用对象(客观环境)、职权和领导行为。领导的本质是影响,领导者通过影响被领导者的判断标准来统一被领导者的思想和行动。

(4) 控制:管理中的控制职能,是指管理主体为了达到一定的组织目标运用一定的控制机制和控制手段对管理客体施加影响的过程。

3. 战略、战术和运作

（1）战略：战略是指组织为了适应未来环境的变化，根据自身的资源和实力选择适合的发展路径和策略，对发展中的重大问题进行的全局性、长远性、纲领性的谋划和决策。它是组织制定各种战术的基础，是实现自己的目标，以抵抗外部环境的压力和挑战的全面计划。

（2）战术：战术是达到战略目的的手段，通常是服务于战略的、局部的、短期的运作策略。

（3）运作：运作是指战略、战术的具体实现方式，是最具体、微观的，也是直接产生结果的活动。

4. 经营、运营、运行和运维

（1）经营：经营是根据组织的资源状况和所处的市场竞争环境，对组织长期发展进行战略性规划、部署，制订组织的愿景、目标和方针的战略层次活动。

（2）运营：运营是指对组织经营过程的计划、组织、实施和控制，是与产品生产和服务创造等密切相关的各项管理工作总称。

（3）运行：运行是指一个系统或一个功能能够提供正常的服务，运行是系统本身的状态属性。

（4）运维：运维就是运行与维护，是指采用技术手段及方法，对其所应用的系统、系统运行环境和业务等提供的综合服务。

5. 角色

角色是指在流程中某一项具体职责或者任务的承担者。角色的划分是依据在流程的各个环节中所需要实现的职能来确定的。需要特别说明的是，流程中的角色与流程中涉及的人员不是一一对应的，同一个人可以对应多个角色，同一个角色也可以由多名人员担任。角色与人员的对应需要根据组织的人员状况和流程活动的需要来设定。

6. 产品

产品是一组将输入转化为输出的相互关联或相互作用的活动的结果，即"过程"的结果。在经济领域中，产品通常也可理解为组织制造的任何制品或制品的组合。产品有狭义的和广义的两种概念，狭义的产品概念是指被生产出的物品，具有具体的物理形态；广义的产品概念则是指经过加工可以满足人们需求的载体，它可以没有具体的物理形态。

计算机系统是由相互依存的两类产品——软件与硬件构成的。硬件产品是工业生产出来的有形物品，软件产品则是一种逻辑实体，由计算机运行时所需要的各种程序、相关数据及其说明文档组成，具有抽象性。软件产品在使用过程中虽然没有硬件产品的磨损、老化问题，但存在退化、过时和淘汰等问题。软件开发是根据用户要求建造出计算机系统中的软件部分的过程，是一项包括需求分析、设计、实现和测试的系统工程。

7. 服务

服务是指为他人做事,并使他人从中受益的一种有偿或无偿的活动,它不以实物形式而以提供一系列活动(劳动)的形式满足他人的某种特殊需要。服务与产品有很大的差别,服务最核心的内涵是以客户需求为中心,借助活动过程为客户提供价值。服务的特性主要有以下几个方面。

(1) 无形性:客户在购买服务之前,无法看见、听见、触摸和嗅闻到它。客户在获得服务之后,并未获得服务的物质所有权,只是获得一种消费经历。

(2) 时效性:服务具有时效性,活动一结束服务即消失,不可储存。

(3) 差异性:差异性是指服务的构成成分及其质量水平经常变化,很难统一界定。

(4) 同步性:服务的生产过程与消费过程同时进行,服务方提供服务给客户时,也正是客户消费服务的时刻,二者在时间上不可分离。服务的过程也就是客户对服务的消费过程。

8. 服务管理

服务管理是以服务的形式为客户提供价值的一组专门的、组织的能力,并将资源和技术能力转变为有价值的服务。所谓专门的、组织的能力是指服务提供商用来实施服务所使用的所有流程、方法、功能、角色和行为的总和。服务管理的核心是服务质量。服务管理的目的是通过专业的方法和流程来维护服务的质量和可用性,从而创造客户的商业价值和提高客户的满意度。

1.3 质量和质量管理理论

当今,信息技术(IT)项目已经深入到人们日常生活的各个角落,特别是在一些关系到人们生命安全的场合,例如飞机导航和数字化医疗设备,其稳定、正常的运作将起生死攸关的作用。因此,必须高度重视信息技术服务的质量问题,采取坚定果断和强有力的措施提高信息技术服务的质量水平。

1.3.1 质量和服务质量的基本概念

1. 质量的定义

质量是指产品或服务满足规定或潜在需要的特征和特性的总和。它既包括有形产品也包括无形产品;既包括产品内在的特性也包括产品外在的特性,即包括了产品的适用性和符合性的全部内涵。与质量密切相关联的概念如下。

(1) 产品质量:产品质量也称为结果质量,是指产品适合一定的用途,满足人们需要所具备的特性和特性的总和,也就是产品的适用性。它包括产品的内在特性,如产品的结构、物理性能、化学成分、可靠性、精度、纯度等;也包括产品的外在特性,如形状、外观、色泽、音响、气味、包装等;还有经济特性,如成本、价格、使用维修费等,以及其他方面的特性,如交货期、污染公害等。产品的不同特性区别了各种产品的不同用途,满足了人们的不同需要。

(2) 工作质量：工作质量也称为过程质量，是指对产品质量有关的工作对于产品质量保证的程度。工作质量涉及企业的所有部门和人员，每个工作岗位都直接或间接地影响着产品质量，其中领导者的素质最为重要，起着决定性的作用，当然，广大职工素质的普遍提高是提高工作质量的基础。工作质量是提高产品质量的基础和保证。为保证产品质量，必须首先抓好与产品质量有关的各项工作。

2. 服务质量的定义及其内涵

服务质量(Quality of Service,QoS)反映服务满足明确和隐含需求能力的特征和特性的总和，是指服务工作能够满足被服务者需求的程度。

在服务工作中，服务是质量的主体，所谓质量，一是必须符合规定要求，二是要满足用户期望。根据质量的定义，可以从两个方面理解服务质量。第一，质量好坏是根据服务所具备的质量特性能否满足人们的需求及满足程度来衡量的。第二，质量具有相对性。一方面，对有关服务所规定的要求及标准、规定等因时而异，会随时间、条件变化；另一方面，满足期望的程度由于用户需求的程度不同，因人而异。

客户对服务质量的评价不仅要考虑服务的结果，而且要涉及服务的过程。服务质量分为预期服务质量和感知服务质量两类，预期服务质量是指客户对服务企业所提供服务预期的满意度，感知服务质量则是客户对服务企业提供的服务实际感知的水平。如果客户对服务的感知水平符合或高于其预期水平，则客户获得较高的满意度，从而认为企业具有较高的服务质量，反之，则认为企业的服务质量较低。从这个角度看，服务质量是客户的预期服务质量同其感知服务质量的比较。预期服务质量是影响客户对整体服务质量的感知的重要前提。如果预期质量过高，则即使从某种客观意义上说客户所接受的服务水平是很高的，客户仍然会认为企业的服务质量较低。

1.3.2 质量管理、质保和质保期的基本概念

1. 质量管理的定义及其相关概念

质量管理(Quality Management,QM)是指对确定和达到质量所必需的全部职能和活动的管理，其管理职能主要是负责质量方针政策的制订和实施等，通常包括制定质量方针、质量目标，以及质量策划、质量控制、质量保证和质量改进。

质量控制(Quality Control,QC)是为保证和提高产品质量和工作质量所进行的质量调查、研究、组织、协调、控制、信息反馈、改进等各项工作的总称。为保证产品过程或服务质量，必须采取一系列的作业、技术、组织、管理等有关活动，这些都属于质量控制的范畴。

质量保证(Quality Assurance,QA)是质量管理的一部分，致力于提供质量要求会得到满足的信任。

质量工程师(Quality Engineer,QE)是负责质量管理体系标准所要求的有关品质保证职能工作的工程师，从事产品质量和服务质量的研究、管理、监督、检查、检验、分析、鉴定等。

质量体系工程师(Quality System Engineer,QSE)是负责建立、完善公司质量管理体系，并负责公司质量管理体系认证与评审的准备、协调、联络工作及做好体系维护工作的工

程师。

2. 质量管理的原则

质量管理原则是最高领导者用于领导组织进行业绩改进的指导原则,包括以下内容:
(1) 以客户为关注焦点。
(2) 领导作用。
(3) 全员参与。
(4) 过程方法。
(5) 管理的系统方法。
(6) 持续改进。
(7) 基于事实的决策方法。
(8) 与供方互利的关系。

3. 质保和售后服务的概念

质量保证(Quality Assurance,QA)简称质保,是产品或服务的品质保证,属于质量管理的一部分,是任何产品或服务都应具备的基本属性,是供应商为了表达产品质量在各方面的合格、突出,显示自己对自身产品的自信,且使产品容易被消费者接受和降低消费者的购买顾虑,对产品做出的一种承诺。质量控制和质量保证的某些活动是相互关联的。只有质量要求全面反映了用户的需求,质量保证才能提供足够的信任。

售后服务是指生产企业、经销商把产品或服务销售给客户之后为客户提供的一系列服务,包括产品送货、安装、调试、维修、技术培训、上门服务和咨询等。常见的产品售后服务有以下几种。

(1) 保修:保修是指提供产品售后维修服务保障,有免费和付费两种方式。人为损坏和不在厂商协定标准服务政策之内的,需要付费;在标准服务政策之内的,则免费。

(2) 包修:包修的概念源自国家的"三包"规定中,指厂商提供完全免费的维修行为,但一般会对产品中的不同部件有详细的保修说明。可以理解为免费保修等同于包修。

(3) 包退与包换:这两项也源自国家的"三包"规定中,指在规定期限内,若产品出现符合退换服务条款的质量问题,厂商提供无偿退货与换货服务。

4. 质保期和终生质保的概念

质保期,顾名思义就是质量保障的时间,狭义的理解就是保修期。产品在保修期内出现的任何质量方面的故障都会被免费修理或是更换部件。

终身质保是市场中最优质的产品质保条例,因此它受到了消费者的广泛关注。不过,大家需要注意的是,虽然同样承诺"终身质保",但是各个品牌的规定是不一样的。一般承诺"终身质保"的品牌所提出的售后服务主要分为下面3种:

(1) 非人为情况下产品出现任何故障终身免费包换。不过,由于承诺终身质保所要承担的风险较大,所以实行这种售后服务的产品品牌少之又少。

(2) 非人为情况下产品出现任何故障,头三年免费包换,终身有偿保修。

（3）非人为情况下产品出现任何故障，头一年免费包换，后两年免费保修，终身有偿保修。

1.3.3 质量管理体系和 ISO 9000 认证的基本概念

1. 质量管理体系的定义

质量管理体系（Quality Management System，QMS）是指在质量方面指挥和控制组织的管理体系。它是在组织内部建立的为实现质量目标所必需的、系统的质量管理模式，是组织的一项战略决策。它将资源与过程结合，以过程管理方法进行系统管理，根据企业特点选用若干体系要素加以组合，一般包括与管理活动、资源提供、产品实现以及测量、分析与改进活动相关的过程，可以理解为涵盖了从确定顾客需求、设计研制、生产、检验、销售到交付之前全过程的策划、实施、监控、纠正与改进活动的要求，一般是文件化的方式，成为组织内部质量管理工作的要求。

ISO 9000 是国际上通用的质量管理体系，使用它可以有效地进行质量改进。

2. ISO 9000 系列标准

国际标准化组织（ISO）成立于 1947 年 2 月 23 日，总部设在瑞士的日内瓦，是世界上最大的国际标准化组织。其宗旨是在世界上促进标准化及其相关活动的发展，以便于商品和服务的国际交换，在智力、科学、技术和经济领域开展合作。针对质量管理体系的要求，国际标准化组织的质量管理和质量保证技术委员会制定 ISO 9000 族系列标准，以适用于不同类型、产品、规模与性质的组织。

ISO 9000 的推广实施对衡量一个企业的质量管理水平和质量保证能力提供了一个共同的标尺。因此，在它发布后的十多年时间里，全球兴起了一股 ISO 9000 热潮。目前，全球已有 100 多个国家和地区在积极推广 ISO 9000 国际标准，我国也不例外。

3. 质量管理体系的特征

质量管理原则是构成 ISO 9000 族系列标准的基础，ISO 9000 质量管理体系的特征主要如下。

（1）符合性：要有效地开展质量管理，必须设计、建立、实施和保持质量管理体系。组织的最高管理者对依据 ISO 9001 国际标准设计、建立、实施和保持质量管理体系的决策负责，对建立合理的组织结构和提供适宜的资源负责；管理者代表和质量职能部门对形成文件的程序的制定和实施、过程的建立和运行负直接责任。

（2）唯一性：质量管理体系的设计和建立应结合组织的质量目标、产品类别、过程特点和实践经验，因此不同组织的质量管理体系有不同的特点。

（3）系统性：质量管理体系是相互关联和作用的组合体，包括以下内容。

① 组织结构：合理的组织机构和明确的职责、权限及其协调关系。

② 程序：规定到位的形成文件的程序和作业指导书是过程运行和进行活动的依据。

③ 过程：质量管理体系的有效实施是通过其所需过程的有效运行来实现的。

④ 资源：必需、充分且适宜的资源包括人员、资金、设施、设备、料件、能源、技术和方法。

(4) 全面有效性：质量管理体系的运行应是全面有效的，既能满足组织内部质量管理的要求，又能满足组织与顾客的合同要求，还能满足第二方认定、第三方认证和注册的要求。

(5) 预防性：质量管理体系应能采用适当的预防措施，有一定的防止重要质量问题发生的能力。

(6) 动态性：最高管理者定期批准进行内部质量管理体系审核，定期进行管理评审，以改进质量管理体系；还要支持质量职能部门（含车间）采用纠正措施和预防措施改进过程，从而完善体系。

(7) 持续受控：质量管理体系的需求过程及其活动应持续受控。质量管理体系应最佳化，组织应综合考虑利益、成本和风险，通过质量管理体系持续有效地运行，从而使其最佳化。

4. 质量管理体系认证

认证是指由认证机构（第三方）证明产品、服务、管理体系符合相关技术规范、相关技术规范的强制性要求或者标准的合格评定活动。举例来说，对于第一方（卖方）生产的产品甲，第二方（买方）无法判定其品质是否合格，而由第三方（认证机构）来判定。第三方既要对第一方负责，又要对第二方负责，不偏不倚，出具的证明要能获得双方的信任，这样的活动称为"认证"。认证机构的认证活动必须公开、公正、公平才能有效。这就要求认证机构必须有绝对的权力和威信，必须独立于第一方和第二方之外，必须与第一方和第二方没有经济上的利害关系。

为了加强品质管理，适应品质竞争的需要，世界各国的企业纷纷采用 ISO 9000 系列标准在企业内部建立质量管理体系，申请质量管理体系认证。企业建立质量管理体系的过程大致分为以下 7 个步骤：

(1) 向认证机构提出申请并签订合同。
(2) 派人参加 ISO 9000 标准培训和内部审核员培训。
(3) 高层管理者分析本企业及产品的特点，确定合适的组织，制定质量方针和目标。
(4) 开始编制企业的质量体系文件。
(5) 本企业人员学习质量体系文件，开始试运行质量体系并不断修改完善体系文件。
(6) 联系认证机构实施审核。
(7) 针对审核组提出的不符合项报告及时整改。

1.3.4 全面质量管理的基本概念

1. 全面质量管理的定义和特点

全面质量管理（Total Quality Management，TQM）是质量管理的一种形式，它以经营为目标，由全体员工参加，建立起一套科学、严密、高效的质量保证体系，对与产品或服务质量相关的全部活动进行全面的和全过程的管理，即所谓的全过程、全体员工和全面的"三全"质量管理。

全面质量管理(TQM)的内涵是以质量管理为中心,以全员参与为基础,目的在于通过让顾客满意和本组织所有者、员工、供方、合作伙伴或社会等相关方受益而使组织达到长期成功的一种管理途径。

全面质量管理(TQM)的主要特点如下。

(1) 全面性：指全面质量管理的对象,是企业生产经营全部活动的全过程。
(2) 全员性：指全面质量管理要依靠全体职工。
(3) 预防性：指全面质量管理应具有高度的预防性。
(4) 服务性：主要表现在企业以自己的产品或劳务满足用户的需要,为用户服务。
(5) 科学性：质量管理必须科学化,必须更加自觉地利用现代科学技术和先进的科学管理方法。

2. 全面质量管理的工作方法

全面质量管理(TQM)的工作方法是"计划—执行—检查—处理"一套工作循环,简称PDCA 循环(由英语单词 Plan、Do、Check、Action 的第一个字母组成)。由于它是美国统计学家戴明(W. E. Deming)发明的,因此也称之为戴明循环。

PDCA 循环有 4 个阶段,即 P 计划阶段、D 执行阶段、C 检查阶段、A 处理阶段,它们缺一不可,大环套小环,一环扣一环,循环转动,周而复始,连续不断；在循环中提高,逐级上升。它符合"实践—认识—再实践—再认识"的认识论规律,是体现科学认识论的一种具体的管理手段和一套完整科学的工作程序。

3. 全面质量管理的两大支柱

全面质量管理的核心不外乎两点,第一是杜绝浪费,即有效的成本控制；第二是持续改善,即依据戴明循环改进质量的思想,把产品和服务的改进看作是一个永不停止、不断获得进步的过程。

(1) 成本控制及时全面：浪费在传统企业内无处不在,例如生产过剩、零件不必要的移动、操作工多余的动作、待工、质量不合格或返工、库存、其他各种不能增加价值的活动等,要向精益化转变,基本思想是消除生产流程中一切不能增加价值的活动,即杜绝浪费。

(2) 持续改进自动化：持续改善是另一种全新的企业文化,实行全面质量管理,由传统企业向精益企业的转变并且享受精益生产带来的好处,贯穿其中的支柱就是自动管理化,这也是 ISO 9000:2000 强调的质量管理工作的八大原则之一。

4. 全面质量管理与 ISO 9000 的对比

1) ISO 9000 与 TQM 的相同点

首先两者的管理理论和统计理论基础一致。两者均认为产品质量形成于产品全过程,都要求质量体系贯穿于质量形成的全过程；在实现方法上,两者都使用了 PDCA 质量环运行模式。其次,两者都要求对质量实施系统化的管理,都强调组织"一把手"对质量的管理。再次,两者的最终目的一致,都是为了提高产品质量,满足顾客的需要,都强调任何一个过程都是可以不断改进、不断完善的。

2) ISO 9000 与 TQM 的不同点

首先,期间目标不一致。TQM 质量计划管理活动的目标是改变现状。其作业只限于一次,目标实现后,管理活动也就结束了,下一次计划管理活动虽然是在上一次计划管理活动的结果的基础上进行的,但绝不是重复与上一次相同的作业。而 ISO 9000 质量管理活动的目标是维持标准现状,其目标值为定值。其管理活动是重复相同的方法和作业,使实际工作结果与标准值的偏差量尽量减少。其次,工作中心不同,TQM 是以人为中心,ISO 9000 是以标准为中心。再次,两者的执行标准及检查方式不同。实施 TQM 企业所制定的标准是企业结合其自身特点制定的自我约束的管理体制;其检查方主要是企业内部人员,检查方法是考核和评价(方针目标讲评、QC 小组成果发布等)。ISO 9000 是国际公认的质量管理体系标准,它是供世界各国共同遵守的准则。贯彻该标准强调的是由公正的第三方对质量体系进行认证,并接受认证机构的监督和检查。

TQM 是质量管理的根本手段,ISO 9000 是 TQM 的基础。贯彻 ISO 9000 系列标准和推行 TQM 之间不存在截然不同的界限,把两者结合起来才是现代企业质量管理深化发展的方向。ISO 9000 是现代企业生存的要求,而 TQM 是企业发展的动力。企业开展 TQM 必须从基础工作抓起,认真结合企业的实际情况和需要,贯彻实施 ISO 9000 标准取得质量认证证书后要更加重视 TQM。

1.4　流程和流程管理理论

无论干什么事,都有一个"先做什么、接着做什么、最后做什么"的先后顺序,这就是我们生活中的流程,只是我们没有用"流程"这个词汇来表达而已。实际上,流程管理是当前国际上管理发展的一个趋势,理解流程管理是理解和实现现代企业管理举措的基础。

1.4.1　流程的基本概念

1. 流程的定义及其特点

流程(Process)是为达到特定的价值目标而设计的一组结构化的活动集合。一个完整的流程应包括输入、输出、目标、质量要求、角色与职责、绩效考核指标、子流程等内容,活动之间不仅有严格的先后顺序限定,而且活动的内容、方式、责任等也必须有明确的安排和界定。流程的特点主要如下。

(1) 目标性:有明确的输出(目标或任务)。

(2) 内在性:包含于任何事物或行为中。

(3) 整体性:至少由两个活动组成。

(4) 动态性:从一个活动到另一个活动。流程不是一个静态的概念,它按照一定的时序关系展开。

(5) 层次性:流程是一个嵌套的概念,流程中的若干活动也可以看作是子流程。

(6) 结构性:流程的结构可以有多种表现形式,如串联、并联、反馈等。这些表现形式的不同往往会给流程的输出效果带来很大的影响。

2. 企业流程的分类

流程是企业运作的基础,企业的流程按其功能可以分为业务流程和管理流程两大类。

(1) 业务流程是指以面向顾客直接产生价值增值的流程。

(2) 管理流程是指为了控制风险、降低成本、提高服务质量、提高工作效率、提高对市场的反应速度,最终提高顾客满意度和企业市场竞争力并达到利润最大化和提高经营效益的目的的流程。

企业的一切流程都应以企业目标为根本依据,尤其是管理流程。对外面向客户,提高业务流程的效率;对内面向企业目标,提高管理流程的效率,平衡企业各方资源(各项业务线平衡),控制总体效率的平衡,实现企业的总体绩效。

1.4.2 流程管理的基本概念

1. 流程管理的定义和宗旨

流程管理(Process Management)是一种以规范化的构造端到端的卓越流程为中心,以持续地提高组织绩效为目的的系统化方法。它应该是一个操作性的定位描述,指的是流程分析、流程定义与重定义、资源分配、时间安排、流程质量与效率测评、流程优化等。因为流程管理是为了满足客户需求而设计的,所以这种流程会随着内、外环境的变化而需要被优化。流程是任何组织运作的基础,组织的所有业务都是需要流程来驱动的。

企业流程管理主要是对企业内部改革,改变企业职能管理机构重叠、中间层次多、流程不闭环等问题,使每个流程可以从头至尾由一个职能机构管理,做到机构不重叠、业务不重复,达到缩短流程周期、节约运作资本的作用。流程管理的宗旨如下:

(1) 通过精细化管理提高受控程度。

(2) 通过流程的优化提高工作效率。

(3) 通过制度或规范使隐性知识显性化。

(4) 通过流程化管理提高资源的合理配置程度。

2. 流程管理的3个层次

(1) 流程梳理:流程梳理是流程优化的基础和前提,它是指整理企业流程,界定流程各环节内容及各环节间的交接关系,形成业务的无缝衔接,适合所有企业的正常运营时期。

① 组织流程调研。

② 确定流程梳理范围。

③ 流程描述:明确流程的目标及关键成功因素;画出流程图;描述各环节规范;将流程收集成册,作为日常工作的指导依据。

(2) 流程优化(Business Process Optimization,BPO):流程优化是指流程的持续优化过程,包括持续审视企业的流程和优化流程,不断自我完善和强化企业的流程体系。流程优化更多的强调局部、渐进性地针对现有流程进行小规模的改善,而不是彻底性的否定或颠覆。

① 前提：实现流程描述。
② 利用流程管理工具使流程优化。
③ 优化后将流程收集成册，作为日常工作的指导依据。

(3) 流程再造（Business Process Reengineering，BPR）：流程再造也称为流程重组，指重新审视企业的流程和再设计，即对企业流程大规模和彻底的变革，甚至有可能是推倒重来。流程再造适合于企业的变革时期与企业的变革阶段，内容包括治理结构的变化、并购、企业战略的改变、商业模式的变化，新技术、新工艺、新产品的出现及新市场的出现等。

① 组织流程调研。
② 确定再造的流程。
③ 确立标杆。
④ 新流程设置。
⑤ 流程管理方法与工具。

3. 流程管理的原则

流程是因客户而存在的，流程管理的真正目的是为客户提供更好、更快的服务。流程的起点是客户，终点也是客户。但在实际工作中，经常会忽略了客户，甚至不知道客户是谁。从为客户服务出发，流程管理的原则如下：

(1) 树立以客户为中心的理念。
(2) 明确流程的客户是谁、流程的目的是什么。
(3) 在突发和例外的情况下从客户的角度明确判断事情的原则。
(4) 关注结果，基于流程的产出制定绩效指标。
(5) 使流程中的每个人具有共同目标，对客户和结果达成共识。

4. 流程管理的解决思路

(1) 认识流程：包含流程的诊断、识别与梳理。
(2) 建立流程：包含流程描述的规范设计、流程的分类分级、建立流程责任矩阵、待建流程初步设计。
(3) 优化流程：包含关键流程识别、流程优化设计、管理配套设计、流程关键绩效点设计。
(4) 运作流程：包含实施策略、表单设计、操作规范制定等。
(5) E化流程：包含流程E化需求、E化工具筛选、E化实施管理等。

1.4.3 流程管理的内容和流程E化

1. 流程管理的内容

流程管理的核心是流程，企业所有的业务都需要流程来驱动，就像人体的血脉。流程把相关的信息数据根据一定的条件从一个人或部门输送到其他人或部门，得到相应的结果，再返回到相关的人或部门。一个企业中不同的部门、不同的客户、不同的人员和不同的供应商都是靠流程来进行协同运作的,信息数据在按流程流转的过程中会发生增减和内容变化,从而使不同的人或部门都能获得自己所需要的相应的信息数据。

要把流程作为管理对象,而不是把部门或人员作为管理对象,关键在于能够利用一条线把流程的所有基本要素合理地串联起来。流程的基本要素包括以下方面。

(1) 流程的输入和输出:一个流程至少是由两个或两个以上的活动组成的,活动之间端到端地连接起来就构成了完整的流程。在流程的每个活动环节都有相应的输入和输出,上一流程环节的输出就是下一流程环节的输入。

(2) 流程的活动和价值增值:流程中的活动就是将流程输入转化为输出的具体操作。流程活动的一个显著特征是提供了价值增值,没有创造价值增值的行为不能视为有效的流程活动。这种价值增值表现为不断地满足客户的需求。因此,进行流程优化分析首要的工作是对流程的价值增值进行分析,在权衡成本与价值的基础上对流程进行优化。

(3) 流程的角色:流程活动中的每一个动作都需要人员去完成,在流程中担任这些职责的一类人员称为角色。在不同的流程中需要设置的角色往往是不相同的,但是通常每个流程都会设置"流程负责人(Process Owner)"和"流程经理(Process Manager)"这两个角色。其中流程负责人是流程的实际拥有者,负责从宏观上监控流程,确保流程在组织范围内被有效地执行以及持续不断地改进流程。流程经理则是负责流程执行过程中具体事务的协调和监控、流程日常事务的审批和处理等。

(4) 关键绩效指标:关键绩效指标(Key Performance Indicators,KPI)是通过对组织内部某一流程的输入端、输出端的关键参数进行设置、取样、计算、分析,衡量流程绩效的一种目标式量化管理指标是把企业的战略目标分解为可运作的远景目标的工具,是企业绩效管理系统的基础。KPI是现代企业中受到普遍重视的绩效考评方法。KPI可以使部门主管明确部门的主要责任,并以此为基础明确部门人员的绩效衡量指标,使绩效考评建立在量化的基础之上。建立明确的切实可行的KPI指标体系是做好绩效管理的关键。

关键绩效指标指明各项工作内容所应产生的结果或所应达到的标准,以量化最好。最常见的关键绩效指标有3种:一是效益类指标,如资产盈利效率、盈利水平等;二是营运类指标,如部门管理费用控制、市场份额等;三是组织类指标,如满意度水平、服务效率等。

2. 确立关键绩效指标的操作流程

确立关键绩效指标(KPI)的要点在于流程性、计划性和系统性,其具体的操作流程如下。

(1) 确定业务重点:明确企业的战略目标,并在企业会议上利用分析方法找出企业的业务重点,也就是企业价值评估的重点。然后找出这些关键业务领域的关键绩效指标(KPI),即企业级KPI。

(2) 分解出部门级KPI:各部门的主管需要依据企业级KPI建立部门KPI,并对相应部门的KPI进行分解,确定相关的要素目标,分析绩效驱动因素(技术、组织、人),确定实现目标的工作流程,分解出各部门级的KPI,以便确定评价指标体系。

(3) 分解出个人的 KPI：各部门的主管和部门的 KPI 人员一起将 KPI 进一步细分，分解为更细的 KPI 及各职位的绩效衡量指标。这些绩效衡量指标就是员工考核的要素和依据，这种对 KPI 体系的建立和测评过程本身就是统一全体员工朝着企业战略目标努力的过程，必将对各部门治理者的绩效治理工作起到很大的促进作用。

(4) 设定评价标准：一般来说，指标指的是从哪些方面衡量或评价工作，解决"评价什么"的问题；而标准指的是在各个指标上分别应该达到什么样的水平，解决"被评价者怎样做，做多少"的问题。

(5) 审核关键绩效指标：比如审核这样一些问题，多个评价者对同一个绩效指标进行评价，结果是否能取得一致？这些指标的总和是否可以解释被评估者 80% 以上的工作目标？跟踪和监控这些关键绩效指标是否可以操作，等等。审核主要是为了确保这些关键绩效指标能够全面、客观地反映被评价对象的绩效，而且易于操作。

每一个职位都影响某项业务流程的一个过程，或影响过程中的某个点。在制定目标及进行绩效考核时，应考虑职位的任职者是否能控制该指标的结果，如果任职者不能控制，则该项指标就不能作为任职者的绩效衡量指标。例如，跨部门的指标就不能作为基层员工的考核指标，而应作为部门主管或更高层主管的考核指标。

3. 流程 E 化

流程 E 化也称为流程信息化，指的是应用现代信息技术实现企业各项管理流程和业务流程的电子化。其中管理流程的电子化侧重于优化企业内部各部门之间的协同办公，例如办公室自动化系统(OAS)和企业管理信息系统(MIS)等；业务流程的电子化优化企业及企业之间的核心工作流程，例如运用企业资源计划系统(ERP)、客户关系管理(CRM)、供应链管理(SCM)、产品寿命周期管理(PLM)、产品数据管理(PDM)等管理概念、理论和方法，以及各种各样品牌的应用解决方案等。

运用流程 E 化的手段能借助计算机网络系统的监控确保流程的落实执行：关键流程执行到哪个部门、下一步将流转到哪个部门、各部门的职责和权限是什么、在哪个部门执行顺利、在哪个部门耽搁了、该提交的标准文件是否提交、该传递给下一个岗位的中间成果是否传递等信息，都一目了然地呈现在计算机屏幕上，看得清清楚楚，问责也问得明白，让所有的问题都无处藏身。流程 E 化利用高端的信息技术将信息与流程在系统平台上显示，产生传统手工流程不能比拟的作用。流程 E 化主要有以下功能。

(1) 帮助业务规范、实现流程固化、减少执行偏差：在流程的输入环节，数据和信息予以统一规范、明确数据和信息统一规则与唯一来源，避免分部门、分岗位在数据统计和信息输入上不规范、不一致的问题，保证了信息和数据的准确性；在流程的流转环节实现了固化，减少了不同人员在执行上的偏差，同时杜绝了新员工上岗或是老员工换岗等人员变动等导致的流程在流转执行上的问题。

(2) 实现了业务全过程的实时监控和透明化，集成流程信息并具有可追溯性：不仅能够及时提供原始数据及信息，并对运转的过程实行了透明化，方便对历史数据和信息的审计和追溯。无论是在公司内部或出差在外，企业领导或员工都能够及时掌握流程的处理进度和运转过程，不仅有助于流程中各环节的及时处理与跟进，也能为企业领导对流程结果的判断提供更好的参考依据,从而保障执行结果的可靠性和可信性。

(3) 提升流程的处理效率,能够实现并行处理:流程内多端口并行处理,在 E 化系统中能够实现信息同步,既减少了岗位间的纸单传递,也避免了传递延误现象。同时,E 化系统能基于规则和过程数据实行流程执行检查,大幅度降低手工管理阶段的检查难度,并节约检查时间;将流程内容可视化和固化之后,有利于人员的理解和接受,节省了人员培训周期,且避免了经验传承中的脱节。

实现流程间信息和数据的实时共享,并能够提供良好的数据和信息分析功能,实时记录和快速运算是流程 E 化的又一优点,不仅为流程的后期优化奠定了基础,也能为企业领导的决策提供基于事实的参考依据,为实现企业增值和提升竞争优势做好铺垫。

本 章 小 结

信息系统运维服务管理是时下 IT 业界最热门的话题之一,它是一个随着信息技术的深入应用而产生的新课题,受到人们越来越多的关注和重视。信息系统运维服务管理是信息技术服务管理的核心和重点部分,也是内容最多、最繁杂的部分,因此,深入研究有关信息系统运维服务管理问题首先要了解与其相关的一些基本概念。本章学习的重点是了解信息论、信息化、信息系统、信息技术行业、数字技术、数字化和大数据技术等基本概念;了解和熟悉系统论、控制论、管理环境、管理职能、服务和服务管理等基础知识;熟悉和掌握质量、质量管理、服务质量的定义及其内涵,并着重熟悉和掌握质量管理体系、全面质量管理的工作方法和 ISO 9000 认证的基本概念;还要认真学习和掌握流程和流程管理的基本概念,以及确立关键绩效指标的操作流程、流程 E 化和流程管理的层次、原则、内容和方法等。

习 题

1. 信息、信号和数据 3 个概念之间有什么区别?
2. 什么是价值?信息具有哪些特性?
3. 简述信息系统、信息论和信息化的基本概念。
4. 比较 IT 与信息系统概念上的异同。什么是 IT 和信息技术行业?各有什么特点?
5. 什么是数字技术、数字化、大数据技术?
6. 简述管理的定义与特征,以及管理的基本原则和管理基本原则体系的内容。
7. 简述系统论基本理论的内容。什么是反馈控制和前馈控制?两者有何区别?
8. 什么是质量、服务质量、质保和质保期?
9. 简述质量管理体系、ISO 9000 和质量管理体系认证的主要内容。
10. 简述全面质量管理的定义、特点、工作方法及其与 ISO 9000 的区别。
11. 什么是流程、流程管理?企业流程的类型有哪些?
12. 简述流程管理的层次、原则、解决思路和内容。
13. 什么是流程 E 化?如何确立 KPI 指标的操作流程?

第 2 章 信息技术服务和运维服务管理概述

主要内容
(1) 信息技术服务、信息技术外包和信息化工程项目。
(2) 信息技术服务质量,服务供方、需方和第三方与服务质量的关系。
(3) 信息技术服务管理、信息产业和产业链。
(4) 信息技术服务生命周期理论。
(5) 信息系统运维服务管理。

2.1 信息技术服务的基本概念

随着信息化建设的不断深入和完善,信息技术服务已经成为各行各业各单位领导和信息技术主管部门普遍关注的问题。由于这是一个随着信息技术的高速发展和广泛深入应用而产生的新课题,因此对如何进行有效的信息技术服务这一领域的研究和探索具有广阔的发展前景和巨大的现实意义。

2.1.1 信息技术服务的定义、特点和类型

1. 生产性服务的基本概念

生产性服务是为生产、商务活动而非直接向个体消费者提供的服务,也可理解为企业服务生产的外部化或者市场化,即企业内部的生产服务部门从企业分离和独立而去的发展趋势,分离和独立的目的是降低生产费用,促进工业技术进步、产业升级和提高生产效率,提高企业经营的专业化程度。

现代服务业包括生产性服务业和生活性服务业等几大类,其中生活性服务业属于消费性的,其发展可以体现为人民的生活水平、生活质量、生活内容的改善和充实;生产性服务业是与生产制造业直接相关的配套服务业,是为保持工业生产过程的连续性、促进工业技术进步、产业升级和提高生产效率提供保障服务的服务行业,包括信息服务业、现代物流业、金融保险业、科技服务业、商务服务业五类企业,具有二、三产业相互交叉融合的特征。

2. 信息服务的基本概念

信息服务(Information Service,IS)是指综合利用人、资源、信息技术及其他相关知识为用户提供与信息产品相关的全方位服务,以满足用户需求。它主要指除软、硬件产品的销售之外围绕信息系统软、硬件产品的推广应用所进行的各项服务过程。

信息服务业是信息产业中的软产业部分,是从事信息资源开发和利用的重要产业部门,属于第三产业。它是连接信息设备制造业和信息用户的中间产业,对生产和消费的带动作

用大,产业关联度高,发展信息服务业有助于扩大信息设备制造业的需求和增加对信息用户的供给。信息服务业已成为当今世界信息产业中发展最快、技术最活跃、增值效益最大的一个产业。信息服务业分为3个组成部分,第一部分是信息传输服务业;第二部分是信息技术服务业,包括系统集成,也包括软件等;第三部分是信息内容服务业。

3. 信息技术服务的定义

信息技术服务(Information Technology Service,ITS)是供方(服务提供商)为需方(客户)提供开发、应用信息技术的服务,以及供方以信息技术为手段提供支持需方业务活动的服务。信息技术服务(ITS)常见的服务内容包括软件服务、硬件服务及其他相关的服务。信息技术服务(ITS)常见的服务形态有信息技术咨询服务、设计与开发服务、信息系统集成实施服务、运行维护服务、数据处理和存储服务、运营服务、数字内容服务、呼叫中心服务及其他信息技术服务。

信息技术服务(ITS)通常包含供方综合利用人、资源、信息技术及其他相关知识为需方提供满足其需求的信息技术服务产品与服务过程两个部分。其服务产品包括计算机网络硬件集成、软件集成、通用解决方案、行业解决方案和信息化综合服务;服务过程是指信息技术需求得以满足的全过程,从信息技术服务商为用户提供信息咨询开始到定义信息技术需求,再到挑选合适的信息技术服务商和服务产品,实施信息技术项目,检测验收与评估信息效果,以及后期维护与升级。

由于用户的信息技术需求总是在发生变化,因此,为用户提供的信息技术服务也必须是变化的,这种快速变化不仅让用户迷茫,有时也让提供服务的信息技术服务商深感困难。如今,让一家信息技术服务商为一家企业所有的信息技术服务是一件困难的事,一个信息技术服务商不可能拥有所有的信息技术服务资源,一个客户的信息技术需求将由多家信息技术服务商来满足,所谓的信息技术一站式解决方案都是信息不对称时出现的情况。

4. 信息技术服务的特点

随着全球信息技术的逐步成熟以及应用领域的日益扩大,信息产业与其他产业融合的步伐加快,促进了世界经济的快速发展。随着全球产业链分工的加深,信息技术服务从许多产业内部独立出来,信息产业呈现出由硬件制造向信息技术服务转型的趋势,"服务化"趋势比较明显。

信息技术服务的特点和优势主要如下:

(1) 多品牌服务能力,解决了原厂商服务技术覆盖面窄的问题。

(2) 专业技术强,解决了用户自我维护技术力量不足的问题,使用户从技术复杂、整合难度高的基础设施运维中脱身出来,专注于自身业务的发展。

(3) 服务成本低,能降低用户高昂的服务费用,并使用户的IT系统风险转移到信息技术服务商。

(4) 从产业内部结构看,信息技术的不断创新与应用使得信息技术行业的内部结构不断调整,推进了价值链分工的不断细化。当前传统的信息产业虽然规模仍然巨大,占据了整个行业50%以上的份额,但是其价值越来越多地让给了咨询、系统集成、运维和培训服务。

5. 信息技术服务客户与用户概念的区别

信息技术服务的对象有客户和用户之分,两者概念上的内涵根据服务内容的定位和合同条款的约定有时候是一致的,有时候是分离的。通常来说,服务对象是企业集团或大中型企业时客户和用户通常是分离的;对于服务对象为大多数小企业而言,客户和用户通常是一致的。

客户(Customer)是指与服务提供商有买卖关系,要向服务提供商直接支付服务费,而用户(User)是接受或消费服务的人,但不需要向服务提供商直接支付服务费。简而言之,客户和用户的区别主要体现在付款上,客户不一定是使用者,但一定是掏钱的;而用户一定是使用者,但不一定是掏钱的。客户与用户,他们对服务的关注点通常是不一样的。例如企业采购部门从软件公司买了一套软件产品,交给公司IT部门使用,其中公司采购部门是客户,IT部门则是用户,软件公司要对公司IT部门(即用户)提供培训和售后服务。采购部门(客户)主要关注结果,即软件的使用效果,而IT部门(用户)主要关注技术,即如何发挥软件的作用。

6. 信息技术服务的类型

按照国家标准《信息技术服务的分类与代码》的规定,根据信息技术服务(ITS)对象和用户需求的特点、性质、服务功能或具有的特定影响划分信息技术服务的类别,主要有以下几大类。

(1) 信息技术咨询服务:在信息资源开发利用、工程建设、人员培训、管理体系建设、技术支撑等方面向需方提供的管理或技术咨询评估服务,包括信息化规划、信息系统设计、信息技术管理咨询、测试评估认证、信息技术培训等。

(2) 设计与开发服务:受需方委托以承接外包的方式提供的硬件设计、软件设计和软件开发等服务,包括硬件设计、软件设计与开发、其他设计与开发服务等。

(3) 信息系统集成实施服务:包括基础环境集成实施服务、硬件集成实施服务、软件集成实施服务、安全集成实施服务、系统集成实施管理服务等。

(4) 运行维护服务:包括基础环境运维服务、硬件运维服务、软件运维服务、安全运维服务、运维服务管理等,但不包括硬件和软件产品保修期内的支持服务。

(5) 数据处理和存储服务:向需方提供的信息和数据的分析、整理、计算、存储等服务,包括数据加工处理服务、存储服务及其他数据处理和存储服务等。

(6) 运营服务:包括软件运营服务、平台运营服务、基础设施运营服务等。

(7) 数字内容服务:数字内容的加工处理,即将图片、文字、视频、音频等信息内容运用数字化技术进行加工处理并整合应用的服务,包括数字动漫、游戏设计制作、地理信息加工处理等。

(8) 呼叫中心服务:受企事业单位委托,利用与公用电话网或因特网连接的呼叫中心系统和数据库技术经过信息采集、加工、存储等建立信息库,通过固定网、移动网或因特网等公众通信网络向用户提供有关该企事业单位的业务咨询、信息咨询和数据查询等服务。

(9) 其他信息技术服务:凡属于上述各大类未包含的信息技术服务内容可纳入此类

中,例如项目审计、项目后评价咨询。

7. 信息技术服务业与软件产业、信息服务业的关系

根据我国的统计方法,软件产业可以分为软件产品及技术开发业和软件服务业。软件产品及技术开发业产出的是软件产品和相关知识产权,分为系统软件、支撑软件和应用软件三大领域。软件产业收入构成中包括软件技术服务(含软件外包服务)、软件产品、系统集成、嵌入式系统软件、IC 设计。信息技术服务业中包含一部分软件系统集成和软件服务,但不包含软件产品,也不完全包含软件技术服务。图 2-1 中的右图表示了信息技术服务业与软件产业之间的关系,左图显示了信息技术服务业与信息服务业之间的关系。

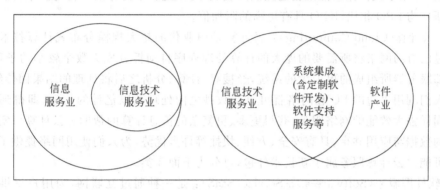

图 2-1 信息技术服务业与软件产业、信息服务业的关系

2.1.2 信息技术外包

1. 服务外包的定义及其分类

服务外包(Service Outsourcing)是指组织将原本由自身完成的非核心的全部或部分业务剥离出来委托给其他组织完成,以降低成本、提高效率、优化产业链、提升组织的核心竞争力的商业行为和管理模式。现在的商业环境变化快速,技术日新月异,做组织最擅长的(核心竞争力)业务和事情,将其余的业务外包,已经成为一种不可逆转的趋势。

专业的服务外包公司通常在规模经济、经验以及在对最新技术的掌握等方面具有明显的优势,而这些优势是单个组织的业务部门难以媲美的。研究表明:外包支持服务的公司比什么都在自己公司里做的公司运行效率更高、成本更低。服务外包类型主要有以下几种。

(1) 信息技术外包(Information Technology Outsourcing,ITO):信息技术外包是指组织专注于自己的核心业务,而将其信息系统的全部或部分外包给专业的信息技术服务公司,一般包括信息化规划(咨询)、设备和软件选型、网络系统和应用软件系统的建设、整个系统网络的日常维护管理和升级等。信息技术外包(ITO)是组织加快信息化建设,迅速发展数字化和智能化,提高数字化质量、提高工作效率、节约信息化成本的一种途径,也为个人用户提供了巨大的帮助。

(2) 业务流程外包(Business Process Outsourcing,BPO):业务流程外包是企业将一些重复性的非核心或核心业务流程外包给服务提供商,以降低成本,同时提高服务质量。外包的内容主要包括客户管理外包、人力资源外包、财务流程外包、保险理赔业务外包、金融业务外包、贷款流程外包、政府非核心业务流程外包等。与 ITO 相比,BPO 主要关注的是企业内部运作或客户的后端活动,而 ITO 主要关注企业 IT 基础建设,如服务器、网络、操作系统和支持等。

(3) 知识流程外包(Knowledge Process Outsourcing,KPO):知识流程外包是指将公司内部具体的业务承包给外部专门的服务提供商,它是业务流程外包(BPO)的高智能延续,是 BPO 最高端的一个类别,主要包括技术密集的、以知识劳动为主的行业知识流程外包,如商业研究、市场研究、分析类、咨询服务等。KPO 的任务是以业务专长而非流程专长为客户创造价值,将业务流程外包推向更高层次的发展,更多地寻求先进的分析与技术技能以及果断的判断。与 BPO 相比,KPO 具有更高的附加值。

(4) 云计算(Cloud Computing):云计算是商业化的超大规模分布式计算技术。用户可以通过已有的网络将所需要的庞大的计算处理程序自动拆分成无数个较小的子程序,再交由多部服务器所组成的更庞大的系统,经搜寻、计算、分析之后将处理的结果回传给用户,从而使人们利用手边的 PC 和网络就可以在数秒之内处理数以亿计的信息,即得到与超级计算机同样强大效能的网络服务,获得更多、更复杂的信息计算的帮助。云计算可实现不同设备间的数据与应用共享,具有安全、方便、快捷等许多优势,为人们使用网络提供了几乎无限多的可能。云计算服务属于新技术外包,可分为下面 3 类。

① 软件即服务(Software-as-a-Service,SaaS):是一种通过互联网,为用户提供软件及应用程序的服务方式。基于 SaaS 的软件只有在用户需要时才被使用,SaaS 也被称为"按需"软件。用户无须购买软件,而是向服务提供商租用基于 Web 的软件,来管理企业经营活动。客户无须对软件进行维护,服务提供商会全权管理和维护软件,以及提供软件的离线操作和本地数据存储,让用户随时随地都可以使用其订购的软件和服务。SaaS 软件常常应用于客户关系管理(CRM)、人力资源管理(HRM)、供应链管理(SCM)以及企业资源计划系统(ERP)等企业管理软件。在这种模式下,客户不再像传统模式那样花费大量投资用于硬件、软件、人员,而只需要支出一定的租赁服务费用,通过互联网便可以享受到相应的硬件、软件和维护服务,享有软件使用权和不断升级。Salesforce 是 SaaS 模式的典型代表。

② 基础设施即服务(Infrastructure-as-a-Service,IaaS):是把数据中心、基础设施硬件资源通过 Web 分配给用户使用的商业模式。IaaS 为客户提供处理能力、存储能力、网络和其他基本计算资源,客户可以使用这些资源部署或运行他们自己的软件。客户无法管理和控制底层云基础设施,但可以控制操作系统、存储、部署的应用程序,或有限的网络组件控制权。IaaS 最引人注目的例子就是亚马逊公司的 Elastic Compute Cloud。IBM、VMware、HP 等传统 IT 服务提供商也推出了相应的 IaaS 产品。IaaS 服务很好地实现了云计算按需付费的理念,通过"弹性云"用户可只在需要时才接入这些基础设施资源,并只接入自己使用的部分。

③ 平台即服务(Platform-as-a-Service,PaaS):是把计算环境、开发环境等平台作为一种服务提供的商业模式。云计算服务提供商可以将操作系统、应用开发环境等平台级产品通过 Web 以服务的方式提供给用户。通过 PaaS 服务,软件开发人员可以在不购买服务器的情况下开发新的应用程序。PaaS 实际上是指将软件研发的平台作为一种服务,以 SaaS

的模式提交给用户。因此，PaaS 也是 SaaS 模式的一种应用。但是，PaaS 的出现可以加快 SaaS 的发展，尤其是加快 SaaS 应用的开发速度。Google 的 App 引擎、微软的 Azure 是 PaaS 服务的典型代表。

2. 信息技术外包的类型

信息技术外包(ITO)根据不同的划分方法可以划分为不同类型。

(1) 按照信息技术外包(ITO)的程度将信息技术外包进行划分。

① 整体外包：系指将 IT 职能的 80% 或更多外包给外包商。

② 选择性外包：指几个有选择的信息技术职能的外包，外包数量少于整体的 80%。

整体外包因为涉及的范围很广，风险是很高的，由于整体性外包合同往往要持续很长的时间(通常超过 5 年)，而且整体性外包的用户必须花费大量的时间、精力和资金来分析外包交易并与外包商洽谈合同，另外整体性外包可能会导致信息技术灵活性的大幅度削弱，所以任何组织选择整体性外包时都必须三思而后行。

(2) 根据客户与外包商建立的外包关系将信息技术外包(ITO)进行划分。

① 市场型关系外包：组织可以在众多有能力完成任务的外包商中自由选择，合同期相对较短，而且合同期满后能够在成本很低或不用成本、很少不便或没有不便的情况下换用另一个外包商完成今后的同类任务。这种类型的外包适用于任务可以在相当短的时间内完成，环境变化搅乱需求的几率很小，而且没有什么真正的资产专属性的情况，只需要订立一份规定了所有偶发事件的合同。

② 伙伴关系协议外包：组织与同一个外包商反复订立合同，并且建立了长期的互利关系。这种类型的外包适用于完成任务持续的时间较长，相关需求会随着不可预见的环境变化而变化，资产专属性很高，以及与外包商续签合同能够最好地满足需要的情况。由于这种外包类型的管理成本和风险很高，因此最好的方式是用户和外包商共同投资成立公司而建立长期关系。

③ 中间关系型外包：组织与外包商的关系必须保持或维持合理的协作性，直到主要任务的完成。这种类型的外包适用于外包任务需要花费一些时间来完成，环境的变化可能改变需求，以及存在某些资产专属性的情况，但是任务完成后，维持与外包商的关系没有任何特殊优势。

(3) 根据战略意图将信息技术外包进行划分。

① 信息系统改进型外包：指组织通过外包提高其核心的信息系统资源的绩效，从而达到改进信息系统的战略目标。这些目标通常包括节约成本、改进服务质量以及获取新的技术和管理能力等。信息系统改进型外包可以划分为 4 个层次，即提高资源的生产力、实现技术和技能的升级、引进新的 IT 资源和技能、实现 IT 资源和技能的转换。

② 业务提升型外包：这种类型外包的主要目标是通过外包使 IT 资源的配置最有效地提升业务绩效的核心层面。实现这个目标要求组织对其业务以及 IT 与业务流程之间的联系要有清晰的认识，同时要具有实施新的系统和应对业务变革的能力。这种形式的外包要求在引进新技术和能力时重点考虑业务因素而不是技术因素。这种形式外包的有效实施要求双方共同努力开发组织所需补充的技术和能力，而不是对外包商的单纯依赖。业务提升

型外包可以划分为4个层次,即更好地整合IT资源、开发基于IT的新的业务能力、实施基于IT的业务变革、实施基于IT的业务流程。

③ 商业开发型外包:指通过外包为组织产生新的收入和利润,或抵消组织的成本从而提高组织IT的投资收益。商业开发型外包可以划分为4个层次,即出售现有的IT资产、开发新的IT产品和服务、创建新的市场流程和渠道、建立基于IT的新业务。

(4) 按照价值中心的方法将信息技术外包进行划分。

① 成本中心型外包:指通过IT外包在强调运行的效率的同时使风险最小化。

② 服务中心型外包:指通过外包在使风险最小化的同时建立基于IT的业务能力以支持组织的现行战略。

③ 投资中心型外包:指通过IT外包使组织对创建新的基于IT的业务能力建立长期的目标并给予长期的关注。

④ 利润中心型外包:指通过IT外包向外部市场提供信息技术服务且获得不断增长的收入,并为成为世界级的IT组织获得宝贵的经验。

3. 信息技术外包的优势

(1) 信息技术外包对要外包信息技术的企业而言有以下好处:

① 资源在商业战略和企业部门中被重新分配,非IT业务的投资得到加强,有利于强化企业核心效力,获得对市场做出有效反应的能力。

② 有利于信息技术人才不足的企业获取最好、最新的技术,与技术退化有关的难题得到解决。

③ 由于是信息技术厂商提供专业化服务,信息技术服务的效率会得到较大的提高,服务的成本也会得到一定的节约等。

(2) 信息技术外包对提供外包业务的信息技术企业而言有以下好处:

① 形成外包业务产业,有利于促进信息技术厂商形成分行业的解决方案,有利于一批专业信息技术厂商的成长。

② 由于规模化经营,能够持续降低信息技术服务的成本,提高服务效率。

③ 外包业务集中,有利于知识和软件在不同企业间重用,有利于信息技术人员的快速成长等。

2.1.3 信息化工程项目及其建设标准

1. 项目和项目管理的基本概念

"项目"的定义是指为完成某一独特的产品或服务需要组织来实施完成的一次性工作。

(1) 单个项目可作为一个较大项目结构中的组成部分。

(2) 项目的结果可以是一种或几种可交付的产品或结果。

(3) 项目组织是临时性组织,在项目寿命期内存在。

项目管理是指项目的管理者在有限的资源约束下运用系统论和控制论的观点、方法和理论对项目涉及的全部工作进行有效的管理,即从项目的投资决策开始到项目结束的全过程进行计划、组织、指挥、协调、控制和评价,以实现项目的目标。在项目管理方法论上主要有阶段化管理、量化管理和优化管理3个方面。

项目管理是"管理科学与工程"学科的一个分支,是介于自然科学和社会科学之间的一门边缘学科,是第二次世界大战后期发展起来的重大新管理技术之一,最早起源于美国,经过60多年的蓬勃发展,现在已经风靡全球,形成了两大项目管理的研究体系,其一是以欧洲为首的体系——国际项目管理协会(IPMA)。IPMA编制了自己的项目管理知识体系认证标准,即《国际项目管理专业资质标准》(IPMA Competence Baseline,ICB)。另一个是以美国为首的体系——美国项目管理协会(PMI)。PMI也开发了一套项目管理知识体系(Project Management Bode of Knowledge,PMBOK)。该知识体系把项目管理划分为9个知识领域,即范围管理、进度管理、成本管理、质量管理、人力资源管理、沟通管理、采购管理、风险管理和整体管理。

中国项目管理知识体系(Chinese-Project Management Body of Knowledge,C-PMBOK)是由中国项目管理研究委员会(PMRC)发起并组织实施的,于2001年7月推出第1版,2006年10月推出第2版。

2. 信息化工程的定义

工程是指将理论和知识应用于实践的科学,一般是指比较大型的工程建设项目。不过在谈到"工程"一词时,还要考虑到人们日常用语的习惯。在汉语中常以"工程"一词来称呼计划、服务、项目或子项目。例如,"希望工程"是一项民间捐助失学儿童重返校园接受义务教育的项目,和人们常讲的建设工程没多大关系;"长江三峡工程"是一项水利工程项目,是传统意义上的建设工程项目;校园网的"综合布线工程"是网络系统工程项目中的一个子项目等。

那么,什么样的工程可以称为"信息化工程"?目前还没有一个权威的严格定义和表述。一般认为信息化工程是指信息化建设中的新建、升级、改造工程,以及围绕社会信息化开展的各种信息技术服务。

信息产业部《信息系统工程信息系统运维服务暂行规定》中对信息系统工程有明确的定义:信息系统工程是指信息化工程建设中的信息网络系统、信息资源系统、信息应用系统的新建、升级、改造工程。显然,信息系统工程属于信息化工程的范畴,但信息化工程包含的范围要比信息系统工程更广泛。信息化工程是一个广义的概念,只要是主体核心技术属于信息技术范畴的工程项目和服务项目都是信息化工程,如软件开发和测试、计算机网络系统、企业信息化、电子商务、智能建筑、综合布线系统工程、电子信息系统机房工程、电子政务、数字地球与"3S"技术、数字工程和各种信息技术服务,包括信息技术咨询服务、信息系统设计与开发服务、系统集成和运行维护服务、数据处理和存储服务、运营服务、数字内容服务、呼叫中心服务,以及其他信息技术服务等。

在实际工作中,当我们根据这一定义去处理某些具体工程项目的分类时往往会遇到一些困难,引起不少争议,主要原因是因为信息技术广泛深入的应用和高速发展是没有明确边界的,其应用不断快速地向其他各个领域推广、渗透和融合,"你中有我,我中有你"的局面形成了"信息化工程"与其他工程在内容上存在交叉问题。

由于与其他技术的交叉融合是当今信息技术发展的一个重要特征,所以,当我们在鉴别一个建设工程项目是否属于信息化工程项目时主要是要看其主体核心技术、关键技术是否属于信息技术的范畴。比较典型的例子如"智能建筑"、"智能交通"、"电子信息系统机房工程"等工程建设项目,由于工程的主体核心技术采用的是信息技术,因此都属于信息化工程项目。

根据工程建设的实践,信息化工程的范畴涵盖计算机工程、网络工程、通信工程、企业信息化、电子商务、电子政务、自动化系统工程、智能化工程、电子信息系统机房工程、综合布线和防雷接地工程、软件工程、智能卡应用工程、数字地球、数字化工程、信息技术服务,以及有关计算机和信息化建设的工程和服务项目。面对信息化工程的具体项目,用不着过多地拘泥于概念和定义,而应当从实际工作出发,积极总结规律,调整和改善自身的服务方式,在发展中求规范,在规范中求更大的发展。

3. 信息化工程的建设标准

(1) 信息化工程建设标准的重要性:标准是为了在一定的范围内获得最佳秩序而制定的,并由公认机构批准,大家共同使用的一种规范性文件。信息化工程建设标准在国民经济建设的发展中有着重要的地位和作用,它是以科学技术和先进经验的综合成果为基础,通过制定发布和实施标准,为信息化工程建设提供共同的技术依据,推动信息化行业技术进步,达到普遍的最佳秩序,获得显著的社会效益和经济效益。信息化工程建设标准不仅为信息化工程建设的实施和监督提供依据,而且是加强信息化建设全过程管理的重要的基础工作。信息化工程建设标准又是科研成果转化为生产力、推广应用国外先进技术的有效途径。它对于促进技术进步和科技创新、控制投资规模、加快建设速度、保证工作质量以及对资源优化配置、建设资金的合理投向、提高投资效益等方面有着重要的作用。信息化工程建设标准在保护环境、确保国家财产和人民生命安全方面也发挥着重要作用,它为正确处理安全与经济之间的矛盾提供了合理的尺度。所以,确保信息化工程建设质量的一个重要环节就是要严格执行标准规范。没有标准,工程建设的质量和安全就无从谈起;不执行标准,工程建设的质量和安全就不可能得到保障。

(2) 国内标准:信息化工程建设常用的国内标准,按照《中华人民共和国标准化法》规定分为国家标准(GB)、行业标准、地方标准(DB)、企业标准(QB)四级。其中,国家标准在中国由国务院标准化行政主管部门制定;行业标准由国务院有关行政主管部门制定;地方标准由地方有关行政主管部门制定;企业生产的产品或提供的服务没有国家或行业标准的由企业自行制定标准,报有关部门备案。

信息化工程建设国家标准分为强制性国标(GB)和推荐性国标(GB/T)。国家标准的编号由国家标准的代号、国家标准发布的顺序号和国家标准发布的年号(发布年份)构成。强制性国标是保障人体健康、人身、财产安全的标准和法律及行政法规规定强制执行的国家标准;推荐性国标是指在生产、检验、使用等方面通过经济手段或市场调节而自愿采用的国家标准。推荐性国标一经接受并采用,或各方商定同意纳入经济合同中,就成为各方必须共同遵守的技术依据,具有法律约束性。

(3) 国际标准:信息化工程建设国际标准是指国际标准化组织(ISO)、国际电工委员会

(IEC)和国际电信联盟(ITU)制定的标准,以及国际标准化组织确认并公布的其他国际组织制定的标准。国际标准在世界范围内统一使用,我国采用国际标准主要遵循的原则如下:

① 要密切结合中国国情,有利于促进生产力的发展。

② 有利于完善中国标准体系,促进中国标准水平的不断提高,努力达到和超过世界先进水平。

③ 要合理安排采用的顺序,注意国际上的通行需要,还要考虑综合标准化的要求。

④ 采用国外先进标准要根据标准的内容区别对待。

(4) 国家标准与国际标准(ISO)的关系:国家标准通常会提示与国际标准(ISO)的关系,有下面 3 种情况。

① IDT 表示等同采用:等同采用就是指国家标准与国际标准相同,不做或稍做编辑性修改。

② EQV 表示等效采用:表示国家标准等效于国际标准,技术上只有很小的差异。

③ NEQ 表示非等效采用:国家标准不等效于国际标准,国家标准与国际标准在技术上有重大差异。即指国家标准中有国际标准不能接受的条款,或者在国际标准中有国家标准不能接受的条款。

2.1.4 信息技术服务质量的基本概念

1. 信息技术服务质量的定义

信息技术服务质量是指反映信息技术服务满足明确和隐含需求能力的特征和特性的总和,是指信息技术服务的固有特性满足要求的程度。

信息技术服务涉及需方(客户)、供方(服务提供商)在特定条件下的服务交互过程。其中,需方对信息技术服务提出需求并使用服务,供方依照需方的需求来设计、准备实现服务的条件并提供服务。服务质量涉及人员、管理体系、资源、技术支撑等多方面的内容,是多方面因素的综合体,并以需方的最终满意作为实现目标。信息技术服务质量评价覆盖了信息技术服务的整个生命周期,服务需方、服务供方以及第三方对服务质量的评价要求是一样的。

2. 信息技术服务质量的范畴

服务质量的若干特性在服务生存周期中得以表现出来。例如,在服务设计阶段,服务质量特性更多地体现在对服务本身的各种规定、服务本身的内容及其实现的功能等方面。因此,在信息技术服务本身的规划和设计过程中,需要服务提供商在服务资源、服务能力和服务投入等方面进行策划和设计;而在服务转换及服务运营阶段,服务质量更多地体现在服务交付过程的各种特性中,即为了实现顾客满意而进行的服务交互活动。因此,在服务交付时,供方与需方在一定条件下以交互方式实现服务价值。双方的互动与沟通、服务的提供与体验等构成服务质量形成的基础。

信息技术服务的目标是为了获得必需的和足够的服务质量以满足需方的实际需要,所以应当根据满足明确和隐含需求的能力来定义质量。当因存在下列情况导致不能反映实际需方的要求时,应详细地理解实际需方的需要并在需求中明确说明,并对每个特定的使用条件加以说明。

(1) 需方并不是经常可以意识到自己的实际需要。

(2) 需求在被描述说明之后可能会变化。

(3) 不同的需方可能具有不同的服务需求。

(4) 某些需方会有特定的服务需求。

3. 信息技术服务质量的特性

信息技术服务的各项特性主要包括功能性、安全性、可靠性、有形性、响应性、友好性等,可将它们进一步细分为若干子特性。在使用这些子特性对不同服务范围和服务内容评价应用时应当给予明确的解释并结合供方(服务提供商)业务的实际特点进行明确,从而获得合理的服务质量评价结果。

(1) 功能性:当服务在指定条件下提供时,服务提供满足明确和隐含要求的功能的能力。

① 完备性:信息技术服务供方所提供的服务是否具备了服务协议中承诺的所有功能。

② 充分性:信息技术服务供方在服务协议中所承诺的服务功能的实现程度。

③ 功能性的依从性:信息技术服务遵循与功能性相关的标准、约定或法规以及类似规定的能力。

(2) 安全性:信息技术服务供方在服务过程中保障信息及相关资源安全的能力。

① 可用性:确保需方的授权用户对信息及相关资源的正常使用不应被异常拒绝,允许其可靠并在必要时能及时地访问和使用信息及资源。

② 完整性:确保供方在服务提供过程中获取的需方信息及资源不被非授权篡改、破坏和转移。

③ 保密性:供方所提供的服务确保需方信息及资源在使用和传输过程中不应泄露给非授权的用户。

④ 可追溯性:供方在服务过程中涉及安全的活动应具有原始的完整记录,实现有据可查的能力。

⑤ 安全性的依从性:信息技术服务遵循与安全性相关的标准、约定或法规以及类似规定的能力。

(3) 可靠性:信息技术服务供方在规定条件下和规定时间内履行服务协议的能力。

① 持续性:确保服务协议在任何情况下都能得到满足的能力,致力于将风险降低到合理水平以及在业务中断以后进行业务恢复两个方面。

② 稳定性:信息技术服务供方所提供的服务是否持续稳定地达到服务协议约定的水准。

③ 可靠性的依从性:信息技术服务遵循与可靠性相关的标准、约定或法规以及类似规定的能力。

(4) 响应性:信息技术服务供方为需方迅速地提供有效服务的能力。

① 及时性:信息技术服务供方按照服务协议要求对服务请求响应和解决的速度。

② 有效性：信息技术服务供方按照服务协议要求对服务请求进行有效解决的能力。

③ 互动性：供方通过建立适宜的互动沟通机制保障供、需双方进行迅速、准确的信息交换的能力。

④ 响应性的依从性：信息技术服务遵循与响应性相关的标准、约定或法规以及类似规定的能力。

(5) 有形性：供方通过实体证据展现其服务的能力。这些实体证据通常包括品牌、人员形象、服务设施、服务流程、服务工具及服务交付物等。

① 可视性：供方向需方以可见的方式展现其服务的能力。

② 专业性：供方在服务过程中展现出的规范性、标准性和先进性的程度。

③ 吸引性：供方在服务过程中通过实体证据所展示的给需方的吸引力。

④ 有形性的依从性：信息技术服务遵循与有形性相关的标准、约定或法规以及类似规定的能力。

(6) 友好性：供方设身处地为需方着想和对需方给予特别关注的能力。

① 灵活性：供方根据需方的个性化需求提供定制化服务的能力。

② 主动性：供方主动感知需方需求并积极采取措施保障服务提供的能力。

③ 礼貌性：供方在服务提供过程中展现的服务语言、行为和态度规范化的能力。

④ 友好性的依从性：信息技术服务遵循与友好性相关的标准、约定或法规以及类似规定的能力。

4. 信息技术服务供方、需方与第三方同服务质量的关系

信息技术服务质量同供方（服务提供商）、需方（客户）与第三方之间的关系如下（见图 2-2）：

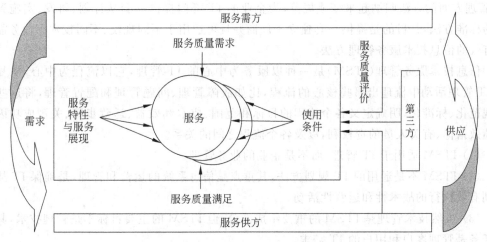

图 2-2 信息技术服务供方、需方与第三方同服务质量的关系

(1) 信息技术服务需方对服务质量提出需求，而服务供方则交付满足需求的服务。服务的交付和实现是在一定的环境条件下实现的，其通过服务质量的若干特性得以展现出来，目标就是使服务在指定的使用条件下具有所需的效用，增强需方的服务满意。

(2) 服务需方、服务供方以及第三方都可以根据自身的需要对服务质量做出评价以满足各自的要求。评价应当基于服务协议(不同的信息技术服务供方可以根据自身的服务水平和能力同顾客建立服务协议)的要求,结合服务质量的特性进行综合评定。

2.2 信息技术服务管理的基本概念

信息技术服务管理是一套帮助企业对信息系统的规划、研发、实施和运营进行有效管理的方法,它通过集成信息技术服务和业务将企业高质量服务不可缺少的流程、人员和技术三大要素进行有效整合,从而成为企业管理的法宝和利器。

2.2.1 信息技术服务管理的定义和要素

1. 信息技术服务管理的定义

服务管理是一种以服务的形式向客户提供价值的专业化的组织能力。这种能力在组织中通常表现为为交付服务而设定的一些职能或流程,它代表着组织在交付服务成果并保证质量方面所建立的一些资源、专业能力以及质量保证的信心。

信息技术服务管理(IT Service Management,ITSM)是为满足业务需求对信息技术服务进行的管理。它是以服务为中心、以流程为基础、以客户满意和服务质量为核心,包括计划、组织、控制、协调人、资源、技术及其他相关知识,实现信息技术服务与业务整合的管理体系。它是一套帮助企业对IT系统的规划、研发、实施和运营进行有效管理的方法。

ITSM起源于信息技术基础架构标准库(Information Technology Infrastructure Library,ITIL),ITIL是英国政府部门开发的一套信息技术服务管理标准库。它把英国在IT管理方面的方法归纳起来变成规范,为企业的IT部门提供一套从计划、研发、实施到运维的标准方法,其目的是提供一套独立于厂商并且可适用于不同规模、不同技术和业务需求的有效的信息技术服务管理方法。

信息技术服务管理(ITSM)是一种以服务为中心的IT管理,它以流程为中心,从复杂的IT管理活动中梳理出那些核心的流程,比如故障管理、问题管理和配置管理,将这些流程规范化、标准化,明确定义各个流程的目标和范围、成本和效益、运营步骤、关键成功因素和绩效指标、有关人员的责权利,以及各个流程之间的关系。

(1) ITSM适用于IT管理,而不是企业的业务管理。

(2) ITSM不是通用的IT规划方法,其重点是信息系统的运营和管理,是确保IT战略得到有效执行的战术性和运营性活动。

(3) 虽然技术管理是ITSM的重要组成部分,但ITSM的主要目标不是管理技术,其主要任务是管理客户和用户的IT需求。

2. 信息技术服务管理的要素

信息技术服务管理(ITSM)的要素是信息技术服务的基础。在信息技术服务过程中,根据信息技术服务管理要素的内容,对信息技术服务管理对象实施管理和监控。由于信息技术服务管理只是一套方法论,其最终的实施还是要依靠相应的工具和经验。信息技术服务管理最强调的就是流程、人员和技术三大要素的有机结合,信息技术服务管理在实施过程中不仅部署相应的管理工具,还将根据企业的具体情况制定人员的岗位职责、设计日常工作流程以及突发故障和问题管理流程等。只有把信息技术服务管理当作一个整体系统,重视人员、流程、服务、工具之间的整体规划与动态协调,才能促进信息技术服务管理体系的和谐运行。

管理体系是组织管理和持续改进方针、服务、流程被证明行之有效的框架。信息技术服务管理体系采用整合的流程方法计划、建立、实施、运行、监控、回顾、保持和改进服务管理体系(SMS),并有机地将组织、流程、服务、工具、文件五大架构结合起来。信息技术服务管理体系(SMS)通过领导的推动、全员的参与协调整合资源,以及实施为组织提供实时的控制、持续改进的机会,使信息技术服务更有效和更高效。

2.2.2 信息技术服务管理的原理、发展历程、特点和价值

1. 信息技术服务管理的基本原理

信息技术服务管理(ITSM)的基本原理可简单地用"二次转换"来概括,第一次是"梳理",第二次是"打包",如图2-3所示。

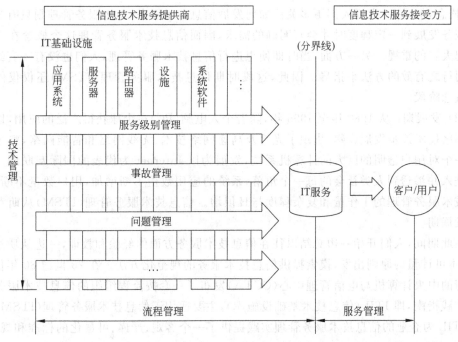

图2-3 信息技术服务管理(ITSM)的基本原理示意图

从图2-3可以看出:信息技术服务管理过程要经过二次转换,首先将纵向的各种技术管理工作进行"梳理",形成典型的流程,这是第一次转换。流程主要是提供方(服务提供商)内部使用的,客户对此并不感兴趣,仅有这些流程并不能保证服务质量或客户满意。然后将

这些流程按需"打包"成特定的信息技术服务提供给客户,这是第二次转换。第一次转换将技术管理转化为流程管理,第二次转换将流程管理转化为服务管理。

2. 信息技术服务管理的发展历程

信息技术服务管理(ITSM)作为一种管理IT的理念和方法论,从其产生、形成、发展到实施已走过相当长的一段路程,现在,信息技术服务管理的重要性受到世界范围内越来越多企业的认可。

从信息技术应用的规模、普及程度以及对国民经济和人们生活影响的程度来看,现代信息技术发展阶段与现代计算机技术和通信技术的发展历程密不可分。与之相对应,回顾信息技术服务管理(ITSM)的成长史,有一条很清晰的主线贯穿其中,那就是管理。信息技术服务管理经历了逐步提高的3个管理阶段。

(1) 萌芽期:从1965年至1980年,即个人电脑(PC)普及应用前的15年间,信息技术主要应用于大企业、银行、机场、港口、国防,以及其他一些大单位或重要部门。体积庞大的大计算机不仅用于科学计算,还用于文字处理、企业管理、自动控制等领域。各种系统独立运行,信息技术服务就是对各种系统进行维护和故障排除,信息技术服务处于以故障处理为主的萌芽期。

在此期间,面对大量凌乱无序的信息技术服务活动,虽然有人提出了"信息技术服务管理"的概念,但是,一方面人们更多关注如何发展信息技术服务,至于服务管理则只有当信息技术服务发展到一定程度时才会有明确的需求,因而信息技术服务管理这个概念在当时并未引起大家的重视。另一方面,当时即使想进行信息技术服务管理,人们也没有一套经过实践证明行之有效的方法来指导。因此,这段时期信息技术服务管理(ITSM)还仅仅停留在初步概念阶段。

(2) 发展期:从1980年至1995年,随着个人电脑(PC)在全球获得广泛的应用,以及计算机网络技术逐步发展成熟,出现了光纤及高速网络技术、无线网络和智能网络,整个网络就像一个对用户透明的巨大的计算机系统,发展为以Internet为代表的国际互联网。信息技术进入并渗透到人类社会的每一个角落,系统的应用数量不断增加,用户数量不断增加,信息技术服务管理的工作量和复杂程度与日俱增。信息技术服务管理(ITSM)从萌芽期步入了发展期。

在此期间,人们开始一边总结以往在信息技术服务方面的经验和教训,一边从质量可测量、成本可计量的原则出发,摸索提供信息技术服务的规范化方法。在20世纪80年代末英国政府的中央计算机与电信管理中心(CCTA)发布了一套按流程组织的信息技术服务管理最佳实践指南,即ITIL(信息技术基础设施库),主要适用于信息技术服务管理(ITSM)。

ITIL为企业的信息技术服务管理实践提供了一个客观、严谨、可量化的标准和规范,企业的IT部门和最终用户可以根据自己的能力和需求定义自己所要求的不同服务水平,参考ITIL来规划和制定其IT基础架构及服务管理,从而确保信息技术服务管理能为企业的业务运作提供更好的支持。对企业来说,实施ITIL的最大意义在于把IT与业务紧密地结合了起来,从而让企业的IT投资回报最大化。ITIL问世后不久便被推广到英国的私营企业,然后传遍欧洲和美国。至此,人们确定了以流程为中心的信息技术服务管理办法。

(3) 成熟期：从 1995 年至今，计算机网络特别是互联网(Internet)获得广泛的应用，数字化资源共享、电子商务、物联网、云计算、大数据和智慧地球等发展的如火如荼，改变了人们的生活、工作环境。随着信息技术服务管理(ITSM)的不断推广和实践，ITSM 在世界各国得到了较快的发展。信息技术服务管理(ITSM)进入了应用成熟期。

2005 年 12 月，由 ISO 组织发布了第一部具有国际权威性的信息技术服务管理体系标准——ISO/IEC 20000。此套体系规范秉承"以客户为中心，以流程为导向"的服务理念，旨在帮助企业组织能够有效地识别与管理信息技术服务管理的关键过程，保证在满足客户与业务需求的同时依照公认的"PDCA"方法论应用充分发挥信息技术服务持续改进的能力，最终达到企业组织用最小的成本获得最大收益价值的目的。

2007 年 5 月，英国商务部(OGC)与时俱进地融入了信息技术服务管理(ITSM)领域最新的实践经验，面向全球发布了 ITIL v3，其核心架构是基于服务生命周期的。它将 IT 服务管理生命周期分为 5 个阶段，贯穿于实践中，确保 IT 服务管理持续改进融入业务形成有机整体，把 IT 上升到企业战略资产高度，展示 IT 服务的价值。

3. 信息技术服务管理的特点

与传统的以职能为中心的 IT 管理方式相比，信息技术服务管理(ITSM)有以下 3 个特点，正是因为有这些显著的特点，使信息技术服务管理得到了广泛应用。

(1) 共性：信息技术服务管理是一种基于信息技术基础架构标准库(ITIL)的信息化建设的国际管理规范。ITIL 体系提供了"通用的语言"，为从事 ITSM 的相关人员提供了共同的模式、方法和同样的术语，使用户和服务提供者通过有共性的工具深入讨论用户的需求，很容易达成共识。

(2) 中立：信息技术服务管理为 IT 管理提供了实施框架，这样可以让用户不会受制于任何单独的服务提供商。信息技术服务管理不针对任何特殊的平台或技术，也不会因下一代操作系统的发布而改变。

(3) 实用：信息技术服务管理是一种以流程为导向、以客户为中心的方法，它在兼顾理论和学术的同时非常注重实用和灵活。

4. 信息技术服务管理与传统 IT 管理方式的差别

信息技术服务管理(ITSM)与传统的以职能为中心的 IT 管理方式有很大的差别(见图 2-4)。

ITSM 适用于 IT 管理，而不是企业的业务管理。清楚这一点非常重要，因为它明确地划分了 ITSM 与企业资源计划(ERP)、客户关系管理(CRM)和供应链管理(SCM)等管理方法和软件之间的界限，这个界限是前者面向 IT 管理，后者面向业务管理。ITSM 不是通用的 IT 规划方法。ITSM 的重点是 IT 的运营和管理，而不是 IT 的战略规划。如果把组织的业务过程比作安排一辆汽车去完成一趟运输任务，那么 IT 规划的任务相当于为这次旅行选定正确的路线、合适的汽车和司机。而 ITSM 的任务则是确保汽车行驶过程中司机遵循操作规程和交通规则，对汽车进行必要的维修和保养，尽量避免其出现故障，一旦出现故障也能很快修复，并且当汽车到达目的地时，整个行驶过程中的所有费用都可以准确地计算出

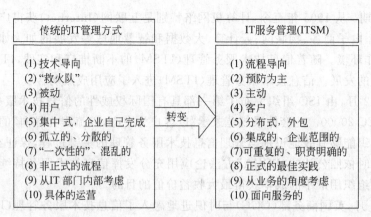

图 2-4 ITSM 与传统的 IT 管理方式比较示意图

来,这便于衡量成本效益,为做出有关调整提供决策依据。简单地说,IT 规划关注的是组织的 IT 方面的战略问题,而 ITSM 是确保 IT 战略得到有效执行的战术性和运营性活动。

虽然技术管理是 ITSM 的重要组成部分,但 ITSM 的主要目标不是管理技术。有关 IT 的技术管理是系统管理和网络管理的任务,ITSM 的主要任务是管理客户和用户的信息技术需求,这有点像营销管理。营销管理的本质是需求管理,其目标在于如何让组织生产的最终产品或提供的服务满足市场(客户)的需求。同样,在 ITSM 中,IT 部门或 IT 外包商是信息技术服务的提供者,业务部门是 IT 部门或 IT 外包商的客户,如何有效地利用 IT 资源恰当地满足业务部门的需求就成了 ITSM 的最终使命。换个角度说,对客户而言,业务部门只需关心信息技术服务有没有满足其要求,至于信息技术服务本身能不能或者怎样满足要求,业务部门作为客户不用也没有必要关心。

关于这一点,可以用下面的例子说明。某用户急需打印一份页数较多的文件,但恰好此时打印机出现故障,那么传统的处理方式是通知并等待 IT 部门修复打印机,然后从感情上表达不满,而信息技术服务管理(ITSM)的处理方式则是对 IT 部门说"请在下午 3:00 前修好打印机。"至于修理工作是怎样完成的,比如是通过修复或换一台打印机,那是 IT 部门的事,业务部门只需为服务本身付费即可。这就是 ITSM 与传统的 IT 管理的本质不同之处。

5. 信息技术服务管理的价值

信息技术服务管理(ITSM)首要和基本的作用是把企业 IT 基础设施的"粗放型"管理方式变为"精细型"管理方式,企业通过实施信息技术服务管理(ITSM)变被动管理为主动管理。信息技术服务管理(ITSM)给实施它的企业、企业员工及其他利益相关者提供多方面的价值,包括以下内容。

(1) 商业价值:信息技术在商业中扮演着越来越重要的角色,通过实施信息技术服务管理(ITSM)可以获取多方面的商业价值。

① 确保信息技术流程支撑业务流程,在整体上提高了业务运营的质量。

② 提供了更可靠的业务支持。

③ 客户对信息技术有更合理的期望,并更加清楚为达到这些期望他们所需要的付出。

④ 提高了客户和业务人员的生产率。
⑤ 提供更加及时、有效的业务持续性服务。
⑥ 客户和信息技术服务提供者之间建立更加融洽的工作关系。
⑦ 提高了客户满意度。

(2) 财务价值：信息技术服务管理(ITSM)不但提供商业价值，而且使企业在财务上直接受益。
① 降低了实施变更的成本。
② 当软件或硬件不再使用时可以及时取消对其的维护合同。
③ "量体裁衣"的能力，即根据实际需要提供适当的能力，如磁盘容量。
④ 恰当的服务持续性费用。

(3) 员工利益：信息技术服务管理(ITSM)也使服务人员多方面受益。
① 使服务人员更加清楚地了解客户对他们的期望，并有合适的流程和相应的培训以确保他们能够实现这些期望。
② 提高了信息技术从业人员的生产率。
③ 提高了信息技术从业人员的士气和工作满意度。
④ 使信息技术部门的价值得到更好的体现，从而提高了员工的工作积极性。

(4) 创新价值：信息技术服务管理(ITSM)提供的创新价值包括以下内容。
① 信息技术服务(ITS)供方(服务提供商)更加清楚地了解客户的需求，确保信息技术服务有效支撑业务流程。
② 更多地了解当前提供的信息技术服务的有关信息。
③ 改进信息技术支持，使业务部门能够更加灵活地使用信息技术。
④ 提高了服务的灵活性和可适应性。
⑤ 提高了预知未来发展趋势的能力，从而能够更加迅速地采用新的服务需求和进行市场开发。

2.3 信息技术服务产业链和生命周期理论

产业链是产业经济学中的一个概念，是各个产业部门之间基于一定的技术经济关联，并依据特定的逻辑关系和时空布局关系客观形成的链条式关联关系形态。区域产业链条则将产业链的研究深入区域产业系统内部，分析各产业部门之间的链条式关联关系，探讨城乡之间、区域之间产业的分工合作、互补互动、协调运行等问题。

2.3.1 信息技术服务产业链

1. 信息产业、信息产业化与产业信息化

(1) 信息产业：信息产业是知识、技术和信息密集的产业部门的统称，属于第四产业范畴，主要以信息技术为基础，从事信息的生产、传递、储存、加工和处理，包括计算机及其网络系统的软/硬件设计、开发、生产、咨询、服务部门等。

产业与行业概念的区别主要是：产业是指按照规模经济和范围经济要求集成起来的行业群体。产业概念的外延要大于行业，它是由分散在多个行业、具有同样的业务性质的经济组织组成的。产业的概念比较宽泛，我国将国民经济各行业划分为第一产业（农业）、第二产业（工业）、第三产业（流通和服务）、第四产业（信息）。所谓行业，是反映以生产要素组合为特征的各类经济活动。行业是根据人类经济活动的技术特点划分的，即按照反映生产力三要素（劳动者、劳动对象、劳动资料）不同排列组合的各类经济活动的特点划分的。

(2) 信息产业化：信息产业化是指在信息化过程中将信息产品制造、信息开发及信息服务等发展成为一个相对独立的行业，即信息产业，提高信息产业增加值在国民生产总值中的比重并达到信息资源共享的过程。它的内涵比较丰富，包括加快电子信息产品制造业、软件业、电信业、信息服务业的发展，推动信息科技成果的产业化，加强信息资源的开发和信息技术的推广应用等。

(3) 产业信息化：产业信息化是指传统产业通过信息服务机构大量采用信息技术充分开发、利用信息资源提高劳动生产效率和经济效益的过程。其作用和目的在于优化产业结构，提高管理水平，为信息产业化提供广泛的应用基础，为信息产品和信息服务提供广阔的应用市场。

2. 产业链的定义

产业链是对产业部门间基于技术经济联系而表现出的环环相扣的关联关系的形象描述。产业链主要是基于各个地区客观存在的区域差异，着眼发挥区域比较优势，借助区域市场协调地区间专业化分工和多维性需求的矛盾，以产业合作作为实现形式和内容的区域合作载体。

产业链是一个包含价值链、企业链、供应链和空间链4个维度的概念。这4个维度在相互对接的均衡过程中形成了产业链，这种"对接机制"是产业链形成的内模式，作为一种客观规律，它像一只"无形之手"调控着产业链的形成。

产业链的本质是用于描述一个具有某种内在联系的企业群结构，它是一个相对宏观的概念，存在两维属性，即结构属性和价值属性。产业链中大量存在着上、下游关系和相互价值的交换，上游环节向下游环节输送产品或服务，下游环节向上游环节反馈信息。

3. 信息技术服务管理产业链

随着信息技术服务管理的发展，特别是信息技术基础架构标准库（ITIL）的成功开发及其在世界范围内的广泛应用，信息技术服务管理领域已经形成了一个完整的"蝴蝶"形产业链（见图2-5）。

(1) 第一层：信息技术服务管理产业链的顶端是ITSM领域事实上的国际标准ITIL，以及以ITIL为基础开发制定的信息技术服务管理国际标准ISO/IEC 20000和中国标准ITSS。

(2) 第二层：信息技术服务管理产业链的中端是ITSM方法论和软件。ITIL只是说明为了最佳地管理IT运营和支持，人们需要"做什么"，并没有告诉你"怎么做"。为了在实际中运用ITIL，一方面各个公司必须开发自己的ITMS实施方法论，比如微软公司的MOF

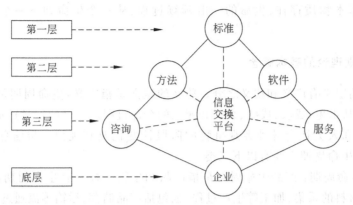

图 2-5 信息技术服务管理产业链

(管理运营构架)、Sun 公司的 Sun Tone，以及 IBM 公司的 ITPM(IT 流程模型)。

信息技术服务管理(ITSM)公司在企业真正实施和运营时还需要配套软件的支持,例如 IT 基础设施出现故障以后需要及时判断故障来源,这就需要准确地了解基础设施组件的有关信息,此时需要有组件数据库;同时还需要将发生的故障与以往出现的故障相比较,看是否有类似情况,以方便进一步采取行动,这就需要有故障数据库;当故障不能及时解决时需要将其升级,转交给更高级的故障处理小组,这时需要系统能够将有关情况清楚地反映给该小组;最后,故障处理完毕后还要提交故障处理报告。由此可见,信息技术服务管理(ITSM)工作过程没有一套集成系统的支持是不可能完成的。

适用于信息技术服务管理(ITSM)工作过程的软件本身是非常复杂的,它涉及系统管理、网络管理、资产管理和故障管理等方方面面。现在市场上已有相关的专业软件出售,它们能够胜任 ITSM 的大多数功能需求,如 IBM 公司的 Maximo、BMC 公司的 Remedy,以及翰纬公司的维易 ITSM 软件等。

(3) 第三层：信息技术服务管理产业链的第一层是"做什么",第二层是"如何做",第三层则是要解决"谁来做"的问题。第一层的标准和第二层的实施方法和软件都是面向通用目的的,从通用到特定企业的转换需要有实施 ITSM 的企业积极参与配合,以便 ITSM 提供商能有效地开展 ITSM 咨询、培训和认证以及服务等项工作。

(4) 第四层(底层)：信息技术服务管理产业链的底端是实施 ITSM 的企业,它是该产业链中最至关重要的一环。ITSM 并不是一套逻辑推导凭空出来的理论,而是经过长期实践总结出来的经验上升为理论,具有很强的实用性和实践性。实施 ITSM 的企业既提供了应用 ITSM 的市场,也提供了许多重要的经验教训。目前,我国已有许多企业成功地应用了 ITSM,例如宝洁公司通过采用 ITSM 在随后的 4 年中就节省了超过 5 亿美元的 IT 预算。

2.3.2 信息技术服务的生命周期理论

生命周期(Life Cycle)的概念应用很广泛,特别是在政治、经济、环境、技术、社会等诸多领域经常出现,其基本含义可以通俗地理解为"从摇篮到坟墓"(Cradle-to-Grave)的整个过程。世上万物都是有生有死,有一定生命周期的。生命周期理论是研究客观事物发展过程中的生命周期现象,也就是研究客观事物从产生到结束整个生命过程的周而复始的理论。

它包括生命的基本物质存在、生命的一般延续过程、从一个生命到下一个生命的周期规律性。

1. 生命周期理论的基本概念

生命周期的定义有广义和狭义之分。狭义的定义是指本义，生命周期是一个生命科学术语，即生物体从出生、成长、成熟、衰退到死亡的全部过程。广义的定义是本义的延伸和发展，泛指自然界和人类社会各种客观事物的阶段性变化及其规律。与信息技术服务管理(ITSM)相关的生命周期主要有以下三类。

(1) 产品生命周期：产品生命周期是指产品和生物一样具有生命周期，既包括制造产品所需要的原材料的采集、加工等生产过程，也包括产品储存、运输等流通过程，还包括产品的使用过程以及产品报废或处置等废弃回到自然过程，这个过程构成了一个完整的产品的生命周期。

(2) 服务生命周期：服务生命周期是指一个新的服务要经过从服务战略上的需求分析、服务规划设计、服务部署实施到持续性服务改进的全过程。

(3) 客户关系生命周期：客户关系生命周期是指从企业与客户建立业务关系到完全终止关系为止的全过程。它是企业与客户之间的关系水平随时间变化的发展轨迹，动态地描述了客户关系在不同阶段的总体特征。

2. 信息技术服务的生命周期

由于信息技术服务(ITS)是作为IT系统的一部分加以运作的，并具有一定的不确定性，有必要将它分为若干个阶段。信息技术服务生命周期指的就是这样一系列阶段的集合。

信息技术服务管理(ITSM)是一种以服务为中心的IT管理，它不属于企业的业务管理，重点是信息系统的运营和管理。虽然技术管理是信息技术服务管理的重要组成部分，但信息技术服务管理的主要目标不是管理技术，其主要任务是管理客户和用户的IT需求。信息技术服务(ITS)生命周期与客户关系生命周期有着极其紧密的关联，它从开始到结束是渐进地发展和演变的，不同类型的信息技术服务可以划分为内容和个数不同的若干阶段，这些不同的阶段先后衔接起来便构成了它的生命周期。由于信息技术服务种类繁多，所以生命周期的长短和具体阶段的划分会有差异，信息技术服务小型项目的生命周期只有几个小时或几天，而大型项目的生命周期可能要几年，甚至十几年。

在信息技术服务管理(ITSM)实践过程中，如果从系统工程的角度考虑，需要综合考虑信息技术服务全生命周期中各个阶段应如何实施；如果以项目为主体，由于不同项目的规模"可大可小"，实施的过程"可简可繁"，实施的力度"可深可浅"，则需要结合组织的实际情况选择成熟的或急用的服务领域作为切入点。总地来说，无论在什么情况下，实施信息技术服务管理都需要从人员、标准规范、管理流程、技术及资源等方面进行综合考虑。

尽管不同类型信息技术服务(ITS)生命周期划分的阶段名称、内容和时间长短各不相同，为了便于说明，一般可以依次归纳为4个大阶段，它们是启动阶段(又称概念阶段)、规划阶段、实施运行阶段、收尾阶段。这4个阶段按照一定的顺序排列，并构成了信息技术服务过程。信息技术服务过程的4个大阶段既有联系，又互相作用和影响。为了更好地完成信息技术服务(ITS)每个阶段的各项工作和活动,需要开展一系列有关服务计划、决策、组织、沟通、协调、评审和控制等方面的管理活动,这一系列管理活动便构成了信息技术服务管理(ITSM)过程。信息技术服务管理过程一般由6个过程组成,包括启动过程、计划过程、执行过程、检查过程、处理过程和结束过程(如图2-6)。

信息技术服务(ITS)生命周期是一次性的过程,信息技术服务管理(ITSM)过程则不然,它的6个过程贯穿于信息技术服务生命周期中的每一个阶段,并按一定的顺序进行,其工作强度也有所变化。

启动过程接受上一阶段交付的成果,经研究确认后下一阶段可以开始,并提出对下一阶段的要求;计划过程制订计划文件作为执行过程的依据;执行过程实施服务管理计划,加以管理并交付服务;检查过程采用适宜的方法来监视并进行适当的测量和评估服务,指出执行结果与计划的偏差;处理过程有两种结果,一种结果是制定控制措施,改进服务交付和管理的有效性及效率,并转入下一个PDCA循环,另一种结果是实现了该阶段启动过程提出的要求,循环结束,转入结束过程;结束过程与启动过程一样重要,正所谓有始有终,目的是对过程结果进行验收和接受,以便开始下一个阶段的工作,如图2-6所示。

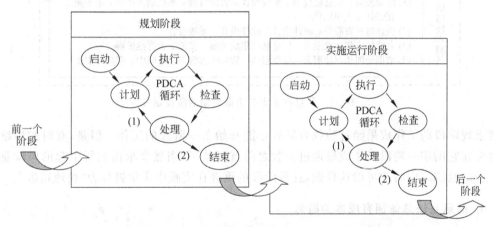

图2-6 信息技术服务阶段之间和信息技术服务管理过程之间的联系

这6个过程中的每一个计划指标都要有保证措施。一个PDCA循环完了,解决了一部分的问题,可能还有其他问题尚未解决,或者又出现了新的问题,则要转入下一轮PDCA循环解决,直到启动过程提出的要求得到满足,循环结束,开始结束过程。

3. 信息技术服务生命周期的阶段划分

信息技术服务(ITS)生命周期确定了它的开端和结束,即信息系统从咨询、规划设计开始到交付使用,直到最终终止的整个过程,一般可划分为信息技术咨询服务(启动阶段)、设计与开发服务(规划阶段)、信息系统集成服务(实施运行阶段)、项目审计和项目后评价咨询服务(收尾阶段)4个阶段(见图2-7),其中实施运行阶段包括信息系统集成实施、监理、运行维护服务三项。在信息技术服务的整个生命周期中,运行维护服务阶段是占用人的精力最多、最具挑战性的一个阶段。

信息技术服务阶段划分的前后顺序是由其生命周期确定的,在信息技术服务过程中,通

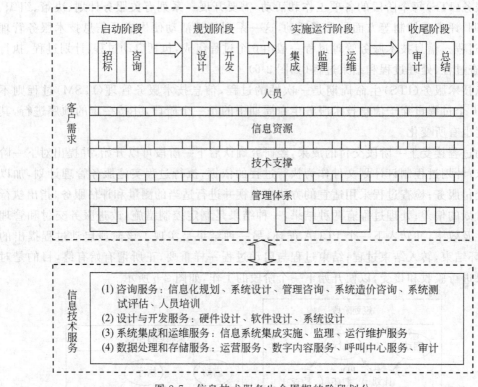

图 2-7 信息技术服务生命周期的阶段划分

常要求现阶段的工作成果经过验收合格后才能开始下一阶段的工作。但是,有时候后继阶段也会在它的前一阶段工作成果通过验收之前就开始了,当然要求由此所引起的风险是在可接受的范围之内时才可以这样做,这种阶段的重叠在实践中常常被称为"快速跟进"。

4. 信息系统总体拥有成本的概念

有统计调查资料表明:企业5年内信息系统软/硬件采购成本仅占整个系统所有成本的12%。那么其他的钱都花到哪里去了?17%花在管理监督上,14%花在技术支持上,57%则是花在用户端操作上。所有这些成本加起来称为"总体拥有成本(Total Cost of Ownership,TCO)"。

总体拥有成本(TCO)是公司经常采用的一种技术评价标准,它的核心思想是在一定时间范围内所拥有的包括置业成本(Acquisition Cost)和每年总成本在内的总体成本。在某些情况下,这一总体成本是一个为获得可比较的现行开支而对5年时间范围内的成本进行平均的值。

总体拥有成本(TCO)概念的突出优点是在某个项目购进的初期人们对其将来可能要投入的成本尚未清楚的时候,它提供了一种强有力的成本估算方法。其缺点是由于它是被孤立使用的,所以提供的仅仅是一种有关某一个应用软件的成本的非常狭窄的方法。

虽然总体拥有成本(TCO)是公司经常采用的一种技术评价标准,但是当评估潜在的投资时,公司时常会在TCO方面犯错误。正如你不应该去选择一个费用最低的心脏外科医生或是一家维护费用最低的航空公司一样,你也不应该选择一个总体拥有成本(TCO)最低的信息系统。相反,你应该在检查了总成本和总收益之后对公司所能承受的平衡底线并能产生最积极作用的解决方案做出理智的决定。所以,我们对 TCO 的优点和缺点有了充分的认识后才能更好地利用它。

信息技术服务(ITS)生命周期的主要特点包括以下几个方面。

(1) 不同阶段资源投入强度不同:信息技术服务开始时,即在启动阶段,所需资源投入少,随着服务活动的开展,所需资源投入逐渐增加,在信息技术服务的实施阶段达到最高峰,此后又逐渐下降,直到服务终止。图2-8 表示典型的资源投入模式。

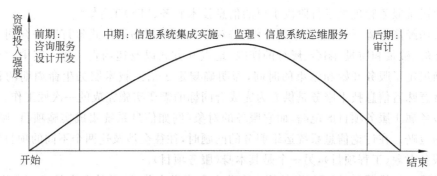

图 2-8 信息技术服务(ITS)生命周期内典型的资源投入模式

(2) 不同阶段面临的风险程度不同:服务开始时风险和不确定性最高,成功的概率最低。随着任务一项项的完成,不确定性和风险逐渐减少,成功的可能性也越来越高。

2.4 信息系统运维服务管理的基本概念

信息系统运维服务管理是信息技术服务管理的核心和重点部分,也是内容最多、最繁杂的部分。大量实践统计数据表明:在信息系统生命周期中,大约80%的时间与信息系统运营维护有关,而该阶段的投资仅占整个信息系统投资的20%,形成了典型的"技术高消费"、"轻服务、重技术"现象。在经常出现的问题中,源自技术失误或产品故障,如硬件、软件、网络、电力失常及天灾等方面造成的损失其实只占了20%,而流程失误方面的问题占40%,人员疏失方面的问题占40%。流程失误包括变更管理没有做好、超载、没有测试等造成程序上的错误或不完整;人员疏失包括忘了做某些事情、训练不足、备份错误或安全疏忽等。这就说明,信息系统运维方面的问题更多的不是来自技术,而是来自管理方面。

2.4.1 信息系统运维服务

1. 信息系统运维服务的定义

信息系统运行维护服务(IT Operation and Maintenance Service,ITOMS)是指运维服务供方(Operation and Maintenance Service Provider,OMSP)依据需方(Operation and Maintenance Service Demander,OMSD)提出的服务级别要求,采用信息技术手段及方法对

其所使用的信息系统运行环境、业务系统等提供的综合服务。

在大多数情况下，信息系统运行维护和运营是同时存在的两个活动。但这两个活动的概念是不同的，信息系统运营服务（IT Operation Service，ITOS）是指供方根据需方的需求提供租用软件应用系统、业务支撑平台、信息系统基础设施等的部分或全部功能的服务。

信息系统运维服务（ITOMS）的概念源于信息系统的生命周期，通常信息系统要经历启动阶段、规划阶段、实施运行阶段、收尾阶段4个阶段，每个阶段都有相应的信息技术服务（ITS）工作内容，分别是信息技术咨询服务（启动阶段）、设计与开发服务（规划阶段）、信息系统集成实施及运行维护服务（实施运行阶段）、项目审计和项目后评价咨询服务（收尾阶段），其中运维服务管理是运行阶段主要的信息技术服务（ITS）工作。

在市场经济环境下，信息技术服务供、需双方一般采用书面形式签订服务合同，其主要条款有标的、数量和质量、酬金、履行的期限、地点和方式以及违约责任等。其中，合同履行期限明确规定了服务开始和结束的时间，即明确规定了信息技术服务生命周期的长短（工期），这就意味着信息技术服务是供方为完成合同标的需要实施完成的一次性工作。信息系统运维服务属于服务项目的范畴，而它服务的对象（例如信息系统集成实施项目）则属于工程项目的范畴。在讨论信息系统运维服务的问题时，往往会涉及这两个不同的项目概念，一个是其服务对象（工程项目），另一个是其本身（服务项目）。

信息系统运维服务（ITOMS）的概念有狭义和广义之分，狭义的概念是指信息系统运行维护的基本范围，主要指信息系统交付后的日常运行保障和系统维护，包括硬件系统、软件系统和运行环境等的维护。广义信息系统运行维护服务的范围要广泛得多，除了上述基本范围包含的内容以外，还包含人员信息技术培训服务、咨询评估服务和系统优化改善服务等内容，其中咨询评估服务包括企业信息化战略规划咨询、信息安全管理咨询、信息技术治理咨询、信息系统审计咨询、信息技术服务管理咨询，以及信息系统设计和测试评估认证等内容。系统优化改善服务是指通过整合企业IT资源和引进新的IT资源、技能以及开发基于IT的新的业务能力实现技术和技能的升级，从而提高企业信息系统资源绩效，达到节约成本、改进质量、提高资源生产力的目标。在实际工作中，大多数客户都会要求供方提供广义信息系统运行维护服务所包含的服务内容。

2. 信息系统运维服务的基本要素

信息系统运维服务的目的是给客户创造价值，即利用企业的技术能力与资源来创造价值，从而提高客户的满意度。为确保提供的信息系统运维服务符合与需方（OMSD）约定的质量要求，运维服务供方（OMSP）应具备实施信息系统运维服务（ITOMS）的基本条件和能力。信息系统运维服务能力中有4个关键的基本要素，即人员、资源、技术和过程，每个要素通过关键指标反映运行维护服务的条件和能力。在供方范围内，人员利用资源、运用技术、通过过程为需方提供信息技术运行维护服务（见图2-9）。

在信息系统运维服务的4个关键要素中，由于人员的素质与工作质量最终决定了整个运维服务的质量，所以最重要的是清晰地定义运维服务人员的角色和职责，明确人员的技能等级，并进行IT部门内部的技术力量储备和人员梯队建设。换而言之，信息系统运维服务最核心的部分应该是能够把人与人之间的合作、协同这种流程做得更全面、更完善、更加流

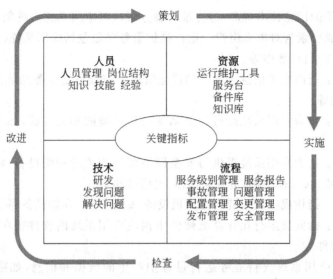

图 2-9 信息系统运维服务的基本条件和能力

畅和透明化。

3. 信息系统运维服务的对象和主要内容

信息系统运维服务（ITOMS）是供方按照需方的要求在相关信息技术资产上进行的服务活动，构成了运行维护服务对象和内容，如图 2-10 所示。

图 2-10 信息系统运维服务（OMS）的对象和内容

（1）信息系统运维服务对象：信息系统运维服务的对象（Operation and Maintenance Service Object，OMSO）是运行维护服务的受体，是运行维护服务供方按服务需求所提供的运行维护服务相关的信息技术资产,运行维护服务可以以应用系统为对象,也可以以信息技术基础设施的组成要素为对象来组织。运行维护服务对象包括应用系统、基础环境、网络平台、硬件平台、软件平台、数据等。

① 应用系统:指由相关信息技术基础设施组成的完成特定业务功能的系统,如邮件系统、文件分发系统等。

② 基础环境:指为应用系统运行提供基础运行环境的相关设施,如安防系统、弱电智能系统等。

③ 网络平台:指为应用系统提供与安全网络环境相关的网络设备、电信设施,如路由器、交换机、防火墙、入侵检测器、负载均衡器、电信线路等。

④ 硬件平台:指构成应用系统的计算机设备,如服务器、存储设备等。

⑤ 软件平台:指安装运行在计算机硬件中构成应用系统的软件程序,如系统软件、支持性软件、应用软件等。

⑥ 数据:指应用系统支持业务运行过程中产生的数据和信息,如账务数据、交易记录等。

(2) 信息系统运维服务内容:信息系统运维服务内容(Operation and Maintenance Service Content,OMSC)根据其工作目标、工作内容、交付结果分为四大类,包括以下内容。

① 例行操作服务:信息系统运维服务供方提供的预定的例行服务,以及时获得运行维护服务对象状态,发现并处理潜在的故障隐患。

② 响应支持服务:信息系统运维服务供方接到需方服务请求或故障申告后在服务级别协议(Service Level Agreement,SLA)的承诺范围内尽快降低和消除对需方业务的影响。

③ 优化改善服务:信息系统运维服务供方为适应需方业务要求通过提供调优改进服务和人员信息技术培训服务达到提高运行维护服务对象性能或管理能力的目的。

④ 咨询评估服务:信息系统运维服务供方结合需方业务需求通过对运行维护服务对象的调研和分析提出咨询建议或评估方案。

4. 信息系统运维服务与质保服务的关系

质保(Maintenance Agreement,MA)服务也称为维保服务,是指在产品质保期内通过故障报修、故障定位等方式进行设备的备件更换、补丁安装和定期巡检等增值服务。响应时间和修复速度是评估质保服务水平和质量的重要指标。质保服务的宗旨是产品供应商为了向客户证明自己的产品符合标准、质量有保证所采取的服务措施,即保证在一定期限内产品的质量没问题或出了问题由供应商负责。虽然质保服务的概念仅局限于个别设备的故障检修,不涉及整个信息系统全局性性能的优化问题,但是它是信息系统运行维护的基础,尤其是信息系统中关键设备的原厂质保服务特别重要。

信息系统运维服务则是运维服务供方(OMSP)对需方(OMSD)的信息系统基础设施进行整体运行维护及优化,由驻场的一线运维工程师和非驻场的二线专家团队进行流程化、规范化协作支持,形成多产品技能的专业化和团队化支持体系,为需方提供信息系统基础架构的流程化、标准化、规范化、专业化的制度化管理,技术实施内容包括数据库整理和调整、备份执行、策略调整、系统参数调整、临时空间清理、存储容量分配和再分配、存储性能优化等各种作业在内的执行,并对作业规范进行制定和优化、优化管理系统资源、监督管理故障维修(由质保服务供应商提供)等。在评估信息系统运维服务的服务水平时,能否实现业务系统运行稳定以及对业务应用发展的支持能力是重要的考核指标。

信息系统运维服务供应商(OMSP)必须基于自身多年的信息系统运维能力和对行业经验的积累形成一套规范化的信息系统运维服务管理体系(人员、流程、工具、平台),实现从原有的基于质保服务的理念提升为以流程为导向、以客户为中心的信息系统运维服务转型,通过信息技术外包服务向企业输出技术加管理的运维服务,整合信息技术服务与业务组织,持续提高信息技术服务支持的能力和水平。

与为客户的主机、服务器、存储、网络等设备进行产品自身的软/硬件支持及故障处理的质保服务相比,信息系统运维服务(ITOMS)需要运维服务供应商(OMSP)更多地在对企业IT基础架构的全面且充分地了解的前提下,通过信息技术的应用实现对信息系统基础架构的优化和改善,为客户的业务规划发展提供更加有利的业务支持和保障建议,实现客户IT资产收益的最大化。

2.4.2 信息系统运维服务管理

1. 信息系统运维服务管理的定义

信息系统运维服务管理是指运维服务供方(OMSP)采用相关方法、手段、技术、制度、流程和文档等对信息系统的运行环境、信息系统本身及运维人员所进行的综合一体化管理。在信息系统运维过程中需要建立一整套科学的管理制度,如运维服务管理体系、运维服务管理方式及流程、运维组织及日常管理制度以及运维服务外包管理等,以保障信息系统整个运维服务管理工作切实发挥其实用性、高效性。完善的运维组织与管理不仅是运维体系稳定运行的根本保证,同时也是实现运维服务管理人员按章有序地进行信息系统运维服务、减少运维中不确定因素、提高工作质量和水平的重要保障。

信息系统运维服务管理主要包括运维平台和运维手段建设,岗位职责规范,制度及流程的制订、变更和执行,工作监督、检查和绩效考核,人员素质的培养和提高,数据交换及应用,系统安全及容灾管理等,要按故障处理规程做好各种故障的审核审批和处理工作,协调运维各岗位间的工作关系和顺畅联系,落实上级下达的运维工作任务,不断提高运维工作质量和效率。

2. 信息系统运维服务管理的发展历程

(1) 网络运维服务管理阶段:20世纪90年代至21世纪中期,即在企业信息系统运维服务管理的早期,人们侧重于对信息系统网络、硬件等设备的管理,以使系统网络能正常、高效地运行。在这一时期,ITSM=软件,信息系统运维服务管理被看作是一套网管软件。网管软件面向的目标主要是底层的基础网络设备,对网络中的底层设备进行实时、统一的监控。当网络中出现了问题或即将出现问题时,网管软件向网络管理者提出故障定位和报警,这样做无疑大大方便了网络管理员的工作,因此信息系统运维服务管理人员被称为网络管理员。人们重视的是网管软件的功能和性能,而咨询和培训不被看重。

(2) 运维服务管理一体化阶段：21世纪中期以后，随着企业信息化基础平台建设的发展、信息系统的日益成熟和复杂，信息系统和业务的融合越来越紧密。越来越多的企业意识到，业务系统涉及的环节逐渐增多，单一的网络运维服务管理已经不足以满足管理需求，需要落实如何保障业务系统的各个环节正常运行。企业管理的需求开始从日常的运营监控、统计分析、发现问题、解决问题向信息系统流程化管理扩展。在这一时期，ITSM＝软件＋流程，人们逐步认识到必须要有流程，而且要有符合不同实际需求的流程，才能真正实现信息系统运维服务管理。因此，除网管软件外，培训、咨询、综合一体化管理等开始被广泛认同。

(3) 运维服务管理专业化分工（外包）阶段：由于企业发展过程中不断扩大的软/硬件设备、不断变更的IT资产、不断完善的部门机制以及日趋复杂化的人员操作流程都需要全面细化的掌控，因此与信息系统运维服务管理一体化发展的同时，运维服务管理专业化分工（外包）成为一种不可逆转的趋势。在这一时期，ITSM＝软件＋流程＋人员。企业专注于自己的核心业务，而将其信息系统运维服务管理业务外包给专业的信息技术服务公司。

3. 信息系统运维服务的工作流模式

信息系统运维服务的工作流模式与服务的体系结构相关，其中服务管理是服务的基础核心结构。其通用流程模型如图2-11所示。

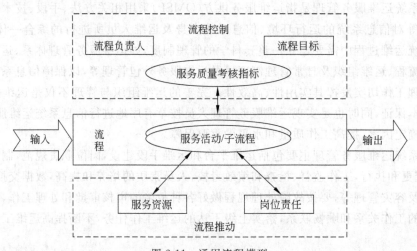

图2-11 通用流程模型

通用流程模型说明了启动及执行规范的服务流程时需要考虑的外部因素：输入、流程的目标、所需服务资源等外部条件；需要考虑的内部因素：服务活动、子流程和人员的岗位及其相关的责任。即信息系统运行维护服务工作流程是包含流程控制和推动条件的业务流程。

4. 信息系统运维服务的流程管理

信息系统运维服务实施过程中需要有更多的创造性和规范性工作。首先，运维服务人员必须用较多的时间去了解系统的体系结构，理解别人编写的程序和文档，且对系统的修改不能影响该系统的正确性和完整性。其次,整个系统运维服务工作又必须在所规定的很短时间内完成。因此,有必要建立信息系统运维服务管理流程,强化规范执行力度,建立各种故障的运维服务规范化处理指南,并利用表格等工具记录运维服务处理情况,认真填写运维服务日志,定期回顾并从中辨识和发现问题的线索和根源,以减少运维服务操作的随意性及降低故障发生的概率。

作为信息技术服务的一种管理方式,信息系统运维服务管理的目的是通过制定科学有序的管理流程和规章制度,实现信息系统运维服务工作的集中管理、集中维护、集中监控,以维护信息系统的正常运行和使用,保证业务需要,提高业务运作效率,降低业务运作成本。由于信息系统运维服务是运维服务供方(OMSP)向需方(OMSD)提供的服务产品,因此相关的服务质量应该可度量,服务提供方式应该符合规定的流程。当前大部分信息系统运维服务管理是基于流程框架展开的,这里的流程是指信息系统运维服务管理的各种业务过程。信息系统运维服务管理涉及服务战略、服务设计、服务转换、服务运营和持续服务改进5个核心模块,这5个核心模块共包含26项流程和4项管理职能。在流程框架实际应用中往往有选择地实施其中的某些流程或者流程中某些部分,而且并不是所有的流程都要通过工具来实现,很多时候是通过管理制度来实现的。运维服务管理流程框架将达到以下目标。

(1)标准化:通过流程框架,构建标准的运维服务流程。

(2)流程化:将大部分运维服务工作流程化,确保工作可重复,并且这些工作都能在有质量保证的前提下完成,以提升运维服务工作效率。

(3)自动化:基于流程框架将系统故障与运维服务管理流程相关联,一旦被监控的系统发生性能超标或宕机,会触发相关故障及事先定义好的流程,可自动启动故障响应和恢复机制;此外还可以通过自动化手段(工具)有效完成日常工作,例如逻辑网络拓扑图、硬件备份等。

本 章 小 结

信息技术服务是供方(服务提供商)为需方(客户)提供开发、应用信息技术的服务,以及供方以信息技术为手段提供支持需方业务活动的服务,它常见的服务形态有信息技术咨询服务、设计与开发服务、信息系统集成实施服务、运维服务、数据处理和存储服务、运营服务、数字内容服务、呼叫中心服务及其他信息技术服务。信息系统运维服务的概念源于信息系统的生命周期,通常信息系统要经历启动阶段、规划阶段、实施运行阶段、收尾阶段4个阶段,每个阶段都有相应的信息技术服务工作内容,分别是信息技术咨询服务(启动阶段)、设计与开发服务(规划阶段)、信息系统集成实施及运行维护服务(实施运行阶段)、项目审计和项目后评价咨询服务(收尾阶段),其中运维服务管理是运行阶段主要的信息技术服务工作。

本章首先要了解信息技术服务的定义、特点和类型,信息技术外包的类型和优势,以及信息化工程项目及其建设标准,信息技术服务质量的定义、范畴和特性等内容,其次要了解信息技术服务管理的定义、要素、原理、发展历程、特点、价值、信息技术服务管理产业链、信息技术服务的生命周期和信息系统总体拥有成本等基本概念。通过对本章学习,读者要了解和熟悉信息系统运维服务的定义、基本要素、服务对象和主要内容,其中包括信息系统运维服务与质保服务的关系等;要着重熟悉和掌握信息系统运维服务管理的定义、发展历程、流程管理,以及运维服务工作流模式等基本概念。

习　　题

1. 什么是信息技术服务？其特点和类型有哪些？它与软件产业、信息服务业有何关系？
2. 什么是服务外包？服务外包如何分类？信息技术外包的类型和优势有哪些？
3. 分别以工程项目和服务项目的实例说明信息化工程的基本概念。
4. 什么是国家标准、国际标准？以实例说明国家标准与国际标准(ISO)的关系。
5. 简述信息技术服务质量的定义、范畴及其特性。
6. 什么是信息技术服务管理？其要素和特点有哪些？
7. 简述信息技术服务管理的基本原理、发展历程，以及它与传统IT管理方式的差别。
8. 信息技术服务管理有哪些特点、价值？
9. 什么是信息产业、产业链和信息技术服务管理产业链？
10. 简述信息技术服务生命周期理论的内容和特点。
11. 举例说明什么是信息系统总体拥有成本。
12. 简述信息系统运维服务的定义、基本要素、内容，以及它与质保服务的关系。
13. 简述信息系统运维服务管理的定义、流程管理和发展历程。

第3章 信息技术治理和信息技术服务标准

主要内容
(1) 企业信息化战略规划和信息技术治理。
(2) 信息系统审计标准：COBIT。
(3) 信息安全管理标准：BS7799、ISO/IEC 17799 和 ISO/IEC 27001。
(4) 信息技术治理标准：ISO/IEC 38500。
(5) 信息技术服务管理标准：ISO/IEC 20000。

3.1 信息技术治理的基本概念

在信息技术发展的过程中出现了许多信息系统管理的框架、模型和架构，有的成为了信息行业事实上的标准，有的成为了公认的国际标准。由于不可能存在一个全能的信息系统管理框架普遍适用于所有情形，因此，如何理解这些公认的最佳实践框架是一个人们十分感兴趣的课题。

3.1.1 公司治理和企业信息化战略规划

1. 公司治理的概念

公司治理是通过有效的制度约束、激励机制协调企业内、外部不同利益关系者之间的行为。公司治理问题是由所有权和经营权的分离而引起的，合理地配置权利和义务是公司治理的主要内容，其目的是增加公司信息披露的透明度，最大限度地保护股东和投资人的权益。公司通过组织设计建立利益主体之间的权、责、利的制约和激励机制，可以保证公司各方面的利益均衡和利益关系合理化，降低风险爆发的可能性，为投资者创造一个健康、稳定的投资环境。

公司治理机制的完善与否对于公司的整体决策风险有着极大的相关性。公司治理机制的缺失导致很多公司缺乏持续发展的制度基础。因此，建立治理文化、提高治理能力是当今企业面临的重要任务之一。只有有效地推动公司治理与内部控制之间的良性互动，才可能实现各利益主体之间的协调与制衡，以及科学决策和高效经营。

2. 企业信息化战略规划的定义

企业信息化战略规划是指在企业发展战略目标的指导下，在理解企业发展战略目标与业务规划的基础上，诊断、分析、评估企业管理和信息技术现状，优化企业业务流程，结合所属行业信息化方面的实践经验和对最新信息技术发展趋势的掌握提出企业信息化建设的远景、目标和战略，制定企业信息化的系统架构、确定信息系统各部分的逻辑关系，以及具体信息系统的架构设计、选型和实施策略,对信息化目标和内容进行整体规划,全面系统地指导企业信息化的进程,协调发展地进行企业信息技术的应用,及时地满足企业发展的需要,以及有效地利充分用企业的资源,以促进企业战略目标的实现,满足企业可持续发展的需要。

企业信息化战略规划是以企业发展战略规划为依据而制订的企业信息化建设的长远和近期兼顾的总体架构,该架构主要涵盖企业业务架构、企业信息架构、企业应用架构、企业网络基础设施架构、企业信息安全架构、企业信息组织架构等,为信息化建设的实施提供一幅完整的蓝图,全面系统地指导企业信息化建设的进程。企业信息化战略规划在时间上的跨度一般是三到五年,每年都要根据企业面临的新环境、企业的新发展和技术上的新趋势等因素对其做出调整和完善。信息化战略规划是信息化建设的基本纲领和总体指向,是信息系统设计和实施的前提与依据。

3. 企业信息化战略规划的原则

(1) 与企业战略相一致原则:企业信息化规划应纳入到企业整体发展战略中,要与企业未来的业务发展充分结合。只有这样,才能够真正指导企业信息化发展,保证企业整体的发展方向。

(2) 与企业发展相配合原则:信息化规划要适合企业的规模发展。因为不同的企业规模在信息化规划时可能有不同的要求,比如,一个刚创业的企业既没有财力也没有必要启用大型ERP系统,所以在规划时一定要从企业实际出发,结合国内外形势和企业的发展现状制定出适合的发展规划。

(3) 整体规划原则:企业信息化不只是满足现有体制和管理方式的电算化。没有企业管理体制和业务流程的优化,信息化也不会有显著效果。企业信息化的总体规划要有发展的观点,应站在企业管理体制和业务流程优化的高度从整体上来规划企业信息化。

(4) 系统集成一体化原则:企业信息化的内容覆盖了企业各项经营、管理活动的信息处理,企业信息化建设不是孤立地搞单项计算机应用,而应该统一考虑,即从企业内部的经营管理全过程来分析,全盘考虑。企业通过制定信息化战略规划,从企业全局出发,统一规划和利用企业的信息资源,按统一的标准和规范开发企业信息化的各个系统,并把分散的子系统集成为一个统一的大系统,确保企业信息资源互联互通、集成共享,实现系统集成一体化,以获得最大的综合效益。

4. 企业信息化战略规划的作用

我国大多数的本土企业,特别是集生产、销售、服务于一体的传统行业,共性的问题是企业规模大、人员多、流程复杂,在现有的管理模式之下,决策随机、效率低下、信息散乱、资源浪费的现象普遍,生产、销售过程难以管控,客户获取、维系手段落后,企业跨越式发展遭遇瓶颈。这些问题,都可以通过信息化手段、通过一系列的管理标准、通过科学的过程管控得以改善和解决。信息化不仅是一项技术,更是一种管理理念,是建立现代化企业管理制度的基础与必要条件。

企业信息化战略规划的作用主要有以下几个方面:

(1) 对企业战略的实现给予信息技术的有力支持和保证。

(2) 提升管理水平,与国际化、现代化企业管理制度接轨。
(3) 实现企业资源利用最大化,形成核心竞争力。
(4) 弥补管理漏洞,提高企业各层级的执行效率。
(5) 建立科学化预算、经营、分析体系,规避财务风险。
(6) 建立系统化营销体系和客户服务体系,提高企业的市场获取和维系能力。
(7) 建立规范化渠道管理模式,有效地掌控、驾驭渠道资源。
(8) 建立有效的市场预警体系。
(9) 提高企业经营决策定位的准确性和全面性。
(10) 提高企业效率,降低经营成本。

5. 企业信息化战略规划的步骤

企业信息化战略是企业战略的重要组成部分之一,所以企业信息化战略一定要建立在企业战略规划的基础之上。只有明确了企业的宗旨、使命和愿景,才能制定出一套真正意义上适合本企业发展的信息化战略。其目标是利用信息技术从企业发展战略的角度来改进业务流程、优化生产过程、改善客户关系管理、提高效率、充分利用资源、加强企业管理和提高企业的市场竞争能力等。

通常制定的实施企业信息化战略规划的主要步骤如下。

(1) 明确企业信息化战略思想:在进行企业信息化战略规划之前,必须从本企业的经营战略、体制、人力资源、管理水平、行业环境、竞争地位等方面对企业定位甚至重新定位;深刻理解企业的整体发展战略,并通过关键业务流程梳理、业务与管理体系分析全面了解企业的业务与管理特点,从企业战略决策、企业管控、业务协同等不同维度分析存在的问题与挑战,总结信息化应用需求,从而为制定适合的企业信息化战略、为构建先进的企业信息化架构与实施蓝图奠定基础。

(2) 借助第三方信息化咨询机构:在进行企业信息化战略规划时,借助外部的第三方信息化咨询机构是十分有效的方法。咨询机构具有丰富的知识和经验,能够有针对性地向企业提供科学指导和完整的方案。在企业定位的基础上调研企业的信息化需求,正确地提出企业进行信息化建设的基本要求及企业需要建设什么样的信息化系统,并从企业的实际情况出发,发现企业的不足与发展中存在的瓶颈。对于任何企业,根据企业定位确定企业信息化战略目标和内容,不仅有利于系统的成功,而且可以节省成本,避免不必要的浪费。

(3) 企业动态环境分析:随着全球经济一体化的发展,现代企业的战略环境变得日趋复杂,其中各个因素以及它们相互之间的关系不断变化着,形成了一个混沌复杂的巨系统。企业与其外部客观的经营条件、经济组织及其他外部经营因素之间处于一个相互作用、相互联系、不断变化的动态过程之中。对这些影响企业成败的外部环境分析的目的主要是找出外部环境为企业所提供的可以利用的发展机会以及外部环境对企业发展所构成的威胁,以此作为制定战略目标和战略的出发点、依据和限制的条件。

企业的内部环境主要包括企业的财务状况、产品生产线及竞争地位、设备状况、市场营销能力、研究与开发能力、人员的数量及质量、组织结构、企业过去确定的目标和曾经采用过的战略等。对每一方面的分析和评价,需要回答一系列的问题。从对这些问题的答案中可明确企业所具备的长处和劣势。对企业来说,可以比较的行业平均指标有资金利税率、销售利税率、流动资金周转率、劳动生产率等。

(4) 制定企业信息化战略目标:制定企业信息化目标是确定企业在未来几年为了实现远景和使命所要完成的信息化建设的各项任务,包括资源系统整合、业务流程重组、营销组织重构、企业管理创新等。对于企业战略所形成的每一个业务构想,明确信息技术对其支持的理想状态,明确每个业务部门在信息化过程中要达到的目的,也就是要获得的价值,以及实现这些价值的方式。企业实施信息化建设要避免盲目性,清晰、准确的目标对于信息系统规划是非常重要的,因此,在开始进行信息系统的规划前应该结合企业内、外部的实际情况站在企业发展的战略高度制定出清晰、准确的目标。

(5) 制定企业信息化战略方案:识别信息化关键需求,制定切实可行的信息化目标和长远计划。从全局性的优化整合的观点出发,设计企业信息化体系架构;在企业组织内达成信息化建设共识,创造企业业务流程、市场营销和企业管理等方面进行变革的有利环境;形成信息化的治理结构,为具体系统的建设提供管理规范和标准;结合企业业务流程和组织的特点,合理、客观地对企业现有的信息系统做出全面的评估,以便在现有的信息系统的基础上开展企业信息化建设;选择与企业发展最适宜、最匹配的适用技术,不盲目追求最先进的技术,以避免先进技术"水土不服"。

(6) 实施企业信息化战略:在企业战略实施计划的基础上制定相应的企业信息化战略实施计划,分析每一个系统功能模块,确定每个项目的任务、要求、标准、预算、范围和时间进度,建立规范的项目管理流程。根据企业信息化服务需求的轻重缓急量体裁衣,确定核心基础项目,以及给出各个项目的优先顺序及其价值,先实施企业最需要的基础核心项目,然后逐步展开,最后完成系统集成建设的实施,达到整体目标的实现。

(7) 控制企业信息化战略实施过程:在企业信息化战略实施过程中,需要实现对成本的有效控制和资源的优化配置,采取有效措施加强项目的质量、费用和进度控制;高度重视培养企业信息化建设、管理技术人员和系统维护人员,逐步建立起一支高素质的开发维护队伍,为信息化系统在企业的真正使用奠定坚实的基础。企业信息化战略建设是一项长期的工程,在这个阶段中,企业的外部环境和内部条件都会发生变化。当环境发生变化后,企业必须实事求是地根据现实情况调整企业信息化战略、方案和实施计划,以保证企业信息化建设的成功和达到企业发展的愿景。

3.1.2 信息安全整体规划

1. 信息安全的定义

信息安全是一个广泛而抽象的概念,在不同领域对其概念的阐述会有所不同。建立在计算机网络基础之上的现代信息系统,其安全的定义较为明确,那就是保护信息系统的硬件、软件及相关数据,使之不因为偶然或者恶意侵犯而遭受破坏、更改及泄露,保证信息系统能够连续、可靠、正常地运行。在商业和经济领域,信息安全主要强调的是消减并控制风险,保持业务操作的连续性,并将风险造成的损失和影响降到最低程度。

信息作为一种资产,是企业或组织进行正常商务运作和管理不可或缺的资源。从最高层次来讲,信息安全关系到国家的安全;对组织机构来说,信息安全关系到正常运作和持续发展;就个人而言,信息安全是保护个人隐私和财产的必然要求。无论是个人、组织还是国家,保持关键的信息资产的安全性都是非常重要的。信息安全的任务就是要采取技术手段和有效管理等措施让这些信息资产免遭威胁,或者将威胁带来的后果降到最低程度,以此维护组织的正常运作,以及保护个人隐私和财产不受侵害。

总的来说,凡是涉及保密性、完整性、可用性、可追溯性、真实性和可靠性保护等方面的技术和理论都是信息安全所要研究的范畴,也是信息安全所要实现的目标。

2. 信息安全的基本目标

信息安全面临的最普遍的三类风险是信息泄漏、篡改和破坏。与这三大风险相对应,信息安全的主要目标是信息保密性、完整性和可用性,这是信息安全的基本要素和安全建设所应遵循的基本原则。

(1) 保密性:确保信息在存储、使用、传输过程中不会泄漏给非授权用户或实体。

(2) 完整性:确保信息在存储、使用、传输过程中不会被非授权用户篡改,同时还要防止授权用户对系统及信息进行不恰当的篡改,保持信息内、外部表示的一致性。

(3) 可用性:确保授权用户或实体对信息及资源的正常使用不会被异常拒绝,允许其可靠且及时地访问信息及资源。

除了上述三大基本目标以外,信息安全还有一些其他目标和原则,包括信息可追溯性、抗抵赖性、真实性、可控性等,这些都是对上述三大基本目标的细化、补充或加强。

3. 信息安全整体规划的制定

信息安全目标的实现并非一日之功,也不能一蹴而就,必须是一个整体考虑、充分规划、持续运作、长治久安的过程。企业要想实现信息安全的长效目标,管理层必须明确信息安全目标和方针,在战略决策上指引正确的方向,制定健全且有效的信息安全战略规划,并将信息安全整体规划纳入到企业信息化战略规划中。

企业在信息安全建设方面要制定较长期(例如2~3年)的整体规划,明确信息安全目标和原则,发掘信息安全需求,落实信息安全组织和责任,做好阶段计划和成果诉求。有了这样的规划作为方向指引,信息安全的各项工作就能在有序的状态下逐渐开展了,信息安全整体规划最终会落脚在一幅可以预期的蓝图上,这便是组织信息安全整体所呈现出来的架构,它主要包括以下几项要素。

(1) 目标:蓝图中首先明确的是信息安全建设的核心目标,并最终确保业务的持续性。

(2) 对象:信息安全必须有明确的保护对象,即信息资产,包括各种关键数据、应用系统、实物资产、设施和环境以及人员。信息资产的明确界定将使信息安全控制的实施有引而发,而对这些资产的保护将直接关系到业务持续性这一最终目标的实现与否。

(3) 规范:为了实现核心目标,企业还必须明确信息安全方面的现实需求,并且用确定的、无矛盾的、可实施的一套方针、标准、指南、程序和规范要求来体现,这些层次化的文件将为所有信息安全活动提供指导,最终导致信息安全需求的实现。其实,信息安全管理体系是一个文件化的体系,文件所约定的各项管理要求和操作规范能够体现信息安全目标实现的持久、统一和权威性。

（4）流程：为了对信息资产实施保护，我们必须采取一定的措施，经历一番努力和过程，最终才能实现既定目标。信息安全的建设过程表现为一系列流程的实现，即信息安全先做规划，明确需求，制定应对方案；实施解决方案；通过检查，巩固成果，发现不足；采取后续措施，改进不足，推动信息安全持续进步。

3.1.3 信息技术治理的定义、目标、流程和作用

1. 信息技术治理的定义

与公司治理类似，为了提高公司 IT 部门决策的科学性，同时更好地对公司 IT 部门进行监督，学术界和企业界引入了信息技术治理的概念。

信息技术治理(Information Technology Governance，ITG)是指专注于信息技术体系及其绩效和风险管理的一组治理规则，由领导关系、组织结构和过程组成，以确保信息技术能够支撑组织的战略目标。它是使参与信息化过程的各方利益最大化的制度措施，也是一个由关系和过程所构成的体制，用于指导和控制企业，通过平衡信息技术与过程的风险、增加价值来确保实现企业的目标。其主要任务是保持企业信息化与业务目标一致，推动业务发展，促使收益最大化，合理地利用信息资源，以及对信息系统相关风险的适当管理。

随着企业的业务活动越来越依赖于信息技术和信息系统，信息技术在极大地改善业务效率的同时也给业务带来了极大的风险。重大信息系统灾难事故、信息安全问题、电子欺诈等问题的出现，使人们不可能将信息系统排除在公司治理的考虑范围之外。信息技术治理目标服从于公司治理目标，必须与公司战略目标保持一致，确保企业信息化支持业务目标的实现，从而使企业从信息化战略中获得最大的价值。企业治理侧重于企业整体规划，其目标在于企业发展远景和商业模式；信息技术治理侧重于企业信息资源的有效利用和管理，其目标在于企业商业模式的实施。

2. 信息技术治理的目标

明确信息技术治理的目标将帮助管理层树立以组织战略为导向，以外界环境为依据，以业务与 IT 整合为中心的观念，正确定位信息技术部门在整个组织中的作用。信息技术治理的目标主要如下。

（1）与业务目标一致：信息技术治理要从组织目标和信息化战略中抽取信息需求和功能需求，形成总体的信息技术治理框架和系统整体模型，为进一步的系统设计和实施奠定基础，保证信息技术的发展跟上持续变化的业务目标。

（2）有效地利用信息资源：如果企业信息化发展滞后，会使客户的需求难以得到较好的满足，并且信息技术平台不支持业务应用等问题较为突出，那么有必要实施信息技术治理，对信息资源的管理职责进行有效管理，保证投资的回收，并支持决策。

（3）风险管理：由于企业在激烈的市场竞争中越来越依赖于信息技术和网络，新的风险不断涌现。信息技术治理强调风险管理，通过制定信息资源的保护级别强调对关键的信息系统实施有效监控和做好事故处理。信息技术治理有利于使企业较快地适应外部环境的

变化,以及为企业内部实现对业务流程中资源的有效利用,从而达到改善管理效率和提高经营水平。

3. 信息技术治理的流程

图 3-1 表示的是企业的信息技术治理流程。信息技术治理的流程开始于信息技术治理目标的设置,从而为信息技术治理活动提供方向性的指导。在接下来的过程中,信息技术治理需要关注控制风险、管理资源、交付价值等环节,最后进行信息技术治理活动的绩效评价,并与事先设定的目标进行比较,以此为依据调整信息技术治理活动的方向,开始新一轮的循环过程。

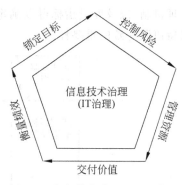

图 3-1 信息技术治理过程示意图

4. 信息技术治理的作用

信息技术治理可以解决企业以下几个方面的问题。

(1) 发现信息系统本身的问题:信息技术治理能够帮助企业发现信息化过程中出现的问题,包括企业是否有足够的 IT 资源、基础设施、竞争力来满足其战略目标,信息系统发生故障的频率和原因,以及企业信息系统与业务流程之间存在不协调和矛盾的原因等。

(2) 有助于提高企业的灵活性和适应性:信息技术治理能够影响企业信息资源的质量和企业运营的灵活性,使企业能够快速及时地感知到市场正在发生的事情和变化的趋势,这有助于帮助企业使用知识资产并从中学习,同时根据市场需求迅速进行调整变化,通过合理地配置资源,加快创建新产品和建立新的服务渠道的进程,从而大大提高企业的市场综合竞争能力。

(3) 自我评估信息系统管理的效果:信息技术治理能够帮助企业评估信息系统管理的效果,解决企业信息化过程中出现的问题,包括信息系统管理偏离企业战略目标的原因和概率,信息系统风险评估和应对对策的制定,以及企业信息化建设投资金额、风险和回报分析等。

3.1.4 信息技术治理的设计框架及其与管理的关系

1. 信息技术治理的设计框架

信息技术治理侧重于建立整个企业信息系统运作的规范和框架,以此监控企业信息化战略的制定和机构的建立,以便组织实施,保证企业信息系统的运营始终处在正确的轨道上。随着我国企业信息化建设向着纵深发展,必然要在更深层面上解决体制和机制问题。信息技术治理不仅仅是动态的管理控制架构,还需要落实在组织内部控制及外部环境、市场监督体系的动态机制。

图 3-2 表示了信息技术治理设计框架最基本的架构,可以在任何一个企业进行实施。这个架构勾画出了企业的战略和组织、IT 治理安排以及业务实施目标的协调一致性(水平箭头)。战略和组织、IT 治理安排以及业务实施目标这三者分别通过 IT 组织和期望行为、

治理机制、以及度量指标得以确定。这个框架也同时阐明了IT治理与其他关键资产治理保持协调一致的重要性。

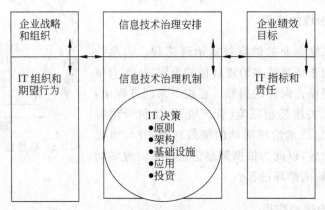

图 3-2　信息技术治理设计框架示意图

2. 信息技术治理与管理的关系

管理主要强调的是"做正确的事",即计划、组织、领导、监督。治理更多强调的是通过组织架构、权力分配等制度安排来实现不同利益相关者之间的相互制衡。实际上,这二者之间并没有严格的界限,尤其是在大型上市公司中,治理与管理总是同时存在、互相促进,以实现股东利益的最大化。读者也可以理解为公司治理是公司发展到一定程度对公司管理提出的新的要求。

信息技术治理规定了整个企业信息化的规划与组织、获得与实施、交付与支持、监控与评价的基本框架,信息系统(IT)管理则是在这个既定的框架下驾驭组织奔向目标,即信息系统管理是在信息技术治理既定的"约束和激励"的规则下对企业信息资源进行整合与配置,确定企业信息化目标以及实现此目标所采取的行动。这好比是一个硬币的两面,谁也不能脱离谁而存在。

缺乏良好信息技术治理模式的组织,即使有"很好"的信息系统管理体系(而这实际上是不可能的),也像一栋地基不牢固的高楼大厦,时刻面临着即将倒塌的危险;同样,没有企业信息系统管理体系的畅通,单纯的治理模式也只能是一个美好的蓝图,缺乏实际的内容。

显而易见,信息技术治理是信息系统管理的基石,在某种意义上可以认为信息技术治理比信息系统管理更重要。如果没有好的公司治理(约束和激励)机制,公司管理的好是偶然的,管理不好是必然的;同样,对于企业信息系统而言,如果存在好的信息技术治理机制,信息系统管理的好就是必然的,管理不好是偶然的。

3. 与信息技术治理和管理相关的主要标准

信息技术治理和信息系统管理都与企业的持续性发展息息相关,从信息技术治理及管理的理论体系到具体的企业实践必将是一个长期的、不断深入的过程。随着信息技术的进步和发展,现在,国际上已经颁布了一些在信息技术治理和管理领域先进的最佳实践与国际标准,这些标准反映了大量企业的经验结晶,并有专业监管维护。

实际上,信息技术治理的概念是从信息安全管理的概念上延伸而来的,即人们首先最关注的是信息安全管理问题,然后延伸到信息系统审计,最后形成了信息技术治理的理念。与信息技术治理和信息系统管理相关的主要标准有 COBIT、ITIL、BS7799、ISO 20000、ISO 38500:2008 等,它们之间的内容比较如表 3-1 所示。

表 3-1　与信息技术治理和管理相关的主要标准对比表

序号	标准名称	标准类型	关注重点	内容比较
1	COBIT	面向 IT 审计的 IT 管理标准	IT 控制、度量和审计	注重控制和度量,缺乏安全管理的流程,重点是 IT 组织管理规范的流程
2	ITIL	事实上的标准	以流程为核心的信息技术服务管理架构	由最佳实践形成的 IT 过程管理,主要适用于信息技术服务管理(ITSM)
3	BS7799	信息安全管理标准	信息安全	关注信息安全管理,辅助企业创建有效的信息系统安全计划和方案
4	ISO 20000	信息技术服务管理的国际标准	信息技术服务管理(ITSM)	在 ITIL 基础上形成的国际标准
5	ISO 38500:2008	IT 治理的国际标准	IT 治理的测评	有效的 IT 治理范围、技术与业务沟通,以及相关术语表

虽然这些标准在各行业企业的信息化过程中获得了广泛的应用,但是,众多的信息技术治理或管理的框架和方法论往往会给使用者带来许多困惑和迷茫,甚至常常发现它们中间存在着不一致的术语和定义,因而人们总是尝试以一种框架覆盖其他所有的框架。不过已经有不少的经验证明:由于信息技术发展的生命周期不同,管理的成熟度不同,管理的角度不同,驱动者的价值观及其背后代表的利益相关方不同等原因,这种尝试往往是徒劳的。因为想要理解和比较任何治理或管理方法的不同,需要从不同的视角看问题,也就是要从管理的广度、管理的深度和管理的高度去理解它们,这样往往更容易取得成效,甚至能达到事半功倍的效果。

3.2　信息系统审计标准

信息系统与相关技术控制目标(COBIT)是信息系统审计的一个开放性标准,目前已经更新至 5.0 版。它在商业风险、控制需要和技术问题之间架起了一座"桥梁",以满足信息技术治理和管理的多方面需要。该标准体系已在世界一百多个国家的重要组织与企业中运用,指导这些组织有效地利用信息资源,有效地管理与信息相关的风险。

3.2.1　COBIT 的基本概念和发展历程

1. COBIT 的基本概念

信息系统与相关技术控制目标(Control Objectives for Information and related Technology,COBIT)既是目前国际上通用的信息系统审计标准,也是一个在国际上公认的信息技术治理和管理框架,已经被世界上一百多个国家的政府部门、企业所采用,被用于指导这些组织有效地利用信息资源,有效地管理与信息系统相关的风险。

信息技术为企业战略规划提供了基于技术的解决方案,为满足业务战略需求提供了技术与工具。COBIT是企业战略目标和信息化战略目标之间的"桥梁",使得信息技术目标和企业战略目标之间实现互动。首先,COBIT考虑了企业自身的战略规划,对业务环境和企业总的业务战略进行分析定位,并将战略规划所产生的目标、政策、行动计划作为信息技术的关键环境,并由此确定企业信息化准则。在企业信息化准则的指导下,利用控制目标模型分别从规划与组织、获取与实施、交付与支持、监控等过程控制、管理信息资源。在进行信息系统管理的同时引入审计指南,从而保证企业信息系统资源管理的安全性、可靠性和有效性。

COBIT实现可跟踪的业绩衡量,通过平衡记分卡可以在财务(企业资源管理)、客户(客户关系管理)、过程(内部网,工作流工具)、学习(知识管理)等方面维持平衡,评价企业目标的实现情况以及IT绩效,并调整业务目标和信息化战略,进行持续的信息系统管理。COBIT采用成熟度模型,可以定位自己企业的信息系统管理目前在业界所处的位置,以及未来努力的方向,通俗地说就是给信息系统管理"打分"。COBIT还提供了目前的最佳案例和关键成功因素(CSF)供企业和组织借鉴。

COBIT的最新版本5.0为企业信息技术治理和管理提供新一代指引,是以来自商务、IT、风险、安全和鉴证团体的众多企业和用户对COBIT超过15年的实际使用经验为依据构建的。COBIT v5.0提供一种全面的框架,以支持企业实现其信息技术治理和管理的目标。简而言之,就是帮助企业通过维持实现利益及优化风险等级与资源利用之间的平衡,从而创造源自信息系统的最佳价值。COBIT v5.0能够为企业使信息系统在整体上得以治理和管理,并承担整个端到端业务和信息系统功能区域的责任,同时兼顾内、外部利益相关者与IT部门相关的利益。COBIT v5.0具有很好的通用性,能够适用于各种规模的组织和机构,包括商务、非营利或公共机构等。

COBIT可应用在所有的企业信息系统中,包括个人计算机、小型计算机、大型主机和分布式运算环境,它建立在一个信息技术资源必须被一套自然分类的程序所管理的想法上,而这种想法是为了能提供组织要达成目标的适当且可靠的信息。在现代企业信息化战略规划的架构下,信息系统变得高度自动化,因此越来越多的企业开始采用信息技术治理和管理框架所提供的最佳实践标准,以提高信息技术服务质量和解决变得越来越复杂的信息安全问题。

2. COBIT的发展历程

20世纪90年代,随着信息技术的飞速发展和信息系统规模的不断扩大,"信息系统审计"开始受到世人广泛的关注和重视,并产生了相应的专业组织——信息系统审计与控制协会(Information Systems Audit and Control Association,ISACA),这是一个由从事IT审计工作的人员组成的国际性专业组织。为了加快开发和推广IT审计系统,ISACA还专门成立了信息技术治理专业委员会(Information Systems Audit and Control Foundation,ISACF)来负责该项工作。1996年,ISACF推出了用于"IT审计"的知识体系,它作为一种审计工具被称为COBIT v1.0版本。

1998年,ISACF为了响应对信息系统进行控制的需要发布了COBIT v2.0,新版本在原 v1.0 版本的基础上增加了资源文件的数据,改进了高层控制目标和具体控制目标,增加了实施工具包。同年,ISACA 与 ISACF 合并,成立了信息技术治理协会(Information Technology Governance Institute,ITGI),其目的旨在进一步加大促进推广和应用信息技术治理的力度。COBIT 的后续研究和更新都是由 ITGI 来完成的。ITGI 在 2000 年发布的 COBIT v3.0 版本中增加了管理指南,还将 v2.0 版本中原来的"控制目标"修改为管理目标,同时扩充和加强了对信息技术治理的关注,使得 COBIT 演变为一个管理工具。

人类社会进入 21 世纪以后,互联网和计算机通信技术获得了突飞猛进的高速发展,信息技术被广泛应用于人类生产和生活的各个方面,并引起社会结构的各个方面发生了深刻的变化。在这种大环境下,随着信息技术的深入普及和日益广泛的应用,人们对信息技术治理的需求大大增加了。ITCI 于 2005 年在广泛调查和研究的基础上推出了 COBIT v4.0 版本。该版本站在信息技术治理的角度,从更高的层面上指导企业管理层进行 IT 控制和信息系统管理,使之成为一个真正意义上的信息技术治理框架。2007 年 5 月,ITGI 推出的 COBIT v4.1 是在 v4.0 的基础上进行了微调,并无本质的更新。

2012 年 4 月 10 日,ITGI 正式发布 COBIT v5.0,这是 COBIT 发展 16 年来最重大的一次改进。COBIT v5.0 建立在 COBIT v4.1 的基础之上,并通过整合其他重要框架(包括其他相关的国际标准)对 COBIT v4.1 进行扩展而成。COBIT v5.0 提供了一个组织信息技术治理的端到端业务视图,该视图反映了信息技术在创造业务价值时的重要作用。在该框架中提供了全球广泛认可的原则、最佳实践、分析工具和模型,可帮助组织获得对信息系统的信任并从中产生价值。

3.2.2 COBIT 的内容、组件、领域和程序

1. COBIT 的主要内容

从内容上看,COBIT 覆盖了信息系统的整个生命周期,即从系统分析设计、开发实施到运营维护的整个过程,其视野是最开阔的。在分析设计阶段,重点目标是信息系统与业务的需求,根据业务目标细化战略,确定待开发的信息系统方案,进行相应的系统分析和设计。分析与设计这样一个流程的范围,比以往传统的信息系统分析与设计要宽广得多,它强调的是企业信息化战略要符合企业整体业务战略,任何信息系统的开发都应该与业务战略保持精确的一致性与协调性,从业务战略的高度来分析和设计信息系统。COBIT 在分析设计阶段主要考察组织的需求,同时根据这些需求设计合理的资源组合,设立合理的服务级别、目标,以确保能够提供满足客户需求的信息技术服务。

到了信息技术服务管理的阶段,COBIT 主要解决的问题包括为满足客户的需要提供哪些资源,这些资源之间的成本是多少,如何在信息技术服务成本和服务的效益之间达到一个恰当的平衡点。在支持这个层面,主要是如何满足客户提出的信息技术需求,以支持服务的需求。与此同时,COBIT 指导企业管理层对信息系统运营进行外部控制和内部审计,以确保信息系统与业务实现精确的同步协调,以及实现信息技术持续不断的应用和对信息系统持续不断的改进。

作为信息技术治理的核心模型,COBIT 是一个基于信息技术治理概念的、面向企业信

息化建设过程的信息技术治理实现指南和审计标准。它有6个主要组件,归集为4个控制域,即IT规划和组织、系统获得和实施、交付与支持以及信息系统的运行性能监控,并包含34个信息系统过程控制,每个过程都有一个高层的控制目标,在34个高层目标下共有302个低层的具体控制目标。这些控制目标描述了一些通过具体的控制步骤可以达到的结果,为信息系统控制提供了清晰的政策。

2. COBIT的主要组件

COBIT主要有下面6个组件。

(1) 管理指导方针:成熟度模型用来帮助企业决定每一个控制阶段和期待的水准是否符合产业的规范;关键成功因素法用来辨认信息技术程序中达成控制最重要的活动;关键目标指标法用来定义绩效的目标水准;关键性能指标法用来测量IT控制的程序是否能达到目标。这些指导方针都是为了确保企业能成功及有效地整合企业业务流程与信息系统。

(2) 管理者摘要:健全的企业决策在于实时、恰当和简要的信息,这里提供了让企业管理层了解COBIT关键概念和原则的综述,以及让他们更深入地了解COBIT细节的4个领域及34个相关IT程序的概要架构。

(3) 架构:一个成功的组织建立在一个数据和知识的坚固架构上,所以在这个部分详细描述了COBIT的34个IT高层次的控制目标,并且指出了企业对信息标准的要求(承诺、效果、效率、隐私性、正确性、可用性、可靠性)和企业信息化资源(人力、应用、技术、能力和数据)需求是如何紧密地融入各个控制目标中的。

(4) 审计指导方针:为了达成所期待的目标,需要持续地审计所有的程序。这里建议了关于34个信息技术高层次控制目标的审计步骤,用来协助信息系统的审计员检验IT的程序是否符合302个低层的具体控制目标,以提供管理上的保证和改进的建议服务。

(5) 控制目标:在科技不断变化的环境中能维持赢利的关键在于如何维持良好的控制。COBIT的控制目标为信息技术控制提供了一个用来明晰策略和良好的实施指导的关键方针,包括用来达成所期待目的或结果的302个低层的具体控制目标的详细说明。

(6) 应用工具集:包括了管理意识、IT控制的诊断、应用指导、常见问题集(FAQs)、应用COBIT组织的个案研究及介绍COBIT的相关教材。这些新的工具组主要是让COBIT的应用更为容易,让组织能快速、成功地从教材中学到如何在工作环境中应用COBIT,并让企业领导层思考COBIT对企业目标的重要性。

3. COBIT的四大领域及其IT程序

下面介绍COBIT的四大领域和34个IT程序。
1) IT规划和组织(Planning & Organization,PO)
(1) 定义一个策略性的IT计划。
(2) 定义信息的架构。
(3) 决定采用技术的方向。
(4) 定义IT组织及其关系。
(5) 管理对IT的投资。

(6) 管理目标和方向的沟通。
(7) 管理人力资源。
(8) 确保遵循外部的条件。
(9) 资产风险。
(10) 项目管理。
(11) 品质管理。

2) 系统获得和实施（Acquisition and Implementation，AI）
(1) 辨识解决方案。
(2) 应用软件的取得与维护。
(3) 技术架构的取得与维护。
(4) IT 程序的发展与维护。
(5) 系统的安装与确认。
(6) 变革管理。

3) 交付与支持（Delivery and Support，DS）
(1) 定义服务的层次。
(2) 第三者提供服务的管理。
(3) 效果和能力的管理。
(4) 持续服务的确保。
(5) 系统安全的确保。
(6) 成本的确认和分摊。
(7) 使用者的教育和训练。
(8) 对 IT 客户的协助和建议。
(9) 形态设定的管理。
(10) 问题和意外事件的管理。
(11) 数据的管理。
(12) 相关设施的管理。
(13) 运营管理。

4) 信息系统运行性能监控（Monitoring，M）
(1) 流程监测。
(2) 内部控制适当性的评估。
(3) 自主性保证的获得。
(4) 自主性审计的提供。

3.2.3 国际信息系统审计师认证

1. 国际信息系统审计师认证介绍

国际信息系统审计师（Certified Information Systems Auditor，CISA）认证是由信息系统审计与控制协会（ISACA）发起的，是信息系统审计、控制与安全等专业领域中取得公认成绩的象征，拥有 CISA 资格证书说明持证人已经具备了国际上认可的实践能力和专业水平。随着对信息系统审计、控制与安全专业人士需求的增长，CISA 已成为全球范围内个人与公司机构不可或缺的认证，它还为持证人带来相当的职业成就和经济利益。例如，美国电子签章法案要求具有 CISA 资格的人员才能执行独立性审计，以确认其安全管理的有效性，由此足见 CISA 的市场前景。

CISA 认证已有十多年的历史，它适用于企业信息系统管理人员、IT 审计人员和其他对信息系统审计感兴趣的人员，以及信息化咨询顾问、信息安全厂商、信息技术服务提供商等。

2. 申请国际信息系统审计师认证的条件

若想获得 CISA 认证，申请人需要：

（1）顺利通过 CISA 的考试。

（2）遵守信息系统审计与控制协会（ISACA）的《职业道德规范》，此规范已列入《Candidate's Guide to the CISA Exam》中供考生参考（在官方网站上均有介绍）。

（3）提供从事信息系统审计、控制与安全工作 5 年以上经验的证明。具有下列经验者，可申请替代部分年限，并出示适当的证明。

（4）具备以下资历者，可以申请替代 1 年的信息系统审计、控制与安全的工作经验要求。

① 满 1 年的非信息系统审计工作经验。

② 满 1 年的信息系统工作经验。

③ 具有大专学历（大学 60 个学分或同等学历）。

④ 拥有学士学位（大学 120 个学分或同等学历）者可以替代两年信息系统审计、控制与安全工作经验。

⑤ 两年相关领域（计算机科学、会计、信息系统审计等）大学专职讲师经验可以替代 1 年信息系统审计、控制与安全工作经验，无最高可替代年限限制（6 年大学讲师经验可以替代 3 年信息系统审计、控制与安全工作的经验）。

专业经验必须在申请前的 10 年之内获得，或在第一次通过考试之日的前 5 年之内。认证申请必须在通过 CISA 考试的 5 年之内提出。所有专业经验都必须由原雇主独立地签字确认。值得说明的是，很多人在具备所要求的经验之前就参加 CISA 考试。尽管在所有要求的资历未达到之前不会被授予 CISA 证书，但这种做法是可以接受并值得鼓励的。

3.2.4　COBIT 在信息系统运维服务管理中的应用

在信息系统的整个生命周期中，交付与支持（运维）阶段是实现其投资价值、接受用户评价的主要阶段，是对企业信息化的前两个建设阶段（规划设计和项目实施）工作的整体检验。在信息系统运维阶段，用户满意度高，就是对企业信息化建设工作的肯定。如果用户不满意，应当从企业信息化规划设计是否科学、项目实施是否符合质量、进度、成本的要求，运营维护阶段的工作是否适当、有效等方面加以审视并改进。

传统的信息系统运维工作主要依靠系统维护人员随意、分散的作业方式来维持企业庞大且复杂的信息系统的运行和技术支持。由于用户操作的不熟练和系统本身存在的缺陷经常会导致大量的求助事件发生,系统维护人员每天都要忙于解答各类疑问和排除各种软/硬件故障,不但用户不满意,而且无法分出精力对系统进一步改进与优化。因此,借鉴信息技术治理的先进理念和最佳实践 COBIT,依靠科学、规范、高效的 IT 交付与支持的服务管理标准和方法管理 IT 资源、规范信息技术服务、优化与固化服务流程、提高服务效率和质量成为企业的必然选择。

COBIT 应用于信息系统运维服务管理的具体做法是按照 COBIT 运维域(交付与支持)标准进行信息系统运维服务流程的梳理,并在运维任务、制度和各种操作流程等方面进行规范,定义关键业务系统的相应服务级别,实施服务台管理、配置管理、问题管理、变更管理等,以及明确各流程之间的相互关系和人员配置,形成一个完整的、统一的、相互协调的管理控制网络。

将 COBIT 应用于信息系统运维服务管理的作用如下。

(1) 变被动为主动的管理模式:改变了以前信息系统运维服务的"救火队"角色,由过去的穷于应付、事后处理变成事前、事中的自动发现、及时处理、防患于未然,既能持续不断地提高运维服务的质量,又能够提高运维人员的工作效率,减轻运维人员的工作压力和负担。

(2) 能提高用户满意度:通过建立服务帮助台可实时获取有关故障发生的信息,保证了故障的快速排除和问题的及时处理,从而提高了用户的满意度。

(3) 变"人治"为"法治":流程的细化使得所有工作都有章可循,参照规程执行,保证了所有运维人员提供的服务质量的统一。

(4) 建立起高效的信息系统运维机制:COBIT 的实施能够明确各个角色的定位,使企业信息系统运维服务管理变成自动化管理模式,加强了对问题处理的控制,包括对问题进行有效的分析、跟踪和管理,以及对问题的解决过程进行有效的控制,避免同样的问题屡屡发生。

(5) 能提高科学管理的决策能力:通过配置管理对企业资产项统一编码,使所有资产情况更加清晰,便于查询和管理;通过实时、动态监控系统资源的运行情况为系统的升级和扩展提供客观、科学的依据。

3.3 信息安全管理标准

信息安全管理发展至今,人们越来越认识到它在信息系统运维服务管理中的重要性。BS7799 作为信息安全管理方面最著名的标准,已成为指导人们现实工作的最好参照,依据该标准进行信息安全管理体系建设是当前各行业组织在推动信息安全保护方面最普遍的思路和正确的决策。

3.3.1 BS7799 标准和信息安全管理体系

1. BS7799 标准的基本概念

BS7799 是英国标准协会(British Standards Institute,BSI)针对信息安全管理制定的一个标准,最早始于 1995 年,后来几经改版,成为目前由两部分内容构成的并且被广泛接受的信息安全管理标准。虽然 BS7799 最初是以英国标准推出的,但它后来转化成正式的国际标准,所包含的最佳惯例可以在不同的法律和文化背景下实施。

ISO(国际标准化组织)和 IEC(国际电工委员会)是世界范围的标准化组织。各国的相关标准化组织都是其成员,并通过各种技术委员会参与相关标准的制定。其他国际组织、政府机构及非政府机构也协同工作。国际标准的草案需得到所有会员 75% 以上的赞成票才可以被公布为国际标准。

(1) BS7799-1:BS7799 的第一部分内容由 ISO 和 IEC 转化为 ISO/IEC 17799 标准《信息安全管理实施细则》,主要供负责信息安全系统开发的人员作为参考使用,其中分 11 个标题,定义了 133 项安全控制(最佳惯例)。

(2) BS7799-2 BS7799 的第二部分内容由 ISO 和 IEC 转化为 ISO/IEC 2700 标准《信息安全管理体系规范》,是建立信息安全管理体系(ISMS)的一套规范,详细说明了建立、实施和维护信息安全管理体系的要求,可用来指导相关人员应用 ISO/IEC 17799,其最终目的在于建立适合企业需要的信息安全管理体系(Information Security Management System,ISMS)。

2. 信息安全管理体系的定义

信息安全管理体系(ISMS)是组织整体管理体系的一个部分,是组织在整体或特定范围内建立信息安全方针和目标以及完成这些目标所用方法的体系。基于对业务风险的认识,ISMS 包括建立、实施、操作、监视、复查、维护和改进信息安全等一系列管理活动,并且表现为组织结构、策略方针、计划活动、目标与原则、人员与责任、过程与方法、资源等诸多要素的集合。

ISO 27001 是建立和维护信息安全管理体系的标准,它要求用户应该通过这样的过程来建立 ISMS 框架:确定体系范围,制定信息安全策略,明确管理职责,通过风险评估确定控制目标和控制方式。体系一旦建立,组织应该实施、维护和持续改进 ISMS,保持体系运作的有效性。此外,ISO 27001 非常强调信息安全管理过程中文件化的工作,ISMS 的文件体系应该包括安全策略、适用性声明(选择与未选择的控制目标和控制措施)、实施安全控制所需的程序文件、ISMS 管理和操作程序,以及组织围绕 ISMS 开展的所有活动的证明材料。

建立信息安全管理体系并获得认证不仅能提高组织自身的安全管理水平,将企业的安全风险控制在可接受的程度,减小安全遭到破坏带来的损失,保证业务的可持续运作,而且能向客户及利益相关者展示组织对信息安全的承诺,增强投资方和股票持有者的投资信息,向政府及行业主管部门证明组织对相关法律法规的符合性,并且得到国际上的承认。尤其对于银行、证券、电子商务、ISP 等服务提供商来说,可以借此向客户展示其服务比其他竞争对手更加安全、可靠,树立和增强企业的信息安全形象,提高企业的综合竞争力。

3. 信息安全管理体系的认证

信息安全管理体系(ISMS)认证是一种通过权威的第三方审核之后提供的保证:受认证的组织实施了 ISMS,并且符合 ISO/IEC 27001 标准的要求。通过认证的组织将会被注册登记。只有在宏观层次上实施了良好的信息安全管理,即采用国际上公认的标准规则,才能使微观层次上的安全(如物理措施等)实现其恰当的作用。采用ISMS标准并得到认证无疑是组织应该考虑的方案之一。

企业实施信息安全管理体系(ISMS)认证项目事先要对整个过程做好计划。在建设信息安全管理体系的方法上,ISO 27001标准为我们提供了指导性建议,即基于PDCA循环的持续改进的管理模式。PDCA循环是一种通用的管理模式,适用于任何管理活动,体现了一种持续改进、维持平衡的思想,但具体到ISMS建立及认证项目上显得不够明确和细致,组织还必须要有一套切实可行的方法论,以符合项目过程实施的要求。在这方面,ISMS实施及认证项目可以借鉴很多成熟的管理体系实施方法,例如ISO 9001等。组织在确定实施ISO 27001认证项目之后通常有两种途径可以去操作。

(1) 自己做认证:在组织内部成立专人专项工作组,按照计划自我实施。

(2) 聘请咨询机构做认证:选择有实力的咨询机构帮助组织完成此项目。

两种途径各有所长,关键是看组织自身的特点和看问题的角度。如果组织规模不大、业务模式简单、信息系统也不复杂,而且自身对信息安全的认识和运作已经达到了一定高度,有胜任的人员,选择自我实施就是比较经济、快捷的途径。不过,如果组织规模较大、组织结构相互关联、对IT的依赖广泛,更重要的是,组织本身对信息安全的意识和运作还处于较低水平,或者发展并不均衡,这就需要有外部力量进行引导,他们以公正独立的姿态把一些成熟的经验移植过来,以最直接快速的方式发现组织现有的问题并对症下药。此外,有经验的咨询机构和顾问通常能比较好地把握认证机构的"偏好"和习惯,这一点对最终应对审核很重要。一般来说,咨询机构可以在人员培训、全程辅导、后续支持等方面给予组织大力支持。正所谓"当局者迷,旁观者清"、"外来和尚好念经",在ISMS建设及认证项目上也是这个道理。

3.3.2 ISO/IEC 17799标准的内容和10项最佳措施

1. ISO/IEC 17799标准的主要内容

ISO/IEC 17799:2005《信息安全管理实施细则》从11个方面定义了133项控制措施,可供信息安全管理体系实施者参考使用,这11个方面如下。

(1) 安全策略:控制措施两个,控制目标一个,为信息安全提供与业务需求和法律法规相一致的管理指示及支持。

(2) 组织信息安全:控制措施11个,控制目标两个。

① 内部组织:在组织内建立发起和控制信息安全实施的管理框架。

② 外部伙伴:维护被外部伙伴访问、处理和管理的组织的信息处理设施和信息资产的安全。

(3) 资产管理:维护被外部伙伴访问、处理和管理的组织的信息处理设施和信息资产的安全。控制措施5个,控制目标两个。

① 资产责任:保持对组织资产的恰当保护,所有资产都应该责任到人。

② 信息分类:确保信息资产得到适当级别的保护。

(4) 人力资源安全：控制措施9个，控制目标3个。

① 聘用前的控制：确保雇员、合同工和第三方用户理解其自身责任，适合角色定位，减少偷窃、欺诈或误用设施带来的风险。

② 聘用期间：确保所有雇员、合同工和第三方用户都意识到信息安全威胁、利害关系、责任和义务，并在其正常工作当中支持组织的安全策略，减少人为错误导致的风险。

③ 解聘和职位变更：确保雇员、合同工和第三方用户按照既定方式离职或变更职位。

(5) 物理和环境安全：控制措施13个，控制目标两个。

① 安全区域：防止非授权物理访问、破坏和干扰组织的安全区边界。

② 设备安全：防止资产的丢失、损害和破坏，防止业务活动被中断。

(6) 通信和操作管理：控制措施32个，控制目标10个。

① 操作程序和责任：确保正确并安全地操作信息处理设施。

② 第三方服务交付管理：根据第三方服务交付协议，实施并保持恰当的信息安全和服务交付水平。

③ 系统规划及验收：减少系统故障带来的风险。

④ 抵御恶意和移动代码：保护软件和信息的完整性。

⑤ 备份：维护信息和信息处理设施的完整性及可用性。

⑥ 网络安全管理：确保网络中的信息以及支持技术设施得到保护。

⑦ 介质处理：防止非授权泄露、篡改、废除和破坏资产，防止业务活动中断。

⑧ 信息的交换：保持组织内部与外部实体间进行信息交换的安全性。

⑨ 电子商务服务：确保电子商务服务的安全性，保证安全地使用电子商务服务。

⑩ 监视：发现非授权活动。

(7) 访问控制：控制措施25个，控制目标7个。

① 访问控制的业务需求：控制对信息的访问，应该根据业务和安全需求对信息、系统和业务流程加以控制，还应该考虑信息传播和授权的策略。

② 用户访问管理：确保授权用户的访问，防止非授权用户访问信息系统。

③ 用户责任：防止非授权用户访问、破坏、窃取信息及信息处理设施。

④ 网络访问控制：保护网络服务，防止非授权用户访问，对内部和外部的网络访问都应该得到控制。

⑤ 操作系统访问控制：防止对信息系统的非授权访问。

⑥ 应用和信息访问控制：防止非授权访问信息系统中的信息。

⑦ 移动计算和通信：确保使用移动计算和通信设施时的信息安全。

(8) 信息系统获取、开发和维护：控制措施16个，控制目标6个。

① 信息系统的安全需求：确保安全内建于信息系统中。

② 应用程序中正确的处理：防止应用程序中的信息出错、丢失、被非授权篡改或误用。

③ 密码控制：通过加密手段保护信息的保密性、真实性和完整性。

④ 系统文件的安全：控制对系统文件和程序源代码的访问，使IT项目及其支持活动安全进行，确保系统文件的安全性。

⑤ 开发和支持过程的安全：维护应用系统软件和信息的安全，应该严格控制项目和支

持环境。

⑥ 技术漏洞管理：防止因为利用已发布漏洞而实施的破坏。

(9) 信息安全事件管理：控制措施 5 个，控制目标两个。

① 报告信息安全事件和缺陷：确保与信息系统相关的信息安全事件和缺陷能够及时发现，以便采取纠正措施。

② 管理和改进信息安全事件：确保采取一致和有效的方法来管理信息安全事件。

(10) 业务连续性管理：控制措施 5 个，控制目标一个，减少业务活动的中断，保护关键业务过程不受重大事故或灾害的影响，确保其及时恢复。

(11) 符合性：控制措施 10 个，控制目标 3 个。

① 符合法律要求：避免违反任何法律、条令、法规或者合同义务以及任何安全要求。

② 符合安全策略和标准：确保遵守组织的安全策略和标准。

③ 信息系统审计的考虑：发挥系统审计过程的最大效用，并把干扰降到最低。

在 ISO/IEC 17799:2005 从 11 个方面所定义的控制措施中，除了访问控制、信息系统获取开发和维护、通信和操作管理几个方面跟技术关系更紧密之外，其他方面更侧重于组织整体的管理和运营操作，信息安全所谓的"三分靠技术、七分靠管理"在这里得到了比较好的体现。虽然 ISO 17799:2005 对每项控制都提供了实施指南，但从实施角度来看还不够具体和细致。此外，标准特别声明并不是所有的控制都适合任何组织，组织可以根据自己的实际情况来选择。

2. ISO/IEC 17799 标准的 10 项最佳措施

在 ISO 17799:2005 开篇处提到了所谓的信息安全最佳起点，列举了 10 项适用于几乎所有组织和大多数环境的控制措施，这些控制措施或者是和法律要求相关的，或者是信息安全方面最惯用的实践。对于还没有在信息安全方面有任何举措的组织来说，选择这些控制去实施自然是没错的。不过，虽然说是最佳起点，但并非说只有这些就足够了，从建立完整的信息安全管理体系来看，组织通常面临的信息安全问题和需求远不止 10 项控制就能覆盖和解决，组织必须得从实际出发，通过业务分析、法律探询、风险评估来全面洞察自身需求，继而进行有效的风险处理。以下列出这 10 项最佳控制措施：

(1) 与法律相关的控制措施。

① 知识产权：遵守知识产权保护和软件产品保护的法律。

② 保护组织的记录：保护重要的记录不丢失、不被破坏和伪造。

③ 数据保护和个人信息隐私：遵守所在国的数据保护法律。

(2) 与最佳实践相关的控制措施。

① 信息安全策略文件：高管批准发布信息安全策略文件，并广泛告知。

② 信息安全责任的分配：清晰地定义所有的信息安全责任。

③ 信息安全意识、教育和培训：全体员工及相关人员应该接受恰当的意识培训。

④ 正确处理应用程序：防止应用程序中的信息出错、损坏或被非授权篡改及误用。

⑤ 漏洞管理：防止利用已发布的漏洞信息来实施破坏。

⑥ 管理和改进信息安全事件：确保采取一致和有效的方法来管理信息安全事件。

⑦ 业务连续性管理：减少业务活动中断，保护关键业务过程不受重大事件或灾难影响。

3.3.3 ISO/IEC 27001 标准的内容、重点和新版本

1. ISO/IEC 27001:2005 标准的主要内容

ISO/IEC 27001《信息安全管理体系规范》详细说明了建立、实施和维护信息安全管理体系(ISMS)的要求，指出实施机构应该遵循的风险评估标准，当然，如果要得到最终的ISMS认证，还有一系列相应的注册认证过程。作为一套管理标准，它的目的是指导相关人员怎样应用该标准建立适合组织需要的信息安全管理系统(ISMS)。下面介绍 ISO 27001:2005 标准的主要内容。

(1) 一般要求在组织全面的业务活动和风险环境中利用 PDCA 循环方法建立开发、实施、维护并持续改进一个文档化的 ISMS。

(2) 建立 ISMS(Plan)：
① 定义 ISMS 的范围。
② 定义 ISMS 策略。
③ 定义系统的风险评估途径。
④ 识别风险。
⑤ 评估风险。
⑥ 识别并评价风险处理措施。
⑦ 选择用于风险处理的控制目标和控制。
⑧ 准备适用性声明。
⑨ 取得管理层对残留风险的承认，并授权实施和操作 ISMS。

(3) 实施和操作 ISMS(Do)：
① 制定风险处理计划。
② 实施风险处理计划。
③ 实施所选的控制措施以满足控制目标。
④ 实施培训和意识程序。
⑤ 管理操作。
⑥ 管理资源。
⑦ 实施能够激发安全事件检测和响应的程序和控制。

(4) 监视和复查 ISMS(Check)：
① 执行监视程序和控制。
② 对 ISMS 的效力进行定期复审。
③ 复审残留风险和可接受风险的水平。
④ 按照预定计划进行内部 ISMS 审计。
⑤ 定期对 ISMS 进行管理复审。
⑥ 记录活动和事件可能对 ISMS 的效力或执行力度造成影响。

(5) 维护并改进 ISMS(Act)：
① 对 ISMS 实施可识别的改进。
② 采取恰当的纠正和预防措施。
③ 与所有利益伙伴沟通。
④ 确保改进成果满足其预期目标。
(6) 信息安全管理体系：
① 文件要求：说明 ISMS 应该包含的文件。
② 对文件的控制：对 ISMS 所要求的文件应该妥善保护和控制。
③ 对记录的控制：应该建立并维护记录。
(7) 管理层责任：
① 说明管理层在 ISMS 建设过程中应该承担的责任。
② 组织应该确定并提供 ISMS 所有相关活动的必要资源。
③ 通过培训，组织应该确保所有 ISMS 中承担责任的人能够胜任其职。
(8) ISMS 管理评审：
① ISMS 内部审计组织应该通过定期的内部审计来确定 ISMS 的控制目标、控制、过程和程序满足相关要求。
② 管理层应该对组织的 ISMS 定期进行评审，确保其持续适宜、充分和有效。
③ 评审输入评审时需要输入的资料，包括内审结果。
④ 评审输出评审成果，应该包含任何决策及相关行动。
(9) ISMS 持续改进：
① 组织应该借助信息安全策略、安全目标、审计结果、受监视的事件分析、纠正性和预防性措施、管理复审来持续改进 ISMS 的效力。
② 组织应该采取措施消除并实施和操作 ISMS 相关的不一致因素，避免其再次出现。
③ 预防措施为了防止将来出现不一致，应该确定防护措施。
④ 所采取的预防措施应与潜在问题的影响相适宜。

2. ISO/IEC 27001:2005 标准的重点

BS7799 标准之所以能被广为接受，一方面是它提供了一套普遍适用且行之有效的全面的安全控制措施，更重要的还在于它提出了建立信息安全管理体系的目标，这和人们对信息安全管理认识的加强是相适应的。与以往技术为主的安全体系不同，ISO 27001:2005 提出的信息安全管理体系(ISMS)是一个系统化、程序化和文档化的管理体系，其中，技术措施只是作为依据安全需求有选择、有侧重地实现安全目标的手段而已。ISO 27001:2005 标准内容的重点如下：

(1) ISO 27001:2005 标准指出 ISMS 应该包含的主要内容有用于组织信息资产风险管理、确保组织信息安全的及为制定、实施、评审和维护信息安全策略所需的组织机构、目标、职责、程序、过程和资源。

(2) ISO 27001:2005 标准要求建立 ISMS 框架的过程包括制定信息安全策略、确定体系范围、明确管理职责、通过风险评估确定控制目标和控制方式。体系一旦建立，组织应该实施、维护和持续改进 ISMS,保持体系的有效性。

(3) ISO 27001:2005 非常强调信息安全管理过程中文件化的工作,ISMS 的文件体系应该包括安全策略、适用性声明文件(选择与未选择的控制目标和控制措施)、实施安全控制所需的程序文件、ISMS 管理和操作程序以及组织围绕 ISMS 开展的所有活动的证明材料。

作为信息安全管理体系的国际标准,ISO 27001:2005 势必在未来几年在信息安全领域掀起一股热潮,并且对全球范围内的各类组织和企业在信息化发展方面带来深远的影响。

3. ISO/IEC 27001:2013 新版本的改进

国际标准化组织(ISO)公布的 ISO/IEC 27001:2013 正式版本的颁布时间为 2013 年 10 月 19 日,在新版公布后的 18 至 24 个月内是转换缓冲期,即原来已取得证书的企业最迟需要在 2015 年 10 月 19 日前转换到新版标准。该版主要体现了信息安全管理体系注重管理绩效的核心思想,为计划采用该管理体系标准的组织提供了更先进的管理理念。

ISO/IEC 27001:2013 新版与旧版相比主要有以下改进:

(1) 旧版本以资产与技术为主体,新版本以组织业务为主体。

(2) 新版本将旧版本的 4.1 节扩展为第 4 章,对 ISMS 建立的基础进行了调整和明确;新版本增加了许多指引供企业参考,组织可以通过不同的方面以及风险进行深度的强化。

(3) 旧版本原有 11 个领域、133 项控制措施,新版本目前调整为 14 个领域、113 个控制措施。新增的领域或是将原分散在各领域中的部分控制目标级别提升,组成新领域,如加密与供应链管理因其重要性而被独立出来成为新领域;或是将原有领域分拆,如将通信与作业管理分成两个独立的领域,以反映目前信息安全的发展趋势。控制措施的减少则是通过合并重复的项目进行,像变更管理在不同的领域中有重复就予以合并,也有新增的控制项目,比如对智能型装置的管理以及系统开发项目管理的信息安全要求等。

3.4 信息技术治理标准

ISO 38500:2008 国际标准的出台不仅标志着信息技术治理从概念模糊的探讨阶段进入了一个正确认识的发展阶段,而且也标志着企业信息化正式进入信息技术治理时代。这一标准将促使 IT 业界一直争论不休的信息技术治理理论得到统一,并在引导企业信息化科学方面发挥重要作用。

3.4.1 ISO/IEC 38500 标准的基本概念

1. ISO/IEC 38500 的来历及其主要内容

ISO/IEC 38500:2008 标准《信息技术治理》是第一部信息技术治理国际标准,于 2008 年 4 月正式发布。它为人们提供了广泛的指导方针和在组织中进行信息技术监督的实施框架,其目的是使信息技术治理成为公司治理的重要组成部分,可以用于任何规模的组织,不必考虑其使用信息技术的程度,包括公/私有性质的公司、政府机构以及非营利组织。

ISO/IEC 38500 基于澳大利亚的标准 AS 8015,由标准化组织(ISO)和国际电工委员会

(IEC)共同努力发行,并得到了ISO所有成员的支持。它提供了一个IT治理框架,包括系统的模型、原则和词汇,用来帮助公司实施IT治理。

该标准一共包括3个部分的内容,其中,第一部分是"范围、应用和目标";第二部分是"良好的IT治理框架",介绍了IT治理的原则和模型;第三部分是"组织IT治理实施指南",介绍了IT治理实施的6个方面的原则。

2. ISO/IEC 38500 标准发布的目标

(1) 确保利益相关者对于组织IT治理的信心。
(2) 指导管理者治理组织的IT使用。
(3) 为IT治理的目标评估提供了基础。

3. ISO/IEC 38500 的目标读者

(1) 高级管理者。
(2) 组织中的资源监控团队成员。
(3) 外部的业务或技术专家,包括法律或财务专家、行业协会及专业团体。
(4) 硬件、软件、通信及其他IT产品的厂商。
(5) 内部或外部的服务提供者(包括咨询顾问)。
(6) 信息系统审计师。

3.4.2 ISO/IEC 38500 关于信息技术治理的原则和模型

1. ISO/IEC 38500 关于信息技术治理的原则

ISO/IEC 38500标准关于信息技术治理的6项原则如下。

(1) 职责分工:
① 对分配职责进行评价。
② 确保能够胜任所分配的职责。
③ 监控所分配职责的实施。

为信息技术治理分配职责的方式取决于组织所使用的业务模式和组织架构。例如,有些设备需要内部管理;建议来自于外部的咨询顾问;还有一些IT来源于厂商与专业服务提供商。

(2) IT支持组织发展:
① 考虑机遇使IT更好地服务于业务发展。
② 分配其当下的活动。
③ 指导计划的实施与发展以弥补差距。

(3) 可获得性:
① 这一准则覆盖了风险与价值的规划分配和近期的IT投资。
② 管理者需要履行政策与程序来确保投资的安全性。
③ 投资案例中的资源分配必须确保以及时的形式重新分配。

(4) 可用性：
① IT 实施包括信息整合、系统能力。
② 扩展了退出与处理流程，以确保组织的环境和数据管理职责得以履行。
(5) 符合性：
① 技术使用（包括电子邮件与搜索引擎）。
② 职责履行（记录保持、财务报表、关于组织与业务持续性隐私信息的保护）。
(6) 尊重人的因素：
① 用户界面的可用性与友好性。
② 人们受到 IT 所带来的业务流程改变的影响的需求。

由于 IT 会直接、迅速地影响组织的实施，管理者应当像管理其财务与人力资源那样指挥、评价与监控其组织的 IT 应用。

2. ISO/IEC 38500 的模型

信息系统管理者有三项主要活动，即指导、评价与监控。有效的信息技术治理应当是可实施的、具有一致性的。信息技术治理模型 DEM（Direct、Evaluate、Monitor）聚焦于更广泛层次上的 IT 治理，它略微不同于管理者使用的典型 PDCA 模型。在 DEM 模型中，管理者依据业务压力与业务需求来监控，并评价组织的 IT 使用，而后指导实施政策方针以弥补差距，如图 3-3 所示。

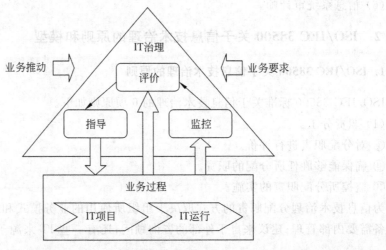

图 3-3 信息技术治理模型

3.4.3 ISO/IEC 38500 标准的特点及其与 COBIT 的对比

1. ISO/IEC 38500 标准的特点

(1) 这是第一个 IT 治理国际标准。
(2) 这个标准简短、易读，但相关概念十分复杂。
(3) 为信息技术治理提供了一个有效、易实施、高效的框架，更好地将组织决策与 IT 联系起来。

(4) 该标准中的建议与指南适用于任何形式、任何规模的组织。

(5) 该标准中的建议与指南不仅供管理者使用,而且组织中各个层面的人都能读懂。

(6) 该标准为所有关键员工提供了合适的 IT 治理基本指南。

(7) 该标准介绍了好的治理所需要的一些特征及治理流程,但是离真正的实施还有距离,需要其他标准的补充。

2. ISO/IEC 38500 标准与 COBIT 的对比

ISO/IEC 38500 标准与 COBIT 都是国际上公认的信息技术治理和管理框架,表 3-2 列出了两者的对比结果。

表 3-2 ISO/IEC 38500 标准与 COBIT 的对比结果

	ISO/IEC 38500	COBIT
分类	国际标准	非国际标准,是一套行为指南
发布者	国际标准化组织	信息系统审计与控制协会(国际专业组织)
最新版本	ISO/IEC 38500:2008	COBIT v5.0
发布时间	2008 年 6 月	2012 年 4 月
特点	指导、评价与监控	基于控制、面向业务、流程导向、度量驱动
认证	没有认证	国际信息系统审计师(CISA)认证
侧重点	有效的 IT 治理范围、技术与业务沟通的相关术语表	信息化全生命周期管理
主要用途	信息技术治理的评测	IT 风险管理与内控

3.5 信息技术服务管理标准

ISO/IEC 20000 是第一部针对信息技术服务管理(ITSM)领域的国际标准,它于 2005 年 12 月 15 日发布。对于信息技术服务实施过程来说,遵循 ISO/IEC 20000 国际标准可以实现服务流程规范化,从而达到质量控制的目标,以保证最终的信息技术服务质量达到用户满意的水平。

3.5.1 ISO/IEC 20000 标准的基本概念

1. ISO/IEC 20000 标准的由来和发展

ISO/IEC 20000 国际标准源自于英国标准协会(British Standards Institute,BSI)的 BS15000 标准,BS15000 标准是英国标准协会针对信息技术服务管理(ITSM)制定的一个标准,最早始于 1995 年,后来几经改版,成为目前由两部分内容(主册)构成的并且被广泛接受的信息技术服务管理标准。ISO/IEC 20000 标准的第一个版本是由国际标准化组织(ISO)于 2005 年发布的,该国际标准的发布预示着信息技术服务管理(ITSM)进入到一个全新时代,建立以 ISO/IEC 20000 标准为基础的信息技术服务(ITS)管理体系成为企业提高信息技术服务水平与管理能力的主要方向。

ISO/IEC 20000 标准主要的两部分内容如下：

(1) 第一部分,ISO/IEC 20000-1:2005"服务管理系统需求",该部分内容规范了信息技术服务过程包含的 13 个流程,是认证的依据。

2011 年 4 月 12 日,国际标准化组织(ISO)发布了信息技术服务管理最新版本的国际标准 ISO/IEC 20000-1:2011,该标准于 4 月 15 日正式实施。ISO 20000-1:2011 版本是在 2005 版本的基础上更好地融合 ISO/IEC 9001、ISO/IEC 27001 等国际标准和信息技术基础架构标准库(ITIL v3)的最佳实践。

(2) 第二部分,ISO/IEC 20000-2:2005"服务管理系统应用指南",这部分内容主要涉及信息技术服务管理过程的最佳实践指南,旨在为实施信息技术服务管理体系提供指导,除此以外,它还提供了 ISO/IEC 20000-1 标准的应用样例和建议。

2012 年 2 月 14 日,国际标准化组织(ISO)发布 ISO/IEC 20000-2:2012 版本,该新版本的发布有助于推进组织和个人更加准确地理解和有效地使用 ISO/IEC 20000-1。

随着 ISO/IEC 20000-2:2012 新版的发布,ISO/IEC 20000 产品家族更新升级的步伐将进一步加快,ISO/IEC 20000 新版标准的认证工作也将可以采用新的 ISO/IEC 20000 产品家族作为支撑。

2. ISO/IEC 20000 标准系列

ISO/IEC 20000 标准旨在帮助组织衡量与了解自身的信息技术服务品质,进而依照公认的"PDCA"方法论建立适合自己的"信息技术服务管理"流程与方法,除可确保其所提供的信息技术服务符合客户企业的需求以外,也可确保在有限的预算下提升信息系统及其服务的可靠性和可用性,并且符合国际规范。在实践中,ISO/IEC 20000 标准是一个系列,包括以下几个部分。

(1) ISO/IEC 20000-1：服务管理体系需求,详细描述服务提供商计划、建立、实施、运营、监控、检查、维护和改进服务管理体系的需求。此部分的最新版本为 2011 版。

(2) ISO/IEC 20000-2：服务管理体系应用指南,以指引和建议的方式描述第一部分中各个服务管理流程的最佳实践方法,它包括服务管理体系和服务的规划、设计、转换、交付、改进,具体包括服务管理政策、目标、计划、服务管理流程、流程接口、文档和资源等。此部分的最新版本为 2012 版。

(3) ISO/IEC 20000-3：ISO/IEC 20000-1 范围定义和适用性指南,为服务提供商就服务范围和可用性提供指南和解释,以确保服务提供商满足 ISO/IEC 20000-1 的要求。其通常与 ISO/IEC 20000-1 和 ISO/IEC 20000-2 结合使用。

(4) ISO/IEC 20000-4：流程参考模型,提供了一个包括 ISO/IEC 20000-1 需求的流程参考模型,模型根据流程目的和成果物进行描述。

(5) ISO/IEC 20000-5：实施计划模板,为如何实施服务管理系统(SMS)以满足 ISO/IEC 20000-1 要求提供了指导,包括给服务提供商如何规划及实施改进的建议。

目前,国际标准化组织(ISO)软件和系统工程分技术委员会正在制定 ISO/IEC 20000

系列的其他标准。

(6) ISO/IEC 20000-6：服务管理体系审核与认证机构要求。

(7) ISO/IEC 20000-7：ISO/IEC 20000-1 应用于云的指南。

(8) ISO/IEC 20000-8：ISO/IEC 20000-1 应用于小组织的指南。

(9) ISO/IEC 20000-10：概念与术语。

(10) ISO/IEC 20000-11：ISO/IEC 20000-1:2011 与 ITIL 关系指南。

3.5.2 ISO/IEC 20000 标准的主要内容和特点

1. ISO/IEC 20000 标准的管理体系

(1) 管理体系要求：ISO/IEC 20000 管理体系要求与所有国际标准对管理体系的要求基本相同，目标是提供一个管理体系，包括方针和框架，以有效地管理和实施所有信息技术服务。其主要规定以下内容：

① 组织高层管理在信息技术服务方面的职能。

② 信息技术服务管理体系在文件化方面的要求。

③ 组织在进行信息技术服务管理过程中对人员能力、意识和培训方面的要求。

(2) 策划和实施服务管理：ISO/IEC 20000 标准在本部分要求组织按照 PDCA 循环方法来策划和实施服务管理体系，针对策划和实施服务管理主要有以下要求。

① 对服务管理进行策划：需要根据服务管理体系范围制定服务管理计划。

② 实施服务管理并交付服务：根据服务计划提供所承诺的服务。

③ 监视、测量和评价：对所实施的服务管理过程进行监视和测量。

④ 持续改进：要求服务提供商持续改进服务过程。

(3) 策划和实施新的或变更的服务：为确保新服务和服务的变更，按各方协商一致的成本和服务质量交付和管理。对新服务或变更的服务的提议应考虑由服务交付和管理所产生的成本以及组织上、技术上和商业上的影响，包括服务的终止在内，新服务或变更服务的实施应通过正式变更管理来策划和批准。策划和实施应包括足够的资金和资源，以进行服务交付和管理所需的变更。

2. ISO/IEC 20000 标准的关键过程

ISO/IEC 20000 标准规定了 5 个关键的服务管理过程及 13 个管理面，如图 3-4 所示。

(1) 服务交付过程：

① 服务级别管理：定义、协商、记录并管理服务级别，由相关方定期评审，从而确保它们得到及时更新，并随时保持有效。

② 服务报告：为依据可靠信息做出决策和有效沟通编制协商一致的、及时的、可靠的、准确的报告，包括它的标识、目的、读者和数据源的详情。

③ 服务连续性和可用性管理：为确保向顾客承诺的协商一致的服务连续性和可用性在任何情况下都能得到满足，应制定可用性和服务连续性计划，并至少每年对其进行一次评审。

④ 信息技术服务的预算与核算：信息技术服务成本的预算和核算包括 IT 资产、共享

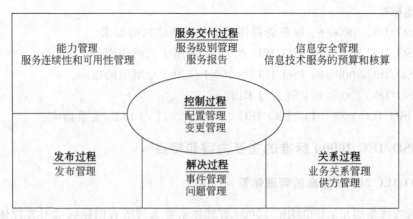

图 3-4 ISO/IEC 20000 标准的关键服务管理过程

资源、日常开支、外部供应服务、人员、保险和许可证等的预算和核算,与服务相关的间接成本和直接成本的分摊等。服务提供方应监视并报告预算的支出,评审财务预报,从而管理支出。

⑤ 能力管理:为确保服务提供方在所有时间内具有足够的能力满足当前及将来商定的客户的业务要求,能力管理应生成并保持一个能力计划。

⑥ 信息安全管理:在所有服务活动中有效地管理信息安全,具有适当授权的管理者应批准信息安全方针,并通报给所有适当的相关人员和客户;执行适当的安全控制措施,对与访问服务或系统相关的风险进行管理。

(2) 关系过程:

① 业务关系管理:为了建立并保持服务提供方与客户之间的良好关系,服务提供方应指定专职个人或小组负责处理客户业务关系。

② 供方管理:为了提高服务质量,服务提供方应具有记录在案的服务管理过程,服务供、需双方应就供方所提供服务的需求、范围、服务级别、交流过程及其他方面进行协商,并将协商结果记录在文件中。同时,主供方与分包方之间的所有职责和关系也都应清楚记录在案,以确保分包方满足合同需求。

(3) 解决过程:

① 事件管理:服务过程中所有的事件都应记录在案,并对重大事件进行分类和管理,采用规程来管理事件的影响。

② 问题管理:对服务事件的原因主动式识别、分析和管理,直至问题关闭,以使对业务的破坏最小化,所有已识别的问题都应记录在案,并采取规程来识别、最小化或避免事件和问题的影响,同时应采取预防性措施来减少潜在问题,对问题解决的有效性进行监视、评审和报告。

(4) 控制过程:

① 配置管理:为了定义和控制服务与基础设施的部件并保持准确的配置信息,应具备一套综合的方法来策划变更和配置管理。

② 变更管理:以受控的方式确保所有变更得到评估、批准、实施和评审。

（5）发布过程：

在实际运行环境的发布中，交付、分发并追踪一个或多个变更，发布管理过程应与配置管理过程和变更管理过程相结合。

3. ISO/IEC 20000 标准的特点

（1）完整的框架：ISO/IEC 20000 标准符合行业的需求，由于信息技术服务难以度量，无论是客户还是服务提供商都需要一种标准来评判、显示信息技术服务的水平。ISO/IEC 20000 标准的出现使信息技术服务管理(ITSM)形成完整的框架，形成了一套独立且与业务管理兼容的体系，ISO/IEC 20000 标准推进了信息技术服务管理实践的发展。

（2）认证的依据：ISO/IEC 20000 具有正式、完整的认证体系，任何想通过 ISO/IEC 20000 认证的组织都必须按它的要求进行信息技术服务的计划、管理、发布、监控、报告、评审和持续改进，通过 ISO/IEC 20000 认证的过程就是组织运用这套科学的管理方法论改善信息技术服务管理的过程。

（3）服务标准化：ISO/IEC 20000 使用通用术语和服务标准，它着重于通过信息技术服务标准化来管理信息技术服务问题，即将信息技术服务问题归类，识别问题的内在联系，然后依据服务级别协议进行计划、管理和监控，并强调与客户的沟通，提供正式的信息技术服务管理质量标准审核规范，为评估组织内部的信息技术服务质量提供通用且可审计的标准。

（4）一体化管理：ISO/IEC 20000 标准具体规定了信息技术服务(ITS)提供商向其客户有效地提供一体化管理过程及过程建立的相关要求，帮助识别和管理信息技术服务的关键过程，保证提供有效的信息技术服务满足客户的需求。

（5）管理流程化：ISO/IEC 20000 标准规定了信息技术组织在向其内、外部客户提供信息技术服务和支持信息技术服务过程中所需的工作。通过这些规定，ISO/IEC 20000 展示了一套完整的信息技术管理流程，旨在帮助信息技术组织识别并管理信息技术服务的关键流程，确保向业务和客户提供高质量的信息技术服务。

（6）最佳实践指南：ISO/IEC 20000 从信息技术基础架构标准库(ITIL v2)的基础上发展而来，它采纳了 ITIL v2 中的全部主要流程，并对几个关键的管理流程做了补充。另一方面，负责起草 ISO/IEC 20000 的信息技术服务管理资深专家大多同时参与了 ITIL v2 的开发和修订。因此，ISO/IEC 20000 与 ITIL 之间并不存在任何竞争关系。相反，ISO/IEC 20000 标准的出现弥补了自 20 世纪末以来信息技术服务管理领域仅有最佳实践，而无评判标准的缺憾，成为信息技术服务管理最佳实践体系中不可或缺的组成要素，为组织在一定环境中开展业务提供了最佳实践指南，包括提供专业服务、降低成本、调查和控制风险。

4. ISO/IEC 20000 与 ISO 9000 比较

（1）ISO/IEC 20000 与 ISO 9000 的适用范围不同：ISO/IEC 20000 只针对信息技术服务管理，在信息技术服务提供商和政府及企业的信息技术部门应用较多；而 ISO 9000 是适用于各行业的质量标准，在生产制造企业应用得最多。

（2）ISO/IEC 20000 与 ISO 9000 的侧重点不同：ISO/IEC 20000 与信息技术服务流程相关，其流程的名称和控制采用 IT 人员容易接受的术语，对信息系统变更的风险进行管理;而 ISO 9000 与质量框架相联系。

(3) ISO/IEC 20000 关注的内容和 ISO 9000 相比,除信息技术服务质量以外,还关注财务、信息安全。

(4) ISO/IEC 20000 也可以说是 ISO 9000 在信息技术服务行业的具体应用和扩展。

5. ISO/IEC 20000 与 ISO/IEC 27001 比较

(1) 适用范围不一样,ISO/IEC 20000 适用于企业的信息技术服务部门,ISO/IEC 27001 适用于整个企业,不仅是企业 IT 部门,还包括业务部门、财务、人事等部门。

(2) ISO/IEC 20000 以流程为核心,定义了一系列比较抽象的流程目标,而 ISO/IEC 27001 以控制点/控制措施为主,比较具体。

(3) 两套体系规范的侧重点有所不同,ISO/IEC 20000 是面向信息技术服务管理的质量体系标准,而 ISO/IEC 27001 是面向信息安全的质量标准规范。ISO/IEC 20000 强调以流程的方式达到质量管理标准,ISO/IEC 27001 强调以风险控制点的方式达到信息安全管理的目的。

(4) 两套体系规范存在着许多共性特征,例如事件管理、业务连续性管理、信息资产管理等方面,大多数企业都会选择将 ISO/IEC 20000 与 ISO/IEC 27001 认证项目一同实施,使两套体系间的互补特性得到充分发挥,从而更全面、更规范地控制公司的服务运维体系与安全管理。

3.5.3 ISO/IEC 20000 标准新旧版本的对比及其认证

1. ISO/IEC 20000 标准新旧版本的对比

ISO/IEC 20000-1:2011 版(简称第 2 版或新版)标准于 2011 年 4 月 15 日正式发布,该版与 ISO/IEC 20000-1:2005(简称第 1 版或旧版)标准相比发生了重大变化,变得更加正式,新版的标准要求与逻辑思路更加清晰,为使用者提供了更明确的指南,堪称是"ISO/IEC 20000-1 标准的华丽转身"。

按照 2011 版(新版)的前言所述,新版与 2005 版(旧版)比较主要有十大变化。

(1) 结构方面:

① 2011 版(新版)在结构上与 ISO 9001、ISO/IEC 27001 更加一致。

② 将 ISO/IEC 20000-1:2005 版(旧版)中的条款 3 和 4 进行了合并,并将所有的管理体系要求纳入到同一个条款中。

(2) 内容方面:

① 新版共有 37 个术语,新增了 24 个术语,更改了部分旧的术语,并删除两个术语(变更记录和服务台)。

② 新版明确了信息技术服务管理体系范围,说明了哪些组织适用于进行 ISO/IEC 20000 认证。

③ 新版新增了由其他方(内部团体、顾客或供方)运行过程的治理要求。

④ 新版对文件要求和资源管理进行了扩展,并与 ISO 9001 相一致。

⑤ 新版明确了内部审核和管理评审的要求。

⑥ 新版将发布管理扩展为发布和部署管理,并归入控制过程中。

⑦ 新版将信息安全管理过程与 ISO/IEC 27001 进行了更多的整合,将内容细分为方针、控制措施、变更和事件。

⑧ 新版考虑到与 ITIL v3 的一致性,将策划和实施新服务或变更的服务更新为设计和转换新服务或变更的服务,并将事件管理扩展为事件和服务请求管理。

2. ISO/IEC 20000 认证的适用范围

企业建立信息技术服务管理体系的目标是为企业建立起一套行之有效的以客户为中心的自我完善的体系。在实施认证 ISO/IEC 20000 管理体系后,在各个流程中,各个工作岗位上都建立了一个自我完善的循环,工作的策划、执行、检查以及持续的发现问题、改善问题的体系建立起来,使每个员工都拥有问题意识,自觉地发现自己工作当中的问题,并通过系统地解决问题的方法将问题一个一个地解决。

ISO/IEC 20000 是一个针对管理流程系统的标准,ISO/IEC 20000 的认证适合信息技术服务的提供者,可以是内部的 IT 部门,也可以是外部的服务提供商。获取 ISO/IEC 20000 的认证意味着提供服务的 IT 组织对 ISO/IEC 20000 中定义的这些管理流程具有足够好的管理控制力,包括以下内容:

(1) 对流程输入的了解和控制。

(2) 对流程输出的了解、使用和诠释。

(3) 制定和执行对流程效能的衡量机制。

(4) 有客观的证据表明,对流程的功能负责,使之符合 ISO/IEC 20000 标准要求。

(5) 制定流程的改进提高计划,衡量和回顾改进结果。

信息技术服务组织要获得 ISO/IEC 20000 的认证,必须证明它能够对标准中涉及的 5 个组共 13 个流程都具有以上的管理控制力。ISO/IEC 20000 系列对流程的最佳实践进行了总结,可适用于不同规模、类型和结构的组织,服务管理流程的最佳实践要求并不会因为组织形式的不同而改变。

3. 取得 ISO/IEC 20000 认证的步骤

企业取得 ISO/IEC 20000 认证主要经过以下几个步骤。

(1) 准备:首先要明确认证的意义,确定信息技术服务管理认证的范围,全面地理解认证的内容,确立愿景,获得高层管理者的支持,决定服务管理改进的方面与改进的顺序,以及明确认证活动的参与方面,确定各方所期望的收益。其次要向咨询顾问、培训提供机构、相关论坛和用户组织咨询,以获得 ITIL、ISO/IEC 20000 的知识和文档,选定一家认证机构,确认审核的范围。

(2) 初步评估与计划制定:进行初步的评估,掌握现状并进行差距分析,评估明确需改进的方面,管理在认证过程中的风险;制定整体的计划,获得相关方面的支持与承诺。

(3) 缩小差距:建立及管理服务改进计划(PDCA 环),借鉴 ISO/IEC 20000、信息技术基础架构标准库(ITIL),制定具体的信息技术服务管理的政策、流程、步骤,实施信息技术服务管理流程,并改进信息技术服务管理的政策、流程、步骤以及定期检查和回顾。

(4) 认证审核准备:联系认证机构进行内审,为正式的审核预定时间,并与认证机构充分交流以建立对审核范围、审核内容的共同理解。准备审核所需要的"证据",包括文档、记录等。

(5) 认证审核:典型的认证审核包括协定参考标准、审核范围的条款、离场的对文档和流程的评估,以及现场的对员工和流程的审核,审核结果的陈述。最后,企业如果达到 ISO/IEC 200000 体系要求,认证机构将进行 ISO/IEC 20000 认证陈述,颁发证书。

(6) 维护:认证的有效期为三年,所以,每隔三年需要进行一次全面的认证审核。每年都需由认证机构进行"监督审核"及企业内部审核,以确保认证质量,确保服务管理的持续改进。

本 章 小 结

公司治理是通过有效的制度约束、激励机制协调企业内、外部不同利益关系者之间的行为,其目的是增加公司信息披露的透明度,最大限度地保护股东和投资人的权益。信息技术治理是指专注于信息技术体系及其绩效和风险管理的一组治理规则,以确保信息技术能够支撑组织的战略目标。它是使参与信息化过程的各方利益最大化的制度措施,也是一个由关系和过程所构成的体制,用于指导和控制企业,通过平衡信息技术与过程的风险、增加价值来确保实现企业的目标。在实践中,信息技术治理的概念是从信息安全管理的概念上延伸而来的,即人们首先最关注的是信息安全管理问题,然后延展到信息系统审计,最后形成了信息技术治理的理念。与信息技术治理和信息系统管理相关的主要标准有 COBIT、ITIL、ISO 27001、ISO 20000、ISO 38500:2008 等。

通过本章的学习,首先要了解公司治理的概念,企业信息化战略规划的定义、原则、作用和制定的步骤,以及信息安全整体规划的制定内容。其次要了解信息技术治理的定义、目标、流程和作用等基本概念,其中包括信息技术治理的设计框架及其与管理的关系。本章学习的重点是要了解和熟悉与信息系统运维服务密切相关的信息技术治理和管理的主要标准;要了解和掌握信息系统审计标准 COBIT 的内容、组件、领域和程序,以及 COBIT 在信息系统运维服务管理中的应用;要了解和掌握信息安全管理标准 BS7799 和信息安全管理体系,以及 ISO/IEC 17799 标准和 ISO/IEC 27001 的主要内容、重点等;要熟悉和掌握信息技术治理标准 ISO/IEC 38500 的主要内容、目标和关于信息技术治理的原则;特别是要着重了解、熟悉和掌握信息技术服务管理标准 ISO/IEC 20000 的基本概念、主要内容和特点,以及新旧版本的对比、认证适用范围和认证步骤等内容。

习 题

1. 简述企业信息化战略规划的原则、作用和步骤。
2. 什么是信息技术治理?简述信息技术治理的设计框架及其与管理的关系。
3. 简述信息系统审计标准 COBIT 的内容、组件、四大领域及其 IT 程序。

4. 申请国际信息系统审计师认证有哪些条件？
5. COBIT 在信息系统运维服务管理中有哪些应用？
6. 简述 ISO/IEC 17799 标准的内容和 10 项最佳措施。
7. 简述 ISO/IEC 27001 标准的内容、重点和新版本的改进。
8. 简述 ISO/IEC 38500 模型和关于信息技术治理的原则。
9. 简述 ISO/IEC 38500 标准的特点及其与 COBIT 的对比。
10. 简述 ISO/IEC 20000 标准的由来和发展。
11. 简述 SO/IEC 20000 标准的管理体系、关键过程和特点。
12. 说明 ISO/IEC 20000 与 ISO 9000 的异同。
13. 简述 ISO/IEC 20000 标准新旧版本的对比、认证适用范围和认证步骤。

第 4 章　信息技术基础架构库

主要内容

(1) 信息技术基础架构库(ITIL)的基本概念及其资格认证。
(2) ITIL v1 的内容和流程简介。
(3) ITIL v2 的核心框架、模块及其应用情况和不足之处。
(4) ITIL v3 的体系结构和核心模块,ITIL v3 与 ITIL v2 的对比分析。
(5) ITIL 的典型应用(大型企业、中小型企业、服务外包和数据中心)。

4.1　ITIL 的基本概念

信息技术基础架构库(Information Technology Infrastructure Library,ITIL)是一套主要研究信息技术服务管理的方法,是以全球最佳实际经验为依据以高质量、合理定义、可重复流程等运作为基础确立的可持续改进的计划。虽然 ITIL 不是一个正式的国际标准,但它确实是目前国际上普遍实行的事实上的标准,为企业的信息技术服务管理实践提供了一个客观、严谨、可量化的标准和规范。

4.1.1　ITIL 的由来和发展

1. ITIL 的由来

信息技术基础架构库(ITIL)是英国政府中央计算机与电信管理中心(CCTA)在 20 世纪 80 年代末制订的一套信息技术服务管理最佳实践指南,旨在解决信息技术服务质量不佳的情况。

信息技术基础架构库(ITIL)产生的背景是,当时英国政府为了提高政府部门信息技术服务的质量启动一个项目,邀请国内外知名 IT 厂商和专家共同开发一套规范化的、可进行财务计量的 IT 资源使用方法。这种方法应该是独立于厂商的并且可适用于不同规模、不同技术和业务需求的组织。这个项目的最终成果就是现在被广泛认可的 ITIL。ITIL 虽然最初是为英国政府部门开发的,但它很快在英国企业中得到广泛的应用。在此之后,CCTA 又在 HP、IBM、BMC、CA、Peregrine 等主流信息技术资源管理软件厂商近年来所做出的一系列实践和探索的基础之上总结了信息技术服务的最佳实践经验,形成了一系列基于流程的方法,用于规范信息技术服务的水平。ITIL 现由英国商务部(OGC)负责管理。

2. ITIL 的发展

在 20 世纪 90 年代初期,信息技术基础架构库(ITIL)被介绍到欧洲的许多其他国家,并在这些国家得到应用。荷兰政府首先在本国所有政府部门采用该标准,并取得了巨大的效益,之后英国政府和澳大利亚国防部也相继宣布采纳该标准。到 90 年代中期 ITIL 已经成为欧洲 IT 管理领域事实上的标准,在 90 年代后期 ITIL 又被引入美国、南非和澳大利亚等国。

2001 年英国标准协会(British Standard Institute,BSI)在国际信息技术服务管理论坛(itSMF)年会上正式发布了基于 ITIL 的英国国家标准 BS15000。2002 年,BS15000 为国际标准化组织(ISO)接受,作为信息技术服务管理的国际标准的重要组成部分。

从 21 世纪初期开始,信息技术基础架构库(ITIL)的思想和方法被世界各国广泛引用,ITIL 在全球应用的发展势头异常迅猛。比如说在美国,2001 年第一次举办国际信息技术服务管理论坛(itSMF)年会的时候只有 200 人参加,到第二年就有 800 人参加,2003 年的第三次年会则有超过 1600 人参加。ITI 在欧洲、北美、澳洲已经得到了广泛应用,全球两万多家在各行业处于领先地位的著名企业都在积极推广应用该标准,并为人们带来了众多实施 ITIL 的成功案例,通过实施 ITIL 大大改进了企业信息技术服务的质量,促进了信息技术与企业业务的融合。

由于信息技术基础架构库(ITIL)为企业的信息技术服务管理实践提供了一个客观、严谨、可量化的标准和规范,企业的 IT 部门和最终用户可以根据自己的能力和需求定义自己所要求的不同服务水平,参考 ITIL 来规划和制定其 IT 基础架构及服务管理,从而确保信息技术服务管理能为企业的业务运作提供更好的支持。对企业来说,实施 ITIL 的最大意义在于把信息技术与业务紧密地结合起来了,从而让企业的 IT 投资回报最大化。举例来说,美国宝洁公司(Procter & Gamble)是一家消费日用品生产商,也是目前全球最大的日用品公司之一。其总部位于美国的俄亥俄州辛辛那堤,全球员工近 110 000 人。从 1997 年起,宝洁公司采用 ITIL 模式后,4 年内共节约预算资金达 5 亿美元,使运营成本削减 8%,使技术人员减少 20%。

实际上,信息技术基础架构库(ITIL)不仅仅适用于企业内部的信息技术服务管理,也适用于互联网数据中心(Internet Data Center,IDC),IDC 的业务主要是在互联网上提供各项增值服务,包括申请域名、租用虚拟主机空间、主机托管等业务的服务。过去,IDC 为每个用户提供的信息技术服务水平很难量化、考评,用户无法断定是否获得了合同承诺的服务,而 ITIL 的实施为 IDC 的信息技术服务水平提供了一个可以客观考评的依据和标准。

信息技术基础架构库(ITIL)最早是在 1999 年被引入中国的。在其被引入我国后的前 3 年,由于了解它的单位不多,这方面的成功案例也相当有限,所以在国内它处于一种不愠不火的状态。但是从 2002 年开始,ITIL 在国内开始受到越来越多的关注。特别是在 2003 年,ITIL 在国内的发展历程中出现了多个第一:翰纬 IT 管理研究咨询中心出版了第一本中文 ITIL 专著、《中国计算机用户》周刊创办了中国第一个信息技术服务管理专栏,并在翰纬 IT 管理研究咨询中心和 ITSM PORTAL International 的合作下正式创办第一个面向 ITIL 的门户网站"ITSM 资讯网"。

目前,信息技术基础架构库(ITIL)已经在全球信息技术服务管理领域得到了广泛的认同和支持,四家最领先的信息技术管理解决方案提供商宣布了相应的策略:IBM Tivoli 推出了"业务影响管理"解决方案、HP 公司倡导"信息技术服务管理"、CA 公司强调"管理按需计算环境"、BMC 公司则推出了"业务服务管理"理念。实际上,无论各公司的理念和解决方案有多大差异,目标都是一致的,即把信息技术与业务相结合,以业务为核心搭建和管理信息系统。

为什么信息技术基础架构库(ITIL)在最近几年得到了厂商和客户的广泛认同和大力支持?"是因为我们已经进入了'技术利润三角区'",全球著名的ITIL专家Malcolm Fry先生在接受记者采访时谈到:"现在很多业务都必须借助技术手段才能完成,比如占领新市场、远距离地开展工作、把产品推荐给世界各地的客户等"。在这种情况下,人们已经在很大程度上将企业对技术的控制权转移到客户手中。例如在英国的零售业,如果在线商店停业,服务台必须首先报告首席执行官(Chief Executive Officer,CEO),而在5年前,CEO很可能根本不知道有服务台。不难看出,在目前的市场情形下,客户服务的好坏直接受信息系统的影响,信息技术服务管理(ITSM)成为企业业务运作过程中不可或缺的重要一环。信息技术服务管理(ITSM)领域正成为全球IT厂商、政府、企业和业界专家广泛参与的新兴领域,对未来的IT走向和企业信息化将会产生深远的影响,其内容描述的是信息技术部门应该包含的各个工作流程以及各个工作流程之间的相互关系。

3. ITIL 的版本演变

信息技术基础架构库(ITIL)提出后,其内容得到多次扩展并重新组织,截至目前,ITIL已经出了3个版本,即ITIL v1版本、ITIL v2版本和ITIL v3版本,各版本在内容和结构方面有所不同,经历了一个变迁过程。实际上,ITIL版本的改变不是其内容发生了革命性的变化,而是根据信息技术服务管理市场的变化有所改进,从而演变出新版本,这种改进是进化性质的,不过仍然是非常重要的变化。

(1) ITIL v1版本:ITIL第一个版本持续的时间从1986年到2001年。早期的ITIL开发了31卷图书,主要是基于职能型的实践。后来,为了消除各流程之间的重复或某些不一致,将这些流程合并为服务支持和服务提供两大部分,形成了ITIL v1版本。

(2) ITIL v2版本:ITIL第二个版本持续的时间从2001年到2007年,主要是基于流程型实践,总结为9本核心读物,并成为信息技术服务管理领域中全球认可的最佳实践框架。这9本核心读物包括两本信息技术服务管理核心读物:《服务支持》和《服务交付》;5本运营指南:《ICT基础架构管理》、《安全管理》、《业务视角》、《应用管理》和《软件资产管理》;一本实施指南:《服务管理实施规划》;一本小规模IT组织指南:《小规模IT组织ITIL实施指南》。

ITIL v2主要包括6个模块,即业务管理、服务管理、IT基础架构管理、信息技术服务管理规划与实施、应用管理和安全管理。其中,服务管理是最核心的模块,该模块包括"服务提供"和"服务支持"两个流程组。这6个模块基本涵盖了企业信息技术服务管理的各个方面,对ITIL服务管理模块的10个核心流程和一项服务职能进行了较详细的描述。

(3) ITIL v3版本:ITIL的第三个版本于2007年5月30日发布,基于服务生命周期的ITIL v3整合了v1.0和v2.0的精华,并融入了信息技术服务管理领域当前的最佳实践。5本书构成了ITIL v3的核心,即构成了一个涵盖整个服务生命周期的、完整的知识体系,这5本书籍分别是《服务战略》、《服务设计》、《服务转换》、《服务运营》及《持续性服务改进》。

ITIL v3是一个业界广泛认可的基于流程的最佳实践文件集,是当前全球信息技术服务领域最受认可的系统且实用的结构化方法,是一个基于最佳实践的IT管理框架。

4.1.2 ITIL的特点、价值和实施步骤

1. ITIL的特点

信息技术基础架构库(ITIL)的特点主要表现在以下几个方面。

(1) 公共框架:信息技术基础架构库(ITIL)作为信息技术方面的最佳指南之一,从发布的第一天起就免费供企业和政府部门参照使用。同时,任何公司都可以以ITIL为基础提供增值产品和服务,比如培训、咨询以及开发支持ITIL的软件和工具。

(2) 最佳实践框架:信息技术基础架构库(ITIL)各部分之间并没有严格的逻辑关系,与一般的标准先设计整体框架再细化各部分这种"自顶向下"的设计方式不同,ITIL的开发过程是"自下向上"的。ITIL来源于实践,经过合理的提炼,反过来又可以指导实践。

ITIL列出了各个服务管理流程的"最佳"目标、活动、输入和输出,以及各个流程之间的关系。其重点是保证各流程实现其应有的功能并与其他流程相协调。至于具体怎样实现这些功能,不同企业可根据实际需要采取不同的方式。这有点近似于现在流行的"面向对象编程"的思想:各个流程(对象)是相对独立的,实现了某些特定的功能;流程之间及流程和业务之间的关系(接口)已根据业务和IT管理方面的需要事先规划好,这样我们就可以方便地实施或放弃某个流程,同时其他流程还可以继续保持运作。

(3) 质量管理方法和标准:随着信息技术的发展以及企业对信息技术依赖程度的提高,IT已成为许多业务流程必不可少的部分,甚至是某些业务流程赖以运作的基础。这对IT本身是件好事,但这种地位的提升同时意味着IT要承担更大的责任。这种责任主要表现在两个方面:一是提高业务的运作效率,二是降低业务流程的运作成本,可实际情况往往是IT在这两个方面的表现都不是很让人满意。其部分原因是因为IT部门往往从技术而不是从业务的角度考虑问题,或者即使发现需要改进,也找不到合适的方法和工具。为了解决这些问题,ITIL贯彻质量思想,应用质量的方法和标准来管理信息技术服务。服务提供流程制定服务级别协议、监督协议的执行并评价最终结果;服务支持流程根据服务协议以合理的成本提供服务。整个过程关注的不仅仅是IT部门是否提供了某种服务,更重要的是IT部门是否提供了让客户满意的服务。

2. ITIL的商业价值

信息技术基础架构库(ITIL)提供了一个指导性框架,这个框架可以保留组织现有IT管理方法中的合理部分,同时增加必要的技术,并且方便了各种IT职能间的沟通和协调。对于企业实施ITIL,可以有助于最终进行完善的服务管理。在ITIL的各个流程管理中,可以直接与各个业务部门相互作用,实现对业务功能及流程的重新设计,降低成本、缩短周转时间、提高质量和增进客户满意度。

信息技术基础架构库(ITIL)的实施使企业信息系统部门能够对发生在财务、销售、市场、制造等业务上的流程改变做出及时反应。在某些情况下,这还导致了一些相关组织机构的诞生,如变更委员会、紧急变更委员、内部的业务经理等,以增进业务与IT的整合。

企业实施ITIL可以实现IT对业务支持的精确性和前瞻性。市场竞争的加剧要求企业能够快速做出决策，并缩短反应时间。传统的企业效益度量标准如收入、市场份额等，对业务状况的反应是滞后的，一旦发现问题，再想规避问题，往往为时已晚。

就企业IT部门来讲，在投资回报方面，参考ITIL来考虑IT投资很容易定义期望的收益，并对收益进行度量。同时，可以明确地建立一支担有共同责任和义务的、多技能的、跨组织的合作团队。由于相互信赖程度加深，用户与IT人员之间将不再会互相指责，而形成相互促进的形式，改变其"救火队"的形象。

现在，信息技术基础架构库（ITIL）在世界各国，尤其是在欧美地区的应用一直如火如荼、方兴未艾，主要原因是ITIL给实施它的企业带来了丰厚的商业价值。大量的成功实践表明实施ITIL可以将企业IT部门的运营效率提高25%～30%。全球一些大型知名研究机构的调查研究表明，通过在IT部门实施ITIL的最佳服务管理实践，可以将因重复呼叫、不当的变更等引起的延误时间减少79%，每年可以为每个终端用户平均节约800美元的成本，同时将每项新服务推出的时间缩短一半。目前，我国也有一些企业通过实施信息技术服务管理取得了良好的经济效益。总体而言，实施ITIL可以带来以下商业价值：

(1) 确保IT流程支撑业务流程，在整体上提高了业务运作的质量。
(2) 通过故障管理流程、变更管理流程和服务台等提供了更可靠的业务支持。
(3) 客户对IT有更合理的期望，并更加清楚为达到这些期望他们所需要付出的成本。
(4) 提高了客户和业务人员的生产率。
(5) 提供更加及时有效的业务持续性服务。
(6) 客户和信息技术服务提供者之间建立起更加融洽的工作关系。
(7) 提高了客户满意度。

3. ITIL的实施步骤

信息技术基础架构库（ITIL）虽然在20世纪90年代已经成为事实上的国际标准，但国内企业对它的了解才刚刚开始。针对这一情况，国内企业可采用以下实施步骤。

(1) 取得领导层的大力支持：企业要想成功推行ITIL体系，首先要取得领导层的高度重视和全力支持，以及全体用户的理解和配合。一个成功的服务管理项目必须同时考虑和协调3个层面的问题，即企业组织机构、技术和流程。企业组织机构包括管理层、人员、角色、地域、企业文化等；技术层面指技术架构、项目管理及具体实施的产品等；流程方面指ITIL所涉及的领域。对其中任何一个方面忽视，都将可能导致项目失败。

(2) 培养ITIL人才：信息技术基础架构库（ITIL）不是一种产品，而是一套流程和准则，必须对它有充分的了解才可能成功实施。企业IT部门需要通过培训、招聘吸纳新的技术力量。除了流程以外，相关的IT产品技术等可能还需要技术专家的帮助，但企业必须直接介入相关技术实施阶段，不能完全交给外部资源负责。在实施ITIL流程项目规划时，必须清晰地定义出项目的目标，如果没有从本身的实际情况出发，一哄而上的项目是极有可能失败的。

(3) 引进严格的项目管理制度：必须组建专门的项目小组，确定正规的项目内容，并建立控制、跟踪、分析等机制，同时还要确保必需的人力、物力资源的供应。在项目启动前，还要全面、完整地了解目前的信息技术服务状况。当前状况是整个项目的基点,对当前状况进行分析,可以确定什么需要变更？需要增加什么新功能？哪些功能无须变化？在项目正式启动前,还必须进行可行性评估、检查、审计等。

(4) 建立科学合理的流程：在信息技术基础架构库(ITIL)的实施过程中,流程是最重要的。ITIL 服务流程项目是一个时间较长的实施过程,根据企业规模和项目范围一般从 6 个月到 18 个月不等。

(5) 选择适当的软件产品：企业对信息系统的管理是通过 IT 管理软件实现的,因此,选择适当的软件对成功实现 ITIL 的目标至关重要。在规模较小的企业,由 IT 部门自身开发用于记录、跟踪故障之类的工具就可以了。对于规模很大的企业,则需要分布式、集成的服务管理工具,对各个被监控系统产生的大量故障进行实时分析处理和及时响应,通过自动化工具可以实现核心服务管理功能的自动化。

4.1.3　ITIL 资格认证

1. ITIL 资格认证的体系

信息技术基础架构库(ITIL)认证体系由国际上四大权威机构联合运作,以保证这一证书的专业性、开放性、权威性、实用性,同时被广泛接受和不断更新。

(1) 国际信息科学考试协会(Examination Institute For Information Science,EXIN)：总部设在荷兰,向全球提供各种语言的 ITIL 考试。

(2) 信息技术服务管理论坛(IT Service Management Forum,ITSMF)：世界最大的信息技术服务管理用户组织,致力于发展和推动信息技术服务管理最佳实践标准和认证。ITSMF 是国际上唯一被认可的信息技术服务管理行业组织,在全世界设立了超过 16 个国家分会。

(3) 英国政府商务部(OGC)：OGC 专门负责 ITIL 课程体系的开发,并不断提出更新,不断融合全球 IT 发展的最佳实践,OGC 提名和选定其他组织或专家进行编写,同时组织世界各地的有关专家对这些原稿进行评审以保证其质量。但 OGC 本身并不涉及 ITIL 的培训和认证。

(4) 信息系统考试委员会(Information Systems Examination Board,ISEB)：总部设在英国,在英联邦国家具有很大的影响力,专门负责提供 ITIL 英文考试。

2. ITIL 资格认证的级别

信息技术基础架构库(ITIL)资格认证被誉为"IT 界的 MBA",目前已成为全球 IT 行业最抢手的资格认证之一,尤其在欧洲、澳洲和北美非常流行,在亚洲正悄然兴起。ITIL 资格认证主要由 EXIN 和 ISEB 两大机构颁发,两者使用同样的试卷,具有同等的权威。ISEB 主要负责英国及英联邦国家的 ITIL 认证考试,且只提供英语语种的考试；而 EXIN 负责除英国及英联邦国家以外的国家和地区的 ITIL 认证考试,可提供多语种的考试。EXIN 和 ISEB 除自身提供考试外,二者在全世界授权了很多专门的考试和培训机构,但 ITIL 资格证书统一由 EXIN 和 ISEB 颁发,证书具有全球通用性。

EXIN 和 ISEB 颁发的 ITIL 证书分为下面 4 个级别。

(1) 基础级别(Foundation)：ITIL Foundation 认证针对从事信息技术服务管理的人员，主要考察学员对 ITIL 流程和 ITIL 词汇的了解程度。ITIL Foundation 是获取更高级证书的基础，是对 ITIL 入门者的核心基础认证。考试采用多项选择题的形式，适用于实施 IT 组织的主管或相当级别人员参加。考试试卷共有 40 道单项选择题，要求在一个小时内完成，只需达到 65 分以上(40 题中最少答对 26 题)即可通过考试并取得 ITIL Foundation Certificate 证书。目前，在国内比较流行的考试的语言版本是中文和英文，如果参加考试的人不是选择母语语言版本，考试时间可以延长到 75 分钟，并且可以使用词典。

参加 ITIL 基础级别认证考试没有特殊的条件(可以不经过培训)，只要是从事信息技术服务管理的人员并拥有信息技术服务基本的知识均可参加 ITIL 基础认证考试。通过 ITIL v3 基础认证(Foundation)考试即获得两学分。

(2) 从业者级别(Practitioner)：ITIL Practitioner 适用于专注特定流程人员参加，主要考察学员的实际操作能力，认证要求持证人员从事信息技术服务管理特定流程的工作，并具有一定的实践经验，至少拥有 5 年以上从事 IT 工作的经历以及两年以上从事信息技术服务管理中高层工作的经验，并参加由两大权威机构(EXIN 或 ISEB)授权的 ITIL 认证培训机构的培训。

参加 ITIL v2 从业者级别认证考试需要具有基础级别(Foundation)的证书，考试时可以从 Practitioner 认证的 9 门考试中任选一门考试作为考生所从事的信息技术服务管理特定流程的认证。该考试需花两个小时完成，由单选题和问答题组成。

ITIL v3 采用生命周期模块与能力模型模块，分别从 5 个生命周期和能力组合模型方式两个路径取代 ITIL v2 从业者级别。

(3) 专家级别(Expert)：ITIL v3 的专家级别(Expert)相当于 ITIL v2 服务经理级别，该认证针对更高层的信息技术服务管理的人员，参加考试者必须经过 ITIL 认证培训机构的专业培训。该认证在信息技术服务管理领域的含金量是非常高的，适合于 IT 高级经理或者咨询师。

ITIL v2 服务经理级别要求通过了两次各 3 个小时的笔试与面试。除培训考试以外，还要增加 3 个小时的论文答辩。其中笔试考试有两个部分：试卷一是服务支持；试卷二是服务交付。在考试前会给考生一个案例，考试题目中的 60% 都是基于这个案例。每一个部分都有 5 道开放式必答题，以论文形式答题，两份试卷均要求在 3 个小时内完成。

要想获得 ITIL v3 的专家认证需要最少获得 22 个考试学分，目前有以下两个典型的认证途径。

① 认证途径 1：服务生命周期模块途径。

第一步：ITIL v3 Foundation(ITIL v3 基础认证)——2 学分。

第二步：服务生命周期模块五项(单项)认证。

　　Service Strategy(服务战略)——3 学分。

　　Service Design(服务设计)——3 学分。

　　Service Transition(服务转换)——3 学分。

　　Service Operation(服务运营)——3 学分。

　　　　　Continual Service Improvement(持续服务改进)——3学分。

第三步：服务全生命周期管理认证(Managing Through the lifecycle)——5学分。

第四步：获得"ITIL专家"认证证书。

② 认证途径2：服务能力模型(Capability Module)模块途径。

第一步：ITIL v3 Foundation(ITIL v3基础认证)——2学分。

第二步：服务能力模块四项(单项)认证(Practitoner认证)。

　　　　　Operational Support & Analysis(运营支持和分析)——4学分。

　　　　　Planning,Protection & Optimization(计划、保护和优化)——4学分。

　　　　　Release,Control & Validation(发布、控制和验证)——4学分。

　　　　　Service Offerings & Agreements(服务提供和协议)——4学分。

第三步：服务全生命周期管理认证(Managing Through the lifecycle)——5学分。

第四步：获得"ITIL专家"认证证书。

(4) 大师级别(Master)：该资格级别评估学员将ITIL理念在新领域进行运用和分析的能力，大师级别则代表行内最资深的造诣，具备全面的信息技术服务管理最高水平。目前，EXIN和ISEB两大机构尚未公布其认证途径。

3. ITIL资格认证的作用

信息技术基础架构库(ITIL)是一个管理标准而非技术标准，它强调按照流程的方式对IT管理活动进行组织，并且强调IT与业务的整合。因此，ITIL认证可以帮助IT管理人员突破技术的单一视角而从技术和业务相结合的角度考虑问题。MCSE(微软认证系统工程师)和CCNA(Cisco认证网络支持工程师)等流行的IT认证培养的是技术工程师，而传统的商学院培养的MBA则基本上是侧重于战略管理、人力资源管理、营销管理等传统企业管理领域，这之间缺乏既懂IT又关注业务需求的IT管理人员，ITIL认证的出现正好填补了这一空白。通过ITIL认证的人才能够从业务需求的角度出发，充分利用好组织的IT资源，因而能较好地实现IT和业务的整合。正是因为这一点，使得ITIL认证能够风靡全球。

取得ITIL资格认证已成为优秀IT管理者职业发展的最佳途径。ITIL资格认证对IT企业及众多实施信息化战略的企业的IT人员而言将是一份重要的"身份证明"。目前，全球已有7万多人获得ITIL资格认证，且每年新增7千多名。对于个人以及整个企业的发展来说，ITIL认证具有以下诸多好处：

(1) 帮助实现从技术工程师向信息技术服务管理专家的转变，提升个人职业的发展平台。

(2) 突破单一的技术思维，学会用流程的方式处理信息技术服务运作中的诸多非技术问题。

(3) 获得更多关于信息技术服务管理的专业知识，证明自身的专业能力，胜任更多的IT管理工作。

(4) 降低企业自身培养IT管理人员的成本，更有利于促进技术、流程和人的标准化，从而最终实现信息技术服务支持和提供过程的标准化。

(5) 加强个人的信息技术服务管理工作技能，获得表明自己能力的身份证明。

(6) 了解其他企业实施信息技术服务管理的成功案例,从而为自己的企业实施 ITIL 作好准备。

(7) 帮助企业提高信息技术服务质量和降低信息技术服务成本。

4.2　ITIL v1 简介

作为一个不附属于任何商业组织的独立的标准,信息技术基础架构库(ITIL)既适用于政府部门,包括国家政府部门和地方性的政府部门,又适用于包括零售、金融和制造等行业在内的多个行业的大型企业和中小型企业,以及非营利机构。实施 ITIL 并不一定需要专门的 ITIL 工具(如软件、呼叫系统等),因为这些工具只有当实施 ITIL 的范围较大、流程较复杂的时候才有必要性。对小型企业而言,建立一套基于文档的 ITIL 管理流程来管理 IT 活动也是可行的。

1. ITIL v1 的内容

在 20 世纪 80 年代末期,随着企业信息化建设高潮的兴起,人们在高度重视企业信息化的同时也遇到了许许多多的难题,其中包括企业 IT 部门与业务部门之间存在着结构性的缺陷,即信息技术提供和信息技术支持与企业业务需求之间存在着"程序性和规范性"缺失的矛盾,这种矛盾极大地影响了企业信息化进程,削弱了企业竞争力,阻碍了企业的发展,信息技术基础架构库(ITIL)v1.0 版本正是在这样的大背景下产生的。

当信息系统规模越来越大、信息技术应用越来越复杂、IT 人员越来越多的时候,由于传统流程跨越了不同的管理领域,因此在实际工作中暴露的问题也会变得越来越突出。传统流程管理无法针对不同管理领域实现个性化的关键绩效指标(KPI),也就无法进行绩效考核。英国政府中央计算机与电信管理中心(CCTA)认识到要通过应用 IT 来提升政府和企业各项业务的效率就必须解决不同 IT 职能之间缺乏沟通的状况。为此,CCTA 在一个名为政府信息技术基础架构管理方法论(Government Information Technology Infrastructure Management Methodology,GITMM)的项目的基础上逐步扩充为一个由 31 本图书构成的庞大的方法论知识体系,该项目的目标是为政府部门开发一套规范化的、可进行财务计量的 IT 资源使用方法。这种方法应该是独立于厂商的并且可适用于不同规模、不同技术和业务需求的组织。该项目的成果就是 ITIL v1 版本。

从总体上来看,对于怎样实施信息系统服务管理没有通用的答案,每个组织都有其独特的业务、人员和文化。ITIL v1 提供了最佳实践指南,采用这些最佳实践指南时应该根据具体情况做出调整。为了实施对其独特需求有效的流程,组织应该对具体内容做出修改。

ITIL v1 最突出的价值在于已经开始将复杂的 IT 管理工作进行了流程化梳理,企业在选择适用的流程以前,首先要进行流程设计,流程本身必须能够被管理。所谓流程管理必须具备两个关键成功因素:一是流程基因化,二是流程可测量。因而实施 ITIL 不是简单地制定流程和制度,也不是简单的流程电子化就能够做好的,而是涉及原有企业组织人员的职责调整、工作重新安排以及原有工作习惯的改变。

ITIL v1 的不足之处在于各本图书以及各流程之间存在着重复和不一致的地方。

2. ITIL v1 的流程

信息技术基础架构库(ITIL)所包含的内容非常全面。它最初由约 31 本书构成,每一本书都描述了信息技术服务管理的一个重要流程。这些流程被划分为 9 个流程组,如表 4-1 所示。这些图书所包含的知识体系构成了 ITIL v1 的核心内容。

表 4-1 ITIL v1 所包含的流程

流 程 组	包含的流程
服务支持	配置管理、服务台、故障管理、问题管理、变更管理、发布管理
服务提供	可用性管理、能力管理、信息技术服务持续性管理、信息技术服务财务管理、服务级别管理
安全管理	安全管理
管理者(Manager Set)	客户联络、信息技术服务组织机构、管理工具管理、供应商关系管理、信息技术服务的计划与控制、信息技术服务质量管理
软件支持	软件生命周期支持、信息技术服务测试
计算机操作	计算机安装和接受、计算机操作管理、第三方维护和单方维护、无人操作
网络	网络服务管理、本地处理器和终端的管理
环境	环境战略、办公环境、环境管理
业务管理	业务管理、业务指南

4.3 ITIL v2 简介

为了解决 ITIL v1 各图书以及各流程之间存在重复和相互重叠的问题,1999 年英国商务部(OGC)启动了修订 ITIL v1 版本的工作,陆续形成了新的方法论知识体系,历经三年于 2001 年正式发布了第二个 ITIL 版本,即 ITIL v2 版本。

4.3.1 ITIL v2 核心框架和服务管理模块

1. ITIL v2 核心框架

信息技术基础架构库(ITIL)v2.0 版本持续的时间从 2001 年到 2007 年,主要是基于流程型实践,将职能专业化的第一个版本 ITIL v1 改进为流程一体化,总结出 9 本核心读物。

(1) 两本信息技术服务管理核心读物:《服务支持》和《服务提供》。

(2) 5 本运营指南:《ICT 基础架构管理》、《安全管理》、《业务视角》、《应用管理》和《软件资产管理》。

(3) 一本实施指南:《服务管理实施规划》。

(4) 一本小规模 IT 组织指南:《小规模 IT 组织 ITIL 实施指南》。

ITIL v2 针对组织的信息技术服务已经有了一套相对严谨的一体化的流程体系,并最终成为信息技术服务管理领域全球认可的最佳实践框架。

ITIL v2 主要包括 6 个模块,即服务管理、业务视角、ICT(信息与通信技术)基础设施管理、应用管理、信息技术服务管理实施规划和安全管理。这 6 个模块中服务管理是最核心的模块,该模块包括"服务提供"和"服务支持"两个流程组。ITIL v2 的核心框架如图 4-1 所示。

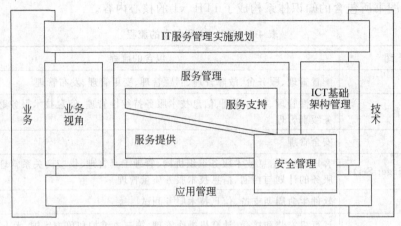

图 4-1　ITIL v2 核心框架示意图

2. ITIL v2 服务管理模块

在 ITIL v2 的核心框架中,服务管理模块处于最中心的位置,该模块包含了 10 个核心流程以及一项信息技术服务管理职能。这 10 个核心流程从复杂的 IT 管理活动中梳理出最佳实践企业所共有的关键流程,比如服务级别管理、可用性管理和配置管理等,然后将这些流程规范化、标准化,明确定义各个流程的目标、范围、职能和责任、成本和效益、规划和实施过程、主要活动、主要角色、关键成功因素、绩效评价指标,以及与其他流程的相互关系等。

(1) 服务提供:服务提供流程的主要对象是服务需方(Service Demander,SD),包括组织和个人客户。服务供方(Service Provider,SP)依据需方(SD)提出的服务级别要求对于信息技术服务能力、持续性、可用性等服务水平目标进行规划和设计,同时还必须考虑到达成这些服务目标所需要耗费的成本。也就是说,在进行服务提供流程设计时必须在服务水平目标和服务成本之间进行合理的权衡。由于这些管理流程必须解决客户的需要,满足客户需求的资源、资源的成本,平衡服务成本和服务效益等问题,依据这些需要来做年度的规划。服务提供包括属于战术层次的 5 个核心服务管理流程,它们之间的关系如图 4-2 所示。

① 服务级别管理:服务级别管理是指为客户提供服务而进行的会商、定义、评价、管理、改进等涉及质量水平管理的流程。服务级别协议清楚地记录所提供的服务和这些服务的质量水平,规定了信息技术服务供方(SP)与需方(SD)双方的责任、权利和义务,这是信息技术服务成功运作的重要保障。制定服务级别,进而监督、评估、修正为一个服务级别管理的过程,这是一个固定的周而复始的周期,时间通常是一年。例如,首先 IT 部门必须提出能够提供的服务,然后依客户的服务需求(Service Level Requirements,SLR)来调整服务内容,和客户协商修正后,再与客户签署服务级别协议,开始执行后,持续观察服务级别达标率,再与服务级别协议(Service Level Agreement,SLA)比较,最后与客户协商,提出服务改

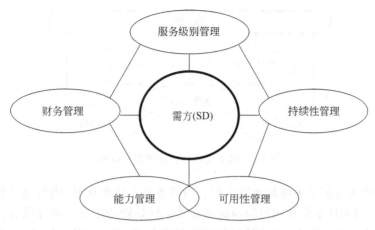

图 4-2 服务提供的管理流程关系图

善计划,或是修正服务级别协议。

② 财务管理:财务管理是指按照客户需求在服务质量与成本之间进行协调使之达到平衡的管理流程。服务财务管理的目标应该是通过对系统基础设施的成本控制与管理促进高效、合理、经济地使用系统资源。信息技术服务财务管理流程包括 IT 投资预算、信息技术服务成本核算和信息技术服务计费 3 个子流程,其目标是通过量化服务成本,以减少成本超支的风险和不必要的浪费。

③ 持续性管理:服务持续性管理就是预防并尽可能避免灾害发生的管理流程。信息技术服务持续性管理关注的重点是在发生服务灾难后仍然能够提供预定级别的信息技术服务,从而支持组织的业务持续运作的能力。信息技术服务持续性必须在组织业务持续性有需求之下才有管理的必要,因此,信息技术服务持续性管理需立足于业务持续性管理。

④ 可用性管理:信息技术可用性管理是通过分析客户的可用性需求,并据以最佳化和设计 IT 基础架构的可用性,进而确保以合理的成本满足不断增长的可用性需求的管理流程。可用性管理是一个前瞻性的管理流程,含有预估的性质,它通过对业务和客户可用性需求的定位,使得信息技术服务的设计建立在真实需求的基础上,从而避免信息技术服务运作中可能采用过度的可用性水平,达到节约信息技术服务运作成本的要求。

⑤ 能力管理:能力管理是指在恰当的时间以恰当的方式经济、节约地为服务请求提供所需要的能力的管理流程。信息技术服务的各项能力包括了业务能力、服务能力、技术能力、财务能力等,全部都储存在能力数据库中。

(2) 服务支持:服务支持流程主要的对象是终端使用者(用户),目标是确保使用者执行业务时能够得到适当的服务,并确保信息技术服务提供者(包括企业组织内部的 IT 部门和信息技术服务外包厂商)所提供的服务质量,以符合服务水平协议的要求。服务支持模块包括属于操作层次的 5 个核心服务管理流程,它们之间的关系如图 4-3 所示。

① 服务台:所有来自用户的服务需求统一由服务台来受理,同时,服务台也为内部服务请求事件的处理建立相关部门间的联系。服务台是一项管理职能而不是一个管理流程,当客户或用户提出服务请求、事件报告、问题报告时,它要记录这些请求、事件和问题,并且

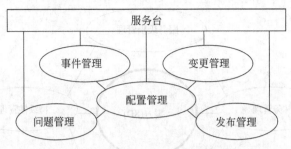

图 4-3 服务支持的管理流程关系图

作为第一线的技术支援尽可能地解决它们。当服务台不能解决时,则转交给相应的支持小组,并要负责协调支持小组和用户的沟通事宜及掌握处理的进度。担任服务台的角色所需要的技能包括沟通协调能力、专业领域知识和信息技术(IT)知识,因为服务台最重要的是沟通协调,所以在选服务台人员时,良好的沟通协调能力是最重要的要求条件,其他能力要求次之。

② 事件管理:事件是任何不符合标准操作且已经造成或可能造成服务中断、质量下降的行为,经常是非常紧急的。事件管理是为了消除或减少事件发生,以及事件发生后能尽快处理,使客户能在最短时间内恢复需要的服务流程。事件处理的要诀就是迅速,执行的顺序为首先确定事件的分类,分类的方式依紧急程度(对 IT 部门的影响)和冲击程度(对使用者——人或企业组织的影响),接着诊断问题并查询可能的解法,或者赶紧找专业人员来帮忙,尽快地结束事件。

③ 问题管理:问题是导致一些或多起事件的潜在原因,而问题管理的目标是减少在 IT 基础架构上所发生的事件和问题,甚至更积极地防止事件的再次发生。在尚未查明事件产生的原因之前,事件对应的潜在原因称为"问题",而在找出根本原因后,问题便成为一个已知的错误,随后可提出一个变更请求来消除该错误和防止类似错误再次发生。但是知道了解决的方法后,却不一定马上要修改,必须考虑问题的严重性及成本,有可能在下一个版本发行的时候才修正。事件管理强调的是快,只能治标,对于事件发生的根源还需进一步深入调查分析才能对症下药、达到治本的目的,这就是问题管理的目标。在问题管理的流程中需要与其他管理流程进行沟通,需要根据事件管理、可用性管理、配置管理、服务水平管理等流程提供的信息来制订解决方案和应对措施;另一方面,它产生的解决方案和变更请求等信息又需要事件管理和变更管理流程的配合。

④ 配置管理:配置管理是识别和确认系统的配置项,记录和报告配置项的状态和变更请求、检验配置项的正确性和完整性等活动构成的过程,其中最重要的保存了配置管理数据库,包括最可靠的硬件储存数据、最可靠的软件数据储存库数据、软件和文件储存库及使用执照管理。其目的是提供 IT 基础架构的逻辑模型,支持其他管理流程,特别是变更管理和发行管理的运作,例如服务器、中央处理器(CPU)、内存、网站服务器软件等都算是一个配置项,在配置管理数据库中不能只有简单记载,同时还必须有效地记录各配置项之间的关联及历史记录。其目的是让信息技术服务人员可通过掌握其相互依存关系快速地了解问题并解决问题,以及作为变更时的参考。

⑤ 变更管理：变更管理指的是在不影响服务的正常运作下管理信息基础架构或服务的任何变更的流程。当变更需求提出时，变更管理必须针对变更需求做出一连串的动作，如变更需求记录及过滤、变更需求分类、变更需求评估、变更需求审核，协调其他人员（非变更管理人员，例如系统维护人员）依照变更需求来修改（可能是系统、基础架构等），最后做事后的评估。对于变更需求审核的方式，可以组成一个变更咨询委员会，针对问题管理流程提交的变更请求进行审核，以决定是否批准实施该变更请求。这个委员会的成员应包括变更管理经理、IT部门高层及各层面有较大影响的人士，目的是从更完善的角度充分审核变更对企业业务可能产生的影响。

⑥ 发布管理：发布是指一组经过测试后导入实际运作环境的新增的或经过改动的配置项，包括硬件、软件、文档流程及其他组件的集合，用于实现一个或多个批准的信息技术服务变更。发布单元是一些可以在一起发布的硬件、软件的集合，它们可以是IT基础架构的一部分。发布管理的目的是为了保证发布的成功，主要应用于大型的或关键硬件、主要软件及打包或批处理等一堆变更。新系统的发布可能是服务质量的提升，也可能是噩梦的开始，必须慎重处理，需要有严谨的计划进行测试、版本控制、部署及教育培训等一系列的管理活动，万一发布失败，要尽快恢复。

4.3.2 ITIL v2 运营指南模块

1. 安全管理

安全管理（Security Management）模块是在1999年新增加到ITIL中的，其目标是保护IT基础架构，使其避免未经授权的使用。安全管理模块为如何确定安全需求、制定安全政策和策略，以及处理安全事故提供了全面指导，包括定义信息技术服务、信息技术基础架构的安全水平、组织内安全管理执行的角色、规划安全计划、执行及安全评估等。ITIL中的安全管理主要侧重于安全管理原则的指导，并没有具体说明安全管理的步骤和任务。

安全模块与ITIL v2其他核心流程都有一定的联系，这是因为其他的流程都要进行一些与安全性相关的活动，这些活动都是由相关的流程按照正常的方式进行的。

(1) 在信息安全中，配置管理是最为相关的，因为它对配置项进行了分类。这种分类将配置项与特定的安全措施或程序联系在一起。对一个配置项所做的分类基于服务级别协议中的安全需求，由IT部门的客户来确定，因为只有客户才能知道某个信息或信息系统对业务流程是如何重要的。IT部门随后将这种分类与相关的配置项关联起来，针对每个分类层次实施一套安全措施。

(2) 故障管理是一个报告安全故障的重要流程，任何阻碍服务级别协议中安全性要求实现的故障都可以被归类为安全故障。根据故障性质的不同，安全故障应该交由一个不同于其他故障处理的程序来负责处理。

(3) 问题管理负责确认和解决结构性的安全缺陷。一个问题可能引起一种安全风险，问题管理在解决该问题时必须联合安全管理。同时，针对一个问题或已知错误所制定的解决方案或应急措施必须经常得到审查，以确保不会引起新的安全问题。

(4) 变更管理活动通常与安全性是紧密相关的，任何与一项变更相关的安全措施应该在变更进行的时候同时实施,并应纳入测试的范围。如果一个可接受的安全级别已经到达了并且由变更管理流程负责管理,那么可以确保在实施变更后仍然可以维持该安全级别。

(5) 由于所有新版的软件、硬件和数据通信设备等都是由发布管理进行控制和导入实际运作环境的,发布管理流程可以确保系统使用正确的硬件设备和软件版本,并在使用之前进行了合理的全面测试。

(6) 在服务级别协议中同样涉及安全措施,服务级别管理包括了一些相关的安全活动,包括确认客户的安全需求,鉴定客户所提出的安全要求的可行性和确定服务级别协议中的信息技术服务的安全级别等。

(7) 由于安全措施一般对可用性以及安全方面的机密性和完整性都具有很好的效益,因此,在可用性管理、信息技术服务持续性管理和安全性管理之间就安全措施进行有效的协调是非常重要的。

(8) 能力管理负责按照与客户的约定最大程度地利用IT资源。对绩效的要求一般基于服务级别协议中所定义的定性和定量的标准,几乎所有能力管理的活动都会影响可用性,安全管理也是如此。

(9) 信息技术服务持续性管理负责确保任何意外故障所造成的影响都被限制在与客户约定的级别以内,该流程与安全管理具有密切的联系,因为没有实现基本的安全要求本身就可以被视为是一次意外故障。

2. 业务视角

ITIL所强调的核心思想是要改变以往从信息技术提供方(技术)的角度看待客户需求的传统习惯,转变为从客户(业务)的视角理解信息技术服务需求,并在此基础上进行高质量的信息技术服务管理。业务视角模块涵盖了业务关系管理、外包管理、持续改进等方面,以帮助IT管理者处理以下问题。

(1) 业务连续性管理:业务连续性管理(Business Continuity Management,BCM)是一项综合管理流程,它使企业认识到潜在的危机和相关影响,制定响应、业务和连续性的恢复计划,其总体目标是为了提高企业的风险防范能力,以有效的措施响应非计划的业务破坏并降低不良影响。

(2) 应对变更:IT基础架构的变更将会对业务运作的形式和连续性产生较大影响,因此,业务经理必须及时关注这些变更,并采取必要的措施确保业务免受变更的不利影响。

(3) 业务流程重组:业务流程重组(Business Process Reengineering,BPR)是指通过资源整合、资源优化最大限度地满足企业和供应链管理体系高速发展需要的一种方法,其目的是在成本、质量、服务和速度等方面取得显著的改善,使得企业能最大限度地适应以顾客、竞争、变化为特征的现代经营环境,通过重大的IT变更实现IT与业务的整合,并完成业务流程重组。

(4) 合作伙伴关系:合作伙伴关系是人与人之间或企业与企业之间达成的最高层次的合作关系,它是指在相互信任的基础上双方为了实现共同的目标而采取的共担风险、共享利益的长期合作关系。

(5) 外包管理:外包管理是指依据服务协议将信息技术服务的持续管理责任转嫁给第

三者执行。

3. ICT 基础架构管理

ICT 是信息、通信和技术 3 个英文单词的词头组合（Information Communication Technology，ICT），是信息技术与通信技术相融合形成的一个新的概念和新的技术领域。ICT 基础架构管理（ICT Infrastructure Management，ICTIM）覆盖了网络服务管理、运营管理、本地处理器的管理、计算机系统的安装与验收、系统管理等方面，目标是确保提供一个稳定、可靠的 IT 基础架构，以支撑业务运营。

ICTIM 流程的活动包括确认业务需求，制定支持性 ICT 战略、政策和计划，流程的构建和测试，以及以合理的成本提供、维护和支持 ICT 资源。该流程还包括对所需资源、人员、技巧和培训水平的管理。ICTIM 包括下面 4 个子流程（见图 4-4）。

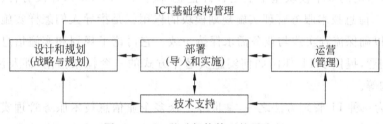

图 4-4　ICT 基础架构管理的子流程

（1）设计和规划：作为一种战略审查，通常需要随时间进行不断的修订，主要涉及为开发和安装 ICT 基础架构涉及和维护 ICT 战略和流程。

（2）部署：通常是作为一个单独的项目，包括业务或 ICT 解决方案的规划、设计、构建、验收测试和首次公开，并且要将对业务流程造成的负面影响减小到最低。

（3）运营：ICT 基础架构的例行性日常管理和维护。

（4）技术支持：为 ICTIM 流程提供一个结构，从而支持另一个 ICTIM 流程。

4. 应用管理

信息技术服务管理包括对应用系统的支持、维护和运行。应用系统一般是由客户或信息技术服务提供商开发的。为了确保应用系统满足客户需求并方便对其进行支持和维护，信息技术服务管理的职能应合理地延伸，介入应用系统的开发、测试和部署。

应用管理指导信息技术提供商协调应用系统的开发和维护，以使他们为客户的业务运作提供一致的支持和服务。应用管理负责整个软件生命周期，包括业务需求分析、开发、上线运行和应用的最终引退等阶段，讨论了使用基于生命周期的方法开发软件，以及在明确的需求分析的基础上进行设计与变更。

5. 软件资产管理

软件资产管理（Software Asset Management，SAM）是一套指导软件用户在组织内部对软件资产的采购、分发、维护、使用及报废整个生命周期进行有效管理、控制和保护的基础架构和流程。其目标是管理、控制和保护一个组织的软件资产,包括管理使用其他软件资产所带来的风险。软件资产管理是一种科学的管理方法,是一系列协助充分利用软件的政策和程序的总和。软件资产管理是一个有机体系,倡导以完善的管理模式和适当的技术支持体系将软件作为软件用户的资产加以统筹管理。

软件资产管理倡导在合法、合理的前提下有效地使用软件,最大限度地发挥软件效益,使软件用户获得长远、规范的发展。同时,软件资产管理对于推动软件产业的发展壮大以及促进软件企业的创新具有重要意义。

4.3.3 ITIL v2 实施指南模块

从图 4-1 所示的 ITIL v2 的核心框架可以看出:服务管理模块包含的 11 个核心流程和职能以及运营指南的 5 个模块基本上是告诉企业"做什么"(What),并没有告诉企业该"如何做"(How)。信息技术服务管理实施规划模块的作用就是指导人们怎样实施上述模块中的各个流程,以确保流程实践与业务需求保持一致。它讨论了规划和实施信息技术服务管理的关键性问题,提供了 IT 部门如何实施其运作方式的一套框架指南,涉及流程、功能定义及组织机构等。

ITIL 作为一种 IT 管理方法之一,是世界上众多企业信息技术服务管理实际经验的总结。为了适应和满足大部分企业的要求,ITIL 基本上只涵盖那些企业普遍需要的和对企业最有效的做法,这些方法被称为"最佳实践"。当企业真正采用 ITIL 流程实施项目规划时,清晰地定义项目的目标至关重要。如果只是由于行业趋势影响而没有从本身实际情况出发,一哄而上的项目极有可能失败。

一个成功的信息技术服务管理项目必须同时考虑和协调 3 个层面的问题,即企业组织机构、技术、流程。企业组织机构包括管理层、人员、角色、地域、企业文化等;技术层面指技术架构、项目管理及具体实施的产品;流程方面就是 ITIL 所涉及的领域。对其中任何一个方面忽略,都将可能导致项目的失败。企业实施 ITIL 成功的关键因素如下:

(1) 引进严格的项目管理制度,包括成立专门的项目小组,正规的项目内容控制、跟踪、分析等,同时确保必需的人力和物力资源供应。

(2) 全面、完整地了解企业目前的信息技术服务现状。了解当前状况是整个项目的基点,在此基础上确定什么需要变更?需要增加什么新功能?哪些无须变化?在项目正式启动前进行可行性评估、检查、审计等,同时,确定基准点也有助于以后项目效果的评估。

(3) 拟定一个实际可行的、分阶段实施的计划:确定各项功能实施的先后次序,不能设想同时完成所有功能,一口气吃成胖子的期望必然导致失败。

(4) IT 部门需要通过培训、招聘吸纳新的技术力量。ITIL 除了流程以外,还需要有相关的 IT 产品技术及技术专家的帮助。但企业必须直接介入相关技术实施,不能完全交给外部人员负责。

(5) 企业还必须意识到,流程重组离不开 IT 工具的更新换代。

4.3.4　ITIL v2 小规模 IT 组织 ITIL 实施指南模块

国家统计部门的数字表明,目前我国中小企业已经超过 4000 万户,占全国企业总数的 99.6%。其中有 IT 应用的约占一成,而达到"持续规模"IT 应用的,有 20 万家左右。所谓"持续规模",是指以 IT 为基础所支撑的企业管理和业务应用。这些单位 IT 应用开始于桌面办公领域和财会电算化,之后受到互联网和企业管理的影响,逐渐建起了网站、上网和企业管理系统。通常,这些单位的 IT 基础仍相对薄弱,尤其是 IT 管理体制和制度很不健全,IT 部门往往处于超负荷工作、被动应付状态。

小规模 IT 组织 ITIL 实施指南模块提供了针对小规模 IT 组织实施 ITIL 的最佳实践方法。它作为一项补充性指南,不建议对于《服务管理实施规划》、《服务提供》中提到的最佳实践直接套用,而重点提出了有关 ITIL 在小规模 IT 组织中实施时如何设定角色和职责,如何设定 ITIL 流程实施优先级等方面的问题。

4.3.5　ITIL v2 的应用和不足

1. ITIL v2 的应用情况

自 2001 年英国商务部(OGC)正式发布了 ITIL v2 版本以来,得到世界各国的广泛认同,成了国际上普遍实行的事实上的标准,被全球广泛引用。信息技术基础架构库(ITIL)的思想和方法为企业的信息技术服务管理实践提供了一个客观、严谨、可量化的标准和规范。全球两万多家在各行业处于领先地位的著名企业都在积极推广应用该标准,并为人们带来了众多实施 ITIL 的成功案例。目前,国内外各大信息技术服务商都推出了其自身面向客户应用的信息技术服务管理平台,这些信息技术服务管理平台大多是基于 ITIL v2 版本的服务支持模块所倡导的最佳实践发明家开发的。

2. ITIL v2 的不足之处

ITIL v2 版本的核心思想是通过对企业信息技术服务部门的标准化、流程化建设(包括设定流程经理、确定每个流程的主要目标及与其他流程的关系和考核 KPI 等)达到提高整个信息技术服务水平的目的。不过 ITIL v2 主要是通过信息技术服务部门内部的建设来达到提高服务水平的目的,它忽视了与其他业务部门之间的关系,基本上还是处于"见招拆招"的被动式服务水平。

ITIL v2 版本倡导的流程管理最佳实践消除了原来职能式管理模式下的职能"竖井(Silo)",促进了部门之间的流程化运作。但随着 ITIL v2 版本的深入运用,人们逐渐发现基于 ITIL v2 版本的流程实践又产生了新的"流程竖井",即流程与流程之间缺乏一套有效的核心逻辑进行有效的整合。同时,ITIL v2 版本更加适合于技术运营的信息技术服务场景,却对商业化的信息技术服务场景(以客户需求为中心)缺乏更全面的指导。

4.4 ITIL v3 简介

ITIL v3 是第 3 个版本,它是在 ITIL v2 的基础上发展起来的,其最大变化是彻底改变了看问题的角度。ITIL v2 版本更多的是从功能和功能操作、流程等角度出发,而 ITIL v3 完全是从 IT 为企业业务服务的角度出发提出了全新的 ITIL 框架。

4.4.1 ITIL v3 的体系结构

1. ITIL v3 的体系结构

ITIL v3 最大的目标是致力于实现 IT 与业务的整合,从而体现出信息技术服务(ITS)的价值及投资回报。

ITIL v3 的体系结构由三大组件构成,即核心组件、补充组件和网络组件,如图 4-5 所示。

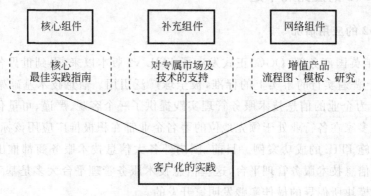

图 4-5 ITIL v3 的三大组件

(1)核心组件:核心组件由 5 本书组成,即《服务战略》、《服务设计》、《服务转换》、《服务运营》及《持续性服务改进》。这 5 本书替代了 ITIL v2 的两本核心书,即《服务支持》和《服务提供》,涵盖了信息技术服务的整个生命周期,从设计到退役,包括关键概念和相对稳定、通用化的最佳实践。

(2)补充组件:补充组件包括不同情况、行业和环境的详细内容和目标。ITIL v3 新的特色在于补充组件,该部分指导在不同市场、技术或规范环境中的应用。补充组件将于每年或每季度不定期地根据需求进行变更。

补充组件是针对不同规模企业或行业实施的指导,包含针对不同市场的指导。企业基于不同的基础选择有针对性指导,例如 COBIT、全面质量管理的六西格玛(6σ)方法等。

补充组件中的指导可以帮助用户进行客户化定制 ITIL,使其满足用户的特定需求,并且为如何将 ITIL 与其他最佳实践和标准相结合提供指导。如果 ITIL v3 能同 COBIT 及其他的标准和最佳实践结合的更加紧密,这将更易于 ITIL 的实施且可以带来更加成功的结果。

(3)网络组件:网络组件提供企业界共同所需的动态资源和典型资料,例如流程图、定义、模板、业务案例和实例学习。网络组件是动态的在线资源,可根据需要进行变更,类似于一个公司的网站。

该组件的内容是基于网络为现有的和热衷于 ITIL 的用户提供支持。资料方面的样例包括词汇表、流程图和 ITIL 定义;还包括讨论表,角色定义和案例学习;也包含了一些 ITIL 表单,ITIL 中的变更顾问委员会会议日程安排等模板。

2. ITIL v3 的主要流程

ITIL v3 是一个巩固和提高 ITIL 最佳实践的过程,也是"当前最佳实践"的精髓。英国商务部(OGC)对 ITIL v2 中的重要内容加以精简,然后将其收录到 ITIL v3 中。ITIL v3 的结构框架和内容来源于大量的公众评议会及行业管理者的意见。同时,它也囊括了 ITIL v2 中仍被广泛实践和运用的那部分内容,并消除了 ITIL v2 核心中只有服务支持和服务交付、模块之间彼此相对孤立、没有太多联系的缺陷。

ITIL v3 的核心架构通过 PDCA 模型可以持续不断地循环改进信息技术服务,从而保证 ITIL 持续的生命活力。ITIL v3 涵盖了 IT 服务管理生命周期的 5 个阶段,分别是服务战略、服务设计、服务交付、服务运营、服务持续改进。ITIL v3 所包含的主要流程如表 4-2 所示。

表 4-2 ITIL v3 所包含的主要流程

序号	主要流程模块	子流程模块
1	服务战略 (Service Strategy)	财务管理(Financial Management)
		需求管理(Demand Management)
		服务组合管理(Service Protofolio Management)
		战略运作(Strategy Generation)
2	服务设计 (Service Design)	服务级别管理(Service Level Management)
		服务目录管理(Service Gatalog Management)
		可用性管理(Availability Management)
		容量管理(Capacity Management)
		信息技术服务持续性管理(IT Service Continuity Management)
		信息安全管理(Information Security Management)
		供应商(Supplier Management)
3	服务转换 (Service Transition)	变更管理(Change Management)
		服务资产和配置管理(Service Asset and Configuration Management)
		知识管理(Knowledge Management)
		服务转换规划与支持(Transition Planning & Support)
		服务检验与测试(Service Validation & Testing)
		发布与部署管理(Release & Deployment Management)
		评估(Evaluation)

续表

序号	主要流程模块	子流程模块
4	服务运营（Service Operation）	事件管理（Event Management）
		故障管理（Incident Management）
		请求履行（Request Fulfillment）
		问题管理（Problem Management）
		访问管理（Access Management）
5	持续服务改进（Continual Service Improvement）	服务报告（Service Reporting）
		服务度量（Service Measurement）
		服务改进（Service Improvement）

4.4.2 ITIL v3 的核心模块和特点

1. ITIL v3 的核心模块

ITIL v3 的核心架构是基于服务生命周期的，其核心组件包括 5 本核心指南，这是指导信息技术服务管理（ITSM）的核心基准。每一本指南中都针对信息技术服务的不同生命周期阶段提出了相应的流程框架和实践指南。ITIL v3 的核心模块如图 4-6 所示，服务战略是生命周期运转的轴心；服务设计、服务转换和服务运营是实施阶段；持续性服务改进则在于对服务的定位和基于战略目标对有关的进程和项目的优化改进。

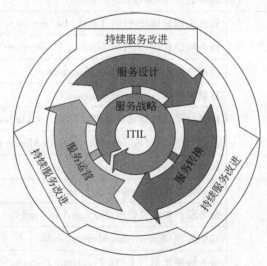

图 4-6　ITIL v3 的流程模型

（1）服务战略：服务战略是 ITIL v3 的第一个主要流程，也是 ITIL v3 相对于 ITIL v2 所增加的主要内容之一。由于客户在购买服务的时候，他们在意的不是服务本身，而是更在意是否能够满足他们的具体需要。因此，服务提供者要想实施一个成功的服务，就必须具有敏锐的洞察力,能感知客户到底想要的是什么。服务战略在服务生命周期中占有很重要的位置,它主要关注的是如何把服务管理变成战略资产,利用战略资产来实现服务提供商自身的商业价值。

服务战略是服务设计、服务转换、服务运营和服务改进的基础,其主题包括了市场开发、内部和外部的服务提供、服务资产、服务目录以及整个服务生命周期过程中战略的实施。ITIL v3 服务战略模块提出了信息技术服务管理实践过程中整个 ITIL 服务生命周期的政策、流程和指南,它从组织能力和战略资产两个战略角度出发,为组织进行服务战略方面的决策和战略设计提供了一套结构化的方法。

ITIL v3 服务战略模块包括信息技术服务战略制定、战略风险和需求管理、服务财务管理、服务组合管理等流程方面的指导。组织通过这些指导可以设定面向客户的服务绩效目标、期望及市场空间,并能够很好地识别、选择和优化机会。服务战略可确保组织能处理与服务投资组合相关的成本和风险,建立运营的有效性和实现出色的绩效。服务战略制定的决策将产生深远的影响。

(2) 服务设计:服务设计是为了满足商业需要而设计新的或者为当前服务增加新的功能,并把增加的服务功能引入系统环境,它包括将战略目标转变成服务投资组合和服务资产的原则和方法。服务设计是对服务战略的诠释,是将战略目标转化为服务资产的方法论,其内容包括系统架构、业务服务流程、企业运营策略规划以及指导组织如何提高服务管理能力等。

ITIL v3 服务设计模块是对服务及服务管理流程设计和开发的指导。服务设计的范围不仅仅限于新的服务,它还包括为了保持和增加客户价值而实行服务生命周期过程中必要的变更和改进,服务的连续性,服务水平的满足,和对标准、规则的遵从性。它指导了组织如何开发设计服务管理的能力,确保整个信息技术服务在所有活动和流程中的一致性和一体化。

ITIL v3 服务设计模块包括服务目录管理、服务级别管理、可用性管理、容量管理、信息技术服务持续性管理、信息安全管理、供应商管理 7 个流程。

(3) 服务转换:服务转换是通过建立一个服务转换框架为新的或者需要经过变更改良的服务从服务设计到服务运营的转换能力提供指导,并在转换的同时控制变更的风险和降低失败的可能性。服务战略需求通过服务设计进行编码,而服务转换则是探讨如何将这种编码有效地导入到服务运营的体系中,与此同时,还应控制失败的风险和防止服务中断。

服务转换体现了规划、构建、测试和打包部署服务所需要的资源和能力,并在新的或变更服务发布部署之前提供一个完善的服务转换架构体系,评价所提供的服务能力和风险预测。在服务转换过程中,信息技术服务提供商需要确保未来要建立的服务产品被有效地注册到服务目录和服务资产配置管理数据库中。在服务转换过程中,高效的知识和信息数据库可以被用来提高服务变更或发布的效率。

ITIL v3 服务转换模块把商业需求变成可以操作的服务,具体来讲就是把在服务设计阶段所设计的服务包转换成服务目录,即转变成可以操作和执行的服务。如果由于某种原因,商业环境和需求在服务设计阶段发生变化,服务转换阶段也要进行相应的修改,提供给客户的是改变之后的服务内容。

ITIL v3 服务转换模块包括转换规划与支持、变更管理、服务资产与配置管理、发布与部署管理、服务检验和测试、评估、知识管理 7 个流程。

(4) 服务运营：服务运营是如何通过有效的工具、技术和既定的流程实施服务和运行维护管理为客户创造价值和收益。它对如何达到服务支持和交付的效果和效率以确保客户与服务供应商实现其服务价值提供了相应的指导。战略目标最终需要通过服务运营来实现，因此，它是一种非常重要的能力。服务运营的主要目标是通过一系列日常活动和流程的协调执行为客户提供可管理的、达到既定服务级别协议的服务，同时，服务运营负责对提供和支持服务所需要的技术进行日常管理。服务运营包括执行所有交付和支持服务所需的日常活动。它主要由服务、服务管理流程、技术和人员 4 个部分组成。

ITIL v3 服务运营模块对如何在设计、规模和服务水平变化的情况下保持服务运营稳定性提供了具体的指导。服务运营有两种主要的控制，即被动控制和主动控制。该模块从组织详细的流程指南、方法和工具的使用上描述了这两种控制。此外，服务运营模块为经理和实践者如何利用知识管理对服务可用性、控制需求、优化使用能力、操作安排和问题修复等方面做出更优的决策提供了指导，以及通过共享服务、效用计算、网络服务和移动商务等新模型和架构的应用为支持运营提供指导。

ITIL v3 服务运营模块包括事件管理、故障管理、问题管理、访问管理、服务请求履行 5 项流程，以及服务台、技术管理、应用管理、信息技术运营管理 4 项职能。

(5) 持续性服务改进：持续性服务改进是指导服务改进措施和效果同服务战略、服务设计、服务转换和服务运营联系起来。服务持续性改进建立了服务整个生命周期的各个流程内在的联系，并强调流程之间是一个不断往复和提高的过程。

持续性服务改进通过服务管理流程和服务本身生命周期的持续性改进保持服务对客户的价值，包括持续度量和改进服务能力、改进流程的有效性并提高服务的效率等。持续服务改进也会加入对流程和服务的度量分析，并提供在整个服务的生命周期对服务的各个阶段进行指导。服务提供商或服务所有者负责对服务本身进行持续性改进，也就是在服务生命周期中对很多流程管理的具体实践和方法进行改良。比如，在服务级别管理流程中如何设置更有效的度量标准来监控和提高服务的质量。真正的持续服务改进应该作为一种理念或文化，并融入企业的日常工作行为中。

ITIL v3 持续性服务改进模块包括服务报告、服务度量、服务改进 3 项流程，其中，服务改进包含有持续改进的 PDCA 方法论和改进服务质量的七步法。它为创造和保持客户价值，使用更优化的服务设计、转换和运营提供指导。它结合了质量管理、变更管理和能力改进方面的原则、实践和方法，提出组织要在服务质量、运营效率和业务连续性方面不断提高和改进的意识。

ITIL v3 生命周期模型的引入改变了模块之间相互割裂、独立实施的局面，从战略、战术和运作 3 个层面针对业务和 IT 的快速变化提出服务管理实践方法。它通过连贯的逻辑体系以服务战略作为总纲通过服务设计、服务转换和服务运作加以实施，并借助持续服务改进不断完善整个过程，使服务管理的实施过程被有机地整合为一个良性循环的整体。

2. ITIL v3 的特点

ITIL v3 让企业可以根据自己的业务按需要设计实施适合自己的 ITIL 应用。同时，它还提供了很多实施 ITIL 的具体方法和内容、规则和案例，对广大中小企业实施 ITIL 很有帮助。

（1）强调服务生命周期：ITIL v3 将整个服务周期分为 5 个阶段，首先是服务战略，确定整个服务的目标，然后是服务设计、转换、运营几个阶段，将服务战略落实下去，接着它还有持续性服务改进的策略。

（2）提供了广泛的管理方法和概念：ITIL v3 借鉴了很多管理学概念（例如项目管理、质量管理、运作管理、CMMI 等），但这也是很多企业面对 ITIL v3 时不知所措、举步维艰的重要原因所在，对于刚开始起步进行 IT 治理的企业来说会有一定的难度。

（3）增加了和业界其他标准的接口：ITIL v3 增加了其他标准的接口，如软件开发标准（CMMI）、目前非常热门的 IT 治理控制框架（COBIT）和项目管理（PMP）方法等。由于 ITIL v3 与这些标准之间可能会存在一些重叠，包括在实施相关项目的时候互有交叉，所以在实施的过程中企业要注意和业界标准的兼容和整合，如哪些条目需要保留，哪些可以整合，以及这些接口该怎样整合等。

4.4.3 ITIL v2 与 ITIL v3 的对比分析

自 1986 年提出 ITIL 的第一个版本至今，基本上每经过十年 ITIL 就会有一个新的版本推出，其中第一个版本 ITIL v1 主要是关注 IT 自身基础架构的稳定性、控制和管理流程，当时 IT 部门是被动的响应式的技术提供商；第二个版本 ITIL v2 是把业务与 IT 一致起来，关注 IT 流程的质量和效率，此时 IT 部门已经成为服务提供商；第三个版本 ITIL v3 主要是关注业务与信息技术服务集成和价值创造，以及业务与技术的服务管理，让 IT 成为业务的一部分，让 IT 与业务紧密的联系起来，是创造新的价值链的集成，这样一来，IT 部门在企业中的地位发生了重大变化，成为真正意义上的业务部门合作伙伴。

IT 资产、人、流程之间是一个错综复杂的交互的关系，需要把它们统一的关联起来，提供一个统一的、面向服务的视角，以便于管理，所以需要一个统一的服务模式，把用户、服务提供方（人或系统）、支撑服务的 IT 基础架构和资产关联在一起，看能带来什么价值，这也就是 ITIL 从第二版开始越来越强调 IT 对业务的统一的原因，提供服务的支持、保持和支持日常活动以及服务交付，即计划和交付优质的信息技术服务。

在第二个版本 ITIL v2 中，非常强调流程的建设和管理，没有摆脱 IT 管理的影子，忽视了对服务的感受。ITIL v3 之所以出现，是因为在 ITIL v2 里面很多服务不能落实，原因是 ITIL v2 不能站在一个更高的层面上对 IT 进行管理，所以 ITIL 第三版的焦点强调 IT 对业务的集成。第三个版本 ITIL v3 补充了 ITIL v2 遗漏的内容，提供了更多说明性指南，其中包括详细的流程图、过程模式和更快捷的组织图。该指南结合了一些新的流程，这些流程涉及知识管理、服务组合管理和服务目录等领域。与此同时，ITIL v3 提供了对 ITIL v2 内容的持续支持，并支持原有的业务流程，能够兼容客户现有的 IT 架构。

服务在 ITIL v3 里的地位获得大幅度提高，其最大价值体现在它进一步加强了 IT 部门以业务语言与业务部门沟通的能力,并且保证了 IT 部门在成本可控的前提下满足复杂的业务需求。ITIL 的所有流程都是为业务服务,既然是服务就必须学会从服务的角度来看问题、解决问题,而不是仍以 IT 部门或信息技术的角度来看待信息技术服务或信息技术服务管理流程。

虽然 ITIL v3 对 ITIL 的结构做了很大的调整,但 ITIL v3 仍然是对 ITIL v2 的继承和发展,不是革命。ITIL v2 到 v3 的演化是一个从优秀到卓越的过程,以让客户的 IT 投入得到最大限度的收益。ITIL v3 是在 ITIL v2 理论的基础上进行的改进,把原先没有体现的管理思想或行动进行了总结、提炼并上升为最新的最佳实践。ITIL v3 引入生命周期模型,改变了原先模块之间相互割裂、独立实施的局面,从战略、战术和运作 3 个层面针对业务和 IT 的快速变化提出服务管理实践方法。它通过连贯的逻辑体系,以服务战略作为总纲,通过服务设计、服务转换和服务运营加以实施,并借助持续服务改进不断完善整个过程,将信息技术服务管理的实施过程有机地整合为一个良性循环的整体。借助于"生命周期"的贯穿,ITIL v3 将 v2 中的各个流程有机地整合在了一起,图 4-7 显示了两者之间的流程和职能模块对比。

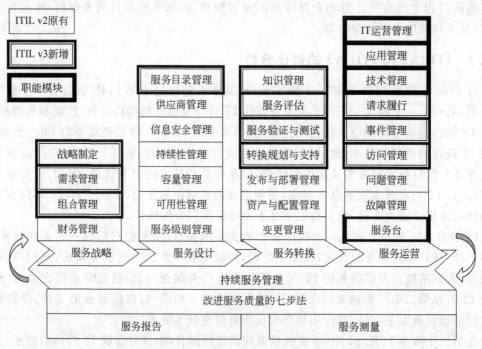

图 4-7　ITIL v2 与 ITIL v3 的核心构架对比示意图

对于信息技术基础架构库(ITIL)来说,它的基础就是建立琐碎的信息技术服务管理(ITSM)。由于信息技术服务管理(ITSM)没有真正意义上的终点,因此整个服务管理需要有极强的持续力。ITIL v3 是在 ITIL v2 的基础上发展起来的,将服务生命周期的概念和"PDCA"彻底地融入理论当中,提出了全新的 ITIL 框架。相比 ITIL v2,ITIL v3 在引入服务生命周期模型的同时还提供了许多丰富的资源,让 ITIL 不再只是提到"做什么",而是明确说明"怎么做",且加强了与 COBIT、CMMI、6 Sigma 等框架的整合,让企业可以根据自己的业务按需要设计并实施适合自己的 ITIL 应用。

概括而言,ITIL v2 与 ITIL v3 之间的区别主要体现在以下几个方面:

(1) ITIL v2 关注的是流程一体化的集成,ITIL v3 则关注服务生命周期,而不仅仅只是流程。

(2) ITIL v2 关注的是业务与 IT 的结合,ITIL v3 则强调业务和 IT 的整合。

(3) ITIL v2 关注的是价值链,ITIL v3 则强调价值网络(Value Network)的集成。

(4) ITIL v2 关注的是线性的服务目录,ITIL v3 则强调动态的服务组合。

(5) 除了将重点从流程转移到服务,ITIL v3 还通过提供更多的实施指导提高采用率。

(6) ITIL v3 提供实施核心框架要素的指导方针,缩小了纯粹的框架与实际操作程序之间的差距。比如,ITIL v2 推荐为服务层管理设置服务目录,却没有说明目录中应包含什么,以及如何开发这一目录。而 ITIL v3 对信息目录是什么、应该包含什么内容,以及能给公司带来什么商业价值提供了更多的信息,这些都让人在设计解决方案时更加清楚应该做什么,而且知道要怎么做。

4.4.4　ITIL 与 ISO/IEC 20000 标准的对比分析

ITIL 自发布以来,一直被业界认为是信息技术服务管理领域事实上的标准,直到 2000 年 11 月,英国标准协会(BSI)正式发布了以 ITIL 为核心的国家标准 BS15000;随后在 2005 年 5 月,国际标准组织(ISO)以快速通道的方式批准通过了 ISO/IEC 20000 标准,并于 12 月 15 日正式发布了该标准。

ITIL 与 ISO/IEC 20000 标准之间有许多相同的地方,但又不完全一致,下面介绍它们之间主要的差别。

(1) 两者框架结构不同:ITIL 有 10 个核心服务管理流程,ISO/IEC 20000 标准则定义了 13 个服务管理流程,新增加的流程有业务关系管理、供方管理和服务报告。虽然从框架结构上看,两者有差别,但从本质上分析,两者依然是一致的,因为 ISO/IEC 20000 标准新增的业务关系管理和供方管理两个流程对于 ITIL 来说已经同时包含在服务级别管理之中,而 ISO/IEC 20000 新增加的第 3 个服务报告流程实际上也涵盖在 ITIL 的各个管理过程之中。

(2) 两者文件性质不同:ISO/IEC 20000 是国际标准化组织制定并发布的国际标准;ITIL 是行业最佳实践集,知识产权归英国商务部拥有,由国际信息技术服务管理论坛负责在全世界范围内进行推广,并得到行业的广泛认可。

(3) 两者应用方面不同:ISO/IEC 20000 标准适用于信息技术服务提供方,可作为对组织的信息技术服务管理体系进行认证的依据,以证明其已经建立、实施和维护一套完整的信息技术服务管理体系;ITIL 适用于信息技术服务提供方采用其中的最佳实践,并可作为培训、评估信息技术服务管理工程师能力级别(分初级、中级、高级 3 个层次)的依据。

(4) 两者应用要求不同:ISO/IEC 20000 是国际标准,属于强制性的,信息技术服务提供方必须达到它要求的条款;ITIL 是一套最佳方法论的集合,不是强制性的,一般来说,信息技术服务提供方会根据实际需要裁取最适合的部分引入,并分阶段进行。

(5) 两者应用侧重点不同:在标准应用目的方面,ISO/IEC 20000 标准强调建设一个完善的信息技术服务管理体系,包括文档系统、PDCA 持续改进、内审和外审机制保障等;ITIL 侧重于流程的效果和效率,注重使用流程解决实际工作中的问题。

(6) 两者应用成果不同:应用 ISO/IEC 20000 的成果很显著,组织通过审核取得了国际标准认证就能大大提高知名度,并获得客户的信任和认可,从而提高组织在商务竞标中的竞争力;相对来说,应用 ITIL 的成果不好衡量,信息技术服务效果和效率的提升很难立即看到明显的效果。但是,实施得当的 ITIL 对管理能起到切实的改善作用,同时信息技术服务管理工程师个人通过审核取得能力级别的认证以后也能够大大提高所在组织的知名度,获得客户的信任和认可,以及提高所在组织在商务竞标中的竞争力。

通过以上的对比分析可知,信息技术服务管理领域存在着多种标准、方法和模型,它们之间并不彼此排斥,在应用中相互之间有一定程度的交叉和互补。由于信息技术服务管理的范围相当广泛,这些标准和方法都有其独特的价值和应用领域。对企业而言,"没有最好的,只有更好的",所以企业应该根据自身情况选用和参照合适的标准和方法。

4.5 ITIL 的典型应用

在信息技术与业务全面融合的时代,ITIL 与信息技术服务管理(ITSM)的终极目标是一致的,即不断提升信息技术与业务之间的透明度。通过实施 ITIL 改进信息技术管理的相关流程,企业可以实现多方面的价值:增进资源利用率,提升竞争力,降低返工率,提高项目的可交付性及时间效率,提供可证明的绩效指标等。

4.5.1 ITIL 应用于大型 IT 部门的信息系统运维服务管理

1. 大型 IT 部门信息系统运维服务管理的特点

企业的类型按规模可分为大型企业、中型企业和小型企业。根据国家经贸委、国家统计局《关于印发中小企业标准暂行规定的通知》的规定,划分大中型企业标准以从业人数、产品销售收入额、资产总额为依据。工业企业三项指标同时达到从业人数在 2000 人以上,产品销售收入额在 3 亿元以上,资产总额在 4 亿元以上为大型企业;从业人数在 300 人以上,产品销售收入额在 3000 万元以上,资产总额在 4000 万元以上列入中型企业;其余为小型企业。一般大型企业的主要特征是其生产能力达到了规模以上的生产效应。对于大型 IT 部门的信息系统运维服务管理而言,通常面临以下挑战:

(1) 企业规模大,地域分布广,业务复杂,产业链长,各个地域有各自不同的情况。

(2) 用户数量多,业务部门对 IT 部门的依赖程度高,信息系统的运维风险比较大。

(3) 企业信息化软/硬件设施数量庞大、种类繁多,系统复杂,给 IT 的稳定运行造成极大的压力。

(4) 企业组织机构规模大,人员众多,管理架构和人员工作方式不统一。

(5) 企业先进的信息化管理手段与传统管理手段之间的冲突涉及企业内部管理职能再分配,会触及一部分人的既得利益,信息系统运维改进遇到的阻力比较大。

(6) 传统"救火式"信息系统运维缺乏全面系统的整体规划,对于突发事件缺乏智能判断,无法做出迅速响应,不仅效率偏低,而且会消耗大量的人力成本,企业成本难以控制,严重制约了企业发展。

2. 大型 IT 部门实施 ITIL 的作用

ITIL 的核心思想就是从业务角度来理解信息技术服务需求,即在提供信息技术服务时首先考虑业务需求,根据业务的需要来确定 IT 需求。节省信息系统运维成本的点是要从救火式信息系统运维转型为效率为主的规范化运维,引入 ITIL 规范化运维系统是提高效率、节省成本的立足点。业务管理这个模块将指导企业决策者分析 IT 问题,并深入了解 IT 基础架构支持业务流程的能力以及信息技术服务管理在提供端到端信息技术服务过程中的作用,协助他们更好地处理与服务提供方之间的关系,实现商业利益。

大型 IT 部门有效地实施 ITIL,其所在的组织将可以获得以下多个方面的收益。

(1) 为企业打造核心竞争力:实施 ITIL 的服务战略管理流程的核心内容,使信息技术服务和服务管理可以为企业为了实现其商业战略的战略资产的一部分从而提高企业的核心竞争力。

(2) 全面提高企业 IT 部门的运维效率:基于 ITIL 服务流程化的管理模式将提升 IT 部门的服务能力,提高 IT 故障的解决效率,降低 IT 部门相关人员的工作量,减少 IT 故障的处理时间。

(3) 提升业务能力:通过 ITIL 确定的 IT 流程支撑整个企业的业务流程,从而在整体上提高企业的业务运营质量。

(4) 降低信息技术服务成本:通过提高 IT 员工的工作效率可降低信息系统运维成本,避免大量重复性的劳动;IT 环境管理趋于透明,对于 IT 设备的生命周期和第三方服务提供商的费用支出也可控。

(5) 有利于建立一支稳定和协同合作的 IT 团队:信息技术服务管理不仅使流程得到规范,也使 IT 组织中的各个角色的职责有了清晰定义,提高了 IT 人员的生产率,提高了 IT 人员的士气和工作满意度。

3. 大型 IT 部门实施 ITIL 的步骤

ITIL 是一种指导性的最佳实践,它不是一套刚性的标准,而是实践经验的总结和沉淀,需要与企业的业务进行适配。在具体部署的过程中,企业对业务功能及流程进行重新设计,已经成为一个降低成本、缩短周转时间、提高质量和增进客户满意度的基本策略。在这样的情况下,大型企业进行 ITIL 实施建设的过程中取得的收益是不言而喻的。在大型企业中,实施 ITIL 需要采取以下步骤。

(1) 争取领导层的支持:ITIL 的引入会给企业带来巨大的变革。在初期,这种变革必定会带来质疑,甚至是抵触,这时领导的支持和决断至关重要,否则 ITIL 的实施将面临非常大的风险。

(2) 实施前充分做好准备工作:对于企业中的大部分员工来说,ITIL 是新生事物,对它的了解还不够具体和充分,所以在着手实施之前应对 ITIL 进行宣传和介绍,让广大员工予以充分认知,继而认可它,减少潜在的抵触因素。

(3) 渐进式部署实施：由于 ITIL 的引入会改变员工原有的工作模式，如一次实施过多的流程、涉及过多的业务系统，员工会极不适应，容易引发抵触情绪，不仅达不到预期的效果，反而会导致流程混乱。因此，在具体推广应用 ITIL 时，最好采用先局部后整体、由点及面的方式逐步展开。

(4) 结合实际设计流程：企业业务系统众多，在具体设计流程时，各服务流程的主体结构设计应遵照 ITIL 所定义的目标、主要活动、输入和输出，确保各流程实现其应有的功能并能与其他流程相协调。同时，在不与这些主体流程设计内容造成冲突的情况下，充分考虑各业务系统自身的特点，紧密结合实际，进行个性化的定制，尽量符合或贴近 IT 员工实际的工作需要。

(5) 建立考核机制：ITIL 的核心是服务流程，而流程本身从某种意义上来说也是一种规范或制度，带有一定的约束和强制执行力，因而建立考核指标进行考核十分重要。考核指标应依据不同服务流程的不同流程角色来制定。

(6) 持续改进：ITIL 的实施不是一劳永逸的。由于业务系统自身技术的不断更新以及部署结构和运营模式的调整，各服务流程会变得越来越不适应实际需要，这就必然需要持续地对各服务流程进行优化改进，从而与实际保持一致，确保流程的实用性和合理性。

(7) 使用成熟的软件：企业对信息系统的管理是通过 IT 管理软件实现的，选择适当的软件对成功实现 ITIL 的目标至关重要。市场上各大主流 IT 厂商都开发了相应的软件产品，并得到了市场的验证。

4. 大型 IT 部门 ITIL 应用案例

Mead 与 Westvaco 这两家全美最大的农产品生产与包装公司于 2002 年合并后，总资产 72 亿美元的 MeadWestvaco 公司进行业务流程的标准化工作，标准化的流程最终都要在 SAP 单一系统上运行。MeadWestvaco 公司制定了使用 ITIL 流程框架重建其 IT 部门的计划，首先着手重新设计 MeadWestvaco 公司的订单管理和财务管理流程。

ITIL 流程框架为整个 IT 部门带来了更加一致的行动，提高了衡量绩效水平的能力，以及从一种更加科学、严谨的角度来考察每一个领域的做事态度。该公司已经实现了每年节约 10 万美金的 IT 运营维护费用，并在运营稳定性上增加了大约 10% 的收入；这些收获都归功于在整个 IT 部门实施了 ITIL IT 运营管理最佳实践。

4.5.2 ITIL 应用于中小型 IT 部门的信息系统运维服务管理

1. 中小型 IT 部门信息系统运维服务管理的特点

中小型企业是指在经营规模上较小的企业，雇用人数与营业额皆不大，通常是由单一个人或少数人提供资金组成，管理机构相对简单，较少受外界干涉。中小企业经营范围广泛，几乎涉及社会经济和生活的各方面，在制造业、服务业、建筑业、农业、运输业、批发零售业等竞争性领域无所不在。从统计资料可以看出，无论是发达国家还是发展中国家，中小企业在数量上都占绝对优势，我国中小企业占全国企业总数的 99%，日本、美国在制造业方面中小企业分别占全国企业总数的 99% 和 98%，其他国家也差不多如此。

中小企业的优势、机遇明显,但竞争与风险并存。同大企业相比,中小企业的优势在于经营决策快,成本及综合风险相对较低,对市场反应敏锐,行为灵活,反应速度较快。并且,中小企业中私人家族经营者较多,内部命令一元化,执行力强,能快速协调企业内部的所有资源,使之效率、效益最大化。但是,同大企业相比,中小企业在技术、资金、人力资源、信息获取等方面的能力较弱,生产规模小,业务相对简单,常常需要根据市场需求不断调整自己的生产经营品种,表现出较大的动态性和不稳定性。据统计,在全球每年倒闭的企业当中,80%以上是中小企业。

企业信息系统运维工作的目的是为了保障业务连续不间断,对于中小企业来说,业务连续不间断是极其重要的,因为每一笔业务都关系着中小企业的生存和发展。中小企业信息系统运维服务管理的特点如下。

(1) 企业业务不规范,信息化需求柔性大:中小企业相对大型企业而言,其业务随意性比较大,职能分工比较粗放,决定了信息系统运维服务管理必须能满足业务变动的节奏,有效匹配新的业务模式。

(2) 计算机网络规模小,但是发展快:中小企业的网络规模较小,网络结构比较简单,但是因为企业的业务发展速度快,相应的网络规模和结构变化也会比大型企业快很多。信息系统运维在功能和性能方面必须要有很好的延展性,以适应这种规模小、发展快的信息化建设特性。

(3) 信息系统运维需求全面:中小企业网络规模虽然小,但是涉及的运维需求并不简单,"麻雀虽小,五脏俱全",无论哪里出现了故障和问题,都可能导致业务系统瘫痪。所以,面向中小企业的信息系统运维的需求功能要完整、系统要全面、响应要快速及时。

(4) IT人员匮乏,工作人员比较少:对于中小企业来说,最缺乏的是人才,对于信息化人才更是如此。而且由于资金限制,信息系统运维人员的专业素质可能不是很高,这就要求信息系统运维软件要易学易用。

(5) 资金短缺,信息化资金投入压力大:中小企业的关键在于发展,由于企业间竞争压力大,企业把有限的资金都放在研发和市场上,信息化常常资金投入不足,不可能在信息系统运维方面一次性投入大量的资金,所以信息系统运维工作的开展要在延展性的基础上划分出阶梯成本。

总体而言,中小企业的信息系统运维在目前不具备规模并不是因为中小企业没有信息系统运维的需求,而是因为目前适合中小企业的信息系统运维系统还不是很多。一旦适合中小企业的信息系统运维产品研发成熟并推向了市场,那么信息系统运维系统在中小企业市场上必然会形成自己的规模和特色。

2. 中小型IT部门实施ITIL的措施

ITIL的运用对于许多中小型企业的部门经理来说的确是个挑战。对于小型IT部门来说,由于人力、财力非常有限,难以系统地建设ITIL流程,但是ITIL的引入仍然是必要的,只不过在应用上要有简化。

(1) 首先要转变信息系统运维观念,建立ITIL倡导的面向客户的运维服务意识。只有这样,才能在日常繁杂琐碎的工作中区分任务的优先级,将有限的资源投入到最能满足企业业务需要的工作中。

（2）梳理企业短中期业务规划和IT规划，并保持规划的持续调整和持续完善。从业务层面梳理核心业务，优化管理控制点，并制定IT支撑战略规划，通过系统平台来指导并规范业务运作。

（3）实施流程管理，特别是要做好流程的版本管理。中小企业要做好企业产、供、销、人、财、物等核心业务流程和管理流程，按照流程节拍和流程整体最优的要求做好流程管理规范工作。由于业务变化快，中小企业要在流程版本管理上加强执行力度，严格按照"受控"要求做好节点控制。

（4）进行企业管理制度建设。无论是业务规划、IT规划、流程控制都仅仅是中小企业提高规范程度的充分条件，管理制度建设是必要条件。整个企业运作系统需要一套管理制度来约束、监管。

（5）明确人员分工（甚至是职责轮换），建立经济适用的故障和问题管理流程，利用表格工具等记录故障及处理情况，定期回顾并从中辨识和发现问题线索和根源；建立变更管理意识和初步变更流程，减少变更操作的随意性，在很大程度上降低故障概率。

（6）要建立和完善企业信息技术服务管理体系，并确定一个能够量化的信息系统运维目标，这样不仅能够在未来务实地提高信息系统运维服务质量和管理水平，也能够提高IT人员的成就感。

（7）坚持总体规划、分步实施、效益优先、重点突破的原则，推进信息系统整合以及IT与业务的整合，实现业务层面的管理优化，并完成跨职能业务的规范化。

4.5.3 ITIL应用于信息技术服务外包管理

1. 信息技术服务外包的意义

随着经济全球化的不断深化和市场竞争的加剧，企业的成功不再归功于短暂的或偶然的产品开发或灵机一动的市场战略，而是企业核心竞争力的外在表现，从而促使信息技术服务外包得到了迅速的发展。信息技术服务外包管理是控制信息技术服务外包的风险，让IT持续、有效地服务于企业，使企业竞争力提升的重要手段。近些年来，信息技术服务外包管理一直处于不断地发展与改进当中。

从企业战略层面上说，信息技术服务外包战略是企业构造竞争优势的有力手段，对于一般非IT企业而言，IT系统并非其核心业务，可以外包出去，由更专业的IT企业去运营，但是考虑到信息保密、安全及可控制性等因素，在一定的环境条件下，IT外包不是没有限制的。信息技术服务外包的意义如下：

（1）通过将非战略性业务外包，企业可以集中精力于核心业务上，有助于维持其核心竞争力。

（2）节省企业信息化基础设备的运营维护成本，包括人力成本和管理成本。统计资料表明：信息技术服务外包将为企业节省9%的IT运营成本。

（3）通过服务外包将IT管理风险转移给服务提供方，降低了企业自身的信息技术服务管理风险。

（4）可以得到更长远、持久、稳定的信息技术服务，从而解决企业自身信息系统运维人员不足的问题。

（5）专业的信息技术服务外包提供商具有信息系统运维经验丰富、技术全面、专业检测工具和设备齐全等特点，可以让企业得到更全面、良好的信息技术服务支持，一般将使IT系统平均无故障时间提升15%。

（6）通过信息技术服务外包让企业IT部门摆脱了日常运维工作，腾出精力专注于自身的信息化建设等高附加值工作，更有利于企业信息化的发展。

2. ITIL在信息技术服务外包管理中的应用

从我国信息技术服务外包的发展趋势来看，企业越来越重视信息技术服务外包的服务品质，希望信息技术服务外包提供商具备规范的服务体系、较高的服务水平。面临这样的挑战，信息技术服务外包双方都不得不突破原有信息技术服务管理模式，寻找新的发展方向，即引入ITIL作为指导企业信息技术服务外包应用的最佳实践方法，尤其在ITIL v3版本中增加了对外包服务管理的内容，由此来规范管理信息技术服务外包提供商，提升服务水平。

一方面，目前国内的信息技术服务外包合同都是粗放式的按人天计算的一揽子打包服务，合同内容非常简单，只简单说明一下针对哪些系统提供维护服务，全年花多少钱，派多少人常驻等。需方（客户）对于信息技术服务质量是否达到自身的预期目的无法进行有效的掌握和控制。与此同时，由于企业自身对于信息技术服务的需要随时会发生提供方式、提供时效需求的变化，这些都决定了信息技术服务外包是无法有效地通过这样的打包合同进行结果控制的。由于ITIL流程化管理模式通过服务目录定义、服务水平协议制定和服务台监控反馈等具体化的手段可以把整个外包内容细致化、量化，明确地提出信息技术服务外包提供商该做些什么，并把这些服务项目写进信息技术服务合同中，改变以往粗放式的合同，从而使其提供的信息技术服务过程可以得到更有效的监控。

另一方面，目前国内大多数信息技术服务外包提供商只是针对自己开发的软/硬件来提供信息技术服务外包，缺乏全面信息技术服务能力，无法支持客户（需方）的整体IT外包需求。大多数外包提供商还缺乏可量化、规范的信息技术服务外包管理体系。通过实施ITIL以后，信息技术服务外包提供商可以搭建一个可量化、可视化、可控的服务管理体系，提升服务能力、服务水平、服务架构，能够把日常操作全部流程化，并通过自动化工具对流程的执行情况进行及时追踪。在这个基础上，可以对各个流程的执行效果、服务质量进行量化考核和统计分析。同时，能够以更科学的方法学会怎么做服务、怎样配备人员、设置什么样的服务职能以及制订日常服务规范等，从而提升了管理能力、服务能力，进而跟踪服务成本的组成，帮助服务单位为优化和降低成本打下基础。

以前，很多信息技术服务外包合同没有明确的考核指标，不管是对信息技术服务外包供方还是需方，都是不公平的。通过实施ITIL，用户就可以对IT外包提供商进行量化考核，即用户可以在信息技术服务外包过程中更有效地承担起质量监控和服务考核的角色。

（1）对信息技术服务需方（客户）而言，通过ITIL可以达到以下几个目的：

① 能使IT部门更加便捷和迅速地了解业务部门对于IT的实际需求变化情况。

② 能详细了解IT的实际投入情况和具体分布，为后续的IT投入调整提供依据。

③ 能够较好地控制和改善用户满意度。
④ 能够控制运营风险。
⑤ 能够降低信息技术服务成本。

(2) 对信息技术服务外包提供商而言，ITIL 可以带来的效益更加明显：
① 提升自身的工作效率。
② 降低运营成本。
③ 证实组织的服务能力。

通过实施 ITIL，信息技术服务外包提供商能够把日常操作全部流程化，并通过自动化工具对流程的执行情况进行及时追踪，在这个基础上，可以对各个流程的执行效果、服务质量进行量化考核和统计分析，可以使信息技术服务外包供、需双方之间的沟通更快捷、高效，提高信息技术服务外包的应用效果。

4.5.4　ITIL 应用于数据中心管理

随着各行各业信息化工程的实施，信息技术应用不断深入、网络迅猛发展，数据中心的地位越来越重要，正在发展成为企业信息化建设的核心。

1. 数据中心信息系统运维服务管理的特点

数据中心（Data Center）是指在一个物理空间内实现对数据信息的集中处理、存储、传输、交换、管理，计算机设备、服务器设备、网络设备、通信设备、存储设备等被认为是数据中心的关键设备。数据信息作为一种资源的表征，具有交互性、动态性、完整性、脆弱性、安全性等特征。数据中心的基础设施是指为确保数据中心的关键设备和装置能安全、稳定和可靠运行而设计配置的基础工程，也称电子信息系统机房工程。数据中心基础设施的建设不仅要为数据中心中的系统设备运营管理和数据信息安全提供保障环境，还要为工作人员创造健康适宜的工作环境。数据中心的基础设施（机房工程）主要包括场地规划、装饰装修、电源配电、暖通空调、应急照明、网络布线、防雷接地、气体消防、视频应用、信息安全、安全防范、环境监控等专项技术系统。一个合格的数据中心必须具有高度的可靠性、安全性和稳定性，同时要舒适实用、节能高效且具有可扩充性。

自然灾害、供电状况、软/硬件故障、人为破坏和计算机病毒等都会给电子信息系统造成危害，为确保整个系统的正常运行，数据中心信息系统运维服务管理的作用就显得特别重要。

(1) 管理对象种类繁多：现代数据中心的软/硬件设备的种类、数量越来越多，单台设备的体积越来越小，而功能越来越齐全、性能越来越先进。数据中心的管理对象包括与信息技术服务运作直接相关的 IT 资源以及支持信息技术服务间接相关的环境资源，如主机、存储、网络、UPS、发电机、应用系统、数据库、中间件、操作系统、用户密码、系统配置文件、业务数据、人员、厂商等。

(2) 管理工作复杂繁重：由于计算机、通信、互联网和其他高新科技的不断发展，数据中心除了在数量上急剧增长外，在功能和结构上也越来越复杂。现在，在我国拥有几百台、上千台设备的数据中心已经比比皆是，加上许多业务服务要求 7×24 小时永不间断地提供，数据中心的各种软/硬件设备必须时时刻刻为信息系统提供正常的运行环境,万一出现停机事故,若不能及时处理就会产生严重后果,甚至造成巨大损失。因此,为了保障数据中心正常运行,其管理工作既复杂繁重,又责任重大。

(3) 管理要求严格:现代数据中心汇聚了大量的信息资源,在各种业务与互联网结合得日渐紧密的同时,企业不仅要对内部用户提供支持,还要对外部用户提供各种形式的信息服务。企业越来越多的业务已完全依赖于 IT 系统,业务对 IT 系统的可靠性、可用性、稳定性、安全性与响应性等高标准要求,包括在 IT 系统运行期间,数据中心场地设施不应因操作失误、设备故障、外电源中断、维护和检修而导致系统运行中断。这样,对数据中心管理提出了更加严格甚至是达到了苛刻程度的要求。

(4) 管理要体现环保节能:数据中心是企业的用电大户,有些大型企业,如银行、商业中心和科研机构等,数据中心平时的耗电量达到其总量的 85% 以上。现代数据中心管理面临的主要挑战有安全可靠、能源效率、空间扩展、业务连续性、灾难恢复、运营成本 6 个方面的问题。因此,现代数据中心管理工作以完善技术规范、安全可靠为主,确保系统安全可靠的运行,既要与现代化的计算机和通信设备相匹配,又能通过精良、独特和时尚的构思实践,真正体现"安全、可靠、绿色、节能、适用"的整体形象,以做到技术先进、安全可靠、经济适用。

2. ITIL 在数据中心信息系统运维服务管理中的应用

由于数据中心信息系统运维服务管理的重要性与日俱增,因此引入 ITIL 显得特别重要,因为 ITIL 为数据中心管理提供了一个很好的管理框架。它一方面可以帮助数据中心的工作人员更有效、更专业地开展相关工作;另一方面可以帮助数据中心管理者以更低成本、更规范的方式管理数据中心。

(1) 人员角色:ITIL 的应用实际上是一个管理变革活动,特别依靠人的积极参与来完成。角色与人员的对应需要根据组织的人员状况和流程活动的需要来设定,同一个人可以对应多个角色,同一个角色也可以由多名人员担任。ITIL 最主要的功能是在人与管理对象之间建立一套运营流程,当具体的管理对象出现对应的管理需求的时候,可以通过这些流程调动合适的人员与相关资源加以实现。比如说当一个设备出现故障之后,可以通过事件管理流程调动数据中心对应的人员尽快地解决这个事件。

这种管理模式最大的好处在于解决了数据中心管理对象多样化与复杂化的挑战,其对数据中心的工作进行抽象与归类,根据各项工作的目标、可调动的资源、工作模式等差异形成不同的管理流程与角色要求,将这些多样、复杂的管理对象最终统一到抽象、专业的管理流程当中。通过 ITIL 这种流程化、角色化的管理,可以根据自身技能的特点映射到不同的流程与角色当中,让合适的人去做合适的事。这种方式一方面有利于个人的能力发展,也从整体上降低了人员聘用成本、提高了工作效率。

(2) 流程管理:流程设计是 ITIL 实施的核心之一,它必须结合企业业务现状进行分阶段的目标定义、设计、固化、评价和改进。在数据中心的运维服务管理过程中会产生和积累大量的信息,包括设备运行状况、人员操作、环境状态(温度、湿度、洁净度等)、供电、能耗等数据。对于这些日常运营数据,除了要关注其来源和质量(包括信息的及时性、准确性和精确性)以外,更重要的是通过流程等制度设计来保证这些信息能够得到充分利用,特别是捕捉信息中所包含的预示系统可能出现的潜在异常情况的信号,及时加以分析,找出问题,快速解决,把可能发生的故障消灭在萌芽状态,以确保数据中心运营的安全可靠,进一步改进信息技术服务质量和客户满意度。

(3) 检验与测试:ITIL 最佳实践中还有一个很大的特点,就是对流程的检验与测试。服务检验与测试流程需要站在整个信息系统运维服务的全生命周期的角度对处于不同阶段的服务状态进行验证和测试,为服务的各个方面提供质量保障,确保服务提供者的能力和资源。企业业务的发展对数据中心管理的要求越来越高,那么如何能证明或知道目前数据中心管理的好坏。ITIL 在不同的流程中给出了许多关键绩效指标(KPI),使用这些 KPI 可以通过数值或相关指标比较客观地看到该管理领域在数据中心执行的效果,这也为数据中心管理的持续改善提供了可靠的依据。

(4) 变更管理:信息技术(IT)发展迅速,产品更新换代快,造成数据中心硬件设备和软件不时发生变更,其后果是不可预见的成分高、风险程度大。统计资料表明数据中心约有70%的故障是直接或间接由变更不当引起的,因此,加强对变更的有效控制和管理对于数据中心管理具有重大的意义。ITIL 中的变更管理为如何进行变更的控制提供了成熟的最佳实践指导,其主要目标是使用标准化的方法和程序有效地处理所有变更;响应不断变化的客户需求,使价值最大化,减少破坏和重复工作;将服务和业务需求结合,响应业务和 IT 需求变更,降低业务风险等。

(5) 容量管理:容量管理也是 ITIL 中的一个重要部分,它确保了数据中心的系统能力能够满足未来的业务需求,而且保证了成本利用的高效性。进行容量管理需要对资源消耗的速度有所了解,分析可能发生的需求和服务变更,以及系统能力、内存、网络和存储等可能出现的变更。此外,容量管理还涉及容量扩展的投资规划和说明等。所有的 IT 容量问题都需要足够的关键设备基础设施作为保障,即数据中心的能源供应、环境空间和软/硬件设施等。数据中心在缺乏有效的容量管理的情况下,企业要么承受因容量不够而业务受阻的后果,要么承受临时性采购而带来的高额成本。在实施了有效的容量管理之后,这些问题可以大大弱化,从而保持 IT 和业务之间的协调发展。

本 章 小 结

信息技术基础架构库(ITIL)是一套主要研究信息技术服务管理的方法,是以全球最佳实际经验为依据,基于高质量、合理定义、可重复流程等运作为基础确立的可持续改进的计划。虽然 ITIL 不是一个正式的国际标准,但它确实是目前国际上普遍实行的事实上的标准,为企业的信息技术服务管理实践提供了一个客观、严谨、可量化的标准和规范,已经在全球信息技术服务管理领域得到了广泛的认同和支持。目前,ITIL 已经出了 3 个版本,其版本的改变不是其内容发生了革命性的变化,而是根据信息技术服务管理市场的变化有所改进,这种改进是进化性质的,不过还是非常重要的变化。

通过本章的学习,首先要了解 ITIL 的由来、发展、特点、价值和实施步骤,以及与每个信息系统运维工程师技术水平评价、职务和利益密切相关的 ITIL 资格认证。其次要了解 ITIL v1 的内容和流程,了解 ITIL v2 核心框架和服务管理模块、运营指南模块、实施指南模块,以及 ITIL v2 的应用和不足之处;要着重了解、熟悉和掌握 ITIL v3 的体系结构、流程、核心模块的特点,以及 ITIL v2 与 ITIL v3 的对比分析、ITIL 与 ISO/IEC 20000 标准的对比分析;还要了解 ITIL 的典型应用情况,包括 ITIL 应用于大型 IT 部门、中小型 IT 部门、服务外包和数据中心管理等情况。

习　　题

1. 简述 ITIL 的由来和发展、版本演变的历史,以及 ITIL 的特点、价值和实施步骤。
2. 简述 ITIL 资格认证体系、认证级别和认证的作用。
3. ITIL v1 的内容和流程有哪些?
4. 简述 ITIL v2 核心框架的主要内容。ITIL v2 的核心模块有哪些?
5. ITIL v2 的应用情况如何?它有哪些不足之处?
6. ITIL v3 的体系结构由哪三大组件构成?其主要流程有哪些?
7. ITIL v3 有哪些特点?对比分析 ITIL v2 与 ITIL v3 的异同点。
8. ITIL 与 ISO/IEC 20000 标准有哪些差别?
9. 简述大型 IT 部门信息系统运维服务管理的特点,以及大型 IT 部门实施 ITIL 的作用和步骤。
10. 简述中小型 IT 部门信息系统运维服务管理的特点,以及中小型 IT 部门实施 ITIL 的措施。
11. 简述信息技术服务外包的意义,以及 ITIL 在信息技术服务外包管理中的应用情况。
12. 简述数据中心信息系统运维服务管理的特点,以及 ITIL 在数据中心信息系统运维服务管理中的应用情况。

第5章　中国的信息技术服务标准

主要内容
(1) ITSS 的由来、原理、核心价值和特点。
(2) ITSS 的体系结构、使用对象、优势和实施步骤。
(3) ITSS 核心标准及与其他国际标准的对比分析。
(4) ITSS 信息系统运维标准的主要内容及与 ISO/IEC 20000 的对比分析。
(5) ITSS 信息系统运维能力的评定和培训,以及信息系统运维服务的等级划分。

5.1　ITSS 的基本概念

目前,我国信息技术服务业正逐渐走向专业化和外包化,如何控制信息技术服务(ITS)的整体风险(无论是内部还是外部)、提高信息技术服务的整体水平已经是一个需要引起人们高度重视的问题,而且随着逐年 IT 的投入,建设了大量的软/硬件系统,促使我国的组织要采取措施加强规范信息技术服务管理(ITSM)。2009 年 4 月 23 日,为了进一步推进我国信息技术服务业的发展,在工业和信息化部的领导下成立了信息技术服务标准工作组,负责研究并建立信息技术服务标准体系,制定信息技术服务领域的相关标准。

5.1.1　ITSS 的由来、原理和价值

1. ITSS 的由来

我国信息技术服务标准工作组成立之后,主要围绕信息系统建设、运行维护、服务管理、治理、外包等专业领域开展标准研究制定工作,并针对云计算服务等新兴领域开展前期标准预研工作。该工作组的成立得到了国家标准化管理委员会、工业和信息化部运行监测协调局、科技司、电子信息司,以及北京、上海、广东、江苏、湖北、重庆、成都、沈阳、杭州等省市工业和信息化主管部门的大力支持。

中国的信息技术服务标准(Information Technology Service Standards, ITSS)是由我国信息技术服务标准工作组组织研究制定的信息技术服务标准,它是一套体系化的信息技术服务标准库,全面规范了信息技术服务产品及其组成要素,用于指导实施标准化的信息技术服务,以保障其可信赖。

ITSS 的诞生是我国信息技术服务行业最佳实践的总结和升华,也是我国从事信息技术服务研发、供应、推广和应用等各类组织自主创新成果的固化。它全面规范了信息技术服务产品及其组成要素,更制定了包括服务规划、部署实施、服务运营、持续改进和监督管理等一系列全生命周期阶段应遵循的标准,为信息系统建设、运行维护、服务管理、治理及外包等服务领域提供了重要指引,从而使信息技术服务成本更便于控制、服务组合更灵活,进而实现

更快的服务响应。不仅如此,未来随着ITSS国家标准的正式发布和全面实施,将对规范信息技术服务行业的市场秩序、促进用户和服务商的良好合作、最大化信息技术服务价值、提升服务提供商综合实力具有积极作用,同时对推进产业结构调整升级、提高中国信息技术产业竞争力提供可靠支撑。

2. ITSS的原理

我国的信息技术服务标准(ITSS)不同于国外的ISO/IEC 20000标准和ITIL,它是一套建立在全面能力管理基础上的标准库,该标准库覆盖了信息技术服务全产业链,是一套着眼于规范行业运行、促进产业链发展的标准。该标准为需方、供方、服务方均提供了必要的参考与实践指南。

ITSS规定了信息技术服务(ITS)的组成要素和生命周期,并对其进行标准化,其核心内容充分借鉴了质量管理原理和过程改进方法的精髓,如图5-1所示。值得提醒的是,流程在多数情况下也称过程,在ITSS中流程和过程是同一含义。

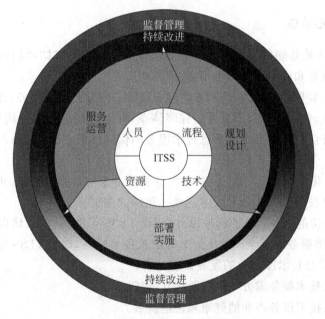

图5-1 ITSS原理示意图

(1) 信息技术服务的组成要素:人员(People)、流程(Process)、技术(Technology)和资源(Resource),简称PPTR。

(2) 信息技术服务的生命周期:包括规划设计(Planning & Design)、部署实施(Implementing)、服务运营(Operation)、持续改进(Improvement)和监督管理(Supervision),简称PIOIS。

① 规划设计:从客户战略出发、以客户需求为中心,参照ITSS对信息技术服务进行全面系统的规划设计,为信息技术服务的部署实施做好准备,以确保为最终客户提供满足其需求的服务。

② 部署实施：在规划设计的基础上，依据 ITSS 建立管理体系、部署专用工具及服务解决方案。

③ 服务运营：根据服务部署实施的结果，依据 ITSS 要求实现服务与业务的有机结合。本阶段运营的重点内容包括业务运营和信息系统运营，主要采用过程方法对基础设施、服务流程、人员和业务连续性进行全面管理。

④ 持续改进：本阶段主要根据服务运营的实际效果特别是服务满足业务的实际情况提出服务改进方案，并在此基础上重新对服务进行规划设计、部署实施，以提高服务质量。

⑤ 监督管理：本阶段主要依据 ITSS 对信息技术服务生命周期的服务质量进行评价，并对服务供方的服务过程、交付结果实施信息系统运维服务，对服务的结果进行绩效评估。

如果将上述两个方面与传统的工业、农业产品相比较，则信息技术服务的组成要素相当于"生产要素"，而信息技术服务的生命周期就相当于"生产过程和方法"。因此，ITSS 主要由信息技术服务的组成要素、生命周期的相关标准组成，解决了"生产要素"和"生产过程和方法"的标准化问题。

3. ITSS 的核心价值

ITSS 的核心价值是确保提供可信赖的信息技术服务，并通过"可信赖"促进供、需双方在信息技术服务质量和成本之间取得平衡。

本质上，ITSS 本身并不是供、需双方之间直接交易的信息技术服务，而是一套以信息技术服务标准为核心、针对信息技术服务的保障体系，即通过标准化确保信息技术服务对供、需双方而言都是可信赖的。在建立信息技术服务的保障体系方面，ITSS 的价值主要体现在以下几个方面。

（1）提供体系化的标准库：构成 ITSS 的各类标准之间是相互关联、相互支持的，是供、需双方之间就信息技术服务质量和成本达成一致的共同语言。

（2）提供全方位的服务：除了标准以外，围绕 ITSS 可提供咨询、培训、认证、服务质量评价、信息系统运维服务以及全面解决方案等信息技术服务，确保 ITSS 应用具备良好的基础，并将 ITSS 与信息技术服务业的发展紧密结合。

（3）促进信息技术服务需方与供方的相互信任。

（4）推动信息技术服务产业的健康和快速发展。

5.1.2 ITSS 的特点、使用对象、优势和实施步骤

1. ITSS 的特点

ITSS 涵盖了信息技术服务组成要素及信息技术服务生命周期所需的标准，其主要特点可概括为"全面性"和"权威性"，主要体现在以下方面。

（1）全面覆盖：ITSS 全面覆盖了信息技术服务的组成要素、信息技术服务的生命周期，同时也覆盖了咨询、设计与开发、信息系统集成、数据处理和运营等信息技术服务的不同业务类型。

（2）统筹规划：ITSS 是一套体系化的标准库，其研发过程是从体系的规划设计着手，并

按照"急用先行、成熟先上"原则制定的。

(3) 科学权威：ITSS 是严格按照《中华人民共和国标准化法》、《中华人民共和国标准化法实施条例》的要求遵循公开、公平、公正的原则研究制定的系列国家标准，用于指导信息技术服务行业的健康发展。

(4) 全面兼容：ITSS 是在充分吸收质量管理原理和过程改进方法精髓的基础上，结合我国国情由行业主管部门主导、以企业为主体、产学研用联合研发的，同时与 ITIL、COBIT、ISO/IEC 20000 及 ISO/IEC 27001 等国际最佳实践和国际标准兼容。

2. ITSS 的使用对象

ITSS 既是一套成体系的标准库，又是一套指导信息技术服务选择和供应的方法学。我国国内需要信息技术服务、提供信息技术服务或从事信息技术服务相关理论研究和技术研发的单位或个人都需要 ITSS，包括以下对象。

(1) 行业主管部门：用于规范和引导信息技术服务业的发展。

(2) 信息技术服务需方：主要用于实施标准化的信息技术服务或选择合格的信息技术服务提供商。

① 中央及地方各级政府部门信息中心。

② 金融、电信、电力、石化等全国性或区域性行业企业的 IT 部门。

③ 全国各省市的各类大中型企业的 IT 部门。

④ 其他有信息技术服务需求的组织。

(3) 信息技术服务供方：主要用于提供标准化的信息技术服务、提升信息技术服务质量并确保服务可信赖。

① 以 IT 咨询为主营业务的企业。

② 以设计开发为主营业务的企业。

③ 以信息系统集成为主营业务的企业。

④ 以数据处理和运营为主营业务的企业。

⑤ 其他提供信息技术服务的组织。

(4) 高校和科研院所：用于指导信息技术服务相关的理论研究、技术研发和学科设置。

(5) 个人：主要通过研究和学习 ITSS 全面理解和掌握信息技术服务的内容和标准化知识，以及实施信息技术服务的方法，从而提升个人技能和学术水平。

3. ITSS 的使用优势

对信息系统全生命周期成本分析发现，在建设和使用信息系统的过程中，规划成本占总成本的 2%，设计施工（系统集成）成本占 23%，运营维护成本占 75%。要想降低信息系统的运营成本，只有通过科学的管理手段提高系统的管理效率。ITSS 的主要优势就在于能帮助管理者提高系统运行维护管理效率，降低系统运维成本。使用 ITSS，对于信息技术服务供、需双方来讲将带来以下收益：

(1) 对于信息技术服务需方。

① 提升信息技术服务质量：通过量化和监控最终用户满意度，信息技术服务需方可以

更好地控制和提升用户满意度,从而有助于全面提升服务质量。

② 优化信息技术服务成本:不可预测的支出往往导致服务成本频繁变动,同时也意味着难以持续控制并降低信息技术服务成本,通过使用ITSS将有助于量化服务成本,从而达到优化成本的目的。

③ 强化信息技术服务效能:通过ITSS实施标准化的信息技术服务,有助于更合理地分配和使用信息技术服务,让所采购的信息技术服务能够得到最充分、最合理的使用。

④ 降低信息技术服务风险:通过ITSS实施标准化的信息技术服务,也就意味着更稳定、更可靠的信息技术服务,降低业务中断风险,并可以有效地避免被单一信息技术服务厂商绑定。

(2) 对于信息技术服务供方。

① 提升信息技术服务质量:信息技术服务供、需双方基于同一标准衡量信息技术服务质量,可使信息技术服务供方一方面通过信息技术服务的标准化来提升信息技术服务质量,另一方面可使提升的信息技术服务质量被信息技术服务需方认可,转换为经济效益。

② 优化信息技术服务成本:由于使用了ITSS,信息技术服务供方可以将多项信息技术服务成本从企业内成本转换成社会成本,比如初级信息技术服务工程师的培养、客户信息技术服务的教育等。这种转变一方面直接降低了信息技术服务供方的成本,另一方面为信息技术服务供方的业务快速发展提供了可能。

③ 强化信息技术服务效能:服务标准化是服务产品化的前提,服务产品化是服务产业化的前提,使用ITSS能让信息技术服务供方实现信息技术服务的规模化成为可能。

④ 降低信息技术服务风险:可降低信息技术服务项目验收风险,部分信息技术服务成本从企业内转换到企业外,可降低信息技术服务企业运营风险。

4. ITSS的实施步骤

实施ITSS,对服务需方来说,可以明确服务水平以及获得更高的服务质量为目标;对服务供方来说,可以满足需方服务需求以及指导自身业务发展提升服务质量为目标。实施ITSS应结合服务需方的实际需求,选择成熟的或优先级高的服务领域作为切入点,借鉴PDCA方法论(计划—执行—检查—改进)实现过程控制和改进。在实施过程中,应根据ITSS标准的各项要求对人员、过程、技术和资源4个关键要素进行全面整合,并与信息技术服务全生命周期的规范化管理相结合,从需求分析、规划设计、部署实施和优化改进4个阶段循环实施的过程。

(1) 需求分析阶段:本阶段主要结合实际业务需求,综合分析实施ITSS的需求和现状,明确ITSS实施的具体目标。本阶段应包括理念导入、实施启动、现状评估、需求挖掘及筛选、制定实施方案、可行性分析、评估审批等关键活动。

(2) 规划设计阶段:本阶段在明确需要实施ITSS以及实施需求后,依据ITSS的各项标准要求对所需的人员、过程、技术及资源进行全面系统的规划,明确实施的方案和预期效果。本阶段应包括确定实施原则、梳理服务目录、确定实施范围、规划信息技术服务体系架构、估算实施所需资源、风险管理规划等关键活动。

(3) 部署实施阶段:本阶段主要根据规划设计阶段所确定的策略、方针和规划设计方案,遵照所选择标准的要求和建议,使用项目管理的方法部署新的信息技术服务,或依据 ITSS 变更后的信息技术服务进行落实和执行,初步建立符合需求的标准化服务体系。在此过程中应落实管理层职责、资金资源、组建和管理实施团队、确定过程/规范、建立软件平台、采购外部资源、遵循项目管理方法等关键活动。

(4)优化改进阶段:本阶段主要从 IT 与业务之间的绩效结果出发,综合评估和审计实施 ITSS 后对服务需求的满足程度,或实施 ITSS 后对业务支撑的效果以及在提升服务质量方面的作用。在此基础上,确定改进目标并制定改进计划,跟踪改进效果,进一步完善和提升 ITSS 实施效果,最终使供、需双方达到实施 ITSS 的预期目标。本阶段包括评估实施效果、评审运营情况、制定改进计划、实施改进活动及跟踪验证等关键活动。

5.1.3 ITSS 的体系结构

1. ITSS 的体系编制原则

标准体系是一标准化系统为了实现本系统的目标而必须具备的一整套具有内在联系的、科学的、由标准组成的有机整体。标准体系结构是由标准加"序"形成的,形成标准体系的主要方式是层次和并列。层次是指一种方向性的等级顺序,彼此存在着制约关系和隶属关系。并列是指同一层次内各类或各标准之间存在的方式和秩序,标准体系通过并列方式列出各类和各项标准。ITSS 标准体系的建立原则如下。

(1)目标明确:任何标准体系的建立都要有明确的目标,建立 ITSS 体系的目标是按照科学的分类体系指导信息技术服务标准化工作成体系、成系统地开展,解决信息技术服务发展过程中的共性技术问题,从而降低服务和技术的研究、生产、使用或消费、维护乃至管理的成本和风险度,使标准化工作发挥最佳效益。

(2)整体性强:现代标准化以标准的整体性为特征,构成标准体系的各标准并不是独立的要素,标准之间相互联系、相互作用、相互约束、相互补充,从而构成一个完整统一体。

(3)有序性好:标准体系是一个相当复杂的系统,包含数目众多的标准,但任何一个标准体系都不是杂乱无章的堆积,整个标准体系的结构层次应该是有序的。标准体系的结构是指标准系统内各标准内在有机联系的表现方式,标准体系结构应具备合理的标准层级、时间序列和数量比例。标准体系结构层次的有序性是由系统中各层次要素之间的依从关系决定的,上一层是对下一层的抽象(归纳),而下一层又是上一层的具体化。

(4)开放动态性良好:标准体系既不是封闭的,也不是绝对静止的,因为任何标准体系总是处于某种环境之中,总是要和环境之间进行相互作用、交换信息,并且不断地调整或淘汰那些不适用的要素,及时补充新的要素,使标准体系处于不断改进的过程。

(5)与产业发展现状相吻合:从目前的发展现状来看,信息技术服务业是信息服务业的重要组成部分,因此其标准化工作是解决目前产业发展过程中的共性技术问题。

(6)与国际标准化趋势相吻合:在国际标准化方面已初步形成了系统集成、软件能力成熟度、信息技术服务管理、IT 治理相融合的趋势,因此 ITSS 标准体系的编制要吻合这种趋势。

2. ITSS 的体系结构

ITSS 体系的提出主要从技术、业务形态、服务模式、应用服务 4 个方面考虑,分为基础标准、业务标准、管理标准、模式标准、应用标准 5 大类核心标准,由这 5 大类核心标准再细分为 37 项具体标准。ITSS 体系结构如图 5-2 所示。另外,ITSS 体系是动态发展的,与信息技术服务相关的技术、服务模式和业态、产业发展紧密相关,同时也与 ITSS 的应用需求、标准化工作的目标和定位紧密相关,其更新将结合上述情况动态调整。

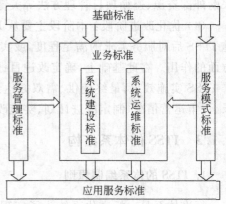

图 5-2 ITSS 体系结构示意图

5.1.4 导入 ITSS 理念

ITSS 是由我国信息技术服务标准工作组组织研究制定的信息技术服务标准,其目的是提供建立、实施、运作、监控、评审、维护和改进信息技术服务管理体系模型。由于 ITSS 事实上已经成为我国信息技术服务行业的发展航标,其指导作用、价值和重要性不言而喻,因此,建立信息技术服务管理体系已成为各种企业,特别是金融机构、电信、高科技产业等管理运营风险不可缺少的重要机制。

1. 开展 ITSS 标准的学习、宣讲活动

在进行信息系统运行维护过程中,无论是对于供方还是需方,都需要切实认真地实施 ITSS。具体来说,首先要了解和熟悉 ITSS 的原理、核心价值、特点、优势、体系结构和核心标准等主要内容,其次要通过实践熟练掌握 ITSS 的实施方法和步骤。

万事开头难,在着手实施 ITSS 之初,企业必须充分认识到良好而充分的前期准备工作是正确实施 ITSS 的基石。实际上,对于大多数企业而言,目前还没有太多实施 ITSS 的相关经验,因此在实施准备阶段打下扎实的基础对于整个落实贯彻 ITSS 的实践都是颇有益处。通常,前期准备工作主要通过宣讲、咨询、培训、调研等方式对 ITSS 的基本原理、ITSS 实施的意义以及实施方法等进行说明,使实施企业高层、信息化主管等相关人员达成对实施 ITSS 的共识、理解、支持并予以推动,这是实施 ITSS 的基础,其活动主要如下。

(1) 组建 ITSS 学习研讨班:企业要想成功导入并有效地实施 ITSS,在企业内部开办 ITSS 的学习研讨班是必不可少的,其目的是让员工有机会在一起学习研讨 ITSS 理论知识,进行学术研究,以及交流实践技能,从而培养出一批技术骨干。

(2) 组建 ITSS 宣讲小组:在企业内部组建 ITSS 宣讲小组,开展 ITSS 宣讲活动。宣讲小组人选要求由已经掌握并能熟练应用 ITSS 标准的工程师担任。

(3) 进行 ITSS 考试和绩效评估:企业要对从事信息系统运维的员工进行 ITSS 考试和绩效评估,将考试成绩与绩效联系起来,目的是在肯定员工学习贯彻 ITSS 成绩的基础上找出差距,找出差距的目的是为了更好地实施 ITSS。

2. 建立 ITSS 内部审核制度

内部审核（内审）也称为第一方审核，由企业自己或以企业的名义进行，审核对象是企业自己的管理体系，验证企业的管理体系是否持续地满足规定的要求并且正在运行。它为有效地管理评审和纠正、预防措施提供信息，其目的是证实企业的管理体系运行是否有效，可作为企业自我合格声明的基础。在许多情况下，尤其在小型企业内，可以由与受审核活动无责任关系的人员进行，以证实独立性。

"内部审核"这个术语首先由 ISO 9000 质量管理体系标准提出并被大家广为熟知，企业通过每次内部审核都能导致改进行为并取得成果，使企业成为最大的受益者。后来人们认识到内部审核作为企业管理的检查工具，不能仅局限于质量管理体系标准范围，而应扩大到其他需要检查的领域，从而使内部审核作为企业的一项基本活动延伸至各个领域，如 ISO/IEC 20000 国际标准等。由此可见，企业在导入和实施 ITSS 标准时仿效 ISO/IEC 20000 等国际标准建立内部审核制度就显得特别重要。

企业进行 ITSS 内部审核的原因主要如下：

(1) 符合 ITSS 信息技术服务管理体系标准的要求。
(2) 企业管理者自身的一种管理手段。
(3) 企业履行国家相关法规和其他要求的一种方式。
(4) 企业对一体化管理体系的运行不断改进的一种途径。
(5) 企业进行内部审核的另一方面的原因是在外部审核之前发现问题并予以纠正。

任何检查工具，只有正确使用才能达到预期效果。企业在进行 ITSS 内部审核前，首先应由企业法人代表任命信息技术服务总监全面负责领导 ITSS 实施的各项具体工作。信息技术服务总监应有较高的管理素养、较强的沟通能力和较好的文字表达功底，一般是由公司副职领导担任该职务。企业在任命信息技术服务总监以后，就应立即着手成立 ITSS 内审组，ITSS 内审组一般由两三名内审员组成，在信息技术服务总监的直接领导下负责策划 ITSS 审核方案，制定审核计划，充分考虑拟审核的过程、区域的状况和重要性，以及以往审核的结果，并规定审核的准则、范围、频次和方法。同时，ITSS 内部审核不能仅停留在符合性方面，而应以有效性为重点，完成审核之后内部审核小组要提交审核报告，对审核中发现的不合格、薄弱环节进行整改，包括进行审核讨论，进行部门内部、部门与部门之间业务流程的衔接和协调、修改和完善等。

3. ITSS 内审员的培养及其审核技巧

企业进行 ITSS 内部审核应由经过培训的有资格的内审员来执行审核任务，而内审员应由企业内部既精通 ITSS 标准又熟悉本企业管理状况的人员担任，通常做法是内审员由各部门人员兼职担任，所以凡是实施 ITSS 标准的企业，都需要培养一批兼职的内审员。

ITSS 内审员是实施 ITSS 的企业内部在信息技术服务管理方面的专业管理人才，他们大多是企业内部各部门的业务骨干，既熟悉了解本部门的岗位设置，又具有较好的逻辑思维能力和较高的管理水平。ITSS内审员的培训认证工作应由制定ITSS标准的单位，即我国信息技术服务标准工作组及其授权委托的ITSS咨询培训机构承担。换而言之，ITSS内审员是指企业内部各部门的业务骨干经过正规的ITSS咨询培训机构培训并考核合格取得了ITSS内部审核的一种资格，其职责是企业内部的ITSS评审、查漏、监督以及提出整改方案。

从企业人力资源管理和人才培养的角度来看，ITSS内审员是企业内部非常优越的职位，处在这种职位的人员可以全面地接触到企业内部ITSS管理体系的各个方面，并在其中起到相当关键的作用。他们往往可能成为企业高层管理者的重点培养对象，并有机会成为企业最高管理者得力的左膀右臂，通常是企业内部最具发展前途的职位。

ITSS内审员的审核技巧主要如下。

（1）要善于提问：ITSS审核完全可以将同一问题询问不同人员，然后探讨答案不一致的原因。

（2）要善于倾听：ITSS内审员要注意认真听取被访者的回答，并做出适当的反应。

（3）要善于观察：ITSS内审员要仔细观察现场环境、设备、产品和标记，查看有关记录，对现场发现要进行深入检查以确定审核证据。审核证据是指通过观察、测量、实验或其他手段所获得的符合实际情况的信息。

（4）要做好记录：ITSS内审员应确保审核证据的可追溯性，为此必须详细地进行记录，所做的记录包括时间、地点、人物、事实描述、凭证材料、涉及的文件、各种标识。

（5）要善于联想和追溯：ITSS内审员必须善于比较，追溯从不同来源获取的对同一问题的信息，从各种信息的差别中判断ITSS体系的运行状况，必须善于追踪记录、文件记录与状况的符合情况，并做出结论。

（6）要善于创造一个良好的ITSS审核气氛。

5.2 ITSS核心标准及与其他国际标准的对比分析

任何标准化工作必须有明确的标准化对象。标准化对象是指需要标准化的主题，它可以是某类产品、某个过程或某项服务的特定方面。ITSS是新开辟的电子信息产业标准化领域，有5大类核心标准，分别是基础标准、业务标准（包括信息系统建设标准和信息系统运维服务标准）、管理标准（包括信息技术服务管理标准和信息技术治理标准）、模式标准（包括服务外包标准和云计算服务标准）、应用标准（包括金融、钢铁、石油、交通、电信、电力等行业应用标准）。

5.2.1 ITSS核心标准

1. ITSS基础标准

ITSS基础标准为信息技术服务领域的通用类标准，适用于其他各专业领域，也是制定其他专业领域标准的依据，如表5-1所示。

表 5-1 ITSS 基础标准

序号	名称	内容	用途
1	信息技术服务分类与代码	本标准规定了信息技术服务的分类及代码	本标准适用于信息技术服务的分类、管理和编目,也适用于信息技术服务的信息管理、信息交换及统一核算,供科研、规划、统计等工作使用
2	信息技术服务从业人员能力规范	本标准规定了信息技术服务工程师、项目经理和服务总监等从业人员应具备的能力要求	本标准适用于信息技术服务从业人员的职业发展规划,提供了能力提升的路线图,同时也是编写《IT服务工程师》《IT服务项目经理》《IT服务总监》等培训教材以及实施人员资质认证的主要依据
3	信息技术服务质量评价指标体系	本标准建立了信息技术服务质量模型,规定了质量评价指标体系、评价方法,并给出了评价结果使用建议	本标准为信息技术服务相关方评价信息技术服务质量提供一致的、公正的方法或依据,适用于为供方提供定量评价信息技术服务质量的方法;为需方选择供方提供可度量的依据;为第三方实施信息技术服务质量评价提供方法

2. ITSS 信息系统建设标准

国家标准《系统工程 系统生存周期过程》GB/T 22032-2008 为描述人造系统的生命周期建立了一个公共框架,定义了一组过程及相关的术语,这些过程可以应用于系统结构的各个层次。在整个生命周期中,所选过程的集合可用于管理和实施系统生命周期的各个阶段。这是通过所有系统有关的各方的参与、实现客户满意的最终目标来完成的。在该国家标准 GB/T 22032-2008 中,将信息系统的生命周期划分为概念、开发、生产、使用、支持和退役 6 个阶段。其中,信息系统的建设涉及概念、开发、生产和使用 4 个阶段。在 ITSS 中相关的标准如表 5-2 所示:

表 5-2 信息系统建设标准

序号	名称	内容	用途
1	信息技术服务系统建设 第1部分:咨询通用要求	该标准规定了从事IT咨询组织应该具备的能力以及在提供咨询服务的过程中应向需方交付的成果	该标准主要适用于供方改进和提升自身的能力,同时适用于需方选择合适的供方
2	信息技术服务系统建设 第2部分:系统集成规范	该标准规范了主机系统集成、存储系统集成、网络系统集成、智能建筑系统集成、安全防护系统集成、数据集成、应用集成等服务	该标准适用于计算机信息系统集成实施服务供方规范系统集成服务、提高集成服务的质量,同时也适用于需方选择服务商和规范服务商的行为
3	信息技术服务系统建设 第3部分:系统部署与交付规范	本标准规定了在部署和交付信息系统时对人员组织方式、工作准备、实施、验收等的要求	本标准适用于信息系统建设服务的提供者、参与信息系统验收的需方人员以及信息系统运维服务和审计人员,同时可用于评价信息系统交付使用的过程质量

续表

序号	名称	内容	用途
4	信息技术服务系统建设 第4部分：管理软件实施规范	本标准规定了管理软件实施项目的组织、沟通、流程、任务、成果、风险及应对等内容，给出了通用的管理软件实施过程的基本要求和度量方法	本标准可用于客户选择管理软件服务提供商的依据，也可以作为管理信息化客户在项目验收时的依据，还可以作为管理软件实施服务商改进的依据
5	信息技术服务系统建设 第5部分：测试评估规范	本标准规定了实施信息系统测试的基本要求、流程及实施方法	本标准适用于规范从事信息系统测试的组织，包括企业、第三方评测机构或内部测试机构，在能力、技术方面应具备的条件，以及从事信息系统测试评估应提交的成果物

3. ITSS信息系统运维标准

按照国家标准GB/T 22032-2008的规定，运行维护是信息系统全生命周期中的重要阶段，主要提供维护、后勤和对系统的运行及使用的其他支持。本阶段包括对支持系统和服务的性能监视，以及识别、分类，并报告支持系统和服务的反常、缺陷和故障。ITSS中与运行维护相关的标准如表5-3所示。

表5-3 信息系统运行维护标准

序号	名称	内容	用途
1	信息技术服务运行维护 第1部分：通用要求	本标准为运维服务组织提供了一个公共框架，规定了运维服务组织在人员、资源、技术和过程方面应具备的条件，同时还规定了评价或选择各种能力水平的运维服务提供商的方法	本标准适用于从事信息技术运维的各类组织、需方选择和评价供方以及评价或认定各类运维服务组织能力水平的第三方
2	信息技术服务运行维护 第2部分：交付规范	本标准给出了运维服务供、需双方在服务级别协议（SLA）签署后到SLA结束的过程中对交付管理策划、实施、检查和改进方面提供原则框架，对交付内容、方式和成果给出指导建议	本标准除了为需方和供方提供参考依据外，还可以为运维服务质量的评估、审计人员提供指南
3	信息技术服务运行维护 第3部分：应急响应规范	本标准规定了运行维护服务应急响应的实施和管理要求以及运行维护服务中应急响应的应急准备、检测与预警、应急处理和总结改进4个环节	本标准适用于提供运行维护服务的各类组织（包括企业、政府组织和非营利组织）建立应急响应体系
4	信息技术服务运行维护 第4部分：数据中心规范	本标准规定了数据中心运维服务的对象、类型、服务策略、服务内容和服务报告的编制等要求	本标准适用于规范数据中心运维服务供方的行为，也适用于需方选择和管理数据中心运行维护服务供方
5	信息技术服务运行维护 第5部分：桌面及外围设备规范	本标准规定了桌面及外设运维服务的对象、类型、服务策略、服务内容和服务交付成果等要求	本标准适用于规范桌面及外设运维服务供方的行为，也可供需方参考进行需求规划和成本计量

续表

序号	名称	内容	用途
6	信息技术服务运行维护 第6部分：安全要求	本标准规定了在提供运行维护服务的过程中应具备的安全保障能力，包括物理安全、人员安全和信息安全	本标准适用于规范和提升运行维护服务的安全保障能力，也适用于专门提供安全服务的供方改进和提升服务能力、提高服务质量
7	信息技术服务运行维护 第7部分：信息系统规范	本标准规定了信息系统运维的组成、服务内容以及需交付的成果物等要求	本标准适用于规范从事信息系统运行维护的相关组织的行为及交付结果，也适用于需方选择供方、管理供方

4. ITSS 信息技术服务管理标准

目前，国际标准 ISO/IEC 20000 以及实施该标准的最佳实践 ITIL 在金融、电信、电力等行业以及公安、税务、财政等政府部门得到了应用，同时，已有近百家从事信息系统集成、信息系统运行维护的企业已通过 ISO/IEC 20000 标准认证。但 ISO/IEC 20000 标准仅解决了实施服务管理的基本要求问题，对如何实施服务管理、什么样的服务管理是优秀的，以及实施服务管理的路线图没有提供有效指导。鉴于这样的现状，ITSS 工作组结合我国在采用 ITIL 中存在的问题以及实际的需求研究制定了信息技术服务管理标准，在兼容 ISO/IEC 20000 标准的基础上，突出以应用为导向，并能有效实现咨询培训、软件系统研发、认证等产业上、下游之间的衔接。其具体标准如表 5-4 所示。

表 5-4 信息技术服务管理标准

序号	名称	内容	用途
1	信息技术服务管理 第1部分：通用要求	本标准规定了服务管理体系、人员、流程、工具等实施服务管理的要求	本标准旨在为供方提供一个参考依据来指导其信息技术服务管理，并为需方提供依据来选择和评价供方的服务管理能力和水平
2	信息技术服务管理 第2部分：实施指南	本标准规定了如何依据《信息技术服务管理 第1部分：通用要求》实施服务管理，包括实施步骤及每个步骤的工作内容，同时提供了实施模板参考	本标准旨在为供方提供一个实施指南来指导其信息技术服务管理
3	信息技术服务管理 第3部分：技术要求	本标准规定了信息技术服务管理工具的体系结构、功能要求、接口要求、技术要求等规范	本标准适用于指导供方开发信息技术服务管理工具、需方选择信息技术服务管理工具、第三方机构测试IT服务管理工具
4	信息技术服务工程信息系统运维服务规范	本标准规定了信息技术服务工程中信息系统运维服务工作的目标、主要内容和信息系统运维服务要点，并提供了实施信息系统运维服务的指导	本标准适用于指导第三方信息系统运维服务机构对信息技术服务项目实施信息系统运维服务

续表

序号	名称	内容	用途
5	信息技术服务业务连续性管理	本标准给出了业务连续性管理实施方案的制定方法和危机事件处置的决策过程，以确保业务中断后在限定时间内能够得到恢复，保障业务平稳运行和可持续发展	本标准适用于指导供、需双方实施业务连续性管理，包括业务连续性管理体系的建立及实施，也适用于第三方认证机构依据该标准实施业务连续性管理认证

5. ITSS 信息技术服务治理标准

信息技术治理（IT 治理）是指组织在运用信息技术（以下简称 IT）过程中制定的有关 IT 决策权分配和责任承担的框架，主要包括在 IT 原则、IT 架构、IT 基础设施、IT 应用和 IT 投入 5 个方面制定相关制度并建立有效的工作机制，实现 IT 决策的责任和权力的有效分配与控制，提高 IT 资源的有效性、可用性和安全性，是组织治理的重要组成部分。在 IT 治理过程中，COBIT 最佳实践和 ISO/IEC 38500 标准得到了应用，但这些国外最佳的实践及国际标准尚不能有效满足我国开展 IT 治理的标准需求。为此，ITSS 工作组拟结合我国的实际国情研究制定信息技术治理标准，具体标准如表 5-5 所示。

表 5-5 信息技术治理标准

序号	名称	内容	用途
1	信息技术治理第 1 部分：框架	本标准规定了如何建立良好的 IT 治理架构，并提供了如何实施 IT 治理的指南	本标准旨在为领导者在组织内评估、领导和监控信息技术（IT）的使用提供一个原则框架
2	信息技术治理第 2 部分：指南	本标准规定了实施 IT 治理的步骤及方法，包括组织结构建设、工作机制、内部控制等	本标准适用于指导实施 IT 治理
3	信息技术治理第 3 部分：目标体系指标	本标准规定了实施 IT 治理的目标体系指标，包括业务、信息资源利用、风险管理等目标体系指标，以及有效性、保密性、完整性、可用性、一致性、可靠性等目标指标体系	本标准适用于开展 IT 治理的各类组织评价治理绩效，也适用于指导信息系统运维服务目标指标体系
4	信息技术治理第 4 部分：法人治理	本标准规定了实施 IT 治理的过程中领导者或管理层的职责、应提供的资源以及在治理过程中应发挥的作用	本标准适用于开展 IT 治理的各类组织的领导者或管理层明确在实施治理的过程中应承担的责任或义务

6. ITSS 信息技术服务外包标准

ITSS 制定服务外包标准的目的是规范接包方的行为，并为发包方和接包方之间建立标准化的沟通语言，其相关标准如表 5-6 所示。

表 5-6 信息技术服务外包标准

序号	名 称	内 容	用 途
1	信息技术服务 外包 第1部分：服务交付保障通用要求	本标准在研究借鉴国外相关标准的基础上，结合我国服务外包行业的发展情况规定了服务外包管理体系、战略管理、实现过程、保障过程等通用要求	本标准适用于提供信息技术服务或计划提供信息技术服务的组织；评价、选择信息技术服务提供方的服务发包方；评价、认定信息技术服务提供方能力水平的第三方
2	信息技术服务 外包 第2部分：数据（信息）保护规范	本标准规定了数据（信息）保护的整体框架和原则，包括数据保护原则、数据主体权利、数据管理者责任和义务、数据保护体系等	本标准适用于提供服务外包业务支持的供方实施数据（信息）保护
3	信息技术服务 外包 第3部分：交付中心规范	本标准规定了服务外包交付中心全生命周期管理规范，包括规划设计、部署实施、运营持续改进，管理内容包括业务、人员、知识、质量、安全和服务环境等	本标准适用于服务外包中心的建设和运营，也适用于服务外包中心的升级与扩展
4	信息技术服务 外包 第4部分：非结构化数据采集及分析规范	本标准规定了承接文件管理、音/视频等非结构化数据外包服务的要求	该标准适用于承接非结构化数据外包服务供方改进和提升自身的服务质量，也适用于发包方选择和管理供方

5.2.2 ITSS 与其他国际标准的对比分析

1. ITSS 组件与 ITIL v3 组件的对应关系

ITSS 中的信息系统运维标准和信息技术服务管理标准与 ITIL v3 的相关程度最大，除此之外，ITSS 中的信息系统建设标准也采用了与服务设计/服务转换相类似的管理思想。表 5-7 给出了 ITSS 中的主要模块与 ITIL v3 各组件之间的相关性关系，表中数值代表 ITSS 各组件与 ITIL 各组件的相关程度，数值越大，相关程度越大，其取值范围为 0~5。

表 5-7 ITSS 组件与 ITIL v3 组件的关系

ITSS	ITIL	服务战略	服务设计	服务转换	服务运营	持续服务改进
基础标准	1	0	0	1	2	2
系统建设标准	3	1	3	4	3	2
运维标准	4	3	3	4	5	3
服务管理标准	3	2	3	4	3	3
治理标准	2	3	1	2	1	2
服务外包标准	2	1	2	1	3	1
云计算服务标准	1	1	1	0	1	0
应用服务标准	0	0	0	0	1	0

2. ITSS 组件与 COBIT v4.1 组件的对应关系

ITSS 中的信息技术治理标准与 COBIT 的相关程度最大。此外,信息技术服务管理标准与 COBIT 的相关性也较高。表 5-8 给出了 ITSS 中的主要模块与 COBIT 各组件之间的相关性关系,表中数值代表 ITSS 与 COBIT 各组件的相关程度,数值越大,相关程度越大,其取值范围为 0~5。

表 5-8 ITSS 与 COBIT v4.1 的关系

ITSS	COBIT	PO	AI	DS	ME
基础标准	2	3	1	2	4
系统建设标准	2	1	4	1	1
运维标准	2	1	1	4	1
管理标准	3	3	3	2	2
治理标准	4	4	3	4	4
服务外包标准	2	1	2	2	1
云计算服务标准	1	1	1	1	1
应用服务标准	1	1	1	1	1

3. ITSS 组件与 ISO/IEC 20000-1:2005 组件的对应关系

ITSS 中的运维标准及服务管理标准与 ISO/IEC 20000 标准的相关程度最大,但需要说明,ITSS 中的运维标准并不像 ISO/IEC 20000 标准那样着重强调流程化管理,而是重点突出对基础设施、软件应用、数据中心、桌面等多种运维对象的有效管理。表 5-9 给出了 ITSS 中的主要模块与 ISO/IEC 20000 各组件之间的相关性关系,表中数值代表 ITSS 与 ISO/IEC 20000 各组件的相关程度,数值越大,相关程度越大,其取值范围为 0~5。

表 5-9 ITSS 与 ISO/IEC 20000 的关系

ITSS	ISO/IEC 20000	事件管理	问题管理	变更管理	发布管理	配置管理	服务级别	财务管理	容量管理	可用性持续性管理	信息安全管理	业务关系管理	供应商管理	服务报告
基础标准	1	0	0	0	0	1	1	1	1	1	1	1	1
建设标准	2	1	1	2	2	2	2	2	2	2	2	2	2
运维标准	3	3	3	3	3	3	3	3	4	3	3	3	3
服务管理标准	3	3	3	3	3	3	3	3	3	3	3	3	3
治理标准	1	0	1	1	1	1	1	1	1	1	1	1	1
服务外包标准	1	0	0	0	0	0	1	1	1	1	1	2	1
云计算服务标准	1	0	0	0	0	0	0	0	1	1	1	1	1
应用服务标准	0	0	0	0	0	0	0	0	0	0	0	0	0

4. ITSS 组件与 ISO/IEC 27001 组件的对应关系

ITSS 中的系统建设标准和运维标准与 ISO/IEC 27001 的相关程度最大,其中系统建设标准要求系统/服务在测试评估和部署阶段确保信息安全,而运维标准则单独提出了关于信息技术服务在运行维护阶段的安全要求。表 5-10 给出了 ITSS 中的主要模块与 ISO/IEC 27001 各组件之间的相关性关系。表中数值代表 ITSS 与 ISO/IEC 27001 各组件的相关程度,数值越大,相关程度越大,其取值范围为 0~5。

表 5-10 ITSS 与 ISO/IEC 27001 的关系

ITSS	ISO/IEC 27001	安全方针	组织安全	人员安全	物理安全	资产安全	访问控制	通信运用	系统开发	安全事件	连续性	合规性
基础标准	2	1	1	3	1	1	2	2	2	1	1	1
系统建设标准	3	2	2	2	3	3	3	2	4	2	2	4
运维标准	3	1	2	2	2	2	2	4	2	4	4	1
信息技术服务管理标准	1	1	1	2	1	1	1	2	1	2	1	1
治理标准	2	2	2	2	1	1	2	1	2	2	2	3
服务外包标准	2	2	2	3	3	2	2	1	2	1	2
云计算服务标准	2	1	2	1	2	2	1	1	3	3	3
应用服务标准	1	1	1	1	0	0	0	1	1	1	1	1

5.2.3 ITSS 服务管理与项目管理方法的比较分析

ITSS 中的信息技术服务管理标准基于信息系统生命周期理论,将其核心标准划分为 5 大类,其中业务标准主要包括信息系统建设标准和信息系统运维服务标准两大类,这两大类标准分别属于信息系统生命周期中的两个最重要的时期,即信息系统集成阶段和信息系统运维阶段。在实际工作中,信息系统建设(如系统集成)采用信息系统工程项目管理方法进行管理,而信息系统运维则采用信息技术服务管理方法进行管理。有不少工程技术人员对这两种管理方法的异同了解不多,因此产生了一些困惑。下面将服务管理和项目管理这两种管理方法进行一下对比分析,以使读者能更深入地理解 ITSS 中有关信息技术服务管理的理念。

众所周知,生命周期理论是项目所特有的基本概念,因此在讨论信息技术服务管理与项目管理之间的异同时,首先要强调信息技术服务也属于项目的范畴,因为供、需双方签订的服务合同决定了该项服务是"有生有死"、一次性的。通常,人们把信息系统建设之类的项目称为"工程项目",其管理称为"工程项目管理"(简称项目管理);而把运维服务之类的项目称为"服务项目",其管理称为"服务项目管理"(简称服务管理)。正是因为信息系统建设和信息系统运维服务都具备项目属性,所以它们的管理理念和管理工作有许多相同之处。在实际工作中,服务管理方法与项目管理方法虽然各有千秋,但也有不少内容重叠的地方,它们之间的关系是相互关联、相互融合、相互补充、相互促进的，形成了你中有我、我中有你、相互融会贯通的局面。图 5-3 表示了服务管理与项目管理之间的关系。

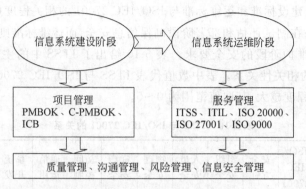

图 5-3 服务管理与项目管理之间的关系

其次，要看到服务管理与项目管理虽然理念上有许多相同之处，但是，由于信息系统运维服务的项目属性强度弱于信息系统建设的项目属性，加之两者观察问题的角度、研究和处理问题的侧重点不同，它们之间的差异还是比较大的。

信息技术服务管理与信息系统工程项目管理之间的差异主要如下。

（1）管理的对象不同：服务最核心的内涵是以客户需求为中心借助活动过程为客户提供价值，具有无形性、时效性、差异性和同步性等特性。服务的过程也就是客户对服务的消费过程，服务管理就是对服务过程的管理。而信息系统工程项目管理是指系统集成商运用系统的观点、理论和方法对项目进行的计划、组织、指挥、协调和控制等专业化活动，其管理的对象具有具体的物理形态（如工程）或是经过加工可以满足人们需求的载体（如软件）。

（2）管理的侧重点不同：由于服务管理主要是对服务过程的管理，因而它特别重视流程（过程）；而项目管理所管理的对象是具体的工程项目，要在合同规定的条件下达到质量、工期和成本控制三大目标，所以它关心的侧重点主要是结果。

（3）管理的出发点不同：信息系统运维服务管理的出发点是确保系统日常的正常运营和维护；而信息系统工程项目管理的出发点是确保信息系统工程建设能够按时、按质、按量地顺利竣工完成。正是信息技术服务管理与信息系统工程项目管理之间存在的这些差异，使得它们的管理方法，即服务管理方法与项目管理方法之间也有较大的差别。例如 ITSS 不同于工程标准，它是一套建立在全面能力管理基础上的标准库，该标准库覆盖了信息技术服务全产业链，是一套着眼于规范行业运行、促进产业链发展的标准；ITIL 提供的是信息技术服务管理（ITSM）的一套框架、最佳实践等。项目管理则是从项目的投资决策开始到项目结束的全过程进行计划、组织、指挥、协调、控制和评价，以实现项目的目标。在项目管理方法论上主要有阶段化管理、量化管理和优化管理 3 个方面。

5.3 ITSS 信息系统运维标准

运行维护是信息系统全生命周期中的重要阶段，主要提供维护、后勤和对系统的运行及使用的其他支持。本阶段包括对支持系统和服务的性能监视，以及识别、分类并报告支持系统和服务的反常、缺陷和故障。ITSS运维标准作为中国标准，主要考虑到国内信息系统运维服务行业发展现状，特别关注对信息技术服务供方信息系统运维的综合服务能力要求，以规范信息系统运维服务市场，提升其信息系统运维服务能力，包括人员能力、管理能力和技术能力等。

5.3.1　ITSS信息系统运维标准的主要内容

1. ITSS信息系统运维标准的组成

信息系统运行维护服务的主要内容包括基础设施、硬件平台、基础软件、应用软件等信息化基础设施，以及依赖于信息化基础设施的数据中心、业务应用等信息系统，其范围可以是单个信息化基础设施的运维，也可以是整体信息化基础设施和业务应用的总体运维。为确保提供的运行维护服务符合与需方约定的质量要求，供方应具备实施运行维护服务的基本条件和能力。运行维护服务交付内容主要包括咨询评估、例行操作、响应支持和优化改善。

ITSS信息系统运维标准由7个部分构成(见图5-4)，其中通用要求是针对供方运行维护服务能力的基础要求；交付规范和应急响应规范是针对供方运行维护服务过程的规范要求；数据中心服务规范、桌面及外围设备服务规范和应用系统服务规范等是针对供方不同领域运行维护服务的规范要求；运维安全管控规范则对所有运维服务的安全保障提出要求和规范。这7个部分的内容分别着眼于服务能力、服务过程、服务交付3个层面，建立了一系列有效的实践标准。

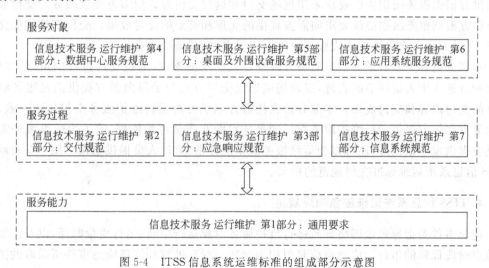

图5-4　ITSS信息系统运维标准的组成部分示意图

2. ITSS信息系统运维通用要求

ITSS信息系统运维通用要求为运行维护服务组织提供了一个运行维护服务能力模型，规定了运行维护服务组织在人员、资源、技术和过程方面应具备的条件和能力，并提出了通用运维服务能力模型、关键要素、指标、管理原则等内容。

(1) 运行维护服务对象：服务对象指运行维护服务的受体，包括机房环境、网络通信、硬件、软件、数据和应用等。

(2) 运行维护服务内容：根据需方需求和服务级别协议承诺向需方提供的例行操作、响应支持、优化改善和调研评估等服务。

(3) 运行维护服务能力模型：为确保提供的运行维护服务符合与需方约定的质量要求，供方应具备提供服务的条件和能力。通用的运行维护服务能力模型给出了运行维护服务能力的 4 个关键要素，即人员、资源、技术和过程，每个要素通过关键指标反映应具备的条件和能力。

(4) 运行维护服务能力管理：供方应对运行维护服务能力进行整体策划，为实施运行维护服务能力管理和按服务级别协议（SLA）规定交付服务内容提供必要的资源支持，保证交付质量满足 SLA 要求，对运行维护服务结果、服务交付过程以及相关管理体系进行监督、测量、分析和评审，并实施改进。

3. ITSS 信息系统运维交付规范

交付管理是指供、需双方通过对服务交付的策划、实施、检查和改进保障服务级别协议的达成。ITSS 信息系统运维标准交付规范部分给出了运维服务供、需双方从服务级别协议签署到结束的过程中对交付管理的策划、实施、检查和改进方面提供的原则框架，以及对交付内容、交付方式、交付成果给出的指导建议。其中，交付内容是指供方根据服务级别协议要求向需方提供的例行操作服务、响应支持服务、优化改善服务和调研评估服务。交付方式包括供方根据服务级别协议要求采用现场交付和远程交付方式向需方提供服务。交付成果是指供方根据服务级别协议要求向需方提供的无形和有形的交付成果。交付管理确保交付内容、交付方式和交付成果达成服务级别协议要求，实现持续改进。

本部分内容主要有供方根据对服务级别协议需求的理解，通过交付过程的策划、实施、检查和改进 4 个关键环节的管理，以现场或远程交付方式为手段向需方提供满足服务级别协议的交付内容和交付成果。本部分旨在使需方和供方对运行维护服务交付达成一致，以及为需方和供方提供运行维护服务交付的最佳实践和质量评价依据，除了为运维服务需方和供方提供参考依据外，还可以为运维服务质量的评估、审计人员提供指南。图 5-5 表示了 ITSS 信息系统运维标准交付规范的框架。

4. ITSS 信息系统运维应急响应规范

应急事件是指导致或即将导致运行维护服务对象运行中断、运行质量降低，以及需要实施重点时段保障的事件。应急响应是组织为预防、监控、处置和管理应急事件所采取的措施和活动。应急事件与突发事件所涉及的领域是有区别的。一般来说，前者主要涉及信息技术服务领域；而后者主要涉及自然灾害、事故灾难、公共卫生事件和社会安全事件等突发事件对应的业务领域。

ITSS 信息系统运维标准应急响应规范部分提出了应急响应的基本过程以及过程管理要求，旨在提升组织的应急响应能力，提前发现隐患，及时解决问题，降低应急事件可能带来的不良影响。它规定了应急响应的基本过程和管理方法，将运行维护服务中的应急响应过

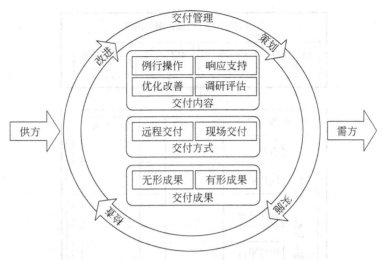

图 5-5 ITSS 信息系统运维标准的交付规范的框架示意图

程划分为 4 个主要阶段,即应急准备、监测与预警、应急处置和总结改进(见图 5-6)。本部分适用于指导在经济建设、社会管理、公共服务以及生产经营等领域重要信息系统运行维护中实施和管理应急响应,本部分也适用于组织为满足应急响应实施需要而开展的信息系统完善和升级改造工作。

5. ITSS 信息系统运维数据中心服务规范

ITSS 信息系统运维标准数据中心服务规范部分通过例行操作、响应支持、优化改善、咨询评估 4 种服务类型对数据中心运维对象提供服务,以保证数据中心连续、稳定、高效及安全的运行。本部分定义了数据中心运维服务对象与服务类型、运维服

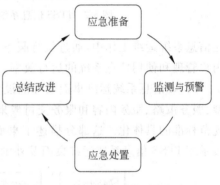

图 5-6 ITSS 信息系统运维服务应急响应过程

务策略、运维服务内容及服务报告,为数据中心运维服务提供标准支撑。

为保证数据中心运维服务工作的规范化,需方可以参照本标准提出明确的运维服务需求,同时也适用于需方选择和评价服务提供商;服务提供商可使用本标准改进运维服务能力,提高数据中心运维服务的工作效率。本部分的作用是引导需方和服务提供方规范数据中心运维服务产品,为参与数据中心运维服务的各个链接环节提供行动指南,带动数据中心运维服务产业链的健康、有序发展,使供、需双方获得双赢的效果。ITSS 信息系统运维标准数据中心服务对象和内容如图 5-7 所示。

6. ITSS 信息系统运维桌面及外围设备服务规范

信息系统桌面及外围设备是指具备计算、输入/输出、数据通信、数据存储中的一项或多项功能,被用于管理和使用信息系统应用的终端设备,都是用户使用信息系统应用的工具。

图 5-7 ITSS 信息系统运维数据中心服务规范的对象和内容

在信息系统运维工作中,通过例行服务、响应服务、优化改进和评估咨询 4 种服务类型提供用户管理和使用信息系统的运行效率。

ITSS 信息系统运维桌面及外围设备服务规范规定了桌面及外设运维服务的对象和类型、服务策略、服务内容和服务交付成果等要求,是信息技术服务运行维护桌面及外围设备规范标准的具体化。这部分描述了桌面及外设的服务策略、服务内容和服务交付。图 5-8 表示了 ITSS 信息系统运维桌面及外围设备服务规范的对象和类型。

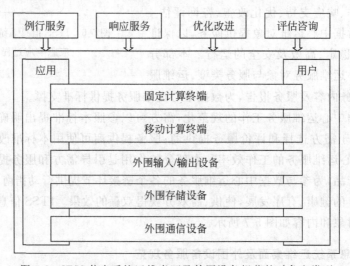

图 5-8 ITSS 信息系统运维桌面及外围设备规范的对象和类型

本标准适用于规范桌面及外设运维服务供方的行为,也可供需方参考进行需求规划和成本计量。

7. ITSS 信息系统运维应用系统服务规范

随着国民经济信息化水平的提高,应用系统已深入到各行各业,应用系统运维标准和使用人员水平成为制约国民经济各行业信息化水平的重要因素。ITSS 信息系统运维应用系统服务对应用系统服务规范做出了要求,是对数据中心规范的具体化或延伸。本部分适用于规范应用系统运行维护服务供方的行为,也可供需方参考进行应用系统运行维护服务规划和管理。

5.3.2 ITSS 信息系统运维标准与 ISO/IEC 20000 的对比分析

ITSS 中的信息系统运维服务标准及服务管理标准与 ISO/IEC 20000 标准的相关程度最大,两者在过程方面是交叉的。由于 ITSS 系列标准的第 1 部分(通用要求)不规定过程目标和要求,而是规定对运维服务实施过程管理后应达到的能力要求和关键指标,因此,在实施过程中既可以依据 ISO/IEC 20000 标准建立管理过程,也可以参考其他国际标准,例如 ISO/IEC 15504、ITIL 等。

ITSS 中的信息系统运维服务标准和 ISO/IEC 20000 标准都是面向服务的标准,即具体的标准化过程均是服务管理的方法和过程。从实施角度来看,这两种标准之间不是等同关系,而是相互促进的关系,若按 ITSS 的第 1 部分(通用要求)建立信息系统运维服务能力管理体系,在体系要求和过程方面既建立了满足管理信息系统运维服务质量的体系,又为实施 ISO/IEC 20000 标准打下坚实的基础;若按照 ISO/IEC 20000 标准建立针对信息系统运维服务的管理体系,同样,在总体要求和过程方面为实施 ITSS 的第 1 部分(通用要求)打下坚实的基础。表 5-11 表示了 ITSS 中的信息系统运维标准和 ISO/IEC 20000 标准的对比情况。

从表 5-11 中可以看出:ITSS 中的信息系统运维标准和 ISO/IEC 20000 标准之间的区别主要是定位和适用的范围不同。ISO/IEC 20000 系列标准作为国际标准,主要考虑到国家或区域之间的差别较大,因此重点从具有共性要求较多的过程要素进行规范,并通过规范供方的信息技术服务管理过程来提升其信息系统服务管理能力,而且仅限于管理能力;ITSS 中的信息系统运维系列标准作为中国标准,主要考虑到中国国内信息系统运维服务行业发展现状,因此更关注对供方信息系统运维的综合服务能力要求,以规范信息系统运维服务市场,提升其信息系统运维服务能力,包括人员能力、管理能力和技术能力等。

表 5-11 ITSS 中的信息系统运维标准与 ISO/IEC 20000 标准的对比

标准名称	标准内容	核心原理	适用范围
ITSS 中的信息系统运维服务标准	针对信息系统运维服务的能力管理	PDCA 原理和构成运维服务的要素,同时采用过程方法	适用于信息系统运维服务产品的设计、研发、交付和改造
ISO/IEC 20000 系列标准	针对信息技术服务的管理体系	PDCA 原理和过程方法	适用于所有信息技术服务的设计、转换、交付和改进

基于以上分析，ITSS 中的信息系统运维系列标准和 ISO/IEC 20000 系列标准的区别主要体现在以下几个方面。

(1) 标准内容不同（见表 5-12）：

① ITSS 中的信息系统运维系列标准内容覆盖对供方信息系统运维服务人员、服务过程、服务技术和服务资源 4 个方面的要求。

② ISO/IEC 20000 系列标准内容只覆盖对供方信息系统运维服务过程的要求。

表 5-12　ITSS 中的信息系统运维标准与 ISO/IEC 20000 标准的内容对比

标准名称	ITSS 中的信息系统运维标准	ISO/IEC 20000 标准	标准名称	ITSS 中的信息系统运维标准	ISO/IEC 20000 标准
过程要素	√	√	技术要素	√	
人员要素	√		资源要素	√	

(2) 标准范围不同：

① ITSS 中的信息系统运维系列标准只适用于运行维护类服务。

② ISO/IEC 20000 系列标准适用于所有类型的信息技术服务。

(3) 在信息技术服务生命周期中标准适用的时期不同（见图 5-9）：

① ITSS 中的信息系统运维系列标准用于对供方信息系统运维服务能力的提升与评估。

② ISO/IEC 20000 系列标准用于对供方信息系统服务管理能力的提升与评估。

(4) 标准服务类型不同（见图 5-10）：

① ITSS 中的信息系统运维系列标准用于对供方运维服务能力的提升与评估。

② ISO/IEC 20000 系列标准用于对供方信息技术服务管理能力的提升与评估。

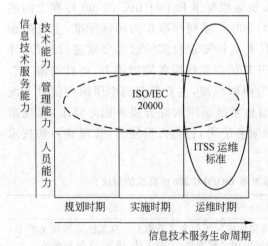

图 5-9　ITSS 中的信息系统运维系列标准与 ISO/IEC 20000 标准适用的时期

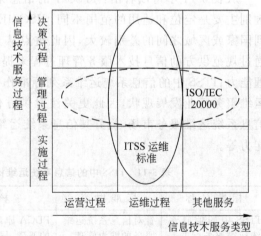

图 5-10　ITSS 中的信息系统运维标准与 ISO/IEC 20000 在服务类型方面的比较

5.3.3 ITSS 信息系统运维能力的评定和培训

1. 信息系统运维能力的评定

为适应我国信息化建设的发展需要,工业和信息化部计算机信息系统集成资质认证工作办公室于 2012 年 5 月 18 日印发了《关于开展计算机信息系统集成企业资质运行维护能力评定工作的通知》,决定开展计算机信息系统集成企业资质运行维护能力评定工作。该通知的主要内容如下:

(1) 计算机信息系统运行维护的基本范围指信息系统交付后的日常运行保障和系统维护,主要包括硬件系统、软件系统和运行环境等的维护。

(2) 中国工业和信息化部负责全国范围内运维能力评定的管理工作,部资质办负责运维能力评定的具体组织实施及日常管理工作,地方工业和信息化主管部门负责本行政区域内运维能力评定的初审及日常管理工作,中国软件评测中心和赛宝认证中心两家评审机构承担运维能力评定的第三方评审工作。

(3) 符合以下条件的企业可以申报运维能力评定:
① 具有计算机信息系统集成企业资质。
② 企业在原则上需达到《计算机信息系统集成企业资质运行维护能力评定条件》的要求。

(4) 鉴于计算机信息系统运行维护业务是信息技术服务的新型业态,暂时不宜用统一的定量标准划分等级,现阶段运维能力评定暂不分级。

2. 信息系统运维能力的评定条件

(1) 综合条件:
① 企业变革发展历程清晰,产权关系明确,从事计算机信息系统运行维护业务的时间不少于 3 年。
② 企业注册资本和实收资本均不少于 1000 万元。
③ 企业财务状况良好,财务数据真实可信,且经在中华人民共和国境内登记的会计师事务所审计。
④ 企业有良好的资信和公众形象,近 3 年无触犯国家法律法规的行为。
⑤ 通过《信息技术服务 运行维护 第 1 部分:通用要求》符合性评估。

(2) 经营业绩:
① 近 3 年的运维收入总额不低于 1 亿元(或不低于 3000 万元且运维收入总额占营业收入总额的比例不低于 30%)。
② 近 3 年运维项目涉及的用户数量不少于两个,合同额每年 100 万元及以上的项目不少于两个,这些项目有较高的技术含量,且应用了拥有自主知识产权的运维平台、产品或工具。
③ 主要业务领域中典型项目具有较高的技术水平。

(3) 管理水平:
① 已建成完善的企业管理信息系统并能有效运行。

② 企业的主要负责人从事信息技术领域企业管理的经历不少于 4 年,运维业务主要技术负责人应具有电子信息类高级技术职称且从事运维工作的经历不少于 4 年,财务负责人应具有财务系列中级以上职称。

(4) 技术和人才实力:

① 有经过登记的具有自主知识产权的运维平台、产品或工具,且在已实施的运维项目中加以应用。

② 从事运维相关工作的人员不少于 50 人,其中大学专科及以上学历人员所占的比例不低于 70%。

③ 拥有与所从事的计算机信息系统运行维护规模及领域相匹配的高级计算机信息系统运行维护专业人才。

④ 已建立合理的人力资源管理培训与考核制度,并能有效实施。

3. ITSS 系列培训

ITSS 是在中国工业和信息化部软件服务业司的指导下由信息技术服务标准工作组组织研究制定的系列标准。自 2010 年以来,ITSS 工作组秘书处组织有关成员单位,按照《信息技术服务从业人员能力规范》行业标准研制成果编写了《IT 服务工程师》和《IT 服务项目经理》培训教材,并根据教材开发了 ITSS 培训课程,包括信息技术服务工程师培训和信息技术服务项目经理培训,培训合格人员可以符合运维资质申请人员要求,以及满足企业运行维护能力评定资质的相应要求。

5.4 信息系统运维服务的级别划分

需方在选择信息系统运维服务供方时,通常都会特别关注供方所具备的运维服务级别,并对其运维服务级别提出明确要求,例如要求运维服务级别达到三级或以上,其主要原因是信息系统运维服务级别代表了供方的运维服务能力、技术实力、以往的经验、业绩和信誉。

一般情况下,参考行业市场惯例对信息系统运维服务进行级别划分,根据所提供服务质量要求的不同将服务划分为 4 个级别(见表 5-13),用户可根据系统的运维服务内容和服务经费预算选择不同的服务级别,或从不同的服务级别中选择需要的服务指标及进行细化。

表 5-13 信息系统运维服务的级别划分

服务级别 服务指标	一级(白金)	二级(金牌)	三级(银牌)	四级(铜牌)
信息系统运维能力资质证书	已获得	已获得	已获得	已获得
ITSS 或 ISO/IEC 20000 认证	已获得	已获得	已获得	已获得
服务受理时间	7×24 小时	7×24 小时	5×24 小时	5×8 小时
服务响应时间	即时响应	即时响应	即时响应	≤2 小时

续表

服务级别 服务指标	一级(白金)	二级(金牌)	三级(银牌)	四级(铜牌)
人员到场时间	现场常驻技术团队	现场常驻技术团队	现场常驻技术团队	≤4小时
故障恢复时间(应用软件故障恢复时间另定)	≤2小时	≤2小时	≤4小时	≤8小时
项目经理	取得信息技术服务项目经理资格证书,并取得ITIL专家级别或大师级别资格认证	取得信息技术服务项目经理资格证书,并取得ITIL专家级别或大师级别资格认证	取得信息技术服务项目经理资格证书,并取得ITIL中级(从业者级)或以上资格认证	取得信息技术服务项目经理资格证书,或取得ITIL中级(从业者级)或以上资格认证
现场及远程支持人员	现场:至少3人有ITIL认证资格,且至少两人为专家级别或大师级别(其中至少1人为系统集成或软件人员)。远程:系统分析、架构设计人员、技术专家,其中至少5人拥有ITIL专家级别或大师级别	现场:至少两人有ITIL认证资格,且其中系统集成或软件人员至少1人为专家级别或大师级别。远程:系统分析、架构设计人员、技术专家,其中至少4人拥有ITIL专家级别或大师级别	现场:系统集成或软件人员至少1人有ITIL认证资格,且为ITIL中级(从业者级)或以上资格认证。远程:系统分析、架构设计人员、技术专家,其中至少3人拥有ITIL专家级别或大师级别	现场:无常驻技术团队。远程:系统分析、架构设计人员、技术专家,其中至少两人拥有ITIL专家级别或大师级别
系统备件、备机	可选现场备件库,可选现场备机	可选现场备件库,现场无备机	可选现场备件库,现场无备机	现场无备件库、无备机
巡检周期	按客户要求调整	按客户要求调整	按客户要求调整	每月一次

表 5-13 中将信息系统运维服务划分为四个级别,级别最高为"一级(白金)服务",级别最低为"四级(铜牌)服务"。

(1)"服务受理时间"指服务提供方服务台(客服人员)能够受理客户服务请求的工作时间,如"7×24 小时"指 1 星期(7 天)全天候(24 小时)均能受理客户服务请求,"5×24 小时"指 1 星期有 5 天(5 个工作日)全天候(24 小时)能受理客户服务请求,"5×8 小时"指 1 星期有 5 天(5 个工作日)的日常工作时间(8 小时)能受理客户服务请求。

(2)"服务响应时间"指服务提供方在该规定的时限内指派了运维服务人员通过现场或远程协助的方式开始着手为客户提供服务,其中"即时响应"指服务提供方指派运维服务人员在客户方常驻(常驻的方式以满足客户对运维服务人员能即时到场的需求为准),提供即时响应服务。"≤2 小时"指服务提供方在服务受理之后两小时之内指派了运维服务人员响应客户的服务请求。

(3)"人员到场时间"指服务提供方响应了客户的服务请求后需要在该规定的时限内指派运维服务人员并到达用户现场提供服务,其中"现场常驻技术团队"指服务提供方指派运维服务人员在用户方常驻,保证能够即时到达系统现场提供服务,"≤4 小时"指服务提供方在服务响应后 4 小时之内指派的运维服务人员到达用户现场。

（4）"故障恢复时间"指服务提供方通过现场或远程协助的方式在该规定的时限内为用户解决系统故障问题，其中"≤2小时"、"≤4小时"和"≤8小时"分别指服务提供方应在服务响应之后两小时内、4小时内、8小时内完成系统故障修复（对于无法修复的，需根据服务级别要求提供备件或备机服务，以临时保障客户系统的正常使用）。对于应用软件的故障恢复时间，由协议双方根据系统的自身特点进一步商定，对于不同类型的应用软件故障恢复时间可以不同。

（5）"现场及远程支持人员"指服务提供方在为客户提供服务时根据服务级别的不同指派不同资历或技能级别的运维服务人员提供现场服务或远程支持服务。

（6）"系统备件、备机"指服务提供方针对在用户现场无法在"故障恢复时间"内修复的系统故障通过提供备件、备机服务的方式临时保障客户系统的正常使用。其中"可选现场备件库"和"可选现场备机"分别指服务提供方必须在用户现场日常配有特定客户系统所需的关键部件库、备机，以便现场随时能够提供备件服务、备机服务，保障系统的不间断运行。

（7）"巡检周期"指服务提供方根据服务协议的具体要求为客户系统提供不同周期的系统巡检，分析系统运行状况并提出改进建议，其中"每月"指为满足用户系统的需要而设定巡检周期。

该服务级别的划分适用于客户按一定周期（如包年、包季）的形式购买信息系统运维服务时参考，对于客户按次数购买服务的方式，其单次服务的质量要求也可参考该服务级别划分。

本章小结

目前，我国信息技术服务业正逐渐走向专业化和外包化，如何控制信息技术服务的整体风险，提高信息技术服务的整体水平已经是一个需要引起人们高度重视的问题，而且随着逐年IT的投入，建设了大量的软/硬件系统，促使我国的组织要采取措施加强规范信息技术服务管理。2009年4月23日，为了进一步推进我国信息技术服务业的发展，在工业和信息化部的领导下成立了信息技术服务标准工作组。我国的信息技术服务标准（ITSS）是由我国信息技术服务标准工作组组织研究制定的信息技术服务标准，它是一套体系化的信息技术服务标准库，全面规范了信息技术服务产品及其组成要素，用于指导实施标准化的信息技术服务，以保障其可信赖。

ITSS的诞生是我国信息技术服务行业最佳实践的总结和升华，也是我国从事信息技术服务研发、供应、推广和应用等各类组织自主创新成果的固化。它全面规范了信息技术服务产品及其组成要素，更制定了包括服务规划、部署实施、服务运营、持续改进和监督管理等一系列全生命周期阶段应遵循的标准，为信息系统建设、运行维护、服务管理、治理及外包等服务领域提供了重要指引。ITSS不同于国外的ISO/IEC 20000标准和ITIL，它是一套建立在全面能力管理基础上的标准库，该标准库覆盖了信息技术服务全产业链，是一套着眼于规范行业运行、促进产业链发展的标准。该标准为需方、供方、服务方均提供了必要的参考与实践指南。

通过本章的学习，首先要了解ITSS的由来、原理和核心价值，其次要了解ITSS的特点、使用对象、使用优势和实施步骤。本章学习的重点是要熟悉和掌握ITSS的体系结构，了解如何开展ITSS标准的学习、宣讲活动等；要了解和熟悉建立ITSS内部审核制度和ITSS内审员的培养及其审核技巧；要全面了解和掌握ITSS基础标准、信息系统建设标准、信息系统运维标准、信息技术服务管理标准、信息技术服务治理标准、信息技术服务外包标准等核心标准的主要内容；要了解和熟悉ITSS与其他国际标准的对比分析、ITSS服务管理与项目管理方法的比较分析；特别是要着重了解、熟悉和掌握ITSS信息系统运维标准的主要内容，包括ITSS信息系统运维通用要求、交付规范、应急响应规范、数据中心服务规范、桌面及外围设备服务规范、应用系统服务规范，以及ITSS信息系统运维标准与ISO/IEC 20000的对比分析，ITSS信息系统运维能力的评定和培训，信息系统运维服务的级别划分等。

习　题

1. 简述ITSS的由来、原理和核心价值。
2. ITSS的特点有哪些？简述ITIL的使用对象、优势和实施步骤。
3. ITSS的体系编制原则有哪些？简述ITSS的体系结构的内容。
4. 企业如何开展ITSS标准的学习、宣讲活动？
5. 简述建立ITSS内部审核制度、内审员及其审核技巧的内容。
6. ITSS基础标准分哪几部分？简述各部分的内容和用途。
7. ITSS信息系统建设标准分哪几部分？简述各部分的内容和用途。
8. ITSS信息系统运维标准分哪几部分？简述各部分的内容和用途。
9. ITSS信息技术服务管理标准分哪几部分？简述各部分的内容和用途。
10. ITSS信息技术服务治理标准分哪几部分？简述各部分的内容和用途。
11. ITSS信息技术服务外包标准分哪几部分？简述各部分的内容和用途。
12. 简述ITSS组件与ITIL v3组件的对应关系。
13. 举例说明ITSS服务管理与项目管理方法的异同。
14. 简述ITSS信息系统运维标准各部分的主要内容。
15. 简要说明ITSS信息系统运维标准与ISO/IEC 20000的异同。
16. 简述ITSS信息系统运维能力的评定条件。
17. ITSS系列培训包含哪两方面的内容？
18. 简述信息系统运维服务级别划分的内容。

第6章 信息系统运维服务的招标与投标

主要内容
（1）信息系统运维服务项目论证。
（2）招标与投标相关的法律法规。
（3）信息系统运维服务招标的条件、方式和程序。
（4）信息系统运维服务项目投标程序、投标文件的编制和评标。
（5）投标人的法律责任。

6.1 信息系统运维服务项目的论证

凡事预则立，不预则废。任何一个信息系统运维服务项目在启动之初，不论是供方还是需方都要进行各自的项目立项论证，即在投资决策（执行）前对信息系统运维服务项目的可行性研究报告进行评价，目的是确定该项目是否可以立项，并站在项目的起点分析预测和评价投资项目未来的效益，同时进行项目风险预测和评估，以确定项目的投资是否值得与可行。它是投资决策的前奏和决策的依据，是项目启动程序和决策程序必要的组成部分。也就是说，可行性研究和项目申报立项都是为投资的项目决策服务的。

6.1.1 信息系统运维服务项目的可行性研究

信息系统运维服务项目与其他的信息化工程项目一样，其项目论证工作包括项目可行性研究和项目立项两个步骤。项目论证是信息系统运维服务项目能否启动的关键程序，起到防范风险、提高项目效率的重要作用。它不仅是筹措资金、向银行贷款的依据，而且是编制计划、设计、采购、施工以及机构设置、资源配置的依据。

1. 可行性研究的内容

可行性研究是从技术和经济等方面对拟实施的信息系统运维服务项目在建设的必要性、技术可行性、经济合理性、实施可能性等方面进行综合研究和论证，得出项目是否可行的结论，目的是通过对与拟实施服务项目的投资效果有关因素的综合研究分析避免或减少投资决策的盲目性，提高信息技术服务投资的综合效益。它是保证服务项目前期工作在服务项目管理方面达到项目选择准确、方案科学、工期合理、投资可控、效益显著的重要环节。

信息系统运维服务项目可行性研究是项目申报立项的依据，主要包括以下内容。

（1）技术评价：指项目所选技术标准、实施规模、技术方案的可靠性、耐久性、适应性、安全性、环保性等，即论证实施服务项目在技术上的可行性。

（2）经济评价：站在信息系统运维服务需方的角度，按照国家现行的财税制度和价格体系分析、计算服务项目为需方带来的财务盈利能力，即财务可行性。

(3) 环境影响评价：在服务项目规划、实施之前，为尽量减缓或补偿项目对自然环境和社会环境的不良影响，改善环境质量，通过深入全面的调查研究对影响区的环境可能受到的影响内容、方式、过程、趋势等进行系统的预测和评估，并提出评估意见及预防、补偿和改进措施。

(4) 综合评价：即评价服务项目的实施对技术、经济、社会、环境、政治、国防、资源利用等各方面目标产生的影响。项目的立项与投资决策不能单看某一方面的效果，必须综合分析各方面的效果，有些经济效果差一些的项目，在其他方面效果显著，也应认为是可行项目。

(5) 编写报告：在各项评价工作完成后，要编写一份详尽的可行性研究报告，内容一般包括现状、发展及项目实施的必要性，分析及预测，实施条件、技术标准、初步方案及项目规模，投资估算及资金筹措，经济评价，问题与建议，并给出项目实施数量、投资估算、经济评价的计算表格。

2. 可行性研究的阶段划分

信息系统运维服务需方的项目可行性研究工作通常会委托专业的信息技术服务咨询公司来做，一般分为3个阶段，即机会研究、初步可行性研究和详细可行性研究。

(1) 机会研究：机会研究又称为投资机会研究论证。这一阶段的主要任务是提出项目投资方向的建议，即在一个确定的地区和部门内根据自然资源、市场需求、国家产业政策和国际贸易情况通过调查、预测和分析研究选择项目，寻找投资的有利机会。机会研究要解决两个方面的问题，一是社会是否需要，二是有没有可以开展项目的基本条件。

投资是一项复杂的活动，投资前研究工作的质量会直接影响项目的成败。在确定投资项目时为了减少风险，提高投资效益，应尽可能使项目建立在可靠的基础上。

投资机会研究有下面两类。

① 一般投资机会研究：以开发和利用本地区特定的丰富资源为基础谋求投资机会。

② 具体项目投资机会研究：以现有项目的拓展或深加工为基础，通过增加现有企业的生产或服务能力与业务流程等途径创造投资机会，内容包括市场调查、消费分析、投资政策、税收政策研究等，其重点是对投资环境的分析，如在某一地区或某一产业部门对某类项目的背景、市场需求、资源条件、发展趋势以及需要的投入和可能的产出等方面进行准备性的调查、研究和分析，并对项目的投资和成本(一般是参照类似项目的数据)做粗略的估算，提供一个或多个投资方案。这个阶段所估算的投资额和成本的精确度控制在正负30%，大中型项目的机会研究所需的时间为1~3个月，所需费用占投资总额的0.2%~1%。如果投资者对这个项目感兴趣，则可进行下一步的可行性研究工作。投资机会研究的成果是机会研究报告。

(2) 初步可行性研究：投资机会研究认为可行的项目值得继续研究，但又不能肯定是否值得进行详细可行性研究时，就要做初步可行性研究，以进一步判断这个项目是否有生命力，是否有较高的经济效益。经过初步可行性研究，认为该项目具有一定的可行性才可转入详细可行性研究阶段，否则就该终止该项目的前期研究工作。这个阶段所估算的投资额和成本的精确度控制在正负20%，大中型项目的机会研究所需的时间为4~6个月，所需费用占投资总额的0.25%~1.25%。

(3) 详细可行性研究：详细可行性研究又称为技术经济可行性研究，是可行性研究的主要阶段,是项目投资决策的基础。这一阶段的内容比较详尽,所花费的时间和精力都比较大,而且本阶段还为下一步项目实施提供基础资料和决策依据。因此在这个阶段,所估算的投资额和成本的精确度控制在正负10%,大中型项目的机会研究所需的时间为8～12个月,所需费用占投资总额的1‰～3‰。

6.1.2　信息系统运维服务项目的申报立项

信息系统运维服务需方作为项目招标方,在展开招标工作之前要完成项目申报立项,因为信息系统运维服务项目与其他的信息化工程项目一样,属于建设单位(需方)需要事先向各地建设主管部门申报并获得批准立项的建设项目。即建设单位(需方)应当在具备条件后,首先向当地的信息化工程建设管理部门申报,如不申报,会在后续的一系列工作中遇到麻烦。

大中型信息化工程项目的可行性研究报告由主管部门和各省、市、自治区或全国性专业公司负责预审,报国家计划与发展委员会审批或由国家计划与发展委员会委托有关单位审批。重大项目和特殊项目的可行性研究报告由国家计划与发展委员会会同有关部门预审,报国务院审批。小型项目的可行性研究报告按隶属关系由主管部和各省、市、自治区或全国性专业公司审批。由于信息系统运维服务是一项高投入的信息化工程建设项目,受到政府主管部门的高度重视,申报立项必须慎重,一旦被批准立项,就不能随便降低或提升项目的建设标准和要求。

6.2　招标与投标的基本概念

工程项目和服务项目实行招标与投标是我国国民经济建设管理体制改革的一项重要内容,是市场经济发展的必然产物,也是与国际接轨的需要。近年来,随着我国改革开放的深入发展及市场经济的进一步完善,提高项目投资效益的要求将使合理控制项目质量、成本的地位更加重要,而招标与投标阶段是项目质量和成本控制的重点部分。

6.2.1　招标与投标的定义、基本条件和作用

1. 招标与投标的定义

招标与投标(Invitation to Tender & Submission of Tender)是指由招标人向数人或公众发出招标通知或公告,在诸多投标中选择自己最满意的投标人并与之订立合同的交易方式。招标和投标是一种交易方式的两个方面,这种交易方式既适用于采购物资设备,也适用于发包工程项目和服务项目采购。国际招标和投标与国内招标和投标的不同之处是,国内招标和投标要按照中国招标和投标法、政府采购法的规定实施招标和投标;国际招标和投标要遵循世贸采购条例及国际招标法则进行招标和投标。

招标和投标的内涵是在市场经济条件下进行大宗货物的买卖、工程建设项目的发包与承包,以及服务项目的采购与提供时所采用的一种交易方式。在这种交易方式下,通常是由项目采购方作为招标方,招标的内容包括货物的购买、工程项目的发包和服务项目的采购

等。通过发布招标公告或者向一定数量的特定供应商、承包商、服务提供商发出招标邀请等方式发出招标采购的信息,提出所需采购的项目的性质及其数量、质量、技术要求,交货期、竣工期或提供服务的时间,以及其他有关供应商、承包商、服务提供商的资格要求等招标采购条件,表明将选择最能够满足采购要求的供应商、承包商、服务提供商与之签订采购合同的意向,由各有意参加投标的单位或个人提供采购所需货物、工程或服务的报价及其他响应招标要求的条件参加投标竞争。经招标方对各投标者的报价及其他的条件进行审查比较后从中择优选定中标者,并与其签订采购合同。

依照招标投标法规定:招标人是指依法提出招标项目、进行招标的法人或者其他组织;投标人是响应招标、参加投标竞争的法人或者其他组织。

2. 招标与投标的基本条件

招标与投标的交易方式是市场经济的产物,采用这种交易方式需具备两个基本条件:
(1)要有能够开展公平竞争的市场经济运行机制。在计划经济条件下,产品购销和工程建设任务都按照指令性计划统一安排,没有必要也不可能采用招标与投标的交易方式。
(2)必须存在招标采购项目的买方市场,对采购项目能够形成卖方多家竞争的局面。在招标采购项目的买方市场中,买方能够居于主导地位,有条件以招标方式从多家竞争者中择优选择中标者。在短缺经济时代的卖主市场条件下,许多商品供不应求,买方没有选择卖方的余地,卖方也没有必要通过竞争来出售自己的产品,也就不可能产生招标与投标的交易方式。

3. 招标与投标的基本原则

公开、公平、公正和诚实信用是招标与投标应当遵循的四项基本原则,在这些原则中,公平竞争是核心,公开透明是体现,公正和诚实信用是保障。
(1)公开透明原则:公开透明是招标与投标必须遵循的基本原则之一,招标与投标被誉为"阳光下的交易"即源于此。招标与投标过程只有坚持公开透明,才能为投标人参加招标与投标提供公平竞争的环境,为公众对招标与投标过程进行有效的监督创造条件。公开透明要求招标与投标的信息和行为不仅要全面公开,而且要完全透明,包括招标与投标的法规和规章制度要公开,招标信息及中标或成交结果要公开,开标活动要公开,投诉处理结果或司法裁决决定等都要公开,从而使招标与投标活动在完全透明的状态下运作,全面、广泛地接受监督。
(2)公平竞争原则:公平原则是市场经济运行的重要法则,是招标与投标的基本规则。公平竞争要求在竞争的前提下公平地开展招标与投标活动。首先,要将竞争机制引入招标与投标活动中,实行优胜劣汰,让招标人通过优中选优的方式获得价廉物美的货物、工程或者服务,提高投资的使用效益。其次,竞争必须公平,不能设置影响充分竞争的不正当条件。公平竞争是指招标与投标的竞争是有序竞争,要公平地对待每一个供应商,不能有歧视某些潜在的符合条件的供应商参与招标与投标活动的现象,而且招标信息要在招标与投标监督管理部门指定的媒体上公平披露。
(3)公正原则:公正原则是为招标人与投标人之间在招标与投标活动中处于平等地位

而确立的原则。公正原则要求招标与投标要按照事先约定的条件和程序进行,对所有投标人一视同仁,不得有歧视条件和行为,任何单位或个人无权干预采购活动的正常开展。尤其是在评标活动中,要严格按照统一的评标标准评定中标人,不得存在任何主观倾向。为了实现公正,评标委员会以及有关小组人员必须要有一定数量的要求,要有各方面代表,而且人数必须为单数,相关人员要回避,同时规定了保护供应商合法权益及方式。这些规定都有利于实现公正原则。

(4) 诚实信用原则:诚实信用原则是发展市场经济的内在要求,在市场经济发展初期向成熟时期的过渡阶段尤其要大力推崇这一原则。诚实信用原则要求招标与投标当事人在招标与投标活动中本着诚实、守信的态度履行各自的权利和义务,讲究信誉,兑现承诺,不得散布虚假信息,不得有欺诈、串通、隐瞒等行为,不得伪造、变造、隐匿、销毁需要依法保存的文件,不得规避法律法规,不得损害第三人的利益。

4. 招标与投标的作用

实施招标与投标制度是为了适应市场经济体制的需要,进一步打破行业垄断和地方壁垒,按照"公开、公正、公平和诚实信用"的原则建立统一、开放、竞争、有序的市场。不断提高招标与投标工作的质量和水平,进行公平交易,能进一步达到确保项目质量、控制项目周期、降低项目造价、提高投资效益的目的。实施招标与投标制度的作用和重要性主要如下。

(1) 有利于建设廉洁政府:招标与投标通过信息公开、透明有力地推进了项目决策的科学化、民主化,让权力公开、透明,在阳光下运行,这就是最有效的防腐剂,因此,招标与投标有利于转变政府职能,依法规范权力运行,着力建设廉洁政府。

(2) 有利于节资增效:节资增效是任何项目投资建设的基本要求,而招标与投标本质的意义是在公开、公平、公正、择优的原则下通过竞争达到资源的优化配置,即用"看不到的手"进行优胜劣汰,有利于资源的合理配置和节资增效。

(3) 有利于规范项目工作程序:根据招标与投标相关法律法规的规定,招标人只有具备了招标条件后才能发招标文件,而招标条件中很大一部分工作是项目准备工作,因此招标与投标能有效地促进招标人按程序办事,促进项目准备工作的完善和规范项目工作程序。

(4) 有利于保证项目质量:招标人为提高项目质量,在招标文件中用项目建设实施技术规范明确了质量标准和验收办法,因此招标与投标制度能使招标人选择到真正符合要求的投标人。

(5) 有利于缩短工期,降低造价:招标人在招标文件中把建设工期、造价等以合同形式固定下来,中标单位延期误工或延期交付将受罚,促使其按时或提前完成,并按合同造价严格控制项目成本。

(6) 有利于促进技术创新:投标人要得到长足的生存和发展必须提高其竞争力,只有不断提高技术创新能力和水平,使用新技术、新产品、新材料等并不断更新,才能在激烈的市场竞争中立于不败之地。实践证明,大力推行招标与投标制度可有效地促进投标人提高自身的技术创新能力和管理水平,不断提升其企业市场信誉。

6.2.2 和招标、投标相关的法律法规

招标投标法是国家用来规范招标与投标活动、调整在招标与投标过程中产生的各种关系的法律规范的总称。按照法律效力的不同,招标投标法法律规范分为3个层次:第一层次是由全国人大及其常委会颁布的《招标投标法》法律;第二层次是由国务院颁发的招标投标行政法规以及有立法权的地方人大颁发的地方性《招标投标法》法规;第三层次是由国务院有关部门颁发的招标投标的部门规章以及有立法权的地方人民政府颁发的地方性招标投标规章。

1. 招标投标法

《中华人民共和国招标投标法》(以下简称《招标投标法》)于1999年8月30日第九届全国人民代表大会常务委员会第十一次会议通过,自2000年1月1日起施行。它是属第一层次上的,即由全国人民代表大会常务委员会制定和颁布的法律,是我国社会主义市场经济法律体系中非常重要的一部法律,是整个招标投标领域的基本法,一切有关招标投标的法规、规章和规范性文件都必须与《招标投标法》相一致。

《招标投标法》共六章68条。第一章《总则》共7条,规定了《招标投标法》的立法宗旨、适用范围、强制招标的范围以及招标投标活动中应遵循的基本原则。第二章《招标》共17条。第三章《投标》共9条。第四章《开标、评标和中标》共15条。第二章至第四章根据招标投标活动的具体程序和步骤规定了招标、投标、开标、评标和中标各阶段的行为规则。第五章《法律责任》共16条,规定了违反上述规则应承担的法律责任。第六章《附则》共4条,规定了本法的例外适用情况以及生效日期。

《招标投标法》的颁布实施使我国告别了招标投标无法可依的时代。《招标投标法》第二条明确规定,"在中华人民共和国境内进行招标投标活动,适用本法。"《招标投标法》在起草过程中曾与世界银行、亚洲开发银行、联合国工业发展组织、欧洲联盟等国际组织进行合作,借鉴了国际上主要的招投标立法,如联合国贸易发展组织的《贸易示范法》、世界贸易组织的《政府采购协议》、世界银行和亚洲开发银行的《采购指南》等,使《招标投标法》能符合国际惯例。

2. 政府采购法

政府采购制度是市场经济条件下加强财政支出管理、规范政府机构采购行为、发挥对国民经济宏观调控作用的一项制度。它是公共财政的重要组成部分,是加强财政支出管理的一项有效措施。我国自1996年开展政府采购试点工作以来,推行政府采购在加强财政支出管理、提高财政支出使用效益以及促进廉政建设等方面均起到了积极作用,取得较好效果,随着政府采购工作的深入开展,迫切需要通过立法予以进一步推动和规范。

2002年6月29日,第九届全国人民代表大会常务委员会第二十八次会议通过《中华人民共和国政府采购法》,自2003年1月1日起开始施行。《政府采购法》是我国财政体制改革和财政法制建设的一件大事,是政府采购工作法制改革和财政法制建设的一件大事,也是政府采购工作法制化建设所取得的重要成果,对于反腐倡廉、规范政府采购行为和提高政府

采购资金的使用效益、全面提高依法行政水平、开创政府采购工作新局面都具有十分重要的现实意义和深远的历史意义。

3. 招标投标法实施条例

《招标投标法》颁布十多年来,对于推进招标采购制度的实施、促进公平竞争、加强反腐败制度建设、节约公共采购资金、保证采购质量发挥了重要作用。但是,随着招标采购方式的广泛应用,招标与投标领域也出现了许多新情况、新问题。例如一些依法必须招标的项目规避招标或者搞"明招暗定"的虚假招标;有的领导干部利用权力插手干预招标与投标活动,搞权钱交易,使公共采购领域成为腐败现象易发、多发的重灾区;一些招标与投标活动的当事人相互串通,围标串标,严重扰乱招标与投标活动的正常秩序,破坏公平竞争;有的专家评标不公正等。

为了解决招标与投标领域出现的问题,在认真总结招标投标法实施以来的实践经验的基础上,在 2011 年 11 月 30 日,国务院第 183 次常务会议通过《中华人民共和国招标投标法实施条例》,自 2012 年 2 月 1 日起施行。《招标投标法实施条例》属于行政法规的范畴,共分 7 章 85 条,针对当前突出问题进一步明确应当公开招标的项目范围,并主要细化、完善了保障公开公平公正、预防和惩治腐败、维护招标投标正常秩序的规定。相对于《招标投标法》,其增加了"投诉与处理"一章。此外,《招标投标法实施条例》还针对《招标投标法》实践过程中存在的虚假招标、串通投标、评委会责权不对等、监管部门不依法履行职责、领导干部插手干预招标投标活动等问题进行了规定,对招标投标交易场所、电子招标投标、招标投标信用制度以及职业资格管理等做了规定。

4. 法律、法规、标准和规章制度的关系

(1)法律:全国人大及其常委会制定颁布的规范性文件。法律的级别是最高的。

(2)法规:由国务院及各部委、政府行政部门制定颁布的规范性文件。法规的地位仅次于法律。

(3)标准:由公认机构批准、大家共同使用的一种规范性文件。国际标准由国际标准化组织制定公布。国内标准分为国家标准、行业标准、地方标准、企业标准四级,分别由国务院标准化行政主管部、国务院有关行政主管部门、地方有关行政主管部门和企业制定公布。

(4)规章制度:由各单位或部门自行制定的仅适用于本单位或部门的规定。

宪法具有最高的法律效力,一切法律、行政法规、地方性法规、自治条例、规章制度都不得同宪法相抵触。法律的效力高于法规、规章制度,即任何法规或规章制度的内容都不得与法律规定相抵触。

6.3 信息化工程招标的范围、分类、招标代理和保证金

包括信息系统运维服务项目在内的信息化工程项目设计和实施单位的选择方式通常都是采用招标投标的方法,即通过竞争性招标投标来实现。信息化工程招标是指建设单位(招标人)依法就拟委托信息化建设的工程项目或服务项目的内容、范围、要求等有关条件公开

或非公开邀请投标人报出完成项目建设或服务的技术方案和费用方案,从而择优选定工程项目承包人或服务提供人的过程。择优以管理技术水平、社会信誉、业绩为首要条件。

6.3.1 信息化工程必须进行招标的项目范围

1. 必须进行招标的项目

在中华人民共和国境内进行下列工程建设项目(包括项目的勘察、设计、施工、监理以及与工程建设有关的重要设备、材料等的采购)必须进行招标:
(1) 大型基础设施、公用事业等关系社会公共利益、公众安全的项目。
(2) 全部或者部分使用国有资金投资或者国家融资的项目。
(3) 使用国际组织或者外国政府贷款、援助资金的项目。
(4) 法律或者国务院对必须进行招标的其他项目的范围有规定的,依照其规定。

任何单位和个人不得将依法必须进行招标的项目化整为零或者以其他任何方式规避招标。

2. 可以不进行招标的项目

以下项目可以不进行招标:
(1) 涉及国家安全、国家秘密、抢险救灾或者属于利用扶贫资金实行以工代赈、需要使用农民工等特殊情况,不适宜进行招标的项目,按照国家有关规定可以不进行招标。
(2) 使用国际组织或者外国政府贷款、援助资金的项目进行招标,贷款方、资金提供方对招标投标的具体条件和程序有不同规定的,可以适用其规定,但违背中华人民共和国的社会公共利益的除外。
(3) 需要采用不可替代的专利或者专有技术。
(4) 采购人依法能够自行建设、生产或者提供。
(5) 已通过招标方式选定的特许经营项目投资人依法能够自行建设、生产或者提供。
(6) 需要向原中标人采购工程、货物或者服务,否则将影响施工或者功能配套要求。
(7) 国家规定的其他特殊情形。

6.3.2 信息化工程招标与投标活动的原则和分类

1. 信息化工程招标与投标活动的原则

信息化工程招标与投标活动的原则如下:
(1) 招标投标活动应当遵循公开、公平、公正和诚实信用的原则。
(2) 依法必须进行招标的项目,其招标投标活动不受地区或者部门的限制。任何单位和个人不得违法限制或者排斥本地区、本系统以外的法人或者其他组织参加投标,不得以任何方式非法干涉招标投标活动。
(3) 招标投标活动及其当事人应当接受依法实施的监督。
(4) 有关行政监督部门依法对招标投标活动实施监督,依法查处招标投标活动中的违法行为。

(5) 对招标投标活动的行政监督及有关部门的具体职权划分由国务院规定。

(6) 禁止国家工作人员以任何方式非法干涉招标投标活动。

2. 信息化工程招标的分类

信息化工程招标分为以下几类.

(1) 信息化工程项目总承包招标：信息化工程项目总承包招标是指从项目建议书开始，包括可行性研究、勘察设计、设备材料采购、工程实施、系统安装、调试、试运行直至竣工投产、交付使用的建设全过程招标，常称之为"交钥匙"工程招标。承包人提出的实施方案应是从项目建议书开始到工程项目交付使用的全过程的方案，提出的报价也应是包括咨询、设计服务费和实施费在内的全部费用的报价。总承包招标对投标人来说利润高，但风险也大，因此要求投标人要有很强的技术力量和相当高的管理水平，并有可靠的信誉。投标人必须取得了工业与信息化部颁发的《计算机信息系统集成资质证书》。

(2) 信息化工程设计招标：信息化工程设计招标是招标人就拟建的信息化工程项目的设计任务发出招标信息或投标邀请，由投标人根据招标文件的要求在规定的期限内向招标人提交包括设计方案及报价等内容的投标书，经开标、评标从中择优选定设计单位的活动。

(3) 信息化工程实施招标：信息化工程实施招标是招标人就建设项目的实施任务发出招标信息或投标邀请，由投标人根据招标文件要求在规定的期限内提交包括实施方案和报价、工期等内容的投标书，经开标、评标、决标等程序从中择优选定实施承包人的活动。根据承担实施任务的范围大小及内容的不同，实施招标又可分为总承包招标、单项工程实施招标、单位工程实施招标及专业工程实施招标等。投标人必须取得了工业与信息化部或地方政府颁发的《计算机信息系统集成资质证书》。

(4) 设备材料采购招标：信息化工程项目的设备材料采购招标是一项涉及面广、工作量大的招标工作，是招标人就设备、材料的采购发布信息或发出投标邀请，由投标人投标竞争获得采购合同的活动，但适用招标采购的设备、材料一般都是用量大、价值高，对工程的造价、质量影响大的，并非所有的设备、材料均由招标采购而得。

(5) 信息技术咨询服务招标：招标人在信息资源开发利用、信息化规划、工程建设、人员培训、管理体系建设、测试评估认证、技术支撑等方面发出招标信息或投标邀请，由信息技术服务提供商（投标人）根据招标文件的要求提交投标书，经一系列法定招标程序择优选定信息技术服务提供商的活动。

(6) 信息化工程监理招标：信息化工程监理招标是建设项目的招标人为了加强对设计、实施阶段的管理，委托有经验、有能力的信息化工程监理单位对建设项目的设计、实施活动进行监理而发布监理招标信息或发出投标邀请，由信息化工程监理单位竞争承接此项目的监理任务的过程。

(7) 信息系统运维服务招标：信息系统运维服务招标是在信息化工程建设项目已经完工，并通过竣工验收投入正式使用以后，使用单位（招标人）就信息系统的日常运行保障和系统维护、人员技术培训、咨询评估和系统优化改善等信息技术服务内容，向社会公开发出招标信息或向特定的三家以上的运维服务提供商发出投标邀请，由运维服务提供商（投标人）根据招标文件的要求提交投标书，经一系列法定招标程序择优选定运维服务提供商的活动。

(8) 其他类型信息技术服务招标：其他类型信息技术服务招标包括信息和数据的分析、整理、计算、存储等加工处理服务，以及软件应用系统、业务支撑平台、信息系统基础设施等的租用服务，其他信息技术服务的招标工作。

6.3.3 信息化工程的招标代理、投标保证金和履约保证金

1. 招标代理

招标代理是指具备相关资质的招标代理机构按照相关法律规定受招标人的委托或授权办理招标事宜的行为。招标代理机构的性质既不是一级行政机关，也不是从事生产经营的企业，而是以自己的知识、智力为招标人提供服务的独立于任何行政机关的组织。招标代理机构可以以多种组织形式存在，例如可以是有限责任公司，也可以是合伙等。从中国目前的情况看，自然人一般不能从事招标代理业务。

在招标投标法中规定，招标人可以自行招标，也可以委托招标代理机构办理招标事宜。这两种方法并存是符合我国实际情况的，也适应了招标人的实际需要，至于采用哪一种方法则由招标人依照法律上的要求自行决定，招标人有自主抉择的权利，但是又不是无条件地进行抉择。因此在法律中明确规定，只有招标人具有编制招标文件和组织评标能力的才可以自行办理招标事宜。在立法中还考虑到应当防止自行招标中可能有的弊病，为保证招标质量，规定招标人自行办理招标事宜的，应当向有关行政监督部门备案。

(1) 招标代理机构应具备的条件：招标代理机构需依法登记设立。虽然招标代理机构的设立不需有关行政机关的审批，但其从事有关招标代理业务的资格需要有关行政主管部门审查认定。招标代理机构应具备的条件主要如下：

① 有从事招标代理业务的营业场所和相应资金。

② 有能够编制招标文件和组织评标的相应专业力量。

③ 有符合法律规定、可以作为评标委员会成员人选的技术、经济、法律、商务等方面的专家库。

(2) 招标代理机构的业务范围：招标代理机构的业务范围包括从事招标代理业务（即接受招标人委托）、组织招标活动，具体业务活动包括帮助招标人或受其委托拟定招标文件，依据招标文件的规定审查投标人的资质，组织评标、定标等，以及提供与招标代理业务相关的服务，即提供与招标活动有关的咨询、代书及其他服务性工作。这些业务有的属于严格意义上的招标代理，有的是与招标代理相关的其他服务。招标代理机构可根据自己提供服务量的大小向招标人收取一定的费用。

(3) 招标代理机构的选择：招标代理机构属于社会中介组织，为保证代理招标的质量，形成规范的代理关系，以及维护招标人自主权，招标投标法有关招标代理机构的规定如下：

① 招标代理机构必须依法设立。

② 招标代理机构的资格要由法定的部门认定。

③ 招标人有权自行选择招标代理机构。

④ 任何单位和个人不得以任何方式为招标人指定招标代理机构。

⑤ 招标代理机构与行政机关和其他国家机关不得存在隶属关系或者其他利益关系。
⑥ 招标代理机构应当在招标人委托的范围内办理招标事宜。

2. 投标保证金

投标保证金是指在招标投标活动中投标人随投标文件一同递交给招标人的一定形式、一定金额的投标责任担保,并作为其投标书的一部分,数额不得超过投标总价的2%,通常以现金、支票、银行汇票或本票中的任意一种形式支付。投标保证金是为了保证招标投标活动的严肃性,对投标人的投标行为产生约束作用,保护招标人免遭因投标人的行为而蒙受的损失,未中标人的投标保证金将在买方与中标人签订合同后的5个工作日内退还。但是,下列任何情况发生时,投标保证金将被没收:

(1) 投标人在招标文件中规定的投标有效期内撤回其投标。
(2) 中标后无正当理由不与招标人订立合同。
(3) 在签订合同时向招标人提出附加条件。
(4) 中标人在规定期限内未能:
① 根据投标人按规定签订合同或按规定接受对错误的修正。
② 根据招标文件规定未提交履约保证金。
(5) 投标人采用不正当的手段骗取中标。

3. 履约保证金

履约保证金是交易双方确保履约的一种财力担保,其目的在于中标人违约时赔偿招标人的损失。履约保证金是交易双方确保履约的一种财力担保,招标人必须在招标文件中明确规定出中标单位提交履约保证金时此项条款方为有效,如果在招标文件中没有明确规定,在投标人中标后不得追加。

履约保证金不同于定金,其目的是担保中标人完全履行合同,投标人顺利履行完毕自己的义务,招标人必须全额返还中标人。履约保证金的比例是有规定的,其比例为项目投资金额的5%~10%,具体执行比例由招标人根据项目的具体情况确定。一般情况是项目投资金额越高比例应该越低,因此具有相对的固定性,招标人不能漫天要价,必须符合法律的规定。

6.4 信息系统运维服务招标的条件、方式和程序

在信息系统运维服务招标投标过程中,招标人必须严格遵守招标投标法的规定,其中有两条需要特别注意:首先招标单位不得参加由其负责的信息系统运维服务项目投标;其次虽然法律规定招标人可以自己主持招标投标工作,也可以委托社会中介公司,如招标代理主持。但实际上,一般招标单位都不具备组织评标的能力,因此,大多招标人都是委托招标代理主持招标投标工作。

6.4.1 信息系统运维服务招标的条件及方式

1. 信息系统运维服务招标应具备的条件

信息系统运维服务招标应具备以下条件：
(1) 已完成了信息系统运维服务项目的可行性研究。
(2) 信息系统运维服务立项文件已被批准。
(3) 信息系统运维服务项目采购资金已落实到位。
(4) 已自行组织了临时的招标机构或委托了招标代理机构负责招标工作。
(5) 招标文件已编制完毕。

2. 信息系统运维服务招标的方式

信息系统运维服务招标工作通常采取公开招标和邀请招标两种方式进行。

(1) 公开招标：公开招标是指招标人以招标公告的方式邀请不特定的法人或者其他组织投标。招标单位通过报刊、广播、电视、互联网（Internet）等新闻媒介公开发布招标广告，凡符合规定条件的单位都可以自愿参加投标。公开招标的优点是一切有资格的信息系统运维服务提供商均可参加投标竞争，都有同等的机会，使招标单位有较大的选择范围，可在众多的投标单位中择优选择，选择报价合理、服务等级较高、技术可靠、资信良好的中标人。其缺点是公开招标资格审查及评标的工作量大、耗时长、费用高，且有可能因资格审查不严导致鱼目混珠的现象发生。

招标人选用了公开招标方式，就不得以不合理的条件限制或者排斥潜在的投标人。例如，不得限制或者排斥本地区、本系统以外的法人或者其他组织参加投标。

(2) 邀请招标：邀请招标是指招标人以投标邀请书的方式邀请特定的法人或者其他组织投标。招标人采用邀请招标方式要符合下面两个基本条件：
① 具有特殊性，只能从有限范围的运维服务提供商处采购的。
② 采用公开招标方式的费用占采购项目总价值的比例过大的。

招标单位采取邀请招标方式时，向预先选择的数目有限的几家符合条件的单位发出邀请信，邀请他们参加该服务项目的投标竞争。招标人采用邀请招标方式的，应当向3个以上具备承担招标项目的能力、资信良好的特定的法人或者其他组织发出投标邀请书，通常数量为3~6家。邀请招标的优点是被邀请参加投标竞争者数量有限，不仅可以有效地减少招标工作量，缩短招标时间，节约费用，而且能保证投标人具有可靠的资信和完成任务的能力，能保证合同的履行，同时每个投标者的中标机会相对提高，对招标投标双方都有利。其缺点是由于受招标人自身的条件所限，不可能对所有的潜在投标人都了解，可能会失去技术上、报价上最有竞争力的投标人。

(3) 两阶段招标：无论采用哪种招标方式，对于技术复杂或无法精确拟定技术规格的项目可以分两个阶段进行招标。
① 第一阶段：投标人按照招标公告或者投标邀请书的要求提交不带报价的技术建议，招标人根据投标人提交的技术建议确定技术标准和要求，编制招标文件。

② 第二阶段：招标人向在第一阶段提交技术建议的投标人提供招标文件，投标人按照招标文件的要求提交包括最终技术方案和投标报价的投标文件。

招标人要求投标人提交投标保证金的，应当在第二阶段提出。

3. 信息系统运维服务招标范围和方式的审批

按照国家有关规定需要履行项目审批、核准手续的项目，其招标范围、招标方式、招标组织形式应当报项目审批、核准部门审批、核准。项目审批、核准部门应当及时将审批、核准确定的招标范围、招标方式、招标组织形式通报有关行政监督部门。

6.4.2 信息系统运维服务招标的程序

信息系统运维服务项目招标程序包括资格预审、准备招标文件、发布招标通告、发售招标文件、组织现场勘察、召开投标预备会或招标文件交底会，以及开标、评标和定标等。

1. 投标人的基本条件要求

投标人参加信息系统运维服务项目的投标不受地区或者部门的限制，任何单位和个人不得非法干涉，但是与招标人存在利害关系可能影响招标公正性的法人、其他组织或者个人，不得参加投标，单位负责人为同一人或者存在控股、管理关系的不同单位不得参加同一招标项目的投标。

除此以外，参加信息系统运维服务项目招标活动的投标人应具备下列条件：
① 具有独立承担民事责任的能力。
② 具有良好的商业信誉和健全的财务会计制度。
③ 具有履行合同所必需的设备和专业技术能力。
④ 有依法缴纳税收和社会保障资金的良好记录。
⑤ 参加以往招标投标活动前三年内，在经营活动中没有重大违法记录。
⑥ 法律、行政法规规定的其他条件。

2. 资格预审

对于大型或复杂的信息系统运维服务项目，在正式组织招标以前需要对拟投标单位的资格和能力进行预先审查，即资格预审。通过资格预审，可以缩小投标单位的范围，避免不合格的单位做无效劳动，减少他们不必要的支出，也减轻了招标单位的工作量，节省了时间，提高了办事效率。

对拟投标的单位进行资格预审是公开招标程序中的重要环节，是招标工作高效、高质进行的重要保证。资格预审工作由招标单位主持，由有关专家组成的资格预审评审委员会具体进行。

资格预审工作必须遵循公平、公正、客观、准确的原则。

（1）资格预审的内容：资格预审包括两大部分，即基本资格预审和专业资格预审。基本资格是指拟投标单位的合法地位和信誉，包括有无合格的资质、是否注册、是否破产、是否存在违法违纪行为等。专业资格是指已具备基本资格的投标单位履行信息系统运维服务的

能力,包括以下内容:
① 经验和以往承担类似合同的业绩和信誉。
② 为履行合同所配备的人员情况。
③ 为履行合同任务而配备的测试仪器、设备以及技术方案等情况。
④ 财务情况。
⑤ 系统优化后的售后服务承诺、人员结构等。

(2) 资格预审程序:进行资格预审,首先要编制资格预审文件,邀请潜在的单位参加资格预审,发售资格预审文件,最后进行资格评定。

① 编制资格预审文件:资格预审文件可以由招标人编写,也可以由招标人委托的招标代理编写。

② 邀请潜在的运维服务提供商参加资格预审:邀请潜在的投标单位参加资格预审,一般是通过发出邀请函或在公众媒体上发布资格预审通告进行的,如报纸、刊物或互联网等。资格预审通告的内容包括招标人名称,信息系统运维服务项目名称、规模、主要工作量、计划开始、结束日期,发售资格预审文件的时间、地点和售价,以及提交资格预审文件的最迟日期。

③ 发售资格预审文件和提交资格预审申请:资格预审通告发布后,运维服务采购单位(招标人)应立即开始发售资格预审文件,资格预审申请的提交必须按资格预审通告中规定的时间。

④ 资格评定,确定参加投标单位名单:招标人在规定的时间内按照资格预审文件中规定的标准和方法对提交资格预审申请书的拟投标单位的资格进行审查,只有经审查合格的单位才有权参加投标。

3. 编制招标文件的原则

编制招标文件的原则如下。

(1) 全面反映用户需求的原则:招标人应当根据招标项目的特点和用户需要编制招标文件,应当包括招标项目的技术要求、对投标人资格审查的标准、投标报价要求和评标标准等所有实质性要求和条件以及拟签订合同的主要条款,做到全面反映使用单位需求。

(2) 科学合理的原则:招标文件的技术要求和商务条件必须依据充分并切合实际。技术和商务要求根据项目现场的实际情况、可行性报告和用户需求确定,不能盲目提高实施标准和实施精度要求等,否则会带来功能浪费,多花不必要的钱。

(3) 公平竞争的原则:招标的原则是公开、公平、公正,只有公平、公开才能吸引真正感兴趣、有竞争力的投标人竞争,通过竞争达到采购目的,才能真正维护招标人利益。招标文件必须不含歧视性条款,不得以不合理的条件限制或者排斥潜在投标人,不得对潜在投标人实行歧视待遇。招标人不得强制投标人组成联合体共同投标,不得限制投标人之间的竞争。招标文件不得要求或者标明特定的运维服务提供商,以及含有倾向或者排斥潜在投标人的其他内容。

(4) 维护招标人和社会公众利益的原则:招标文件的内容既要维护招标人的利益,保护用户单位的商业秘密,又不得损害国家利益和社会公众利益。

4. 招标文件的主要内容

招标文件是拟投标单位准备投标文件和参加投标的依据,同时也是评标的重要依据,因为评标是按照招标文件规定的评标标准和方法进行的。此外,招标文件是签订合同所遵循的依据,招标文件的大部分内容要列入合同之中。因此,准备招标文件是非常关键的环节,它将来有可能会影响信息系统运维服务的范围、流程、质量和成本。

招标文件至少应包括以下内容。

(1) 招标公告:招标公告应当载明招标人的名称和地址,招标项目的性质、数量、实施地点和时间以及获取招标文件的办法等事项。

(2) 投标须知:具体制定投标的规则,使投标单位在投标时有所遵循。其主要内容如下:

① 如果没有进行资格预审的,要提出投标单位的资格要求。
② 招标文件和投标文件的澄清程序。
③ 投标文件的内容要求。
④ 投标语言。国际性招标,由于参与竞标的单位来自世界各地,必须对投标语言做出规定。
⑤ 投标价格和货币规定。对投标报价的范围做出规定,即报价应包括哪些方面,统一报价口径便于评标时计算和比较最低评标价。
⑥ 修改和撤销投标的规定。
⑦ 投标书格式和投标保证金的要求。
⑧ 评标的标准和程序。
⑨ 投标程序。
⑩ 投标有效期,投标截止日期,开标的时间、地点等。

(3) 合同条款:信息系统运维服务项目采购合同条款主要包括以下内容。

① 双方的权利和义务。
② 关于服务项目实施人员的资历和人数的规定。
③ 价格调整程序。
④ 付款条件、程序以及支付货币规定。
⑤ 履约保证金的数量、货币及支付方式。
⑥ 不可抗力因素。
⑦ 延误赔偿和处罚程序。
⑧ 合同中止程序。
⑨ 解决争端的程序和方法。
⑩ 合同适用法律的规定。

(4) 技术规格:技术规格是招标文件和合同文件的重要组成部分,它规定信息系统运维服务项目招标的主要技术要求、内容和技术标准。技术规格也是评标的关键依据之一,如果技术规格制定得不明确或不全面,不仅会影响信息系统运维服务质量,也会增加评标难度,甚至导致废标。

技术规格通常包括以下几个部分。

① 信息系统运维服务项目描述：对整个信息系统运维服务项目进行详细描述，包括与服务项目相关的实施程序、实施方法、现场清理和环保要求等具体描述。

② 项目阶段的划分：信息系统运维服务涉及的任务阶段是否为运维服务项目实施的全过程，其中包括运维服务项目咨询、设计阶段、实施阶段、人员培训和系统优化后的保修阶段等。

③ 项目实施范围：是否包括整个信息系统，或是信息系统中的某几个部分（子系统）。

④ 项目实施的任务和内容：信息系统运维服务项目实施工作的具体任务。

由于信息系统运维服务项目不同，对项目实施的要求也不同，因此，要想达到预期效果，必须根据信息系统运维服务项目的具体特点和要求来编制技术规格。

（5）投标书的编制要求：投标书是投标单位对其投标内容的书面声明，包括投标文件构成、投标保证金、投标报价和投标书的有效期等内容。

投标书中的总投标价应分别以小写数字和大写文字表示。投标书的有效期是指投标有效期，是让投标单位确认在此期限内受其投标书的约束，该期限应与投标须知中规定的期限相一致。

（6）投标保证金：投标保证金是指投标人按照招标文件的要求向招标人出具的以一定金额表示的投标责任担保，招标人不得挪用投标保证金。

（7）报价表：

① 投标报价可以确定为一个固定数额，也可以定为信息系统总投资的一定比率。

② 招标人可以自行决定是否编制标底。一个招标项目只能有一个标底，标底必须保密。

③ 接受委托编制标底的中介机构不得参加受托编制标底项目的投标，也不得为该项目的投标人编制投标文件或者提供咨询。

④ 招标人设有最高投标限价的，应当在招标文件中明确最高投标限价或者最高投标限价的计算方法。招标人不得规定最低投标限价。

（8）避免不合理条件限制：招标人不得以不合理的条件限制、排斥潜在投标人或者投标人。招标人有下列行为之一的，属于以不合理条件限制、排斥潜在投标人或者投标人：

① 就同一招标项目向潜在投标人或者投标人提供有差别的项目信息。

② 设定的资格、技术、商务条件与项目的具体特点和实际需要不相适应或与合同履行无关。

③ 招标的项目以特定行政区域或者特定行业的业绩、奖项作为加分条件或者中标条件。

④ 对潜在投标人或者投标人采取不同的资格审查或者评标标准。

⑤ 限定或者指定特定的专利、商标、品牌、原产地或者运维服务提供商。

⑥ 非法限定潜在投标人或者投标人的所有制形式或者组织形式。

⑦ 以其他不合理条件限制、排斥潜在投标人或者投标人。

（9）合同协议书格式：合同协议书格式的主要内容包括协议双方名称、工程简介、合同包括的文本以及协议双方的责任和义务等。

5. 发布招标公告

招标人采用公开招标方式的，应当发布招标公告。招标公告应当通过国家指定的报刊、信息网络或者其他媒介发布。如果是国际性招标采购，还应在国际性的刊物上刊登招标通告，或将招标通告送给有可能参加投标的国家在当地的大使馆或代表处。

从刊登通告到参加投标要留有充足的时间，让投标单位有足够的时间准备投标文件。如世界银行规定，国际性招标通告从刊登广告到投标截止之间的时间不得少于45天。信息系统运维服务项目一般为60～90天，大型运维服务项目为90天，特殊情况可延长为180天。当然，投标准备期可根据具体的招标方式、内容及时间要求合理区别对待，既不能过短，也不能太长。

6. 发售招标文件

招标人应当按照资格预审公告、招标公告或者投标邀请书规定的时间、地点发售资格预审文件或者招标文件。资格预审文件或者招标文件的发售期不得少于5日。招标人发售资格预审文件、招标文件收取的费用应当限于补偿印刷、邮寄的成本支出，不得以营利为目的。

招标人应当合理确定提交资格预审申请文件的时间，提交资格预审申请文件的时间自资格预审文件停止发售之日起不得少于5日。

7. 招标文件的修改和投诉处理

招标人可以对已发出的资格预审文件或者招标文件进行必要的澄清或者修改。澄清或者修改的内容可能影响资格预审申请文件或者投标文件编制的，招标人应当在提交资格预审申请文件截止时间至少3日前或者投标截止时间至少15日前，以书面形式通知所有获取资格预审文件或者招标文件的潜在投标人；不足3日或者15日的，招标人应当顺延提交资格预审申请文件或者投标文件的截止时间。

潜在投标人或者其他利害关系人对资格预审文件有异议的，应当在提交资格预审申请文件截止时间两日前提出；对招标文件有异议的，应当在投标截止时间10日前提出。招标人应当自收到异议之日起3日内做出答复；做出答复前，应当暂停招标投标活动。

6.5 信息系统运维服务项目的投标程序和开标程序

信息系统运维服务项目投标是投标单位以投标文件（包括技术和商务两部分）的形式争取中标的过程。参加投标的单位必须具有主管部门核发的与招标的运维服务项目规模相适应的资质和等级证书，持有工商行政管理部门核发的营业执照并取得法人资格，经济独立并具有与其工作相适应的经济能力，能够独立承担相应的经济或民事责任。

6.5.1 信息系统运维服务的投标程序

当信息系统运维服务招标单位发布招标广告后，投标单位根据招标条件和本单位的能力进行可行性研究，决定是否参加投标，如果决定投标，就要购买（或索取）资格预审文件，只有资格预审合格的投标者才有资格参加投标竞争。资格预审合格的投标单位应根据招标单位的要求和实际需要购买(或索取)招标文件,认真进行技术分析和商务分析,按投标须知的要求填写投标书(项目规划大纲),并按规定的时间、地点和方式交标,争取中标。

争取到信息系统运维服务项目任务是所有运维服务提供商得以生存和发展的前提,在市场经济的招标体制下取决于投标书的优劣。与设备采购投标竞争不同,信息系统运维服务项目实施投标竞争不仅取决于商务、经济方面,而且取决于技术方面,并以技术为主。信息系统运维服务项目投标书由技术方案和商务报价两部分组成,投标者必须加强对技术方案的重视,不宜在降低报价中做过多的文章,一份好的投标书应是先进可行的技术方案加上良好的商务条件和合理准确的报价。

1. 投标准备

信息系统运维服务提供商购买招标书以后,直到投标前,要根据实际情况合理地确定投标准备时间。投标准备时间确定得是否合理会直接影响投标的结果,尤其是信息系统运维服务项目投标涉及的问题很多,如果投标准备时间太短,投标单位就无法完成或不能很好地完成各项准备工作,投标文件的质量就不会十分理想,直接影响到后面的评标工作。

信息系统运维服务提供商在正式投标前,运维服务项目招标人还需要做一些必要的服务工作,一是对大型信息系统运维服务项目要组织召开标前会议和现场考察,二是要按投标单位的要求澄清招标文件,澄清答复要以书面文件的形式发给所有购买招标文件的投标单位。

招标单位如需对已出售或发放的招标文件进行补充说明、勘误、澄清,或经上级主管部门批准后进行局部修正,最迟应在投标截止日期前15天以书面形式通知所有投标者。补充说明、勘误、澄清或局部修正文件与招标文件具有同等的法律效力。若招标单位改变已出售或发放的招标文件未按上述要求提前通知投标者,给投标者造成的经济损失应由招标单位予以赔偿。

正式开标前,招标人不得向他人透露已获取招标文件的潜在投标人的名称、数量以及可能影响公平竞争的有关招标投标的其他情况。招标人设有标底的,标底必须保密。

2. 投标联合体

两个以上法人或者其他组织可以组成一个联合体,以一个投标人的身份共同投标。联合体各方均应具备承担招标项目的相应能力。招标文件对投标人资格条件有规定的,联合体各方均应当具备规定的相应资格条件。由同一专业的单位组成的联合体,按照资质等级较低的单位确定资质等级。联合体各方应当签订共同投标协议,明确约定各方拟承担的工作和责任,并将共同投标协议连同投标文件一起提交招标人。联合体中标的,联合体各方应当共同与招标人签订合同,就中标项目向招标人承担连带责任。招标人不得强制投标人组成联合体共同投标,不得限制投标人之间的竞争。

3. 项目现场勘察

项目现场勘察是到信息系统运维服务项目现场进行实地考察。投标人通过对招标的运维服务项目实地踏勘,可以了解运维服务实施场地和周围的情况,获取其认为有用的信息,核对招标文件中的有关资料并加深对招标文件的理解,以便对投标项目做出正确的判断,对投标策略、投标报价做出正确的决定。

招标人可以在投标须知规定的时间组织所有投标人自费进行运维服务项目现场踏勘,但是招标人不得组织单个或者部分潜在投标人踏勘运维服务项目现场。招标人通过组织投标人进行现场踏勘,可以有效避免合同履行过程中投标人以不了解现场或招标文件提供的现场条件与现场实际不符为由推卸本应承担的合同责任。

4. 项目投标预备会

信息系统运维服务项目投标预备会或招标文件交底会是招标人按投标须知规定的时间和地点召开的会议。在投标预备会上招标单位除了要介绍信息系统运维服务项目概况外,还可对招标文件中的某些内容加以修改或予以补充说明,并对投标人书面提出的问题和会议上即席提出的问题给予解答。会议结束后,招标人应将会议记录以书面文件通知的形式发给每一位投标人。

投标人研究招标文件和现场考察后可以用书面文件形式提出某些质疑问题,招标人可以及时给予书面解答,也可以留待投标预备会上解答。在项目投标预备会上招标人可以和投标人共同商讨招标文件中或编写投标书中遇到的共性问题,并达成共识,形成统一的处理办法,这将有利于评标,这也是项目投标预备会的重要之处。

无论是会议纪要还是对个别投标人的问题的回答,都应以书面文件形式发给每一个获得招标文件的投标人,以保证招标投标的公平和公正。不论是招标单位以书面文件形式向投标单位发放的任何资料文件,还是投标单位以书面文件形式提出的问题,均应以书面文件形式予以确认。项目投标预备会议纪要和答复函件形成招标文件的补充文件,是招标文件的组成部分,与招标文件具有同等的法律效力。当补充文件与招标文件的规定不一致时,以补充文件为准。

为了使投标单位在编写投标文件时充分考虑招标单位对招标文件的修改或补充内容,以及投标预备会会议记录内容,招标单位可根据情况在投标预备会上确定延长投标截止时间。

6.5.2 信息系统运维服务项目投标文件的编制和提交

投标人在获得招标文件后要组织力量认真研究招标文件的内容,并对招标项目的实施条件进行调查。需要特别强调的是,信息系统运维服务项目投标人在编制投标文件之前,首先要认真仔细地阅读招标文件,要通过各种方式深入了解招标人的相关信息,包括招标项目名称、内容、用户需求,以及招标人单位名称、地址、电话、传真、E-mail、联系人、银行账号、经营状况、财务状况、以往的信誉、诚信等相关信息,并要详细分析招标项目的难点、重点,进行项目可行性分析和风险评估等。在确定了项目风险处于本单位可接受的范围之内以后,开始着手按照招标文件的要求编制投标文件。

1. 投标文件的构成、封装要求和注意事项

信息系统运维服务项目投标文件也称为信息系统运维服务大纲,属于信息系统运维服务三大纲要性文件之一,也是投标人为获得信息系统运维服务项目在招投标阶段编制的项目方案性文件,通常是由投标人在相对比较保密的环境条件下编制的。投标文件必须对招标文件的内容进行实质性的响应,否则将被判定为无效标,按废弃标处理。

(1) 投标文件的构成:投标文件通常包括开标用资料、商务部分和技术部分3个部分。

(2) 投标文件的封装要求:投标人应将投标文件装订成册,按照招标文件要求的份数一式几份装袋密封(例如正本1份,副本4份),并在密封的招标文件袋上注明招标项目编号、项目名称、投标单位名称和投标文件字样,封口处加盖公章。

(3) 编制投标文件的注意事项:

① 制作投标文件关键在于目录要详细,不能漏项。

② 招标文件中提供了相关文件格式的一定要遵循,投标人不要自创格式。

③ 资质文件尽量做成扫描件,避免每次都需重新收集。

④ 技术方案力求详细专业、图文并茂、条理清晰。

⑤ 报价文件推荐使用 Excel 制作,采用函数计算价格,以免出错。

⑥ 投标文件应使用 Word 制作,最终目录推荐使用自动生成目录,可以做到目录与页码一一对应。

⑦ 图纸资料推荐使用 AutoCAD 制作。

⑧ 投标文件需要签字盖章的地方不能遗漏签字盖章。

⑨ 投标文件应字迹清楚、内容齐全、表达清楚,不能有涂改、增删处。

2. 投标文件的开标用资料

开标用资料是将开标一览表、投标保证金收据复印件、投标电子文件(用 CD-ROM 光盘装载)以及法人证明书和法人授权书等文件密封在一个信封中(唱标信封),供开标时唱标用。其中,开标一览表是开标时供招标主持人唱标的一个表格,便于评委评标。唱标信封上要写明招标编号、项目名称、投标人名称、地址和邮政编码,然后贴上封条,封条注明开标时间至投标截止时间之前不准启封,并盖上投标人单位公章。

3. 投标文件的商务部分

投标人要严格按照投标文件要求准备招标文件的商务部分,其作用是要表明投标人在硬件和软件,如资质、人员、财务、设备、经验、业绩、获奖等各方面,以及投标报价都是最优秀的,能够达到或超越招标文件的要求。投标文件商务部分的主要内容如下:

(1) 开标一览表。

(2) 法人代表证明书和法人授权委托书,法定代表及其授权委托人身份证明复印件。

(3) 投标人单位简介及组织结构框架图。

(4) 投标人资格证明文件,包括工商营业执照、税务登记证、机构代码证和资质证书等复印件。

(5) 投标总价及分项报价表,分项报价是指根据项目实施阶段人天以及软件功能模块分项报价。

(6) 投标报价说明,包括报价编制依据、投标报价的计算方法等。

(7) 投标人项目经理及团队人员介绍,附人员简历表及技术职称、职业资格、学历、业绩证明和认证工程师证书等的复印件。

(8) 软件授权厂商授权(投标法人与软件厂商法人不一致时)。

(9) 投标人业绩、成功案例,附合同、验收证明等复印件。

(10) 投标人相关获奖证书复印件。

(11) 投标人近3年的年度财务审计报告复印件。

(12) 服务支持能力:在项目现场所在的地区、城市是否设有公司级常设机构或经注册的固定办公场所及技术支持人员,并做简单介绍。

(13) 商务响应偏离表。

(14) 保密承诺书。

(15) 投标人认为需要提供的其他说明和资料。

备注:以上开标一览表、法人代表证明书、法人授权委托书、报价表、资格文件及其他所有复印件均须加盖投标人单位公章。

4. 投标文件的技术部分

投标人应严格按照招标文件要求编制投标文件的技术部分,并对招标文件中的具体要求做出明确响应,不允许简单复制招标文件内容作为投标文件。投标文件技术部分的主要内容如下。

(1) 项目概况:

① 项目名称。

② 运维服务需方(招标人)单位名称、地址、电话、传真、E-mail、联系人等。

③ 项目地点。

④ 项目总投资金额。

⑤ 项目目标。

⑥ 项目背景。

⑦ 运维服务工期(运维服务起止时间)。

⑧ 运维服务实施原则。

⑨ 运维服务主要内容(范围)。

⑩ 信息系统运维服务级别协议(SLA)。

(2) 项目主要内容:包括系统结构、功能、性能和现状简介。

(3) 运维服务理念和宗旨。

(4) 运维服务项目重点和难点分析。

(5) 运维服务总体方案。

(6) 运维服务支持保障体系。

(7) 运维服务计划。

(8) 硬件设备运维服务方案。

(9) 系统硬件备件库。

(10) 软件运维服务方案。

(11) 系统软件备件库。
(12) 应急运维服务方案。
(13) 现场运维服务方案。
(14) 远程运维服务方案。
(15) 运维服务项目监控方案。
(16) 用户培训方案。
(17) 项目管理及质量控制。
(18) 项目沟通管理。
(19) 项目风险管理。
(20) 知识转移服务体系。
(21) 咨询服务方案。
(22) 系统优化服务方案。
(23) 技术响应偏离表。
(24) 技术服务承诺书。

5．投标文件的提交

信息系统运维服务项目投标人应当在招标文件要求提交投标文件的截止时间前将投标文件送达投标地点。招标人拒收截止期后送到的投标文件，并取消投标人的投标资格。招标人收到投标文件后，应当签收保存。在开标以前，所有的投标文件都必须密封、妥善保管，不得开启。

6.5.3 信息系统运维服务项目的开标程序和废标处理

1．开标程序

信息系统运维服务项目开标应按招标文件规定的时间、地点公开进行，并邀请投标单位或其委派的代表参加。开标仪式由招标单位或其委托的招标代理机构组织并主持，同时邀请运维服务项目所在地的省、市质量监督部门参加。需进行公证的，应有公证机关出席。投标人少于 3 个的，不得开标，招标人应当重新招标。投标人对开标有异议的，应当在开标现场提出，招标人应当当场做出答复，并填写记录和现场进行录音、录像。

开标时，应以公开的方式检查所有投标文件的密封情况。招标主持人在招标文件要求提交投标文件的截止时间前收到的所有投标文件，开标时都应当当众予以拆封、宣读。宣读的内容包括投标单位名称、有无撤标情况、提交投标保证金的方式是否符合要求、投标项目的主要内容、投标价格以及其他有价值的事项。开标时，对于投标文件中含义不明确的地方，允许投标单位做简要解释，但所做的解释不能超过投标文件记载的范围，或实质性地改变投标文件的内容。以电传、电报方式投标的，不予开标。开标过程应当记录，并存档备查。记录的内容包括项目名称、招标号、刊登招标通告的日期、发售招标文件的日期、购买招标文件单位的名称、投标单位的名称及报价、截标后收到标书的处理情况等。

在有些情况下，可以暂缓或推迟开标时间，如招标文件发售后对原招标文件做了变更或补充;开标前,发现有足以影响招标公正性的违法或不正当行为;招标单位接到质疑或诉讼;出现突发事故;变更或取消招标计划等。

2. 废标处理

投标人及其提交的投标文件出现下列情况之一者,属于重大偏差,应作为废标处理:
(1) 投标文件未按要求的方式密封。
(2) 投标文件未加盖本单位公章或未经本单位法定代表人(或被授权人)签字。
(3) 投标文件未按招标文件规定的格式、内容要求填写,或字迹潦草、模糊、无法辨认。
(4) 同一投标人提交两个以上不同的投标文件或者投标报价,但招标文件要求的除外。
(5) 投标联合体没有提交共同投标协议。
(6) 投标人不符合国家或者招标文件规定的资格条件。
(7) 投标报价低于成本或者高于招标文件设定的最高投标限价。
(8) 投标人未能按要求提交投标担保函或投标保证金。
(9) 投标文件没有对招标文件的实质性要求和条件做出响应。
(10) 投标人有串通投标、弄虚作假、行贿等违法行为。

6.6 信息系统运维服务项目的评标工作及其后续工作

在信息系统运维服务项目招标投标过程中,评标是该项目招标投标工作的核心,评标工作的公平性、公正性及科学性对确保招标投标双方的正当权益,以及使招标投标工作在我国信息化建设、国民经济建设中发挥实效都具有决定性的意义。

6.6.1 评标委员会和评标方法

评标的目的是根据招标文件确定的标准和方法对每个投标单位的投标文件进行评价和比较,以评出最佳投标单位。评标必须以招标文件为依据,不得采用招标文件规定以外的标准和方法进行评标,凡是评标中需要考虑的因素都必须写入招标文件中。

1. 评标委员会

评标由招标人依法组建的评标委员会负责。评标委员会由招标人的代表和有关技术、经济等方面的专家组成,成员人数为5人以上单数,其中技术、经济等方面的专家不得少于成员总数的2/3。

技术专家应当从事相关领域工作满8年并具有高级职称或者具有同等专业水平,由招标人从国务院有关部门或者省、自治区、直辖市人民政府有关部门提供的专家名册或者招标代理机构的专家库内的相关专业的专家名单中确定;一般招标项目可以采取随机抽取方式,特殊招标项目可以由招标人直接确定。

与投标人有利害关系的人不得进入相关项目的评标委员会,已经进入的应当更换。评标委员会成员的名单在中标结果确定前应当保密。招标人应当采取必要的措施保证评标在严格保密的情况下进行,任何单位和个人不得非法干预、影响评标的过程和结果。

评标委员会应当按照招标文件确定的评标标准和方法对所有投标文件进行评审和比较；招标文件设有标底的，应当参考标底。评标委员会完成评标后，应当向招标人提出书面评标报告，并推荐合格的中标候选人。招标人根据评标委员会提出的书面评标报告和推荐的中标候选人确定中标人，也可以授权评标委员会直接确定中标人。

评标委员会成员应当客观、公正地履行义务，遵守职业道德，对所提出的评审意见承担个人责任。评标的过程要保密。评标委员会成员和评标有关的工作人员不得私下接触投标人，不得透露评审、比较投标书的情况，不得透漏推荐中标候选人的情况以及其他与评标有关的情况。

2. 评标方法

（1）综合评分法：综合评分法是指在最大限度地满足招标文件实质性要求的前提下按照招标文件规定的各项因素进行量化打分，每个投标人的总得分应以去掉一个最高分和一个最低分后的汇总分确定，以评标总得分最高的投标人作为中标候选人或中标人的评标方法。

综合评分法应当在事先招标文件中细化和明确包括价格、技术、财务状况、信誉、业绩、服务、对招标文件的响应程度等在内的评分因素及相应的比重或权值。评标委员会应当对每个通过资格预审且报价不超过预算控制金额的投标人进行评审、打分，然后汇总每个投标人的每项评分因素的得分。

（2）最低评标价法：最低评标价法是指以价格因素确定中标候选人的评标方法，即在满足招标文件实质性要求的前提下，以报价最低的投标人作为中标候选人或中标人的评标方法。采用最低评标价法的，中标人的投标应当符合招标文件规定的资质、技术要求和标准，但评标委员会无须对投标文件的技术部分进行价格折算。采用最低评标价法的招标项目，评标委员会应先按招标文件要求对投标文件进行资格性检查和符合性检查，通过资格性检查和符合性检查且报价不超过预算控制金额并同时具备以下条件的投标人应当确定为中标候选人或中标人：

① 满足招标文件实质性要求。

② 投标的价格最低。最低投标价者为两人以上的，抽签决定中标者。

（3）性价比法：性价比法是指除价格因素外，经过对投标文件进行评审计算出各评分因素的总分，除以投标报价，以商数最高的投标人作为中标候选人或中标人的评标方法。

采用性价比法，评标委员会应先对投标文件进行资格性检查和符合性检查、技术评议，然后对每个通过资格性检查和符合性检查及技术评议的投标人进行评价、打分，并汇总每个投标人的得分值，各评分因素和权重应事先在招标文件中细化和确定。

6.6.2 评标内容和程序

1. 评标内容

评标应按招标文件中规定的原则和方法进行，一般除考虑投标报价以外，还要对技术方案、服务条件、业绩、人员、财务能力等进行全面评审和综合分析，最后选出最优的投标人。

(1) 商务评审：商务评审主要由评委中的经济专家负责进行，主要是对投标报价的构成、计价方式、计算方法、支付条件、取费标准、价格调整、税费、保险及优惠条件等进行评审。在国际工程项目或服务项目招标文件中，报关、汇率、支付方式等也是重要的评审内容。招标文件给出标底的，招标人应当在开标时公布。标底只能作为评标的参考，不得以投标报价是否接近标底作为中标条件，也不得以投标报价超过标底上下浮动范围作为否决投标的条件。

商务评审的核心是评价投标人在履约过程中可能给招标人带来的风险，鉴定各投标价的合理性，并找出投标价高与低的主要原因。对于单个合同，从理论上讲，如果报价过低，后果应由投标单位负责，但要分析单价过低给投标单位带来的巨大风险，以及投标单位可能采取各种手段将部分风险转移给招标人，使实际费用超过合同价。

(2) 技术评审：技术评审主要是对投标单位的技术能力能否保质、保量如期完成所承担的项目任务所做的审查。技术评审主要由评委中的技术专家负责进行，主要是对投标书的技术方案、技术措施、技术手段、技术装备、人员配置、组织方法和进度计划的先进性、合理性、可靠性、安全性、经济性进行分析评价，这是投标人按期保质、保量完成招标项目的前提和保证，必须高度重视。尤其是大型、特大型、非常规、工艺复杂、技术含量高的项目，如果招标文件要求投标人拟派任的投标项目负责人参加答辩，评标委员会应组织他们答辩，这对于了解投标人的项目负责人的工作能力、工作经验和管理水平都有好处。没有通过技术评审的标书，不能中标。

技术评审的主要内容如下：

① 检查投标文件的完整性，是否按招标文件的要求做出了反应。

② 着重评审技术方案的合理性。

③ 评审实施计划、方法和措施的可行性，包括所配备的设备、测试仪器的性能是否合适、数量是否充分、安全措施是否可靠等。

(3) 投标人的澄清、说明：投标文件中有含义不明确的内容、明显文字或者计算错误，评标委员会认为需要投标人做出必要澄清、说明的，应当书面通知该投标人。投标人的澄清、说明应当采用书面形式，并不得超出投标文件的范围或者改变投标文件的实质性内容。评标委员会不得暗示或者诱导投标人做出澄清、说明，不得接受投标人主动提出的澄清、说明。

2. 评标程序

在确定中标人前，招标人不得与投标人就投标价格、投标方案等实质性内容进行谈判。评标程序分为初步评标和详细评标两个阶段。

(1) 初步评标：初步评标又称为符合性审查，其工作内容比较简单，但却是非常重要的一步。初步评标的内容包括投标单位资格是否符合要求，投标文件是否完整，是否按规定方式提交投标保证金，投标文件是否基本上符合招标文件的要求，有无计算上的错误等。如果投标单位资格不符合规定，或投标文件未做出实质性的反应，都应作为无效投标处理，不得允许投标单位通过修改投标文件或撤销不合要求的部分而使其投标具有响应性。

经初步评标，凡是确定为基本上符合要求的投标，下一步要核定投标文件中有没有计算

和累计方面的错误。在修改计算错误时,要遵循下面两条原则:

① 如果数字表示的金额与文字表示的金额有出入,要以文字表示的金额为准。

② 如果价格和数量的乘积与总价不一致,要以单价为准。但是如果招标人认为有明显的小数点错误,此时要以投标书的总价为准,并修改单价。如果投标单位不接受根据上述修改方法而调整的投标价,可拒绝其投标并没收其投标保证金。

(2) 详细评标：详细评标又称为实质性审查。在完成初步评标以后,下一步就进入详细评定和比较阶段,只有在初步评标中确定为基本合格的投标才有资格进入详细评定和比较阶段,具体的评标方法取决于招标文件中的规定,并按评标价的高低由低到高评定出各投标人的排列次序。

评审方法可以分为专家定性评议法和专家定量评议法。专家定性评议法是由评标委员共同对各投标书的各分项进行认真比较分析后以协商和投票的方式确定中标人。这种方法评标过程简单,在短时间内即可完成,但科学性较差。

专家定量评议法是专家在对投标书认真审阅的基础上采用招标文件中规定的评标方法(综合评分法、最低评标价法、性价比法等)对投标书的各项内容进行量化比较。评标中的评价指标量化是一件复杂而困难的工作,定得不好就会导致评标的结论错误,使招标人选不到真正优秀的投标人,目前尚无统一的、公认的科学量化手法。小型招标项目的评标一般采用定性比较法,中型以上项目一般都采用量化评标法。

(3) 评标报告：评标结束时,评标委员会应当向招标人提交书面评标报告和中标候选人名单。中标候选人应当不超过3个,并标明排序。评标报告应当由评标委员会全体成员签字。对评标结果有不同意见的评标委员会成员应当以书面形式说明其不同意见和理由,评标报告应当注明该不同意见。评标委员会成员拒绝在评标报告上签字且不书面说明其不同意见和理由的,视为同意评标结果。如果评标委员会经过评审,认为所有投标都不符合招标文件的要求,可以否决所有投标。出现这种情况后,招标人应认真分析招标文件的有关要求以及招标过程,对招标工作范围或招标文件的有关内容做出实质性修改后重新进行招标。

6.6.3 评标的后续工作

1. 公示中标候选人

招标人应当自收到评标报告之日起3日内公示中标候选人,公示期不得少于3日。投标人或者其他利害关系人对评标结果有异议的,应当在中标候选人公示期间提出。招标人应当自收到异议之日起3日内做出答复;在做出答复前,应当暂停招标投标活动。

招标人应当确定排名第一的中标候选人为中标人。排名第一的中标候选人放弃中标、因不可抗力不能履行合同、不按照招标文件要求提交履约保证金,或者被查实存在影响中标结果的违法行为等情形,不符合中标条件的,招标人可以按照评标委员会提出的中标候选人名单排序依次确定其他中标候选人为中标人,也可以重新招标。

中标候选人的经营、财务状况发生较大变化或者存在违法行为,招标人认为可能影响其履约能力的,应当在发出中标通知书前由原评标委员会按照招标文件规定的标准和方法审查确认。

2. 签发中标通知

中标人确定后,招标人应当及时向中标人发出中标通知书,同时将中标结果通知所有未中标的投标人,并在确定中标人之日起15日内向有关行政监督部门提交招标投标情况的书面报告。中标通知书的主要内容有中标人名称,中标价,商签合同时间、地点,提交履约保证的方式、时间。中标通知书对招标人和中标人具有法律效力。中标通知书发出后,招标人改变中标结果或者中标人放弃中标项目的,应当依法承担法律责任。

3. 签订合同

招标人和中标人应当自中标通知书发出之日起30日内按照招标文件和中标人的投标文件订立书面合同。合同签订前,允许相互澄清一些非实质性的技术性或商务性问题,但招标人和中标人不得再行订立背离实质性内容的其他协议,不得要求投标单位承担招标文件中没有规定的义务,也不得有标后压价的行为。招标文件要求中标人提交履约保证金的,中标人应当按照招标文件的要求提交,履约保证金不得超过中标合同金额的10%。

中标人应当按照合同约定履行义务,完成中标项目。中标人不得向他人转让中标项目,也不得将中标项目肢解后分别向他人转让。中标人按照合同约定或者经招标人同意,可以将中标项目的部分非主体、非关键性工作分包给他人完成,接受分包的人应当具备相应的资格条件,并不得再次分包。中标人应当就分包项目向招标人负责,接受分包的人就分包项目承担连带责任。

4. 退还投标保证金及其利息

招标人最迟应当在书面合同签订后5日内向中标人和未中标的投标人退还投标保证金及银行同期存款利息。

6.7 投标人的法律责任

投标人的法律责任是指投标人在投标过程中对其所实施的行为应当承担的法律后果。按照投标人承担责任的不同法律性质,其法律责任分为民事法律责任、刑事法律责任和行政法律责任。

6.7.1 投标人的投诉与处理

1. 投标人投诉的有关规定

投标人和其他利害关系人认为招标投标活动不符合国家法律法规有关规定的,有权向招标人提出异议或者依法向有关行政监督部门投诉。

(1) 投标人或者其他利害关系人认为招标投标活动不符合法律法规规定的,可以自知道或者应当知道之日起10日内向有关行政监督部门投诉,投诉应当有明确的请求和必要的证明材料。

(2) 行政监督部门应当自收到投诉之日起 3 个工作日内决定是否受理投诉,并自受理投诉之日起 30 个工作日内做出书面处理决定;需要检验、检测、鉴定、专家评审的,所需时间不计算在内。

(3) 投诉人就同一事项向两个以上有权受理的行政监督部门投诉的,由最先收到投诉的行政监督部门负责处理。

(4) 投标人或者其他利害关系人捏造事实、伪造材料或者以非法手段取得证明材料进行投诉,给他人造成损失的,依法承担赔偿责任。

2. 投标人投诉不予受理的情况

投标人和其他利害关系人有下列情况之一的投诉不予受理:
(1) 投诉人不是所投诉招标投标活动的参与者,或者与投诉项目无任何利害关系。
(2) 投诉事项不具体,且未提供有效线索,难以查证的。
(3) 投诉书未署具投诉人真实姓名、签字和有效联系方式的;以法人名义投诉的,投诉书未经法定代表人签字并加盖公章的。
(4) 超过投诉时效的。
(5) 已经做出处理决定,并且投诉人没有提出新的证据的。
(6) 投诉事项已进入行政复议或者行政诉讼程序的。

6.7.2 投标人的民事责任

投标人的民事责任是指投标人因不履行法定义务或违反合同而依法应当承担的民事法律后果。目前,我国对于投标人的行为规范主要体现在《招标投标法》、《合同法》、《反不正当竞争法》等法律规范中。投标人承担民事责任的主要方式表现为中标无效、承担赔偿责任、转让无效、分包无效、履约保证金不予退回等。

1. 中标无效的民事责任

(1)《招标投标法》第 53 条中规定,投标人相互串通投标或者与招标人串通投标的,投标人以向招标人或者评标委员会成员行贿的手段牟取中标的,中标无效。《反不正当竞争法》第 27 条中规定,投标者串通投标、抬高标价或者压低标价;投标者互相勾结,以排挤竞争对手的公平竞争的,其中标无效。

属于或视为投标人相互串通投标的情况如下:
① 投标人之间协商投标报价等投标文件的实质性内容。
② 投标人之间约定中标人。
③ 投标人之间约定部分投标人放弃投标或者中标。
④ 属于同一集团、协会、商会等组织成员的投标人按照该组织要求协同投标。
⑤ 投标人之间为牟取中标或者排斥特定投标人而采取的其他联合行动。
⑥ 不同投标人的投标文件由同一单位或者个人编制。
⑦ 不同投标人委托同一单位或者个人办理投标事宜。
⑧ 不同投标人的投标文件载明的项目管理成员为同一人。

⑨ 不同投标人的投标文件异常一致或者投标报价呈规律性差异。
⑩ 不同投标人的投标文件相互混装；不同投标人的投标保证金从同一单位或者个人的账户转出。

属于招标人与投标人串通投标的情况如下：
① 招标人在开标前开启投标文件并将有关信息泄露给其他投标人。
② 招标人直接或者间接向投标人泄露标底、评标委员会成员等信息。
③ 招标人明示或者暗示投标人压低或者抬高投标报价。
④ 招标人授意投标人撤换、修改投标文件。
⑤ 招标人明示或者暗示投标人为特定投标人中标提供方便。
⑥ 招标人与投标人为谋求特定投标人中标而采取的其他串通行为。

(2)《招标投标法》第54条中规定，投标人以他人名义投标或者以其他方式弄虚作假，骗取中标的，中标无效。

属于以其他方式弄虚作假的行为如下：
① 使用伪造、变造的许可证件。
② 提供虚假的财务状况或者业绩。
③ 提供虚假的项目负责人或者主要技术人员简历、劳动关系证明。
④ 提供虚假的信用状况。
⑤ 其他弄虚作假的行为。

2. 赔偿损失的民事责任

《招标投标法》第54条中规定，投标人以他人名义投标或者以其他方式弄虚作假，骗取中标的，给招标人造成损失的，依法承担赔偿责任。

本条所定的损害赔偿对象是因投标人的骗取中标行为而遭受损害的招标人，投标人的赔偿范围既包括直接损失也包括间接损失。直接损失如因骗取中标导致中标无效后重新进行招标的成本等；间接损失如项目的预期收益的损失等。

3. 转让无效、分包无效的民事责任

《招标投标法》第58条中规定，中标人将中标项目转让给他人的，将中标项目肢解后分别转让给他人的，违反本法规定将中标项目的部分主体、关键性工作分包给他人的，或者分包人再次分包的，转让、分包无效。投标人在中标后不按法律规定进行中标项目分包的，投标人应当承担转让无效、分包无效的责任。该无效为自始无效，即从转让或者分包时起就无效。因该行为取得的财产应当返还给对方当事人，有过错的一方当事人应对无效行为给他人造成的损失承担赔偿责任。

4. 履约保证金不予退还的民事责任

根据《招标投标法》的规定，中标人不履行与招标人订立的合同的，履约保证金不予退还，给招标人造成的损失超过履约保证金数额的，还应当对超过部分予以赔偿；没有提交履约保证金的，应当对招标人的损失承担赔偿责任。

6.7.3 投标人的行政责任

投标人的行政责任是指投标人因违反行政法律规范依法应当承担的法律后果。投标人承担行政责任的主要方式有警告、罚款、没收违法所得、责令停业、取消投标资格及吊销营业执照。

1. 投标人承担行政法律责任的方式

《招标投标法》中关于投标人承担行政法律责任方式的规定如下：

（1）投标人相互串通投标或者与招标人串通投标的，投标人以向招标人或者评标委员会成员行贿的手段牟取中标的，处中标项目金额5‰以上10‰以下的罚款，对单位直接负责的主管人员和其他直接责任人员处单位罚款数额5%以上10%以下的罚款；有违法所得的，并处没收违法所得；情节严重的，取消其一年至两年内参加依法必须进行招标的项目的投标资格并予以公告，直至吊销营业执照。

（2）投标人以他人名义投标或者以其他方式弄虚作假，骗取中标的，依法必须进行招标的项目的投标人所列行为尚未构成犯罪的，处中标项目金额5‰以上10‰以下的罚款，对单位直接负责的主管人员和其他直接责任人员处单位罚款数额5%以上10%以下的罚款；有违法所得的，并处没收违法所得；情节严重的，取消其一年至三年内参加依法必须进行招标的项目的投标资格并予以公告，直至由工商行政管理机关吊销营业执照。

（3）中标人将中标项目转让给他人的，将中标项目肢解后分别转让给他人的，违反本法规定将中标项目的部分主体、关键性工作分包给他人的，或者分包人再次分包的，处转让、分包项目金额5‰以上10‰以下的罚款；有违法所得的，并处没收违法所得，可以责令停业整顿；情节严重的，由工商行政管理机关吊销营业执照。

（4）中标人不按照与招标人订立的合同履行义务，情节严重的，取消其两年至五年内参加依法必须进行招标的项目的投标资格并予以公告，直至由工商行政管理机关吊销营业执照。

（5）投标人串通投标、抬高标价或者压低标价；投标者相互勾结，以排挤竞争对手的公平竞争的，监督检查部门可以根据情节处1万元以上20万元以下的罚款。

2. 政府采购投标人承担行政法律责任的行为

《政府采购法》中关于供应商（投标人）承担行政法律责任方式的规定如下：

供应商（投标人）有下列情形之一的，处以采购金额5‰以上10‰以下的罚款，列入不良行为记录名单，在一至三年内禁止参加政府采购活动；有违法所得的，并处没收违法所得；情节严重的，由工商行政管理机关吊销营业执照；构成犯罪的，依法追究刑事责任。

（1）提供虚假材料牟取中标成交的。
（2）采取不正当手段诋毁、排挤其他供应商的。
（3）与采购人、其他供应商或者采购代理机构恶意串通的。
（4）向采购人、采购代理机构行贿或者提供其他不正当利益的。
（5）在招标采购过程中与采购人进行协商谈判的。

(6) 拒绝有关部门监督检查或者提供虚假情况的。

供应商(投标人)有前款第(1)至(5)项情形之一的,中标、成交无效。

6.7.4 投标人的刑事责任

投标人的刑事责任是指投标人因实施刑法规定的犯罪行为所应承担的刑事法律后果,刑事法律责任是投标人承担的最严重的一种法律后果,主要有以下几种情况。

(1)承担串通投标罪的刑事责任:投标人相互串通投标报价,损害招标人或者其他招标人利益的,情节严重的,处3年以下有期徒刑或者拘役,并处或单处罚金。投标人与招标人串通投标,损害国家、集体、公民合法权益的,处3年以下有期徒刑或拘役,并处或单处罚金。

(2)承担合同诈骗罪的刑事责任:投标人以非法占有为目的,在签订、履行合同过程中骗取对方当事人财物,数额较大的,处3年以下有期徒刑或者拘役,并处或者单处罚金;数额巨大或者有其他严重情节的,处3年以上10年以下有期徒刑,并处罚金;数额特别巨大或者有其他特别严重情节的,处10年以上有期徒刑或者无期徒刑,并处罚金或者没收财产。

(3)承担行贿罪的刑事责任:投标人向招标人或者评标委员会成员行贿,构成犯罪的,处3年以下有期徒刑或者拘役。单位犯前款罪的,对单位判处罚金,并对其直接负责的主管人员和其他直接责任人员依照前款的规定处罚。

本 章 小 结

招标投标的内涵是在市场经济条件下进行大宗货物的买卖、工程建设项目的发包与承包以及服务项目的采购与提供时所采用的一种交易方式。招标人通过发布招标公告或者向一定数量的特定供应商、承包商、服务提供商发出招标邀请等方式发出招标采购的信息,提出所需采购的项目的性质及其数量、质量、技术要求,交货期、竣工期或提供服务的时间,以及其他有关供应商、承包商、服务提供商的资格要求等招标采购条件,由各有意参加投标的单位或个人提供采购所需货物、工程或服务的报价及其他响应招标要求的条件,参加投标竞争。经招标方对各投标者的报价及其他的条件进行审查比较后,从中择优选定中标者,并与其签订采购合同。公开、公平、公正和诚实信用是招标投标应当遵循的四项基本原则,在这些原则中,公平竞争是核心,公开透明是体现,公正和诚实信用是保障。

通过本章的学习,首先要了解信息系统运维服务项目可行性研究和项目申报立项的主要内容,其次要了解招标投标的定义、基本条件、原则和作用,以及招标投标相关的法律法规,包括《招标投标法》《政府采购法》《招标投标法实施条例》及法律、法规、标准和规章制度的关系。本章学习的重点是要了解和熟悉信息化工程必须进行招标的项目范围,招标投标活动的原则和分类,招标代理、投标保证金和履约保证金等基本概念;要了解和掌握信息系统运维服务招标应具备的条件、招标的方式、招标范围、招标程序等内容;特别是要着重了解、熟悉和掌握信息系统运维服务项目投标程序、投标文件的编制和提交、开标程序和废标处理、评标工作及其后续工作,包括评标委员会和评标方法、评标内容和程序、公示中标候选人、签发中标通知、签订合同和退还投标保证金及其利息等,要全面了解和掌握投标人的法律责任,包括民事法律责任、行政法律责任和刑事法律责任。

习 题

1. 信息系统运维服务项目可行性研究的内容有哪些?如何进行可行性研究的阶段划分?
2. 简述招标投标的基本条件、原则和作用。
3. 招标投标相关的法律法规主要有哪些?
4. 简述信息化工程招标的范围、分类、招标代理、投标保证金和履约保证金的内容。
5. 信息系统运维服务招标的条件有哪些?简述信息系统运维服务招标方式和程序。
6. 简述信息系统运维服务项目投标程序、开标程序和废标处理。
7. 简述信息系统运维服务项目投标文件的构成、封装要求和注意事项。
8. 简述投标文件开标用资料、商务部分、技术部分的主要内容。
9. 信息系统运维服务项目评标工作及其后续工作有哪些?
10. 对组成评标委员会的成员结构有什么样的要求?
11. 评标方法有哪几种?简述评标内容和程序。
12. 投标人投诉的有关规定有哪些?
13. 在什么情况下投标人投诉不予受理?
14. 简述投标人的民事法律责任、行政法律责任和刑事法律责任。

第7章 信息系统运维服务的组织机构

主要内容
(1) 信息系统运维服务机构的设置。
(2) 信息系统运维服务机构组织模式的类型。
(3) 信息系统运维服务组织模式的选择。
(4) 信息系统运维服务的团队建设。
(5) 企业对驻现场服务机构的监督管理。

7.1 现代组织论的基本概念

信息系统运维服务管理最强调的就是人员、流程和技术三大要素的有机结合,只有把信息系统运维服务管理当作一个整体系统,重视人员、流程、服务、工具之间的整体规划与动态协调,才能促进信息系统运维服务管理体系的和谐运行。信息系统运维服务组织机构作为运维服务实施的核心,担负着沟通信息、协调矛盾、统一步调、组织运转、制定决策的重任,是实施有效服务的保证。

现代组织理论的研究表明,组织是除了劳动力、劳动资料、劳动对象之外的第四大生产力要素,三大生产力要素间可以相互替代,而组织是不能替代的,组织可使其他生产力要素合理配置。随着其他生产力要素相互依赖的增加和系统化、综合化的新趋势,组织在提高服务质量和经济效益方面的作用越来越显著。

7.1.1 组织的含义及作用

1. 组织的含义

组织是人们为了实现一定的目标互相结合、指定职位、明确责任、分工合作、协调行动的人工系统及其运转过程。组织的含义说明了四层意思:

(1) 组织必须具有明确的目标,目标是组织存在的前提及组织活动的出发点和落脚点。
(2) 组织内部必须有不同的层次与相应的责任制,其成员在各自岗位上为实现共同目标而分工合作,是组织产生高效能的保证。
(3) 组织是一个诸要素相互作用的人工系统,它是由领导人或一个领导集团决策组建起来的为达到共同目标而相互作用或相互依赖的协作团体。
(4) 组织不仅要设立部门机构,而且更要注意其运转过程。在运转过程中,对所需要的一切资源(人、物、财、信息等)以有序、有机、富有成效的方式进行合理配置,以保证运转正常,从而有助于组织的生存、稳定与发展。

围绕组织的含义,现代组织学研究两大部分内容:一是静态的组织结构,研究组织原则、组织形式、组织效应等,着重于结构合理、精干高效;二是动态组织行为学,研究组织如何考察和分析员工的工作能力、心理素质、主观意志、心理状态及人际关系的影响,追求群体内个人心情舒畅、彼此和睦融洽,研究组织的目标与个人的需要互相一致,以充分发挥人的作用,增强组织的亲和力,增加成员的归属感,以及在系统运作过程中各要素的合理配置。两方面的内容在实际操作中不是截然分割而是密切相关的,组织者必须根据组织的内部要素(组织精神、战略目标、资金、技术设备、人员素质、规章制度、管理水平等)和外部要素(政治体制、经济结构、文化背景、社会状况、市场需求、竞争对手、学校教育、家庭幸福、国际环境等)审时度势,系统地考虑建立和变革组织。

2. 组织的重要作用

组织具有以下重要作用:

(1) 能为组织内部所有的成员提供明确的指令,使每个成员都能按时、按质和按量地完成任务。

(2) 能使每个成员了解自己在组织中的工作关系和他的隶属关系,有助于组织内部的合作,使组织活动更具有秩序性和预见性。

(3) 有助于及时总结组织活动的成功经验和失败教训,及时协调与改善组织结构,使组织成员的职责范围更加明确合理,以适应形势、环境的变化和发展,从而提高组织的竞争能力和综合效益。

(4) 使每个成员不仅明确完成工作任务的职责和义务,而且了解自己应有的权力,并能正确地运用,这样在实现组织目标的同时也满足了成员的需要,从而增强成员的向心力、自信心和锐意进取精神。

7.1.2 组织结构和组织设计的原则

1. 组织结构

组织结构是表现组织部分排列顺序、空间位置、聚集状态、联系方式以及各要素之间相互关系的一种模式,是组织的框架体系。就像人类由骨骼确定体型一样,组织也是由结构来决定其形状的。组织结构决定了组织中物流、信息流和资金流的流动方向,决定了作业流程的顺序及工作效率,组织能否顺利地达到目标,能否促进组织中每个成员在实现目标过程中做出贡献,在很大程度上取决于组织结构的完善程度。

2. 组织设计的原则

组织设计是对组织活动和组织结构的设计过程,是一种把目标、任务、责任、权力和利益进行有效组织与协调的活动。组织设计应该遵循下列原则。

(1) 目的性原则:目的性是人的社会行为的原动力,是组织系统存在与发展的原动力,是组织行为的出发点和终结点。组织设计的根本目的在于确保组织目标的实现。从这一目标出发,就会因目标而设事,因事而设人、设机构、分层次,因事而定岗定责,因责而授权。

(2) 有效管理跨度原则:组织设计时必须考虑组织运行中的有效性,即管理跨度与管理层次的问题。管理跨度是指一个管理者直接有效地指挥和协调下级的人数或指一个上级职位指挥和协调下级职位的数目。管理层次是指管理系统中划分为多少等级。管理跨度体现了组织的横向结构,管理层次则决定了组织的纵向结构。显然,两者呈反比关系。管理跨度大,管理层次就少;反之,管理跨度小,管理层次就多。适当的管理跨度是组织设计的一条重要原则,管理跨度过小,会导致不适当地增加管理层次,使管理者的才能不能充分发挥。如果管理跨度过大,则会由于管理者的精力、知识、经验等的局限性而造成顾此失彼、管理失调。图 7-1 所示的组织机构设置流程就反映了这种不可违背的逻辑关系。

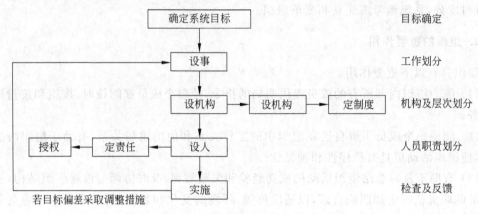

图 7-1 组织机构设置流程图

(3) 集权与分权相结合原则:集权就是把权力相对集中于高层管理者。集权的主要优点是便于组织的集中统一管理,能够有效地系统安排各种资源,统一指挥各项活动,统一协调各部门之间的关系,有利于充分发挥高层管理者的聪明才智和工作能力。它的缺点是由于统得过死,限制了下属管理者的主动性和创造性;由于组织层次多,延长了组织的纵向指令和信息沟通的渠道,降低了管理的灵活性,增大了管理的难度,且难以培养出综合业务能力强的管理人才。

分权是授权的扩大,就是赋予下属工作时所应有的权力。分权的优点是能激发各级管理人员的积极性、主动性和创造性,对客观情况的变化能迅速做出反应,有利于各级管理人员发挥才干和早期成熟,并使最高管理层摆脱日常事务,集中精力于重大决策的研究。分权的缺点主要是容易产生协调困难、各自为政、本位主义现象。

集权与分权的关系是辩证关系,两者相互依存、相互作用。集权的程度应以积极发挥下属管理者的主动性、激发组织的活力为准;分权的限度应以上级管理能有效控制下属为限。应当注意的是,上级管理者不要越级指挥,否则对能力强的人会产生不信任感,使其离心离德;对能力差的人则培养出无能的下属。

(4) 责、权、力、效、利相匹配的原则:这一原则是组织设计的一项极为重要的原则。这一原则要求职责要明确、权力要对应、能力要相当、效益要界定、利益要挂钩。理论研究和实践都证明:有责无权(或责大权小)会出现指挥不灵、组织不能正常运行的现象;有权无责容易产生瞎指挥和滥用权力,从而破坏组织活动与组织系统的效能;有职有权而能力、素质差,特别是政治、道德素质低劣的人,会背离组织目标,搞乱组织活动,整垮组织结构;利益不能与责任、权力发生固定关联而应与工作业绩、效益直接挂钩,且奖惩要分明,要兑现,否则会严重挫伤大家的积极性,使组织失去活力。

7.2 信息系统运维服务机构和组织模式

根据信息系统运维服务(ITOMS)的对象(需方)和用户需求的特点、性质、服务功能、地理位置、服务环境等因素来设置运维服务机构,并确定其组织模式。信息系统运维服务能力与其组织机构的设置、技术储备、相应资质、信用等级、服务类型、质量管理体系,以及员工整体素质及个体服务能力,包括员工业务素养、专业知识、服务水平、工作经验和职业道德水平等有着紧密的关系。

7.2.1 信息系统运维服务机构的设置和组织模式的类型

1. 信息系统运维服务机构的设置

信息系统运维服务(ITOMS)的工作任务存在于运维服务生命周期的所有阶段和方面,信息系统运维服务职能必然是涉及运维服务实施的所有方面,因此,信息系统运维服务供方应考虑到用户服务需求、服务范围和规模、难易程度、合同工期、地理位置、现场条件等因素,从实际出发,根据不同情况设置现场运维服务管理机构。

(1) 一级服务机构:一般情况下,如果信息系统运维服务的服务范围和规模为中小型系统,运维服务现场在运维服务提供商所在城市内,即本地项目,如本地的金融单位计算机系统或本地的网络工程、智能大厦工程等,可在运维服务现场设置一级服务机构,即设置信息系统运维服务办公室(也称为运维服务部)。

(2) 二级服务机构:如果信息系统运维服务(ITOMS)的范围和规模为技术复杂的大型系统,或有两个以上(多个)独立的系统现场位于某一地区附近,位置相对比较集中,但又不在供方所在城市内,即外地工程,可在各运维服务现场设置一级服务机构(运维服务部),同时还要在该地区设置二级服务机构,即设置地区信息系统运维服务办公室,简称地区办。地区办的主要工作是负责管理该地区的所有一级服务机构组织,即运维服务现场反映要求公司出面解决的一些问题。

(3) 三级服务机构:若多个独立系统的运维服务实施现场不在供方所在的省份内,即外省工程,离供方所在地比较远,且系统的运维服务实施现场位置比较分散,位于不同的几个地区,或该省信息系统运维服务业务比较多,有进一步拓展公司业务市场的前景,在这种情况下,通常可在该省会或大区城市设置三级服务机构,即设立分公司,管理和协调该省份或大区各地区办要求公司出面解决的问题。

(4) 四级服务机构:在运维服务提供商公司本部建立信息技术服务总监办公室,由法人代表任命信息技术服务总监担任负责人。信息技术服务总监是公司的高阶主管职位之一,是信息系统运维服务的最高负责人,主要负责信息系统运维服务管理体系的建设和维护,制定技术标准和相关流程,处理解决各分公司、地区办和服务现场反映的要求公司出面解决的问题。同时,信息技术服务总监办公室还要经常派工程师到各个信息系统运维服务现场巡视检查,主动发现和解决信息系统运维服务中存在的问题。

另外,该办公室还要负责建立信息系统运维服务专家库和设置专家顾问委员会,专家库的成员是分布于全国各地不同单位的相关专业专家。信息技术服务总监及其办公室以专家库的形式与这些专家建立起比较密切的联系,目的在于充分发挥和利用相关专业专家的渊博知识、丰富经验,通过专家会诊及远程服务支撑系统,协助运维服务工程师迅速解决运维服务项目现场所遇到的棘手的疑难杂症等问题。

2. 信息系统运维服务组织模式的类型

信息系统运维服务(ITOMS)的主要特性如功能性、安全性、可靠性、有形性、响应性、友好性等,客观上要求运维服务提供商建立一个有效的、较为发达的层级组织,以防止由于行政协调机制无效而造成的资源配置不合理。目前,世上还没有什么普遍适用的、统一的组织模式理论和方法,而应该根据服务公司所处的内部条件和外部环境权宜应变,灵活掌握。通常,将运维服务提供商看作是一个开放的系统,究竟应采用何种组织结构应视具体情况而定,不可能有普遍适用的结构模式。根据信息系统运维服务管理环境,通常将其组织模式分为职能式、项目式、矩阵式和事业部式4种类型。

7.2.2 职能式组织模式

1. 职能式组织模式的概念

职能式组织模式是一个层次化的组织结构,每个成员有一个明确的上级。企业按职能以及职能的相似性来划分部门,如一般企业要生产市场需要的产品必须具有设计、工程、生产、营销、财务、人事等职能,那么企业在设置组织部门时按照职能的相似性将所有产品设计工作及相应人员归为计划设计部门、从事营销的人员划归营销部门,等等,企业便有了设计、工程、生产、营销、财务、人事等部门。采用职能标准来设计部门是一种最自然、最方便、最符合逻辑的思维,大多数企业都采用这种组织模式。职能式组织结构见图7-2。

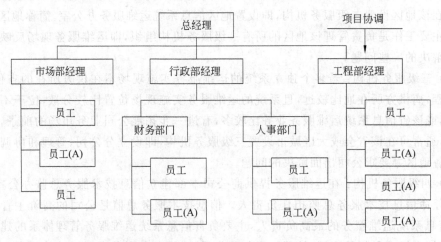

图7-2 职能式组织示意图(注:带A的为去做运维服务的员工)

信息系统运维服务管理采取职能式组织模式时,运维服务工作由组织中现有的设计、生产、营销、质量、财务等职能部门完成。运维服务项目实施时,有的指定了项目经理,有的没有指定项目经理,不论有无项目经理,运维服务工作实际上是由总经理全权负责,职能部门负责人作为服务工作协调人。

这种组织或服务团队是按照传统的职能部门组成的,多数服务组织或团队的成员是局限在一个职能部门之中的人员。通常,在这种服务组织中项目经理和服务管理人员都是兼职的,一般也不从直线职能组织的其他部门选派专职的服务工作人员,而且项目经理的权利和权威性很小,甚至很少使用项目经理这个头衔。服务团队成员大多数是兼职的,也有部分是专职的。兼职的服务团队成员身负双重职责,一方面未离开原来的工作职务,一方面又肩负运维服务工作实施的重任,所以该模式的组织成员身受双重领导,即同时接受项目经理和原职能部门领导的管理。这样,有时就不可避免地产生冲突,当原来的职能岗位和运维服务部对某个成员的需要发生矛盾时,这就需要更多的协调,有时这种协调可能超过项目经理的权限。职能式组织比较适合小型信息系统运维服务项目的管理。

2. 职能式组织的优点

采取职能式组织模式有利于充分发挥资源集中的优势,在人员使用上具有较大的灵活性;技术专家可同时被不同的服务项目使用;同一部门的专业人员在一起易于交流知识和经验;当有人离开服务团队时,仍能保持团队服务的技术连续性;可以为本部门的专业人员提供一条正常的升迁途径。

3. 职能式组织的缺点

职能部门更多的考虑的是自己的日常工作,而不是项目和用户的利益;职能部门的工作方式是面向本部门的活动,必须面向问题;由于责任不明,容易导致协调困难和局面混乱;由于在项目和用户之间存在多个管理层次,容易造成对用户的响应迟缓;不利于调动参与服务团队人员的积极性;跨部门的交流沟通有时比较困难。

7.2.3 项目式组织模式

1. 项目式组织模式的概念

项目式组织是从公司组织分离出来的,是一种单目标的垂直组织方式,每个项目都任命了专职的项目经理。项目式组织结构如图 7-3 所示。

项目式组织是一种模块式的组织结构,是按项目来划分所有资源,即每个项目有完成运维服务任务所必需的所有资源,每个项目实施组织有明确的项目经理。项目经理也就是项目团队的负责人,对上直接接受企业主管或大项目经理领导,对下负责本项目资源的运用以完成运维服务任务。在项目式组织结构中,各个运维服务部之间相对独立,每个项目团队都拥有自己的项目经理和所必需的职能部门,自行进行运维服务实施,独立进行核算,其运行机制与一个总公司中的分公司相同。

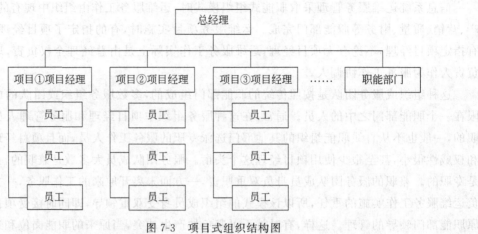

图 7-3 项目式组织结构图

这种组织中的成员绝大多数分属于不同的运维服务组织或团队,多数是专职的运维服务工作人员,只有少数是临时抽调的。这种组织的项目经理都是专职的,而且在整个组织中十分独立和具有权威性。这种组织的项目团队由专职的项目经理、专职的项目管理人员、专职的运维服务工作人员和少量临时抽调的兼职服务工作人员构成,兼职的服务工作人员中大多数是一些特殊的专业技术人才。

项目式组织结构比较适用于大型、复杂的项目,如图 7-4 所示。

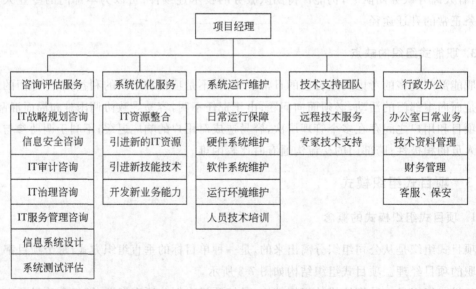

图 7-4 某大型企业集团(外包)信息系统运行维护服务项目式组织结构示意图

2. 项目式组织的优点

项目式组织结构相对简单灵活,易于操作,便于组织内部的沟通协调。在这种类型的组织中,项目经理对项目全权负责,享有较大的自主权,可以较方便地调用整个组织内、外的资源。项目式组织结构适用于大型、复杂的项目,归纳起来优点如下。

(1)目标明确及统一指挥:项目式组织是基于某个具体项目专门组建起来的,圆满完成项目任务是该组织的首要目标,而每个项目团队成员的责任及目标也是通过对项目总目标的分解获得的。同时组织成员只受项目经理领导,命令单一,避免了多重领导、无所适从的局面。权力的集中使决策的速度得以加快,能够对用户的需求和高层管理者的意图更快地做出响应。

(2)项目经理对项目全权负责:由于项目式组织按项目划分资源,项目经理在项目范围内具有绝对的控制权,可以全身心地投入到项目服务中去,从项目管理的角度来看,有利于项目进度、成本、质量等方面的控制与协调,而不像职能式组织模式或后面介绍的矩阵式组织模式那样项目经理要通过职能经理的协调才能达到对项目的控制。

(3)内部沟通途径简捷:项目从职能部门中分离出来以后,使得项目组织内部的沟通途径变得明了简洁,项目团队成员间经常方便的沟通交流可使团队精神得以充分的发挥。与此同时,项目经理可以避开职能部门直接与公司的高层管理者进行沟通,提高了沟通的速度,也避免了沟通中的错误。

3. 项目式组织的缺点

事物总是一分为二的,有利就有弊。采取项目式组织结构每个项目都有自己独立的组织,容易产生以下一些弊端。

(1)机构重复及资源的闲置:项目式组织按项目所需来设置机构及获取相应的资源,即每个项目都要有自己的一套组织机构,这一方面是完成项目任务所必需的,另一方面企业从整体上讲进行项目管理是必要的,但这也造成了企业内机构重复设置,资源不能共享,会造成一定程度的资源浪费。因为在包括人才在内的资源使用方面,不论每种资源的使用频度如何,每个项目组织都要单独拥有,否则就会影响项目的实施,但是当这些资源闲置时,其他项目也很难利用,从而造成企业内部资源闲置、运作成本增加。

(2)不利于项目与外界的沟通:在项目式组织结构中,项目团队只承担自己的工作任务,成员与项目之间以及成员相互之间有着很强的依赖关系,而与其他部门之间却有着较清楚的界限。这种界限不利于项目与外界沟通,容易使项目组织处于相对自我封闭的环境中。与企业职能部门之间的联系少,容易造成不同项目组织在执行企业规章制度上的不一致性,容易引起企业内部不良竞争和项目组织之间的矛盾。

(3)机构的不稳定性:项目的一次性特点使得项目式组织模式随项目的产生而建立,也随项目的结束而解体,因此从企业整体角度来说,企业的资源及结构会不停地发生变化。例如在组织内部,一个由新成员刚刚组建的组织会发生相互碰撞而不稳定,随着项目的进展,虽然逐步进入相对的稳定期,但在项目快结束时所有成员预见到组织将要解体,都会为自己的未来做出相应的考虑,造成"人心惶惶",又进入不稳定期,这也不利于员工的职业发展。

7.2.4 矩阵式组织模式

1. 矩阵式组织模式的概念

职能式组织模式和项目式组织模式各有优缺点,要克服其中的缺点,就要在职能部门积累专业技术的长期目标和项目的短期目标之间找到适宜的平衡点。矩阵式组织模式能较好地解决这一问题。矩阵式组织是在职能式组织的垂直层次上叠加了项目式组织的水平结构,将按照职能划分的纵向部门与按照项目划分的横向部门结合起来,构成类似矩阵的管理系统,矩阵式组织示意图如图7-5所示。

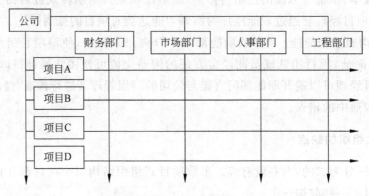

图 7-5　矩阵式组织结构示意图

矩阵式组织结构的主要特点是组织中保留了各种各样的专业职能部门,这些部门构成了矩阵式组织中矩阵的"列",同时这种组织又建立有一系列专门的项目团队,这些项目团队构成了矩阵式组织中矩阵的"行"。其中,直线职能部门是长久性组织,而项目团队是临时性组织。项目团队的成员是从不同的职能部门抽调各种专业人员组成的,当这种项目团队的任务结束之后,这些人员又可以回到原来的专业职能部门。项目经理在项目活动的内容和时间方面对职能部门行使权力,直接向最高管理层负责,并由最高管理层授权。职能部门则从另一方面来控制,对各种资源做出合理的分配和有效的控制调度。项目团队成员既要对他们的直线上司负责,又要对项目经理负责。

由于存在纵、横两大类型的工作部门,矩阵式组织结构的命令源是非线性的,但也不是多个。因此,矩阵式组织有效运转的关键在于两大类型部门的协调,纵向管理部门与横向管理部门各自所负责的工作和管理的内容必须明确,要确定某一工作的主体负责部门,即应决定是以纵向管理部门为主还是以横向管理部门为主,否则容易产生责任不清、双重指挥的混乱现象,同时,它对员工的要求也较高。

2. 矩阵式组织的基本原则

矩阵式组织中的职权以纵向、横向和斜向在一个公司里流动,因此在任何一个项目的信息系统运维服务管理中都需要有项目经理与职能部门负责人的共同协作,需要将二者很好地结合起来。要使矩阵式组织能有效地运转,必须处理好以下几个问题:

(1) 必须有一个专职的项目经理,有明确的责任制,可以实施对项目的有效控制。

(2) 必须允许项目作为一个独立的实体来运行,团队的大多数成员是专门从事项目工作的。

(3) 要从组织上保证有迅速、有效的办法来解决部门之间的矛盾。

(4) 必须同时存在纵向和横向两条通信渠道,无论是项目经理之间,还是项目经理与职能部门负责人之间,要有方便的通信渠道和自由交流的机会。

(5) 无论是纵向或横向的经理(或负责人)都必须服从公司统一的计划,并为合理利用资源而经常进行磋商。

3. 矩阵式组织的结构类型

矩阵式组织根据组织中项目经理和职能经理责、权、利的大小可以分为以下 3 种模式。

(1) 弱矩阵式组织：这种矩阵式组织与直线职能式组织相似,所以在许多方面的特性与职能式组织一致(见图 7-6)。这种组织有正式设立的项目团队,由一个项目经理来负责协调各项项目工作,项目成员在各职能部门为项目服务,有一部分人员虽然是临时性的,却是专门从事项目工作的。实际上,这种项目团队的项目经理没有多大权力来确定资源在各个职能部门分配的优先程度,他的角色只不过是一个项目协调者或项目监督者,而不是真正意义上的项目管理者。

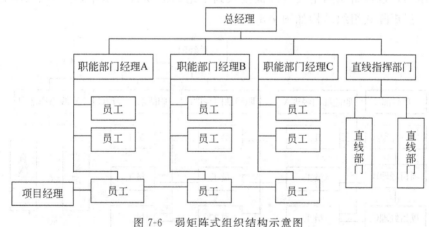

图 7-6 弱矩阵式组织结构示意图

(2) 平衡式矩阵组织：这种矩阵式组织是直线职能式组织体制和项目式组织体制两种体制相对平衡的一种组织,所以它兼有直线职能式组织和项目式组织两方面的特性。在这种组织结构中,项目团队由专职的和兼职的两部分项目管理人员组成,其中有较大一部分人员是专职从事项目工作的,项目经理一般负责监督项目的执行,各种职能部门经理对部门的工作负责,即项目经理负责项目的时间和成本,职能部门经理负责项目的界定和质量。项目经理的权力比直线职能式组织中的项目经理大,但是比项目式组织中的小。一般来说,平衡矩阵很难维持,因为它主要取决于项目经理和职能经理的相对力度,平衡不好,要么变成弱矩阵,要么变成强矩阵。平衡式矩阵组织结构如图 7-7 所示。

(3) 强矩阵式组织：这种矩阵式组织与项目式组织相似,所以它在许多方面的特性与

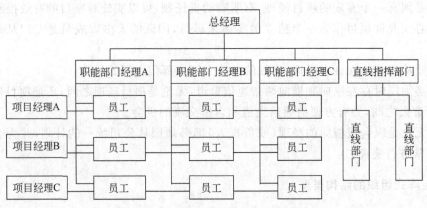

图 7-7 平衡式矩阵组织结构示意图

项目式组织结构是一致的。在这种组织中,直线部门只是一些相对不很重要的生产部门,他们所获得的资源和具有的权力相对都比较弱。在这种组织中有正式设立的项目团队,项目经理是专职的,向总经理负责,他们的权力很大,获得各种资源的权力也比较大。这种项目团队中的绝大多数人员是专职从事项目工作的,且各项目是一个临时性组织,一旦项目任务完成就解散,各专业人员又回到各职能部门再执行其他任务,但是组织中有很多人是专门从事项目工作的。这种组织的主要资源被投入到了组织的项目团队中,这一点与项目式组织非常相似。强矩阵式组织结构如图 7-8 所示。

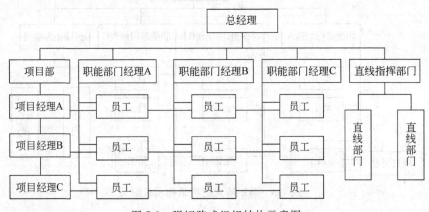

图 7-8 强矩阵式组织结构示意图

4. 矩阵式组织的优点

矩阵式组织的优点如下:

(1) 解决了传统模式中企业组织与项目组织的矛盾,能以尽可能少的人力实现多个项目管理的高效率。由于项目式组织和职能式组织是两个极端的情况,而矩阵式组织在这两者之间具有广泛的选择余地。职能部门可以为项目提供人员,也可以只为项目提供服务,从而使组织具有很大的灵活性。

(2) 项目是整个工作的焦点,有专门的人(即项目经理)负责管理整个项目,负责在规定的时间、经费范围内完成项目的要求,对用户的要求响应较快,因此,矩阵式组织具有项目式组织的长处。

(3) 项目经理拥有对拨给的人力、资金等资源的最大控制权,每个项目都可以独立地制定自己的策略和方法。

(4) 有利于人才的全面培养。由于关键技术人员能够为各个项目所共用,充分利用了人才资源,使项目费用降低,又有利于项目人员的成长和提高。

(5) 当指定的项目不再需要时,项目人员有其职能归宿,大多返回原来的职能部门。

(6) 通过内部的检查和平衡以及项目组织与职能组织间的经常性的协商,可以得到时间、费用以及运行的较好平衡,而且矛盾最少,并能通过组织体系容易地解决。

5. 矩阵式组织的缺点

矩阵式组织的缺点如下:

(1) 团队成员来自职能部门,故受职能部门控制,因而影响项目团队的凝聚力。

(2) 由于管理人员身兼多职管理多个项目,容易顾此失彼。在矩阵式组织中,权力是均衡的。由于没有明确的唯一核心负责人,项目的一些工作会受到影响。当项目成功时,大家会争抢功劳;而当项目失败时,又会争相逃避责任。

(3) 团队成员接受双重领导,违反了命令单一性的原则,容易产生矛盾。因为团队成员至少有两个上司,即项目经理和部门经理。因此当他们的命令有分歧时,会令人感到左右为难、无所适从。团队成员需要对这种窘境有清楚的认识,否则他会无法适应这种工作环境。

(4) 容易使不同项目经理之间产生矛盾。多个项目在进度、费用和质量方面能够取得平衡,这既是矩阵式组织的优点又是它的缺点,因为这些项目必须被当作一个整体仔细监控,这是一项复杂的工作,而且项目组成员自愿在项目之间流动容易引起项目经理之间的争斗,每个项目经理都更关心自己项目的成功,而不是整个公司的目标。同时,每个项目是独立进行的,容易产生重复性劳动。

(5) 由于组织形式复杂,易造成沟通障碍,项目经理与职能经理职责不清,有可能引起互相推诿、争功夺利的现象发生。

7.2.5 事业部式组织模式

事业部式组织结构模式是在企业内部成立事业部,事业部对企业来说是职能部门,对企业外部来说享有相对独立的经营权,可以是一个独立的单位。在事业部下边设置运维服务部,项目经理由事业部选派。事业部式组织结构如图 7-9 所示。

1. 事业部式组织的优点

事业部式组织结构模式有利于企业的经营职能,扩大企业的经营业务,便于开拓企业的业务领域。项目经理有职有权,能迅速适应环境变化,提高应变能力。

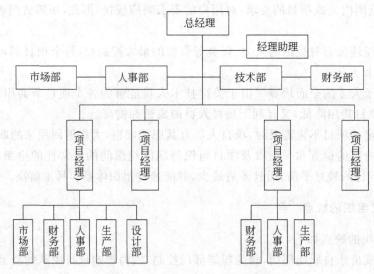

图 7-9 事业部式组织结构示意图

2. 事业部式组织的缺点

企业对项目的约束力减弱,对项目的管理和协调难度较大。

7.3 信息系统运维服务组织建立的原则、特点和组织模式的选择

信息系统运维服务的业务性质特点不同于一般商业和工业生产,因此其管理组织与普通工商企业组织也不相同。为信息系统运维服务建立组织管理系统必须根据其服务对象和用户需求的特点、性质、服务功能或具有的特定影响,即与之类型对应并形成运维服务业务和资源支持,以及适应组织变化周期短和支持组织跨地区、跨企业运营和运维服务组合管理的特点。

7.3.1 信息系统运维服务组织建立的原则和特点

1. 信息系统运维服务组织建立的原则

信息系统运维服务(ITOMS)组织是为了适应项目实施信息系统运维服务管理的需要而建立的,它是由一组个体成员为完成信息系统运维服务目标而组织起来的协同工作的队伍。信息系统运维服务组织的建立和管理应遵循下列原则:

(1) 组织结构科学、合理。
(2) 有明确的管理目标和责任制度。
(3) 组织成员具备相应的职业资格。
(4) 保持相对稳定,根据实际需要进行调整。
(5) 应确定各相关项目管理组织的目标、责任、利益和风险。
(6) 企业管理层应对项目进行宏观管理和综合管理。

(7) 企业管理层的项目管理活动应符合下列规定：
① 制定项目管理制度。
② 加强计划管理，保证资源的合理配置和有序流动。
③ 对项目管理层的工作进行指导、监督、检查和服务。

2. 信息系统运维服务组织的特点

信息系统运维服务管理的特点决定了信息系统运维服务组织形式的特殊性，它有别于一般的政府机关、企事业团体、社团组织和军事团体等，其组织的特点如下。

(1) 组织的目的性：信息系统运维服务（ITOMS）组织是为了完成项目实施信息系统运维服务总目标和总任务而建立的，信息系统运维服务目标和任务是决定其组织结构和组织运行的最重要的因素。由于信息系统运维服务组织的成员来自不同的部门或企事业单位，各自有独立的经济利益和权利，而在信息系统运维服务组织中他们又各自承担一定的任务和责任按照运维服务计划进行工作。要使信息系统运维服务项目的实施能取得成功，在服务目标设计、实施和运行过程中必须承认和顾及不同群体的利益；信息系统运维服务组织的建立应能考虑到或反映出运维服务实施过程中各参加者之间的合作关系，明确组织中的任务和职责的层次，工作流、决策流和信息流，以及其他的特殊要求。

(2) 组合的临时性：由于每一个具体的信息系统运维服务项目的实施都是有时间限制的、都是暂时的，所以信息系统运维服务组织也是有时间限制的、暂时性的，具有临时组合性特点。任何类型的信息系统运维服务组织都是有生命周期的，一般要经历建立、发展和解散的过程，它一般是伴随着该项目合同到期，即信息系统运维服务生命周期的结束而终结。信息系统运维服务组织的一个基本原则是因事设人，根据运维服务的目标和任务设置机构，设岗用人，事毕及时调整，项目合同到期时组织解散，人员调往其他有需要的运维服务组织。

(3) 组织的柔性：信息系统运维服务组织要有机动灵活的组织形式和用人机制，是一种柔性组织。与政府机关或企事业组织相比较，信息系统运维服务组织具有高度的弹性、可变性和灵活性。信息系统运维服务组织的柔性还表现在各个项目利益相关者之间的联系都是有条件的、松散的，他们是通过合同、协议、法规以及其他各种社会关系结合起来的。信息系统运维服务组织不像其他组织那样有明晰的组织边界，实际情况是项目利益相关者及其个别成员在某些事务中属于某项目组织，在另外的事务中又属于其他项目组织。此外，信息系统运维服务组织采用不同的组织策略和不同的实施计划就会具有不同的组织形式。

7.3.2 信息系统运维服务组织模式的选择

信息系统运维服务（ITOMS）的组织结构对于信息系统运维服务管理的实施具有相当大的影响。在实际工作中，信息系统运维服务有很多种组织模式可以选择，为了更有效地实现运维服务目标，信息系统运维服务组织的管理者要设计和建立适合自己的合理的组织结构。然而，任何一种组织模式都有它的优点和缺点，没有一种模式是能适用于一切场合的，甚至是在同一个运维服务项目的生命周期内，所以，信息系统运维服务组织在其生命周期内为适应不同发展阶段的不同要求加以改变也是很自然的。信息系统运维服务管理应围绕工作来组织，工作变了，组织的结构模式也应跟着改变。

众所周知,管理是科学也是艺术,而艺术性正体现在技巧灵活地将管理理论应用于管理实践中去。信息系统运维服务管理的内、外环境的复杂性以及如上所述每种组织模式的各种优缺点,使得几乎没有能被人们普遍接受的方法来告诉人们怎样决定需要什么模式的组织结构,它可以说是信息系统运维服务管理者知识、经验及直觉等的综合结果。同时,也不存在唯一的适用于所有组织或所有情况的最好的组织模式,即不能说哪一种项目组织模式先进或落后,适不适合,对于不同的运维服务项目,应根据其具体情况进行分析、比较、设计最合适的组织结构。

选择信息系统运维服务组织模式时主要考虑以下情况:

(1) 运维服务项目自身的情况,如规模、难度、复杂程度、项目结构状况、子项目的数量和特征。

(2) 运维服务项目的紧迫性及重要性。

(3) 上层系统组织状况,同时进行的运维服务项目的数量及其在本项目中承担的任务范围。

(4) 应采用高效率、低成本的组织模式,能够使运维服务项目各相关方面有效地沟通,各方面责、权、利关系明确,能进行有效的项目控制。

(5) 决策简便、快速。

表7-1表示信息系统运维服务项目组织模式对项目的作用和影响,表7-2是选择参考表。一般来讲,职能式组织结构有利于提高效率,比较适用于规模较小的信息系统运维服务项目,而不适用于内部和外部环境变化较大的运维服务项目。因为,环境的变化需要各职能部门间的紧密合作,而职能部门本身的存在以及权责的界定成为部门间密切配合、不可逾越的障碍。

表7-1 信息系统运维服务项目组织模式对项目的影响

组织结构模式	职能式	项目式	强矩阵式	事业部式
项目经理权限	很少或没有	很大甚至全权	从中等到大	很大
全职人员(%)	几乎没有	85~100	50~95	100
项目经理投入的项目时间	半时	全时	全时	全时
项目经理/常用头衔	项目经理/项目协调员	项目经理/计划经理	项目经理/计划经理	事业部经理
行政人员投入的项目时间	少量	全时	部分时间	全时

表7-2 选择信息系统运维服务组织结构模式参考表

主要因素	职能式	矩阵式	项目式	事业部式
规模	小	中	大	很大
紧迫性	低	中	高	高
重要性	低	中	高	高
复杂程度	低	中	高	高

项目式组织结构有利于取得效果,当一个公司中包括许多服务项目或服务项目的规模比较大时,应选择项目式的组织结构。同职能式组织相比,在应对不稳定的环境时,项目式组织显示出了自己潜在的长处,主要表现在服务项目团队的整体性和各类人才的紧密合作。

矩阵式组织结构兼具职能式组织结构和项目式组织结构两者的优点,适用于大型、复杂的信息系统运维服务项目或同时承担多个服务项目的管理。因为同前两种组织结构相比,矩阵式组织模式在充分利用企业资源上显示出了巨大的优越性,能把它们的优点充分融合在一起。另外,对于多服务项目的企业,在采用矩阵式组织结构时,应特别注意解决好合理分配项目主管与部门主管间的权利,以及正确地处理好不同服务项目之间的资源分配。

事业部式组织结构模式适用于多目标的大型信息系统运维服务管理项目,以及适用于远离公司本部的项目。在实际工作中,信息系统运维服务采用项目式或事业部式组织结构的情况占大多数,其次是采用矩阵式组织结构,采用职能式组织结构的情况比较少。

7.4 信息系统运维服务团队的建设

团队建设铸造企业真正的核心竞争力。信息系统运维服务管理是以人为中心的管理,人力资源是最宝贵的资源。信息系统运维服务要想取得成功必须有充足的人力资源,以及对人力资源良好的管理,为优秀的人才创造一个和谐、富有激情的工作环境,持续培养专业的富有激情和创造力的队伍,让每一个员工都成长为全面发展、能独当一面的综合性人才,并形成一个个特别具有战斗力的团队。

7.4.1 信息系统运维服务团队建设的内容、要求和阶段划分

1. 团队和团队建设的定义

团队是指一种为了实现某一目标而由相互协作的个体所组成的正式群体,是由员工和管理层组成的一个共同体,它合理利用每一个成员的知识和技能协同工作,解决问题,达到共同的目标。

团队建设是企业在管理中有计划、有目的地组织团队,并对其团队成员进行训练、总结、提高的活动。这些活动包括有意识地在组织中努力开发有效的工作小组,每个小组由一组员工组成,通过自我管理的形式负责一个完整的工作过程或其中一部分工作。团队建设应该是一个有效的沟通过程,在该过程中,参与者和推进者都会彼此增进信任、坦诚相对,愿意探索影响工作小组发挥出色作用的核心问题,真正达到5个统一。

(1) 统一的目标:目标是团队的前提,没有目标就称不上团队,因为先有了目标才会有团队。有了团队目标只是团队目标管理的第一步,更重要的是第二步——统一团队的目标,就是要让团队的每个人都认同团队的目标,并为达成目标而努力的工作。

(2) 统一的思想:如果团队的思想不统一,就会降低团队的工作效率。

(3) 统一的规则:一个团队必须有它的规则,规则用于告诉团队成员该做什么,不该做什么。

(4) 统一的行动:一个团队在行动的时候成员要相互沟通与协调,让行动统一有序,使

整个流程合理地衔接,每个细节都能环环紧扣。

(5) 统一的声音:团队在做出决策后,所有成员都要严格执行,不能有任何不协调的声音。

2. 信息系统运维服务团队建设的内容

由于信息系统运维服务(ITOMS)工作是以团队的方式来完成的,所以在信息系统运维服务管理中,建设一个和谐、士气高昂的运维服务项目团队是一项最重要的任务。信息系统运维服务项目团队主要是指项目经理及其领导下的运维服务部和各职能管理部门,其建设内容和要求如下:

(1) 围绕运维服务项目目标形成和谐一致、高效运行的项目团队。

(2) 建立协同工作的管理机制和工作模式。

(3) 建立畅通的信息沟通渠道和各方共享的信息工作平台,以保证信息准确、及时和有效地传递。

(4) 项目经理应对项目团队建设负责,尽早地培养团队精神,识别关键成员,进行工作授权,定期评估团队运作绩效,最大限度地发挥和调动各成员的工作积极性和责任感。

(5) 项目经理应通过奖励、表彰、集中办公、召开会议、学习培训等方式和谐团队氛围,统一团队思想,加强集体观念,处理管理冲突,提高项目的运作效率。

3. 建立信息系统运维服务部的要求

信息系统运维服务部通常是信息系统运维服务管理组织必备的管理机构,建立该机构的要求如下:

(1) 运维服务部应由项目经理领导,主要成员包括专业运维服务工程师和助理工程师等,并接受企业职能部门的指导、监督、检查、服务和考核,以便加强对现场资源的合理使用和动态管理。

(2) 运维服务部应在运维服务工作启动前建立,并在运维服务合同终止后解体。

(3) 建立运维服务部应遵循下列步骤:

① 根据运维服务大纲和运维服务规划确定运维服务部的管理任务和组织结构。

② 根据信息系统运维服务管理目标责任书进行目标分解与责任划分。

③ 确定运维服务部的组织设置。

④ 确定人员的职责、分工和权限。

⑤ 制定工作制度、考核制度与奖惩制度。

(4) 运维服务部的组织结构应根据项目规模、结构、复杂程度、专业特点、人员素质和地域确定。

(5) 运维服务部所制定的规章制度应报上一级组织管理层批准。

4. 信息系统运维服务项目团队建设的阶段划分

信息系统运维服务项目团队从组建到终止是一个不断成长和变化的过程。这个过程可以描述为5个阶段,即组建阶段、磨合阶段、规范阶段、成熟阶段和解散阶段。在每一个阶段里,运维服务项目团队成员一方面要完成自己的工作,另一方面还要处理好与其他成员的关系,如图 7-10 所示。

组建阶段 ⇒ 磨合阶段 ⇒ 规范阶段 ⇒ 成熟阶段 ⇒ 解散阶段

图 7-10 信息系统运维服务项目团队建设的发展过程

(1) 组建阶段:信息系统运维服务项目团队发展进程的起始步骤,大家被召集到一起,是个体成员转变为项目团队成员的过程。团队成员之间急需相互了解、相互交往,以增进彼此的认识,也对团队工作、能否与其他成员和睦相处存在疑虑,渴望表现和展示自己的能力,但工作效率较低。

(2) 磨合阶段:信息系统运维服务项目团队成员之间的不协调是此阶段的显著特点。项目团队经过短暂的组建阶段以后,随着项目目标、每个成员所扮演角色、职责和权限的逐步明确,团队开始缓慢推进工作。这时,一方面运维服务项目实施过程中的许多问题逐渐暴露了出来,另一方面成员之间互相还不了解,时常感到困惑,有时甚至会产生敌对心理,难以做到紧密配合、和谐相处等。

(3) 规范阶段:项目团队经历磨合阶段之后,团队目标变得更加清楚,成员之间相互的了解增多,同时学会了分享信息、相互理解、关心和友好以及接受不同观点,努力采取妥协的态度谋求一致,以及建立了标准的操作方法、规章制度和工作规范,逐渐熟悉新的工作环境和相互之间的关系。

(4) 成熟阶段:经过组建、磨合和规范阶段的发展,团队成员的状态已达到了最佳水平,团队已最大成效地开展工作。在熟练掌握处理内部冲突技巧的基础上,团队能够集中集体智慧做出正确的决策、解决各种困难和问题;各方面的工作走上正轨,成员之间能相互理解、高效沟通、密切配合,进行有效的分工合作,为实现信息系统运维服务项目的目标而共同努力;在和谐、融洽的氛围中,团队成员具有极强的归属感和集体荣誉心。团队精神和集体的合力在这一阶段得到了充分的体现。

(5) 解散阶段:随着信息系统运维服务项目合同临近终止,运维服务团队基本上完成了任务,该运维服务项目团队面临解散。这时,团队成员开始骚动不安,各自考虑自身今后的发展,并开始着手进行离开前的准备工作。这时,运维服务项目团队成员最重要的任务是站好最后一班岗,做好该项目总结工作,完成项目文档的编写和归档,移交相关的硬件设备和软件、工具和文档资料,办理相关手续。

7.4.2 信息系统运维服务项目经理

项目经理是指企业法定代表人在信息系统运维服务项目实施过程中的授权委托代理人,即运维服务项目的负责人。项目经理对信息系统运维服务项目的组织、计划、实施、控制全过程及项目产品负责,其能力、经验、个人魅力和专业技术水平对运维服务项目的成功与失败起着关键作用。

1. 项目经理的职责

虽然作为项目经理必须具备一般管理领域的知识和经验,但项目经理的角色与一般公司经理和主管是不同的。信息系统运维服务管理与一般管理的区别主要由运维服务项目的特殊性引起。由于运维服务项目的独特性及所用资源的多样性,项目经理必须运用好信息系统运维服务管理知识和方法成功完成运维服务项目实施过程中所需开展的各种活动。

信息系统运维服务项目经理还需要知道与运维服务项目有关的特定行业和知识领域的相关知识,例如,信息系统运维服务项目会涉及计算机软件、硬件和通信技术。如果你根本没有什么信息技术领域的背景或在这方面懂得很少,要想成为项目经理就很困难。项目经理的职责主要如下:

（1）项目经理是信息系统运维服务提供商法人代表在该服务项目上的全权委托代理人,行使并承担运维服务合同中供方的权利和义务。

（2）项目经理负责按合同规定的运维服务工作范围、内容和约定的合同期限、质量标准、费用限额全面完成信息系统运维服务实施任务。

（3）项目经理依照运维服务提供商单位的制度和授权全面组织运维服务部工作。

2. 项目经理的作用

在信息系统运维服务项目的实施过程中,项目经理主要有以下作用。

（1）领导作用：信息系统运维服务项目经理要以领导项目团队全体成员实现运维服务项目目标为己任,保证运维服务项目在预算范围内按时(合同期限)、优质地完成任务,从而使客户满意。项目经理的作用如同球队的教练、乐队的指挥,而项目团队就是球队和乐队。项目经理要起模范带头作用、表率作用。

（2）沟通作用：信息系统运维服务项目经理处于上层管理部门和项目团队之间,他既要将组织目标和上级要求下达给员工,又要将员工的要求和意愿向上反映,离开了项目经理,就难以保持这种上传下达沟通渠道的畅通。

（3）组织作用：信息系统运维服务项目组织是一个临时的组织,在项目启动后,由项目经理组建项目团队,并对项目团队成员分配任务及授权。在项目实施过程中,项目经理还要组织调配各种资源。

（4）计划作用：为了更好地实现信息系统运维服务项目目标,必须为项目制定一系列的计划,项目经理应领导项目团队成员制定项目计划,并进行审查、批准。在项目实施过程中,还要组织相关人员对计划的执行情况进行检查、落实和修正。

（5）控制作用：对信息系统运维服务项目计划的执行情况进行检查,其目的是为了发现运维服务项目的进展结果和项目计划之间的偏差,分析偏差产生的原因,并及时采取措施纠正偏差,要防止对项目控制不及时而造成偏差积累,导致运维服务项目失败。

（6）协调作用：信息系统运维服务项目团队成员来自不同单位或部门,有各自的风俗习惯、工作方法、作风和个性,项目经理要做好协调工作,使大多数成员能够互相配合、协调一致地完成各项任务。对外项目经理要协调运维服务项目实施参与各方利益,尽可能使各方都能满意。

3. 项目经理的主要任务

项目经理的主要任务如下:

（1）在信息系统运维服务项目的实施过程中，项目经理代表供方与项目其他参与人联系，在合同条款规定的范围内全面负责运维服务项目的实施管理，并遵守所在国家和地区的各项法律和政策，维护本单位的信誉和利益，严格履行运维服务合同或协议。

（2）确定信息系统运维服务项目组织结构，组织运维服务部，任命运维服务部的主要成员，其中包括项目经理助理、运维服务工程师、助理工程师及文员等，有效地开展运维服务项目实施工作。

（3）确定信息系统运维服务项目实施的基本工作方法和程序，组织编制项目计划，主持召开项目会议，明确项目的总目标和阶段目标，进行目标分解使各项工作协调进行。

（4）拟定与信息系统运维服务需方、第三方以及公司内、外各协作部门和单位的协调程序，建立与各单位之间的协调关系，组织召开协调会议，为运维服务项目的实施创造良好的合作环境。

（5）适时做出信息系统运维服务管理决策，制定工作目标、标准和程序，指导项目团队的质量管理、财务管理、行政管理等各项工作，并对出现的问题及时采取有效的措施进行处理。

（6）制定信息系统运维服务规划、项目计划和费用估算，进行定期检查，实行有效控制。

（7）建立和完善运维服务部内部及对外信息管理系统，包括会议和报告制度。

（8）组织签订设备、材料采购和实施分包合同，依据总包及分包合同处理与信息系统运维服务需方、第三方及分包人在执行合同中的变更、纠纷、索赔、仲裁等事宜。

（9）定期向信息系统运维服务需方、第三方、公司领导和有关主管部门汇报运维服务的进展情况以及实施过程中存在的重大问题，以便及时处理和解决。

（10）信息系统运维服务合同终止后组织做好交接和结算等工作，取得需方对运维服务项目的认可，并在验收证明文件上签字盖章。

（11）组织做好运维服务项目总结、文件、资料的整理归档工作，提出运维服务项目总结报告，总结成功的经验、存在的问题和对今后工作的建议，为公司积累有益的经验和资料。

7.4.3 信息系统运维服务项目经理责任制

1. 项目经理责任制的定义

项目经理责任制是信息系统运维服务管理工作的基本制度，是实施和完成信息系统运维服务目标的根本保证，同时也是评价项目经理绩效的依据和基础。项目经理责任制的核心是贯彻实施信息系统运维服务管理目标责任书，其具体内容包括项目经理的职责、权限、利益与奖罚。项目经理与运维服务部在信息系统运维服务管理工作中应严格实行项目经理责任制，确保运维服务目标顺利实现。

2. 项目经理的任命

项目经理应由企业法定代表人任命，并根据法定代表人授权的范围、时间和内容对运维服务项目实施全过程、全面的管理。大中型服务项目的项目经理必须取得相应专业注册执业证书。在运维服务项目实施运行正常的情况下，供方不得随意撤换项目经理，因特殊原因需要撤换项目经理时，应进行审计。

项目经理应具备的素质要求主要如下：
(1) 符合信息系统运维服务管理要求的能力，善于进行团队建设与沟通。
(2) 具有相应的信息系统运维服务管理经验和业绩。
(3) 具备信息系统运维服务管理需要的专业技术、管理、经济、法律和法规知识。
(4) 具有良好的职业道德和团队精神，遵纪守法、爱岗敬业、诚信尽责。
(5) 身体健康，精力充沛。

3. 信息系统运维服务管理目标责任书

信息系统运维服务管理目标责任书应在运维服务项目实施之前由企业法定代表人或其授权人与项目经理协商制定。

(1) 编制信息系统运维服务管理目标责任书的依据：
① 信息系统运维服务项目的合同文件。
② 信息系统运维服务大纲和规划。
③ 信息系统运维服务管理制度。
④ 供方组织的经营方针和目标。

(2) 信息系统运维服务管理目标责任书的内容：
① 信息系统运维服务项目的质量、费用、合同期与环境目标。
② 组织与运维服务部之间的责任、权限和利益分配。
③ 运维服务项目需用资源的供应方式。
④ 法定代表人向项目经理委托的特殊事项。
⑤ 运维服务部应承担的风险。
⑥ 运维服务管理目标评价的原则、内容和方法。
⑦ 对运维服务部进行奖惩的依据、标准和办法。
⑧ 项目经理解职和运维服务部解体的条件及办法。

(3) 确定信息系统运维服务管理目标的原则：
① 满足合同的要求。
② 考虑相关的风险。
③ 具有可操作性，便于考核。

企业管理层应对信息系统运维服务管理目标责任书的完成情况进行考核，根据考核结果和信息系统运维服务管理目标责任书的奖惩规定提出奖惩意见，对运维服务部进行奖励或处罚。

4. 项目经理的责、权、利

(1) 项目经理的职责：
① 信息系统运维服务管理目标责任书规定的职责。
② 组织编制信息系统运维服务规划，并对项目目标进行整体管理。
③ 对资源进行动态管理。

④ 建立各种专业管理体系并组织实施。
⑤ 进行利益分配。
⑥ 归集系统相关资料,参与运维服务成果交付,准备结算资料,接受审计。
⑦ 处理运维服务部解体的善后工作。
⑧ 配合供、需双方企业进行运维服务项目的检查、鉴定和评奖申报工作。
(2) 项目经理的权限:
① 参与信息系统运维服务项目的投标和合同签订。
② 组建运维服务部。
③ 主持运维服务部工作。
④ 决定信息系统运维服务项目资金的投入和使用。
⑤ 制定内部计酬办法。
⑥ 选择使用劳务队伍。
⑦ 在授权范围内协调和处理与信息系统运维服务管理有关的内部与外部关系。
⑧ 企业法定代表人授予的其他权力。
(3) 项目经理的利益与奖罚:
① 获得工资和运维服务项目分阶段奖励。
② 在运维服务项目完成后,按照运维服务管理目标责任书中确定的效益分配条款给予受益或处罚。
③ 获得评优表彰、记功等精神奖励或行政处罚。

7.4.4 信息系统运维服务项目经理的培养与挑选

1. 项目经理的知识结构要求

项目经理是信息系统运维服务项目团队的关键核心人物,对项目的成败起重要作用,而信息系统运维服务是一种技术含量高、概念新、发展快的高科技项目,因此项目经理必须具备以下领域的知识。

(1) 懂管理:管理主要是指信息系统运维服务管理,信息系统运维服务管理是一门学科,信息系统运维服务项目经理一般要求取得了 ITIL 中级(从业者级别)以上资格认证,以证明他已经掌握了信息系统运维服务管理知识。

(2) 懂技术:技术主要是指系统科学、信息技术和电子电气等专业工程技术,其中,信息技术包括现代通信技术、现代计算机技术、现代控制技术、传感技术,以及综合布线技术、系统集成技术等。

(3) 懂经济:经济主要是指技术经济知识,信息系统运维服务项目经理应能进行项目技术方案的经济比较,应掌握可行性研究的方法,系统总体方案设计、总体方案预算的编制与审核等。

(4) 懂法律:法律主要是指经济合同法、国家法律法规、国家及行业标准、规范,以及国际标准和国际通行的惯例等。

信息系统运维服务项目经理与其他专业技术工程师相比,要更努力地学习和掌握信息化工程、企业信息化、信息系统工程项目管理、技术经济学、信息系统工程概论、信息系统安全和法律知识等一些课程,丰富自己的专业知识,提高系统分析的能力。作为一个信息系统运维服务项目经理应看到自己的不足,努力学习和掌握这些方面的知识。在组建一个信息系统运维服务部时,应注意组成人员的知识结构,尽量包括上述几个方面的内容。

2. 项目经理应当具备的实践经验

作为一个信息系统运维服务项目经理仅有理论知识不行,还必须要有实践经验,有较强的实际工作能力,特别是要包括以下9项中某几项的经验:

(1) 信息系统运维服务的经验。
(2) 信息系统集成的经验。
(3) 信息系统工程项目管理的经验。
(4) 信息系统工程监理的经验。
(5) 网络管理、数据库应用和管理的经验。
(6) 信息系统设计和咨询的经验。
(7) 软件程序设计的经验。
(8) 有做过经济工作、管理工作的经历。
(9) 主持过企业信息化大型建设项目或企业的技术改造项目等。

3. 项目经理的培养

要使信息系统运维服务项目经理具有较高的水平,适应大型信息系统运维服务管理的需要,没有多年的实践锻炼是不够的。项目经理的培养主要靠工作实践,这是由项目经理的成长规律决定的。成熟的项目经理都是从信息系统运维服务管理的实际工作中选拔、培养而成长起来的。

信息系统运维服务项目经理人才首先应从曾经参加过运维服务项目实践的工程师中选拔,注意发现那些不但对专业技术熟悉,而且具有较强组织能力、社会活动能力和兴趣比较广泛的人。这些人经过基本素质考察,可作为项目经理苗子有目的地培养。在他们取得一定的现场工作经验和综合管理部门的锻炼之后调动其工作,压一定的担子,在实践中进一步锻炼其独立工作的能力。

对信息系统运维服务项目经理的选拔应在获得充分信息的基础上,这些信息包括个人简历、学术成就、成绩评估、心理测试以及员工的职业发展计划。

对有培养前途的对象,应安排他们在经验丰富的项目经理的带领下,委任其以助理的身份协助项目经理工作,或者令其独立主持单项专业信息系统运维服务项目或小项目的管理,并给予适时的指导和考察,这是锻炼项目经理才干的重要阶段。对在小项目经理或助理岗位上表现出较强组织管理能力者,可让其挑起大型信息系统运维服务项目经理的重担,并创造条件让其多参加一些信息系统运维服务管理研讨班和有关学术活动,以及对其进行业务知识和管理知识的系统培训,培训方式有以下两种。

(1) 在职培训:使选拔出的有培训前途的信息系统运维服务项目经理人选与有经验的项目经理一起工作,并分配给多种信息系统专业运维服务管理职责,进行岗位轮换,这是一种正规的在职培训。与此同时,还应在物质上和精神上采取有效措施,大力鼓励候选人利用业余时间参加 ITSS 培训课程的学习和 ITIL 资格认证考试培训学习。

(2) 脱产培训:使项目经理有机会脱产参加课程培训、研讨班及培训班的学习,其中最重要的是让他们脱产参加 ITSS 培训课程的学习和 ITIL 资格认证考试培训学习,以及参加其他相关国际标准的培训学习,如 ISO/IEC 20000、COBIT、ISO/IEC 27001 和 ISO/IEC 38500 等国际标准的培训学习。

4. 信息系统运维服务项目经理的挑选

信息系统运维服务项目经理是决定运维服务项目成功实施的关键人物,因此如何选择出合适的项目经理非常重要。项目经理的挑选主要考虑两方面的问题:一是挑选什么样的人担任项目经理;二是通过什么样的方式与程序选出项目经理。

(1) 挑选项目经理的原则:选择什么样的人担任信息系统运维服务项目经理,除了考虑候选人本身的素质特征外,还取决于两个方面,一是运维服务项目的类型、特点、性质、技术复杂程度等;二是运维服务项目在企业规划中所占的地位。

① 考虑候选人的能力:关于信息系统运维服务项目经理应具备的能力,前面已经进行了充分的阐述,最基本的有两个方面,即技术能力和管理能力。对项目经理来说,对其技术能力的要求应视运维服务项目类型的不同而不同,对于一般信息系统运维服务项目来说,可以不要求项目经理是技术专家或比团队的其他成员懂得多,但他应具有相关技术的沟通能力,能向高层管理人员解释项目中的技术问题,能向项目小组成员解释用户的技术要求。然而,无论何种类型的运维服务项目,对项目经理的管理能力要求都很高,信息系统运维服务项目经理一般要求其参加过工信部组织的信息系统运维服务项目经理培训,取得了信息系统运维服务项目经理资格证书,或者取得了 ITIL 中级(从业者级别)以上资格认证。

② 考虑候选人的敏感性:敏感性具体指 3 个方面,即对企业内部权力的敏感性、对项目团队与外界之间冲突的敏感性及对危险的敏感性。其中,对权力的敏感性使得项目经理能够充分了解运维服务项目与企业之间的关系;保证其获得高层领导的支持;对冲突的敏感性能够使项目经理及时发现问题并解决问题;对危险的敏感性,使得项目经理能够避免不必要的风险,及时规避风险。

③ 考虑候选人的领导才能:信息系统运维服务项目经理应具备领导才能,能知人善任,吸引他人投身于运维服务项目工作,保证运维服务部成员都能积极、努力地投入运维服务项目工作。

④ 考虑候选人应付压力的能力:压力产生的原因有很多,如管理人员缺乏有效的管理方式与技巧,其所在的企业面临变革,或经历连续的挫折而迫切希望成功。由于项目经理在运维服务项目实施过程中必然会面临各种压力,信息系统运维服务项目经理应能妥善地处理压力,争取在压力中获得成功。

(2) 挑选项目经理的方式与程序:

① 竞争招聘制:招聘的范围可面向社会,但要本着先内后外的原则,其程序是个人自荐→组织审查→答辩讲演→择优选聘。这种方式既可选优,又可增强项目经理的竞争意识和责任心。

② 公司经理委任制：委任的范围一般限于企业内部在聘干部和技术人员，其程序是经过公司经理提名，组织人事部门考察，联席办公会议决定。这种方式要求组织人事部门严格考核，公司经理知人善任。

③ 内部协调、基层推荐制：这种方式一般是企业各基层部门向公司推荐若干人选，然后由人事组织部门集中各方面意见，进行严格考核后，提出拟聘用人选，报企业领导研究决定。

7.5 企业对驻现场服务机构的监督管理

信息系统运维服务提供商必须认真贯彻执行国家有关安全生产的法律法规的规定，加强本单位驻需方现场信息系统运维服务机构的管理，这样才能保证信息系统运维服务质量、安全生产、降低成本、提高效率，从而提高企业在市场中的竞争力。

7.5.1 企业对驻现场服务机构监督管理的必要性和方法

1. 企业加强对驻现场服务机构监督管理的必要性

信息系统运维服务项目要在合同限定的时间、空间、质量、费用范围内将大量的人力、设备、材料、财力组织在一起，有序地实现信息系统运维服务项目目标，离开了责、权、力、效、利相匹配的高效率的组织保证系统是不可想象的。信息系统运维服务供方单位按照需方的要求根据运维服务项目实施的特点和实际情况委派运维服务人员到实施现场，并成立运维服务部。也就是说，信息系统运维服务部是为了适应运维服务工作的需要而建立的，它是由一组个体成员为完成运维服务项目目标而组织起来的协同工作的队伍，运维服务部所有成员都必须具有相应的职业资格证书，同时还要保证组织机构成员的专业配套、合理齐全。

运维服务部作为供方委派到运维服务项目实施现场的组织机构，其服务工作水平主要看能否把组成服务机构的各种要素（包括人员和装备）有机地组织协调起来，做到人尽其才、物尽其用，并使之高效运转，除了主要取决于项目经理及专业运维服务工程师的素质和能力以外，运维服务供方单位领导层的决策、监督、管理和指导也非常重要。

负责制和监督制是现代管理科学中同一个事物并存的两个方面，两者相辅相成，缺一不可。同样，在信息系统运维服务项目的实施过程中，运维服务工作既要强调项目经理负责制，也要重视公司的监督管理和指导支持，这就好比是放风筝，风筝本身既要结构合理、足够结实，又不能断了线。以往有些信息系统运维服务项目的实施过程就出现过这方面的问题，因信息系统运维服务供方单位领导对现场服务部的监督管理不够，或放任自流，导致运维服务工作不到位，甚至出现一些违法乱纪行为，造成运维服务项目在实施过程中发生重大质量事故，教训很深刻。

2. 对运维服务部人员组织的管理方法

对运维服务部人员组织的管理方法如下：

（1）信息系统运维服务供、需双方签订了运维服务委托合同后，运维服务提供商人力资源部要根据运维服务项目的规模、复杂程度和服务范围组建运维服务部,公司工程部和行政后勤部做好其他资源的配置(见图7-11)。

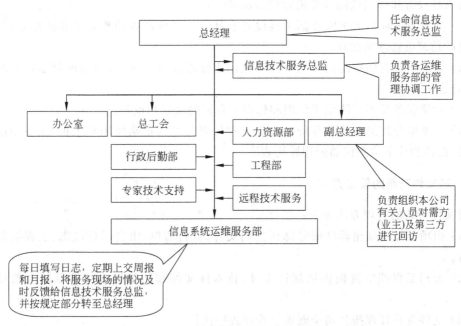

图7-11　企业对现场运维服务部的监督管理示意图

(2) 由公司法人代表(总经理)任命信息系统运维服务项目经理。

(3) 公司工程部负责对运维服务部全体人员实施岗前培训,主要内容为结合信息系统运维服务项目特点学习质量体系程序文件和相关的作业文件。

3. 信息技术服务总监现场巡视制度

信息技术服务总监现场巡视制度是针对运维服务项目的特点,由信息技术服务总监及其办公室的工程师不定期对运维服务现场进行巡视、检查,听取需方对运维服务工作的意见,对现场运维服务工作给予适当指导和强有力的支持,特别是对运维服务过程中遇到的重大技术问题进行监督、研究和指导,并帮助现场运维服务工程师解决实际工作中所遇到的难题。

信息技术服务总监现场巡视制度能够充分体现供方单位领导对现场服务部的监督管理,对促进提高运维服务水平和持续改进运维服务能力有极大的作用。通过巡视,可以对现场运维服务人员的业务能力、工作状态、素质、岗位设置及资源配置等多方面进行分析评价,借以获得其人的能力保证状态。比如说:在工作现场巡视中可以看到现场运维工程师和其他运维服务人员是否到位,项目经理是否能及时地发现现场存在的相关问题,信息系统运维服务管理体系是否得到了贯彻落实,流程控制是否井然有序等,从而发现人的能动性是否得到充分发挥、各项制度是否落实、促进机制是否积极等体系性的问题,并能及时地做出有关控制性措施。

211

4. 对工具设备和计量检测仪器的管理方法

对工具设备和计量检测仪器的管理方法如下：

（1）项目经理提出运维服务部工具设备和计量检测仪器等物质需求和使用计划，由公司行政后勤部负责落实配置。

（2）检测设备在使用前由公司工程部按国家标准进行校准，并对校准和鉴定后的状态进行标识。

（3）运维服务部不得使用无标识和标识不合格的仪器和设备。

（4）运维服务部的专业工程师负责设备和检测仪器的正确使用和维护，在使用过程中应填写《设备和计量检测仪器使用履历表》。

5. 对文件资料的管理方法

对文件资料的管理方法如下：

（1）由项目经理提出运维服务部所需的文件、资料清单，由公司行政部、工程部负责落实配置。

（2）公司工程部负责提供法规性文件、技术性文件和质量体系文件目录由项目经理选用。

（3）文件资料管理按公司全面质量管理程序执行。

7.5.2　企业对驻现场服务机构监督管理的措施

1. 组织措施

（1）将安全生产和服务质量领导责任制落到实处，由信息技术服务总监具体负责对驻现场运维服务部的监督管理，并加强对该运维服务部工作的指导支持。

（2）成立运维服务部，任命项目经理，实行项目经理负责制，按照投标文件中列明的信息系统运维服务人员进行派遣并使之按时到位。

（3）公司保证为现场运维服务部提供足够的实施设备、软/硬件备件、办公设备、检测仪器、通信工具、交通车辆和其他生产、生活设施，满足信息系统运维服务现场需要。作为运维服务部的坚强后盾，公司将提供强大的各项后勤物质支持。

（4）实行岗前培训、技术交底和职业道德教育培训，使运维服务部的所有成员都能熟悉运维服务合同，与信息化工程建设管理有关的法律、规范、标准、制度等，明确运维服务目标，合格者上岗；严肃纪律，杜绝不按规定要求行使职责、到位差、服务意识差、遇事推诿、拖拉等现象发生；对职业道德差、业务工作不适应者，公司坚决予以更换。

（5）运维服务部在"各级人员岗位职责"的制度下分解职责，将责任落实到岗、到人，同时明确岗位替代和替代交接程序。对本岗位的服务质量承担终身责任，确保信息系统运维服务凡事有人管。

（6）信息技术服务总监及其办公室工程师，每月定期或不定期到运维服务实施现场考核评估服务工作，征求需方（客户）和第三方的意见和建议，不断提高运维服务水平，保证做到让客户满意。

2. 技术措施

(1) 信息技术服务总监要建立信息系统运维服务目标动态控制系统，充分发挥运维服务人员的知识与才能，对运维服务项目目标进行全面、细致的考察，对实现运维服务目标的影响因素进行判断和分析，制定有针对性的、具体的预控措施，全面、及时、准确地掌握信息系统运维服务项目进展的动态数据并与计划数据比较，监督和指导项目经理采取有效、得力的措施及时进行动态纠偏和整改，确保圆满实现信息系统运维服务工作目标。

(2) 信息技术服务总监要监督和指导项目经理建立健全现场质量管理体系，加大对现场质量检查和内审，实现供方单位的质量体系与需方单位的质量体系之间的协调运作。

(3) 信息技术服务总监要监督和指导项目经理制定"运维服务部内部管理制度"，并根据运维服务部的实际情况补充编写其他有关制度，报公司审批执行，确保信息系统运维服务凡事有章可循。

(4) 在信息系统运维服务工作中，使用计算机管理软件实现信息系统运维服务工作的数字化管理。

(5) 为运维服务部配置现代化的工具设备、办公设备、检测仪器，用先进手段来提高服务水平。

(6) 针对信息系统运维服务项目实施过程中遇到的特殊问题随时制定特殊措施。

(7) 信息技术服务总监要监督和指导项目经理建立可追溯的服务质量记录体系，严格执行现场运维服务信息记载检查的有关要求，做到运维服务质量凡事有据可查。

(8) 信息技术服务总监要监督和要求运维服务部的一切活动均做到事先有要求，事中有检查，事后有结果，不留空白，闭环运行。

(9) 信息技术服务总监要定期进行质量回访，按质量体系文件要求每半年一次向客户发出"客户监督建议卡"，征询客户对服务公司服务的意见，不断改进和提高服务质量水平。

3. 经济措施

(1) 公司建立各部门经济责任制，将信息系统运维服务质量目标层层分解，各部门收入与信息系统运维服务质量和客户评价挂钩。

(2) 公司总经理与项目经理签订信息系统运维服务质量奖罚责任书，加大项目经理的责、权、利。

(3) 运维服务部实行半年初评、年终总评，考核评价每个运维服务人员的服务质量，建立奖罚分明和优胜劣汰的激励机制，调动每个运维服务人员的积极性。

(4) 信息系统运维服务人员严格遵守公司《员工守则》和公司《廉政建设责任制实施细则》，坚决杜绝信息系统运维服务实施过程中出现吃、拿、卡、要的行为。

4. 合同措施

(1) 公司与运维服务部的每个成员签订信息系统运维服务质量、安全、费用控制的目标责任书。

(2) 公司与运维服务部的每个成员签订廉政建设责任书。

本 章 小 结

　　信息系统运维服务管理最强调的就是人员、流程和技术三大要素的有机结合,只有把信息系统运维服务管理当作一个整体系统,重视人员、流程、服务、工具之间的整体规划与动态协调,才能促进信息系统运维服务管理体系的和谐运行。信息系统运维服务组织机构作为服务实施的核心,担负着沟通信息、协调矛盾、统一步调、组织运转、制定决策的重任,是实施有效服务的保证。根据信息系统运维服务的对象(需方)和用户需求的特点、性质、服务功能、地理位置、服务环境等因素来设置运维服务机构,并确定其组织模式。在信息系统运维服务管理中,建设一个和谐、士气高昂的运维服务项目团队是一项最重要的任务。运维服务项目团队从组建到终止是一个不断成长和变化的过程,包括组建、磨合、规范、成熟和解散5个阶段。项目经理是指企业法定代表人在信息系统运维服务项目实施过程中的授权委托代理人,对运维服务项目的组织、计划、实施、控制全过程及项目产品全面负责,其能力、经验、个人魅力和专业技术水平对运维服务项目的成功与失败起着关键作用。项目经理领导的运维服务部作为供方委派到运维服务项目实施现场的组织机构,其服务工作水平除了主要取决于项目经理及专业运维服务工程师的素质和能力以外,运维服务供方单位领导层的决策、监督、管理和指导也非常重要。

　　通过本章的学习,首先要了解现代组织论的基本概念,包括组织的含义及作用、组织结构和组织设计的原则等,其次要了解信息技术服务机构的设置和组织模式的类型,包括职能式、项目式、矩阵式、事业部式等组织模式的优、缺点。本章学习的重点是要了解和熟悉信息系统运维服务组织建立的原则、特点和组织模式的选择方法;要了解和掌握信息系统运维服务团队建设的内容、要求和阶段划分,特别是要着重了解、熟悉和掌握信息系统运维服务项目经理的职责、作用和主要任务,项目经理责任制和信息系统运维服务管理目标责任书的内容;要熟悉和掌握对信息系统运维服务项目经理在知识结构和实践经验方面的要求,对运维服务项目经理的挑选方法;还要充分了解和熟悉企业加强对驻现场服务机构监督管理的必要性、对运维服务部人员组织的管理方法、信息技术服务总监现场巡视制度,以及对工具设备、计量检测仪器和对文件资料的管理方法,企业对驻现场服务机构监督管理的措施等。

习　　题

1. 组织结构和组织设计的原则有哪些?信息系统运维服务组织模式的类型有哪些?
2. 什么是职能式组织模式?其优点和缺点有哪些?
3. 什么是项目式组织模式?其优点和缺点有哪些?
4. 什么是矩阵式组织模式?其优点和缺点有哪些?
5. 什么是事业部式组织模式?其优点和缺点有哪些?
6. 简述信息系统运维服务组织建立的原则和特点。如何选择信息系统运维服务组织模式?

7. 什么是团队和团队建设？简述信息系统运维服务团队建设的内容。
8. 简述建立信息系统运维服务部的要求和阶段划分。
9. 项目经理的职责、作用和主要任务有哪些？什么是项目经理责任制？
10. 简述信息系统运维服务管理目标责任书的内容。怎样培养和挑选项目经理？
11. 举例说明企业对驻现场服务机构监督管理的必要性、方法和措施。

第8章 信息系统运维服务的用户需求分析和管理

主要内容
(1) 企业信息系统的现状评估。
(2) 信息系统运维服务的范围管理。
(3) 信息系统运维服务的用户需求调研分析。
(4) 信息系统运维服务的沟通管理。
(5) 信息系统运维服务的用户需求管理。

8.1 企业信息系统的现状评估

企业信息系统建设是企业信息化战略的基础,企业信息系统现状评估是衡量企业信息化水平的尺度,它从宏观上指导企业信息化整体水平的提高,从微观上引领企业更准确地认识信息化的内涵,明确信息化的目的,制定正确的信息化战略,并在具体操作上给予指导。对企业信息系统当前状态的评估包含了信息技术能力建设和管理实践,分析总结出企业信息系统现状和距离实现企业信息化战略要求的差距是进一步明确信息系统运行维护管理目标、提出信息系统优化改进计划的基础。

8.1.1 企业信息系统现状评估的定义、目的和内容

1. 企业信息系统现状评估的定义

信息系统现状评估是企业信息系统工程项目已经竣工验收,并由系统集成商移交给企业、正式投入使用以后,即企业信息系统进入了运行维护阶段,对信息系统建设过程、应用效果及未来适应能力进行综合评估的过程和行为。企业信息系统现状评估分为内部评估和外部评估。内部评估是企业自身根据需要对其信息系统的开发、实施、应用状况进行评估;外部评估是社会机构、政府组织对企业的信息系统应用状况进行评估。企业内部评估通常可由企业自身完成或由专业咨询评估机构完成。

2. 企业信息系统现状评估的目的

通常情况下,企业进行信息系统现状评估的目的主要如下:
(1) 评价信息系统在性能和功能方面的表现。
(2) 评价信息系统的技术和质量水平。
(3) 评价信息系统对企业业务的支持状况。
(4) 评估企业信息系统建设的投资价值。

(5) 评价信息系统应用的效果以及存在的问题。
(6) 考察信息系统对企业发展战略及未来业务发展的适应能力。
(7) 为后续的信息化建设提供经验与参考。

3. 企业信息系统现状评估的内容

企业信息系统现状评估基于一套完整的评估体系,包括指标体系、评估标准与方法,其中指标体系对应评估的内容。以下介绍信息系统评估的内容,主要从企业的组织结构、人员、流程、技术和资源角度对企业信息化现状和实施能力进行评估。

(1) 系统技术性能和质量评估:对信息系统技术性能质量的现状评估,目的主要是为了摸清楚企业现有信息系统功能、性能、质量及其相应的技术和手段是否能解决企业可能面临的各种问题、风险以及新技术和前沿技术应用所提出的新要求,在此基础上具备发现和解决问题、风险控制、技术储备以及研发、应用新技术和前沿技术的能力。评估的内容和方法主要是定性地从适用性、先进性、扩展性等方面对系统运行环境、基础设施、网络平台以及设备硬件、软件、安全方面的性能和质量进行评估。

① 软件技术性能和质量:系统整体技术架构、操作系统、数据库系统、应用服务系统、中间件等。

② 硬件技术性能和质量:公司广域网、局域网、服务器系统、存储系统等。

③ 系统安全性能和质量:基础设施、网络平台及设备的物理安全、网络安全、主机安全、系统安全、数据安全各个层面的安全状况。

(2) 流程现状评估:主要是从流程与战略的匹配性、流程关系依赖性、流程复杂性、流程控制性、实施目标与效果一致性、流程竞争性等方面进行评估。

(3) 资源应用现状评估:评估对象包括服务台、知识库、工具、备件库、基础设施和系统软/硬件平台等方面的应用情况,主要有三项内容。

① 目标功能实现度:它反映出信息系统在功能方面实现预期功能的程度。数值越高,越接近员工要求,在企业中实施信息系统的难度越小。根据企业的实际情况可确定系统的目标功能实现度。

② 用户满意度:使用者(包括公司各部门、员工、外来访问客户等)在应用信息系统时从方便性、操作性、实用性、界面友好性等方面获得的满足程度,其数值的大小直接与系统在企业中获得的支持和推行阻力的大小有关。

③ 信息系统利用率:这是考察企业信息系统在运行时系统工作状态的指标。系统利用率高,说明该系统信息流动的速度快,信息流动越规范,对企业的整合作用越大。这个数据从侧面反映出信息系统与企业业务之间的结合程度。

(4) 信息化管理组织结构体系现状评估:组织结构体系在现代企业管理中是企业治理的重要体现,完善的企业组织结构能充分地达到管理的目的和绩效的提高,其中,企业信息化管理的组织结构的优化或提升对企业发展有着举足轻重的重大影响。企业信息化管理有了明晰的组织结构,企业信息系统的各个管理职能才能有效地发挥应有的作用。企业信息化管理组织结构体系现状评估的内容主要是指管理层次的优化,提高企业内部信息资源和知识文化共享度,增加领导与下级的沟通效率,增强执行力,从而提升凝聚力和组织绩效等。

（5）人员素质现状评估：由于企业信息系统的技术含量高、专业性强、涉及面广、技术跨度大、知识更新快、新技术层出不穷，所以对其从业人员的技术水平和素质的要求也相对较高。对企业信息系统从业人员现状评估的内容主要考察其信息技术专业知识、技能、实践经验、工作适应能力和很快掌握先进技术的能力，以及沟通能力、团队合作精神、学习能力、责任感、问题解决等方面的职业素质和稳定良好的心理素质等。

（6）业务支持评估：通过对企业业务的梳理和评估分析信息系统对企业业务开展的支撑和促进作用。业务支持评估主要从战略支持、管理改善支持、业务效率改善支持、业务协作支持、客户服务支持5个方面进行。

① 战略支持方面：评估信息系统的应用对公司战略目标、经营思路、业务体系、资源整合等方面的支持与适应状况。

② 管理改善方面：评价信息系统的应用是否适合与支持企业管理理念、管理模式，是否促进业务模式优化和管理流程规范化，信息系统的应用对经营管理模式变革、对公司决策支持方面的作用如何。

③ 业务效率方面：评价信息系统的应用带来的企业采购、库存、销售业务的执行效率的改善程度，对价格、质量管理的效率，以及对原料、设备等资源管理的效率、质量如何。

④ 业务协作方面：信息系统的应用对总部与各分子公司、分子公司之间在业务与管理链上的信息交互、信息共享、业务协同方面的作用体现如何，以及由此带来的时间节约、成本节约。

⑤ 客户服务方面：考察信息系统应用后公司在客户满意度、公司品牌、公司形象上的提升程度。

（7）系统投资价值评估：投资价值是信息系统为企业带来的各方面利益的数值表现，它客观地反映出信息系统预期与实际运行后的差别，研究这些数据有助于对企业信息系统进行改进。价值评估主要衡量信息系统建设与应用对企业经营管理带来的效益，从收益、成本两方面进行考察。

① 效益方面：考察企业在应用信息系统后各年的销售收入增长情况，并综合分析得出由于信息系统应用带来的收入增长额度，另外计算由于信息系统应用而带来的管理费用、财务费用、销售费用、采购费用、库存成本、办公成本、信息交互成本降低的额度，这两者累计形成信息系统应用的效益。

② 成本方面：计算企业在信息系统建设中投入的硬件、软件资产成本，以及响应发生的人力成本。

8.1.2 企业信息系统现状评估的特点、方法和步骤

1. 企业信息系统现状评估的特点

企业信息系统现状评估的特点如下。

（1）现实性：企业信息系统现状评估以实际情况为基础，依据的数据资料是现实发生的真实数据或根据实际情况重新预测的数据。它与系统前期的可行性研究不同，可行性研究是预测性的评价。

(2) 全面性：企业信息系统现状评估的范围很广，要对系统立项决策、咨询设计、系统集成实施、运行维护等方面进行全面、系统的分析。

(3) 反馈性：通常可行性研究用于投资决策，而企业信息系统现状评估的目的在于为有关部门反馈信息，为今后的信息系统管理工作提供借鉴，不断地提高未来投资的决策水平。

(4) 协调性：企业信息系统现状评估需要多方面的合作、协调，企业主管部门要组织计划、财务、人事、设计、生产、销售、运维、质量、检测等有关部门协同进行。为了使企业信息系统现状评估工作能够顺利进行，所有参与方必须齐心协力、融洽合作，否则将无法完成评估任务。

2. 企业信息系统现状评估的方法

由于企业信息系统现状的评估涉及面广、工作协调性强、难度高，包含了对信息系统工程项目前期工作、项目管理及系统运营维护现状的再评价，所以在综合比较时尤其要注重定性分析与定量分析相结合，定性分析应该有定量分析作补充，定量分析必须由定性分析来说明。常用的企业信息系统现状评估方法有以下几种。

(1) 资料收集法：资料收集是企业信息系统现状评估的重要内容和手段，资料收集的效率和方法直接影响企业信息系统现状评估的进展和结论的正确。常用的资料收集方法有专题调查法、固定程式的意见咨询、非固定程式的采访、实地观察法和抽样法。

(2) 市场预测法：企业信息系统现状评估发生在信息系统投入使用以后，其数据大部分都是信息系统工程项目准备、实施建设、使用运营等过程中的实际数据，为了与前期的评价进行对比分析，还需要根据实际情况对信息系统运行维护期间的全过程进行重新预测，具体预测方法有经验判断法和历史引申法等。

(3) 分析研究方法：分析研究是企业信息系统现状评估的重要阶段，实际调查和市场预测所得到的各种数据只有经过加工处理并对其进行分析研究才能发现其中存在的问题，主要的分析研究方法如下。

① 指标计算法：通过反映信息系统工程项目建设启动、规划设计、系统集成实施到运行维护各阶段实际效果的指标计算来衡量和分析系统建设所取得的实际效果。反映信息系统实际绩效的指标较多，如项目系统实际投资的效益成本比、实际内部收益率等。

② 指标对比法：通过将信息系统实际指标与预测指标或者与国内外同类系统的相关指标进行对比，发现信息系统实际存在的问题，提出改进的方法。如通过计算信息系统实际投资效益成本比的变化率就可以反映出实际投资效益与预测值之间的偏差程度，为下一步改进打下基础。

③ 因素分析法：信息系统投资效果的各个指标往往都是由多种因素决定的。因素分析法就是把综合指标分解成原始因素，以便分析造成指标变动的原因。其主要步骤是首先确定某项指标是由哪些因素组成的，并确定各个因素与指标的关系；然后确定各个因素所占的份额。如成本超支，就要核算清楚由于实际工程量突破预计工程量而造成的超支占多少份额，结算价格上升造成的超支占多少份额等。

④ 统计分析法：这是一种纯数学分析方法，具体做法是在系统集成实施前就某个指标

分别选择两组考察对象,一个是实验组,一个是对照组,实验组在系统所在区,对照组不在系统所在区,也就是不受系统集成实施的影响。在进行企业信息系统现状评估时,对比两组的有关数据,以考察系统集成实施过程和运行维护现状对指标有怎样的影响。

3. 企业信息系统现状评估的步骤

企业信息系统现状评估是一项涉及面较广的技术经济分析工作,不仅需要科学的方法作为工具,而且需要严密的程序作为保证。尽管由于系统规模大小、复杂程度的不同,每个企业信息系统现状评估的具体工作程序会有一定的差异,但从总体来看,企业信息系统现状评估都应遵守一个循序渐进的基本程序,其步骤(见图8-1)如下。

图 8-1 企业信息系统现状评估步骤

(1) 筹划准备:明确企业信息系统现状评估的具体对象、评估目的及具体要求。企业信息系统现状评估应满足客观性、公正性的要求,同时应具有反馈检查功能。因此要制定一个周详的企业信息系统现状评估计划,包括评估人员的配备、时间进度的安排、内容范围与深度的确定、预算安排、评价方法的选定,以及制定详细的调查提纲,确定调查对象和调查方法,并开展实际调查工作,收集整理评估所需要的各种资料和数据等。

(2) 业务调研:信息系统是为企业业务与管理服务的,为了对企业信息系统现状有更好的认识与评估,需要先从企业业务与管理的调研分析开始。通过对企业的业务与管理调研分析掌握信息系统建设的背景、目标、业务需求,为评估奠定基础。业务调研内容包括企业发展战略、企业业务体系、企业组织体系、业务流程体系、企业管理模式和管理特点等。

(3) 信息系统调研:通过企业信息系统操作演示及相关资料收集对信息系统进行全面了解,作为评估的基础。调研内容包括信息系统建设目标和建设过程、系统基础设施和环境、系统体系结构、系统分布模式、系统功能构成、系统性能状况、系统资金投入等,主要是定性地从适用性、先进性、扩展性等方面对企业信息系统运行环境、基础设施、网络平台,以及设备硬件、软件、安全方面的性能和质量进行评估,以及从流程与战略的匹配性、流程关系依赖性、流程复杂性、流程控制性、实施目标与效果一致性、流程竞争性等方面进行评估。

(4) 应用效果调研:通过对企业业务的梳理和评估分析信息系统对企业业务开展的支撑和促进作用,并对信息系统的建设推广、应用效果进行全面调研分析,重点关注企业应用该系统之后在业务开展、组织成长方面的效益,以及了解企业对信息系统投资产生的价值及系统建设的经验。调研内容包括企业战略的支持,系统对业务的支持以及与企业业务流程的整合情况,对企业管理的作用,系统建设和应用对企业发展成长的促进作用,系统建设的项目管理,系统运行维护的现状等。业务支持评估主要从战略支持、管理改善支持、业务效率改善支持、业务协作支持、客户服务支持5个方面进行。

(5) 综合分析评估:在企业业务、信息系统及系统应用效果调研的基础上针对企业信息系统现状评估内容范畴进行综合分析评估,包括企业员工的职业素质及对信息系统掌握的熟练程度、技术水平,信息系统日常运行维护能力,信息系统对企业文化的影响及整合,客户服务满意度,客户对系统改进的建议和要求等。系统价值评估主要衡量信息系统建设与应用对企业经营管理带来的效益,从收益、成本两方面进行考察分析。

(6) 编制企业信息系统现状评估报告:将调研分析研究的成果汇总,编制出信息系统现状评估报告,并提交委托单位和被评企业。编写企业信息系统现状分析评估报告,要从企业战略要求、业务发展要求出发,分析其信息化需求,为企业信息系统的完善与后续建设提出建议,包括系统功能、系统性能、推广运行、运行维护、后续系统规划与建设等。

编制信息系统现状评估报告必须客观、公正、科学,不应受系统各阶段文件结论的束缚。其内容既要全面系统,又要突出重点,简明扼要,主要内容包括摘要、系统概况、评估内容、主要问题、原因分析、经验教训、结论和建议、基础数据和评估方法说明等。

8.2 信息系统运维服务的范围管理

服务范围是指服务具体的实施范围,即服务达到的最终成果和产生该成果所需要做的工作既不欠缺也不多余。服务范围是制定服务计划的基础,以此形成其他相关子计划并综合成整个服务计划。服务范围管理的定义是指服务目标和内容的定义与控制过程,包括用于保证服务能按要求的范围完成所涉及的所有过程。

8.2.1 信息系统运维服务范围管理的定义和内容

1. 技术服务合同的特点

在实践中,信息系统运维服务供、需双方采用书面形式签订的合同属于技术服务合同的范畴。根据我国《合同法》第三百五十六条规定,技术服务合同是指当事人一方以技术知识为另一方解决特定技术问题所订立的合同。技术服务合同的标的是指为解决特定技术问题而提供的专业技术服务,在合同中应明确技术服务项目的内容、范围和工作效果。技术服务合同的特点主要如下:

(1) 合同标的是解决特定技术问题的,具有专业性、广泛性、效益性和相对性的特点。

(2) 合同的履约方式是完成约定的专业技术工作,受托人履行合同的过程是技术知识传递、扩散的过程。

(3) 受托人为委托人完成的成果要保证质量,对实施结果承担责任。

2. 信息系统运维服务范围管理的定义

信息系统运维服务范围管理的定义是指为了实现技术服务的目标对信息系统运维服务整个生命周期中所涉及的工作范围所进行的设计、管理和控制,它包括范围的设计界定、范围的规划、范围的调整和范围变更控制等内容。信息系统运维服务供方(服务提供商)要想成功地完成技术服务项目,达到服务目标,必须开展一系列的工作,这些必须开展的工作内容就构成了信息系统运维服务的工作范围,具有以下特征:

(1) 信息系统运维服务范围管理应以确定并完成服务目标,明确服务职责界限,保证服务实施过程和交付成果的完备性为目的。

(2) 信息系统运维服务范围管理的对象应包括为完成服务目标所必需的专业技术工作、系统管理工作和项目行政工作。

(3) 信息系统运维服务范围管理的过程应包括服务范围的确定、组织结构分析、服务范围控制等。

(4) 信息系统运维服务范围管理应作为技术服务管理的基础工作,并贯穿于服务全过程。信息系统运维服务供方应确定服务范围管理的工作职责和程序,并对范围的变更进行检查、分析和处置。

3. 信息系统运维服务范围管理的内容

信息系统运行维护服务范围管理是非常重要的,其主要内容如下。

(1) 确定服务目标:通过运维服务范围设计,用书面文件的形式表述信息系统运维服务需方对服务成果和过程的明确的和隐含的需求,并经供方同意。通过需求调研、识别和分析,得到服务供、需双方同意并以文件形式表述的需求就变成了服务目标,如流程、品质、费用目标或子服务目标等。

什么是服务需求?简单地说,服务需求就是确定服务实施过程中需要做些什么。从严格意义上讲,服务需求是指服务必须达到的目标与能力。

用户需求调研和分析是信息系统运维服务实施过程中的重要一环,是信息系统运维服务策划和方案设计,特别是软件系统运维服务的基础,也是供方运维服务人员沟通用户的"桥梁"。

(2) 确定服务范围:信息系统运维服务在实施前,服务供、需双方应明确界定服务范围,提出用户需求说明文件,作为进行信息系统运维服务实施和评价的依据。

确定服务范围应主要依据下列资料:

① 服务目标的定义或用户需求说明文件。

② 环境条件调查资料。

③ 信息系统运维服务限制条件和制约因素。

④ 同类服务项目的相关资料。

在信息系统运维服务的计划文件、设计文件、招标文件和投标文件中应包括对服务范围的说明,在确定服务范围时,应考虑其稳定性、可变性及影响程度。

(3) 编制服务管理规划:信息系统运维服务管理规划作为指导服务管理工作的纲领性文件,应对服务管理的目标、内容、组织、资源、方法、程序和控制措施进行确定,包括服务管理规划大纲、服务管理实施规划和服务管理实施细则三类文件。

① 服务管理规划大纲应由供方组织的管理层或供方组织委托的服务咨询单位编制。

② 服务管理实施规划应由信息系统运维服务团队的项目经理组织编制。

③ 服务管理实施细则可以用服务计划代替,但应具备服务管理的内容,能够满足服务管理实施规划的要求。

(4) 服务范围控制:信息系统运维服务供方应严格按照服务范围进行服务范围控制,

即按照服务范围来管理规划,控制服务流程和活动,使其符合服务计划要求。信息系统运维服务供方在服务范围控制中应跟踪检查,记录检查结果,建立文档,分析判断潜在的、可觉察的和实际的范围变化,并对范围的变更和影响进行分析与处理,采取措施,使之在服务生命周期内达到服务目标。服务范围变更管理应符合下列要求:

① 服务范围变更要有严格的审批程序和手续。
② 服务范围变更后应调整相关的服务计划。
③ 重大的服务范围变更应提出影响报告。

8.2.2 信息系统运维服务的合同评审和服务项目的选择

1. 信息系统运维服务合同评审的定义

信息系统运维服务合同评审是指供、需双方在签订正式的服务合同前运维服务供方针对服务合同的具体内容所组织的一项专门评审活动,并填写评审记录,以确保合同中对运维服务范围、服务级别、质量要求、价格和期限等规定得公平、合理、明确和有效。对复杂程度高的信息系统运维服务合同评审一般在投标阶段就开始实施,在正式签订合同前往往要多次进行合同评审活动,直到合同正式签订为止。服务合同签订后若发生更改,则需重复上述合同评审活动。

2. 信息系统运维服务合同评审的内容

信息系统运维服务合同评审的内容如下:
(1) 审查合同主体和内容是否合法。
(2) 审查合同意思表示的真实性。
(3) 审查合同条款是否完备,文字是否规范。
(4) 审查合同中的信息系统运维服务级别要求是否合理,供方能否达到该服务级别要求。
(5) 审查合同当事人的财务状况、基础环境、设备资源、技术实力、业绩信誉和诚信记录等。
(6) 审查合同当事人的客户价值、客户关系等。
(7) 审查合同中规定的服务费用(价格)、服务质量要求、进度要求等是否合理。
(8) 审查合同中规定的信息系统日常运行保障和系统维护条款是否合理。
(9) 审查合同中规定的人员信息技术培训服务内容要求是否合理。
(10) 审查合同中规定的咨询评估服务内容要求是否合理。
(11) 审查合同中规定的系统优化改善服务内容要求是否合理。
(12) 审查合同当事人的履约能力,对合同履行中可能出现的不确定因素进行全面风险评估。

3. 信息系统运维服务项目的选择

服务项目的选择并不是一门严格的科学,但它对于信息系统运维服务管理来说是非常关键的。从可能的信息系统运维服务项目中进行选择的方法有很多,下面介绍 4 种常见的方法。

(1) 组织的整体需要：组织在决定选择什么样的项目、什么时候实施、做到什么程度的时候，必须注重于满足组织的多种不同的需要，判断是否符合需求、资金和风险 3 个重要标准。

(2) 项目分类法：分类方法是评价项目是否可以应对某个问题，或是抓住某次机会最常用的方法。进行项目整体的综合排序，将可能入选的项目分成高、中、低 3 个优先次序。最高优先项目安排最先考虑，排在中间位置的项目次之，最低位置的项目最后考虑。

(3) 财务指标评价方法：对财务方面的考虑向来是项目选择过程中最重要的因素，其主要方法如下。

① 净现值分析：把所有预期的未来现金流入与流出都折算成现值，以计算一个项目预期的净货币收益与损失。如果财务价值是项目选择的主要指标，那么只有净现值为正时的项目才考虑。

② 投资收益率分析（ROI）：将净收入除以投资额的所得值，ROI 越大越好。

③ 投资回收期分析：投资回收期就是以净现金流入补偿净投资所用的时间。换句话说，投资回收期分析就是要确定得经过多长时间累计收益才可以超过累计成本以及后续成本。当累计折现收益与成本之差开始大于零时，回收就完成了。

(4) 加权评分模型法：加权评分模型法是一种基于多种因素进行项目选择的系统方法。这些因素包括满足整个组织的需要；解决问题、把握机会以及应对指示的能力；完成项目所需的时间；项目整体优先级；项目预期的财务指标等。

构建加权评分模型的第一步就是要识别所考虑因素的重要程度，包以下内容：

① 符合企业主要的商业目标。
② 服务项目受到组织高层管理者的大力支持。
③ 有较强的客户支持。
④ 具有运用符合实际的技术能力的水平。
⑤ 可以在 1 年或更少的时间内得以实施。
⑥ 有正的净现值。
⑦ 能在较低的风险水平下实现质量、进度和成本等目标。

下一步，就是对各个所考虑的因素赋以权重。这些权重意味着对每个因素的评价程度或重要程度估计，可以用百分比的形式赋以权重，所有因素的权重总和必须等于 100%。然后，可以给每一个因素的每一个标准进行评分（如从 0 到 100），这些分数意味着每个因素达到每个标准的程度。对每一个项目按照每个因素打完分之后，就可以分别将每个因素的权重乘以各个项目的得分，然后相加得到每个因素的加权得分。

8.2.3 项目的工作分解结构

1. 工作分解结构的定义

工作分解结构（Work Breakdown Structure，WBS）是为了管理和控制的目的而将项目分解的技术，它跟因数分解是一个原理，就是把一个项目按一定的原则分解。项目按层次分解成子项目,子项目再分解成更小的、更易管理的工作单元(或称工作包),直到分解为具体的活动(或称工序)。

在日常工作中,工作分解结构(WBS)以可交付成果为导向对项目要素进行分组,它归纳和定义了项目的整个工作范围,每下降一层代表对项目工作的更详细定义。其具体做法是首先将项目分解成任务,任务再分解成一项项工作,然后把一项项工作分配到每个人的日常活动中,直到再也分解不下去为止,用公式表示如下:

工作分解结构(WBS)=项目→任务→工作→日常活动

2. 工作分解结构的作用

工作分解结构(WBS)有点像组织结构图,人们可以通过它看到整个项目图景以及每一个主要的组成部分(见图8-2)。其作用主要如下:

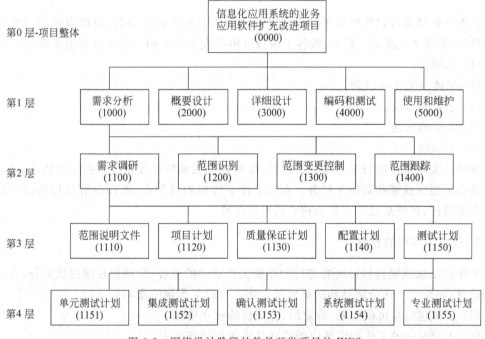

图 8-2 围绕设计阶段的软件开发项目的 WBS

(1) 把项目分解成具体的活动,定义具体工作范围,让相关人员清楚了解整个项目的概况,对项目所要达到的目标形成共识,以确保不漏掉任何重要的事情。
(2) 按照项目活动之间的逻辑顺序来实施项目有助于制定完整的项目计划。
(3) 通过项目分解为制定完成项目所需的技术、人力、时间和成本等目标提供基础。
(4) 通过活动的界定就能很明显地使项目团队成员知道自己的责任和权利。

3. 工作分解结构的分解原则

工作分解结构的分解原则如下:
(1) 对项目的各项活动按实施过程、产品开发周期或活动性质等分类。

(2) 在分解任务的过程中不必考虑工作进行的顺序。
(3) 不同的项目分解的层次不同，不必强求结构对称。
(4) 把工作分解到能以可靠的工作量估计为止。
(5) 最低一级的具体工作应能分配给某个或某几个人具体负责。
(6) 某项任务应该在WBS中的一个地方且只应该在WBS中的一个地方出现。
(7) WBS中某项任务的内容是其下所有WBS项的总和。
(8) WBS必须与实际工作中的执行方式一致。
(9) 每个WBS项都必须文档化，以确保准确理解已包括和未包括的工作范围。
(10) WBS必须在根据范围说明书正常地维护项目工作内容的同时也能适应无法避免的变更。

4. 工作分解结构的分解步骤

工作分解结构可以按照各子项目范围的大小从上到下逐步分解，也可以按项目实施阶段来设计，如图8-2所示。其中，按各子项目范围的大小从上到下逐步分解的步骤如下：
(1) 总项目。
(2) 子项目或主体活动。
(3) 主要的活动。
(4) 次要的活动。
(5) 工作包。

按项目实施阶段进行工作结构分解时，要清楚完成该项必须完成哪些主要活动，完成这项活动必须要完成哪些具体子任务。在从上往下排列的过程中，工作分解结构的每一层都变得更加具体，最终形成一个类似树状的组织结构。

5. 建立工作包的原则

工作包是完成项目目标所要进行的相关工作活动的集合，为项目控制提供充分、合适的管理信息，它位于工作分解结构的最底层。建立有效工作包的原则如下：
(1) 工作包应是可确定的、特定的、可交付的独立单元。
(2) 工作包中的工作和责任应落实到具体的单位或个人。
(3) 工作包的大多数工作应适合不同的工作人员，从而提高人员之间的沟通。
(4) 工作包应与特定的WBS单元直接相关，并作为其扩展。
(5) 应明确本工作包与其他工作包之间的关系。
(6) 能确定实际的预算和资源需求。

6. 工作分解结构的编码

按照特定的规则对工作分解结构图中的各个结点进行编码，可简化项目实施过程中的信息交流。在制定项目的成本、进度和质量等计划时不仅可以利用编码代表任务名称，而且可以根据某任务的编码情况推断出该任务在工作分解结构图中的位置，这就要求每个任务结点的编码保持唯一性。工作分解结构中的可交付成果可以是产品，也可以是服务。

8.3 信息系统运维服务的用户需求调研分析

任何服务项目绝非无源之水、无本之木,而是来源于社会和经济活动的各种需求,因此需求是服务项目产生的根本前提。用户需求调研分析是信息系统运维服务管理中最重要的一个步骤,因为运维服务目标是通过用户需求调研分析来确定的。为确定运维服务范围,最简单的方法就是将运维服务项目看成一个黑盒,通过描述这个黑盒与外界的交互及自身的特性来决定运维服务实施过程中所要做的事情,这就是用户需求调研分析需要做的主要事情,以确定一组完整的服务项目用户需求。

8.3.1 信息系统运维服务的用户需求的特点和类型

1. 用户需求的基本概念

(1)需要:需要是有机体的一种客观欲望,是有机体感到某种"缺乏"而力求获得满足的心理倾向,是内、外环境的客观要求在头脑中的反应。它源于自然性要求和社会性要求,表现为物质需要和精神需要。例如人们为了生存,需要食物、衣服、房屋等生理需要及安全、归属感、尊重和自我实现等心理需要。

(2)需求:需求是指人们在欲望驱动下的一种有条件的、可行的、又是最优的选择,通常指有支付能力和愿意购买某种物品的欲望。可见,人们的欲望在有购买力做后盾时就变成了需求,例如许多人想购买奥迪牌轿车,但只有具有支付能力的人才能购买。

需要不等于需求,需求比需要的层次更高。形成需求有3个要素,即对物品的偏好、物品的价格和手中的收入。需要只相当于对物品的偏好,并没有考虑支付能力等因素。一个没有支付能力的购买意愿并不构成需求。

(3)用户需求:用户需求是指来自于用户的需求,它针对的是人,描述的是用户想做某件事情所遇到的问题或所想满足的欲望。信息系统运维服务的用户往往有两种类型,一种是指信息系统的直接用户(客户),另一种是指信息系统的最终用户(用户),即服务对象。信息系统运维服务供方(服务提供商)必须同时与这两种用户"打交道",一般首先要找到直接用户,然后通过直接用户找到最终用户。因此在确定需求分析的对象时,就要站在不同的角度对信息系统进行分析,找出真正的用户,以确定真正的服务对象的需求。当不同类型用户的需求提出来以后,并不一定全部都要在同一时间内实现,可以根据用户需求的重要性和可行性进行排序,然后按照排序结果进行取舍。

有些信息系统运维服务项目虽然只有一个直接用户,但是最终用户却有很多,例如用作办公的智能大厦或者智能住宅小区,开发商是直接用户,只有一个,而最终用户却是众多的买房业主。众多最终用户的需求是各不相同的、复杂的、多方面的。虽然大部分用户需求是合情合理的,通过信息系统运维服务项目实施能达到其要求,但是有些要求过高,是当前技术上难以实现的;也有些是用户表达不清楚、迷迷糊糊的;还有些甚至是前后不一、相互矛盾的。显然,信息系统运维服务项目用户需求调研分析工作具有相当的难度。

对于众多最终用户的需求调研工作,通常是通过直接用户的推荐和认可选择几家典型的最终用户进行用户需求调研,并将他们的需求内容向直接用户报告,征得直接用户的同意后列为用户需求的内容。

2. 用户需求的来源

用户需求可以是多方面的,任何一个服务项目都是从需求分析开始的。所谓需求分析,即分析识别用户基于某些方面的变化而产生的一种特定需求。用户需求主要来源于以下4个方面。

(1) 市场需求:由市场变化所引起的需求。

(2) 竞争需求:用户基于提高自身的竞争力所引起的需求。

(3) 技术需求:基于技术创新所引起的需求。

(4) 法律需求:基于一个国家或地区的法律变化所引起的需求。

当用户有了某种服务需求时,需要进一步地研究和分析自身资源状况和条件,仔细、全面地考虑项目的经济、社会效益和目标、组织的状况和资源获取能力等因素,以确定最终的需求。

3. 用户需求的特点

用户需求是从用户的角度描述服务目标和服务范围,以便没有专业技术背景的用户能看懂。它只描述服务项目的外部行为,尽量避免涉及服务项目内部的设计特性,因而用户需求不可能使用任何开发模型来描述,而只能通过自然语言、图表、图形等来叙述。用户需求的特点如下。

(1) 用户需求表达的困难:用户需求必须使用自然语言来描述时可能会出现以下问题。

① 描述困难:使用自然语言描述时,为使用户需求既清楚无歧义又不过于晦涩难懂是很困难的一件事情。在具体表达时,既费力又伤神。

② 需求混乱:使用自然语言描述时,易于将多个用户需求混在一起,且不便于区分不同层次的需求,从而造成用户需求的混乱。

(2) 用户需求编写的原则:在编写用户需求文档的时候,为避免上述问题,应该遵守以下一些简单的原则。

① 标准的格式:设计一个标准的格式,保证所有用户需求都按照该格式编写。标准化格式使得遗漏不易发生,同时便于用户需求的审查。

② 使用一致的语言:对于每一条用户需求都使用一致的语言进行描述,从而使得对用户需求的理解能够一致,尤其在区分强制性需求和希望性需求时更应如此。例如,我们可以定义在强制性需求前面加"必须"而在希望性需求前面加"最好"等。

③ 使用特殊文本:使用特殊的文本来强调关键的用户需求,如使用大号字体、黑体、斜体、加下划线等。

④ 尽量避免专业术语:为便于没有专业背景的用户人员理解,尽量减少使用专业术语。但在有些情况下,这是无法避免的,因为对于某些领域的一些描述自然语言可能无法表达。

4. 用户需求的类型

通常,用户对信息系统运维服务项目,特别是对软件运维服务的需求是复杂的、多方面的,有时甚至是苛刻的、迷迷糊糊的。但与此同时,用户需求又是信息系统运维服务项目,特别是应用软件运维服务的基础,其重要性不言而喻。因此,信息系统运维服务部人员必须与用户紧密合作,做好用户需求调研分析工作。这部分工作做得到位,就能确保服务实施进展顺利,令用户满意;若处理不好,则会导致信息系统运维服务失败。

依据信息系统运维服务用户需求的具体内容,用户需求大致可以分为以下几种类型。

(1) 目标需求:用户对信息系统运维服务高层次的目标要求,通常在合同中予以说明。

(2) 业务需求:用户使用信息系统所要完成的任务,这在使用实例中予以说明。

(3) 功能需求:功能需求又称为工程项目功能需求,它包括由供方(服务提供商)实施日常运行保障和系统维护的需方原有信息系统所必须达到的项目功能需求,以及根据供方在咨询服务或系统优化服务中所提供的建议,需方新建信息系统或原有信息系统经过改造后所必须达到的项目功能需求。

(4) 性能需求:性能需求又称为工程项目非功能需求,它包括由供方(服务提供商)实施日常运行保障和系统维护的需方原有信息系统,以及根据供方在咨询服务或系统优化服务中所提供的建议,需方新建信息系统或原有信息系统经过改造后所必须遵从的国家标准、行业规范和约束,操作界面的具体细节和结构上的限制等。

值得注意的是,信息系统运维服务本身属于服务项目,而信息系统运维服务的成果,即由供方实施日常运行保障和系统维护的原有信息系统,以及根据供方在咨询服务或系统优化服务中所提供的建议,新建信息系统或原有信息系统经过改造后属于工程项目。在这里,服务项目和工程项目两者之间存在着因果关系。

5. 功能需求和性能需求的特点

信息系统运维服务所涉及的项目功能需求和非功能需求(性能)是确定信息系统运维服务范围最关键,也是最难搞清楚,并且最难圆满实现的两项需求,它们分别代表了项目的功能要求和性能要求。

(1) 功能需求:功能需求描述作为信息系统运维服务成果的项目所应提供的功能,包括项目应该提供的服务,对输入如何响应,以及特定条件下项目行为的描述。有时,功能需求还包括项目不应该做的事情。功能需求取决于项目的类型、用户的类型及系统的类型等。

如何完整地规则项目功能是整个项目用户需求的核心。理论上,项目的功能需求应该具有全面性和一致性。全面性即应对用户所需要的所有服务进行描述,一致性是指功能需求不能前后自相矛盾。实际上,对于大型复杂的信息系统工程项目来说,要真正做到功能需求表达全面和一致几乎是不可能的。原因有两点,其一是信息系统工程项目本身固有的复杂性;其二是用户和信息系统运维服务部成员站在各自不同的立场上,导致他们对项目需求的理解有偏颇,甚至出现矛盾。有些项目需求在用文字描述时,其中存在的矛盾并不明显,但在深入分析之后问题就会显露出来。为保证信息系统运维服务项目实施的成功,不管是在用户需求调研分析阶段或是服务范围评审阶段,还是在随后的其他任何阶段,只要发现问题,都必须修正用户需求文档。

(2) 性能需求:作为项目功能需求的补充,项目非功能需求是指那些与项目的具体功能相关的另一类需求,但它们只与项目的总体特性相关,即项目的性能,如可靠性、稳定性、安全性、响应时间、存储空间等。性能需求定义了对项目提供的服务或功能的约束,包括时间约束、空间约束、开发过程约束及应遵循的标准规范等。

与关心项目个别特性的功能需求相比,性能需求关心的是项目的整体特性,因而对于项目来说,性能需求更关键。一个功能需求得不到满足会降低项目的能力,但一个性能需求得不到满足则有可能使整个项目无法运行。

性能需求不仅与项目本身有关,还与信息系统运维服务及信息系统集成的实施和开发过程有关。与过程相关的需求的例子包括对在项目实施过程中必须要使用的设计标准、质量标准和项目管理规范的描述,对设计中必须使用的工具的描述以及实施过程所必须遵守的原则等。

按照性能需求的起源,可将其分为产品需求、机构需求、外部需求三大类,进而还可以细分。产品需求对产品的行为进行描述;机构需求描述用户与运维服务部所在机构的政策和规定;外部需求的范围比较广,包括项目的所有外部因素和实施过程。

8.3.2 信息系统运维服务的用户需求调研的目标、任务和方法

对于信息系统运维服务供方(服务提供商)来说,在服务实施过程中他们不仅首先要完成服务项目用户需求文档以及咨询设计方案和图纸,而且在信息系统日常运维服务过程中,以及根据咨询或系统优化建议实施的改造工程,在最后项目竣工时都要充分实现并满足这些用户需求。但是对于用户来说,只需要将用户需求表达清楚就可以了。

1. 用户需求调研的目标

用户需求调研分析是信息系统运维服务工作中非常重要的一环,在信息系统运维服务的整个生命周期中处于十分关键的地位,它架起信息系统运维服务供方与用户之间相互理解沟通的"桥梁"。用户需求调研分析是整个信息系统运维服务项目开展工作的基础,用户需求调研分析质量的好坏直接关系到客户满意度,甚至关系到整个服务项目的成败。

用户需求调研分析的目标是获取完整的、准确的用户需求,并充分理解、认识和分析用户的需求,编写用户需求规格说明书,深入描述项目的目标需求、业务需求、功能需求和性能需求,以及确定项目的关键要素,包括总体方案设计的约束和各子系统元素的接口细节,定义项目的其他有效性需求,即确定服务目标和界定服务范围。

用户需求调研阶段研究的对象是用户要求,一方面,必须全面理解用户的各项要求,但又不能全盘接受用户所有的要求;另一方面,还要准确地表达用户要求,只有经过确切描述的用户需求才能成为信息系统运维服务实施的基础。

通常,信息系统运维服务的实施过程是要实现目标系统设计的物理模型作为目标系统的参考,用户需求调研分析的任务就是借助于当前系统的逻辑模型导出目标系统的逻辑模型,解决服务目标系统的"做什么"的问题。

2. 用户需求调研的任务

信息系统运维服务项目的启动始于用户的需要、期望和限制条件,进行用户需求调研分析过程首先要识别这些需要、期望和条件,在特定的限制条件下把这些需要和期望转换成用户需求的集合,对这个用户需求集合进行分析,产生一个高层次概念的解决方案。

用户需求调研分析的过程不仅涉及所有用户的需要和期望,除了用户的需要和期望以外,还可能从所选择的解决方案中派生出分系统、设备和产品构件的需求。

用户需求调研过程的功能分析不同于软件开发中的结构化分析,不是假定面向功能的系统设计。用户需求功能分析的功能定义和逻辑分组合并在一起成为项目功能体系结构。用户需求调研分析涉及对项目基本功能体系结构的进一步演变,这种基本功能的体系结构把用户的需要和期望赋予到项目的各个功能实体上。

对项目功能体系结构的细节层次有可能需要不断地进行递归分析,如进行工作分解结构(WBS),直到细化程度足以推进项目的深化设计、实施和测试为止。从项目的设计、实施、测试、使用和维护的流程分析入手,还可能派生出更多的功能需求和界面需求,在分析这些需求时需要予以注意的地方有限制条件、技术制约、成本制约、时间限制、软件风险、用户尚未明确的隐含问题,以及由信息系统运维服务供方的业务经验和能力引出的需求。这些分析对需求加以归纳、精练,进行派生,形成一个完备的项目逻辑实体,持续地进行这些活动,可以确保用户需求始终得到恰当的定义,最终确定服务目标和界定服务范围。

3. 用户需求的调查方法

(1) 观察法:观察法是指由调查人员通过直接观察的方式进行实地考察,从而获得所需资料的方法。在运用观察法时,通常可以对一个目标以相同的形式在不同的地点进行相同内容的观察,以获取更为科学的数据记录;对于同一个目标,也可以从不同的角度进行观察,以对观察目标的了解更为全面。

观察法具有以下优点:能够比较客观地搜集资料;可以直接调查被调查的现场行为,调查结果较符合实际;若抽样设计科学合理,可以得到较满意的统计推断结果。观察法的不足在于:只能报告发生的事实,无法了解到内在原因和被调查者的建议和意见;花费较高;调查结果在一定程度上受到调查人员业务水平的制约。

(2) 询问法:询问法是以询问的方式作为搜集资料的手段,把所要调查事项通过访问和通信的形式向被调查者询问,以获得所需要资料的调查方法。它是调查中经常采用的一种方法。

① 面询法:面询法是调查者通过与被调查者面对面地交谈的调查方法。调查者一般要根据事先准备好的问题顺序提出,听取被调查人的意见,也可根据现场交谈情况即兴提问一些比较深入的内容。当面询问可以是个别面谈,也可以是集体座谈,集体座谈一般是为了了解存在于某一群体中的特殊要求,可以活跃气氛,互相启发,有利于对问题进行深入讨论,有时会得到意想不到的有用信息。

面询法的优点是具有一定的灵活性,调查内容可以广泛深入,资料有较强的真实性;缺点是调查费用高,调查结果的好坏直接受到调查人员水平高低的影响。

② 电话调查：电话调查是调查人员按照抽样的要求和样本的范围通过电话向调查对象询问意见和建议。这种方法的优点是可能在短时间内调查若干用户,调查费用较低,搜集资料迅速。其缺点是受通话时间的限制和对方的配合意愿的影响大,不便于询问复杂内容,调查对象仅限于通信发达的地区。

③ 邮寄调查：邮寄调查是将设计印制好的问卷或调查表邮寄给调查者,由其自行填写后寄回,再加以整理分析的一种调查方法。这种方法的优点是调查的范围广泛；被调查者有充分的考虑时间；调查费用较低等。其缺点是调查时间较长；调查表回收率低；难对调查问题做深入征询等。

④ 留置问卷调查：留置问卷调查是调查人员将问卷当面交给被调查人说明要求和回答方法后留于被调查人处,由其自行填写寄回或由调查人员上门收回。这种方法的优点是弥补了邮寄调查回收率低的缺陷,提高了问卷回收率,并可多次留置,特别适用于固定样本的调查。其缺点是费时费力,且费用较高。

(3) 实验法：实验法是将所要调查的问题放在一定的场合进行小范围实验,然后再对实验结果进行分析研究,判断其是否值得大规模推广,以及是否需要改进的调查方法。其优点是方法较为科学,可以获得比较正确的原始资料。其缺点是时间花费较长,取得资料的速度慢；选择社会、经济、环境和文化因素极类似的实验点较困难,而且不易掌握因素的变化情况。

(4) 普查和抽样调查法：用户需求调查按被调查者的数量和分布范围分为普遍调查和抽样调查两种方式,所采用的调查方法有观察法、询问法和实验法等。

① 普查：普遍调查的方法适用于项目用户数量不多、分布范围比较集中的情况。其优点是资料真实性强,缺点是不适宜用户数量多、分布范围广的情况。

② 抽样调查：抽样调查是根据一定的要求从调查对象的总体中抽取一部分个体(也称样本)进行调查,并依据所获得的数据资料对调查总体的特征进行具有一定可靠性的推断,从而达到认识、了解总体的一种调查方法。抽样调查不仅能够对某些总体数量庞大、分散、不可能或没必要进行普查的问题进行较为准确的判断,而且省时、省力、节约开支,可提高调查效率。

4. 造成用户需求偏离的主要原因

(1) 用户需求不明确：在信息系统运维服务的实施过程中,除了用户与供方服务人员之间存在的沟通不畅的问题以外,造成大多数用户需求偏离的原因还有用户本身需求不明确的问题。

① 需求过多：大型项目比小型项目更容易失败。
② 需求不稳定：用户无法决定他们真正想要解决的问题。
③ 需求模棱两可：用户不能确定需求的真实含义。
④ 需求不完整：用户没有足够的信息来创建系统。

在信息系统运维服务过程中,往往用户自己也不清楚项目的具体需求,用户常常在项目开始时只有一些初步的功能要求,没有十分明确的想法,也提不出确切的需求,因此信息系统运维服务范围在很大程度上取决于项目经理所做的用户需求分析和项目规划。由于用户对信息技术的各种技术手段和性能指标并不熟悉,所以信息系统运维服务项目所应达到的质量要求更多地由项目经理来定义,用户提不出清晰明确的需求,却要担负起审查用户需求说明书的任务,这也是造成大多数信息系统运维服务项目用户需求偏离的重要原因之一。

(2) 用户需求变化多:在信息系统运维服务过程中,尽管已经做好了项目规划、可行性研究、用户需求说明书,签订了比较明确的服务项目合同,然而随着信息系统运维服务实施的进展,项目开始展现功能的雏形,用户对项目的了解也逐步深入,用户的思路不断地被激发,不断涌现出新的项目功能和想法,要求对以前提出的用户需求的内容进行改动,导致系统功能、程序、界面以及相关文档需要经常修改,而且在修改过程中又可能产生新的问题,这些问题很可能经过相当长的时间后才会被发现。

(3) 用户与供方人员缺乏有效沟通:造成大多数信息系统运维服务项目用户需求偏离的最主要的原因实际上是用户与供方人员之间缺乏有效沟通,因为用户需求调研分析涉及供方与用户两方人员,需要供、需双方的业务、技术人员进行通力合作、齐心协力、密切配合。如果供、需双方人员之间缺乏有效沟通,双方就无法做到目标一致、相互信任和相互配合,从而造成供、需双方不能达成共识或双方达成共识的内容其实有相当大的出入,有时甚至会出现用户需求调研工作难以进行下去的局面。

虽然以上三条都是造成用户需求偏离的主要原因,但是在这三条原因当中,最重要、最关键的是用户与供方人员缺乏有效沟通,下面将较为详细地认真讨论项目沟通管理的问题。

8.3.3 沟通是信息系统运维服务的用户需求调研成功的关键

如果仔细分析用户需求调研分析过程中存在的诸多问题,可以发现沟通不畅几乎是每个信息运维服务项目都会遇到的难题,服务项目规模越大、技术越复杂,其沟通就越困难。有统计资料表明对信息系统运维服务的成功实施威胁最大的不是技术,而是管理,特别是用户需求调研过程中供方与用户之间沟通的失败。换言之,沟通是项目(特别是信息系统运维服务项目)成功的关键。

1. 项目沟通管理的特点

沟通是人与人之间就某些问题磋商共同的意见,即人们必须交换和适应相互的思维模式,直到每个人都能对所讨论的意见有一个共同的认识。简单来说,就是让他人懂得自己的本意,自己明白他人表达的意思。人与人之间商讨某个问题时,只有达成了共识才可以认为是有效的沟通。

项目沟通管理提供了一个重要的在人、思想和信息之间的联络方式,建立和保持项目参与人之间(包括项目团队内部人员之间及与团队外部人员之间)正式或非正式的沟通网络,以保证项目生命周期内各层次成员之间的有效沟通,以及对项目需求和目标有清晰的理解和共同的认识,使矛盾和冲突能及时地得到解决或缓解。通常,项目沟通管理具有以下特点。

(1) 沟通方式的多样化:项目沟通最常见的方式是书面报告及口头传达,但前者最容易掉进层层报告、文山会海当中,失却沟通的效率性,而后者则易为个人主观意识所左右,无法客观地传达沟通内容。当信息系统运维服务供、需双方开始为沟通不畅所苦恼时,就应该采取不同于以往的沟通方式进行改良。比如沟通效率过低,就应该反省是不是因为沟通方式欠妥而引起的双方协调配合工作停滞不前。

(2) 等距离沟通:有效沟通应建立在平等、公正、公平的基础上。如果供方在与用户人员交往时,因对方缺乏专业技术知识和技能而在言谈中表露出一点点不屑口吻或些许轻蔑眼神,就会引起对方极大的反感;或者在项目团队内对待每个成员,沟通和处事态度无法做到等距离,尤其是领导对团队内部所有的下属员工不能保持一视同仁,也会引起员工心理不平衡,无端产生嫉妒和矛盾。在这两种情况下所进行的沟通一定会产生相当多的副作用,从而产生对抗、猜疑和放弃沟通的消极情绪,沟通工作就会遭遇很大的抵抗力。

(3) 变单向沟通为双向沟通:有时供方与用户人员之间对待某个业务或技术问题的立场难免有不协调、不能共通之处,只有善用沟通的技巧和能量及时调整双方利益、消除矛盾,才能够使双方协调一致、互为推动、更好地发展。对待任何一个业务或技术问题,特别是在用户需求调研阶段,如果沟通只是单向的,对方只能象征性地反馈意见,那么,这样的沟通不仅无助于双方的协调配合,而且时间一长,必然挫伤双方人员的积极性及相互之间的理解和体谅。因此,单向的沟通必须变为双向的沟通才能形成有效的沟通。

(4) 提高沟通效率:沟通是处理管理不当所引起矛盾的主要工具,沟通效率类似于化学反应里的分解速度。如果沟通效率过低,当然就无法及时"分解"内部的不良反应,这种沟通就是低质沟通或无效沟通。提高沟通效率最有效的方法是明确沟通管道和方向,这与信息系统运维服务供、需双方员工职责的清晰与否有关。如果供、需双方部门职能、员工职责清晰明确,沟通便有相应的管道和方向目标,而不至于如皮球般被踢来踢去,最终不了了之。

2. 项目沟通不畅的普遍原因

通常,用户对信息系统运维服务项目的需求是复杂的、多方面的,有时甚至是苛刻的、迷迷糊糊的。但与此同时,用户需求又是信息系统运维服务的基础,搞清楚用户需求是信息系统运维服务项目成功的关键所在,其重要性不言而喻。用户需求说明书是供方系统分析人员把从用户那里获得的所有信息进行整理分析编写的分析报告。通过这些分析,将用户众多的需求信息进行分类,以区分业务需求及规范、功能需求、性能需求、质量目标、解决方法等,从而搞清楚用户真正的需求内容、目的和想法,这些都离不开供方技术人员与用户之间的有效沟通。

造成大多数信息系统运维服务项目供、需双方沟通不畅的原因主要是供方信息系统运维服务部成员中大部分都是学计算机或通信专业的技术人员,总体上讲这些人的特点是重视技术、事业心强,但往往与人沟通少、社交能力弱。

由于现代信息技术突飞猛进地高速发展,计算机和通信专业技术人员必须花费大量的时间和精力去学习和掌握日新月异的新技术,并运用学习和掌握的新技术知识进行进一步创新,促使信息技术发展的更快。他们总是加班加点超时工作,把别人喝茶、聊天、休闲甚至谈恋爱的时间都用到了摆弄计算机、编写程序、发明创新上去了。他们给人留下的总体印象是一群书呆子,只知道工作,不懂生活。举个例子,美国硅谷是当代世界上最有活力的地方,许多高新技术,特别是最新的信息技术都是从那里诞生出来的。在硅谷搞创新发明的大多数人是年轻人,他们头脑聪明、崇尚科技、反对传统、精力旺盛、干劲十足,他们是信息时代一群真正从事科技创新的工作狂,所以有一段时间在硅谷出现了两多:一是百万富翁多,二是王老五多。

除了计算机和通信专业技术人员本身不善于或者没时间、没精力与别人(其他专业)经常沟通以外,信息技术领域不断地高速发展变化,这些变化产生了大量的技术术语和行话。尽管使用计算机的人越来越多,但是用户与计算机专业人员之间的差距随着技术进步越来越大。夸张地说,计算机专业技术人员与非计算机人士进行沟通时就好像他们在与从另一个星球来的人交谈一样。

探讨产生沟通困难的根本原因要从分析我国教育体制存在的缺陷入手,我们在培养包括计算机和通信专业在内的理工科学生时,向来不重视甚至是轻视人文科学的教育培养。"学好数理化,走遍天下都不怕"的思想在学生、家长和大部分老师的头脑中根深蒂固。大学计算机专业只注重培养学生的技术知识和技能,而不重视培养他们的沟通与社交技能,学位课程对学生的技术能力和学术基础要求很高,但很少有沟通(听、说、写)、心理学、社会学和人文科学方面的课程。老师也常常误导学生,使学生自以为这些"软技能"是很容易的,不用学就能应付。

实际情况并不是如学生想象的那么简单,许多实践经验和研究结果都表明:这些"软技能"正是计算机和通信专业技术人员所缺乏的,而且是他们工作中必不可少的重要技能。举例来说,在我们老百姓的日常生活中,时常会听到父母对子女或夫妻之间流行的一句诙谐而又亲切的埋怨:看你傻的像个博士。这话语中的"傻"当然不是指那种智商低下的真傻瓜,而是指我们周围一些有真才实学的理工科博士,他们虽然在专业知识和技术方面广博而深厚,但是在日常生活中的沟通与社交"软技能"方面则相当薄弱,相当缺乏,即人们常说的不食人间烟火、不懂人情世故的"书呆子"。在当今商场如战场的市场经济的大潮中,屡屡出现"博士不如硕士,硕士不如本科,本科不如大专"的现象,与我国历史上形成的重理工、轻文科的社会风气和教育体制有关。

在信息系统运维服务项目实施的过程中,不可能把现代信息技术技能与社交沟通的"软技能"分开,每个人都必须与包括供、需双方人员在内的项目群体或其他成员紧密联系合作,社交沟通"软技能"也是确保项目顺利实施最重要的技能之一。为了确保信息系统运维服务项目成功,运维服务部的每个成员在工作中都需要同时运用专业技术技能与社交沟通的"软技能",而且这两类技能都应该通过正规教育和在职培训得到不断提高。与其他项目相比,信息系统运维服务项目管理的重点更应当放到沟通管理上。

3. 改善沟通的素质与技巧

影响沟通顺畅的主要障碍有文化障碍、组织结构障碍、心理障碍。文化障碍中包括语言障碍、语意表达障碍及文化水平差异。组织结构障碍包括地位障碍和机构障碍,其中的机构障碍往往是由于机构设置不合理,规模臃肿,层次太多,从高层到低层或从低层到高层要经过太多的程序,容易造成信息走样和失去时效。心理障碍则包括认知障碍、情感障碍和态度障碍等。由于习以为常或其他原因,这些障碍常常不易被发觉,不愿克服,也常常在不知不觉中影响沟通的顺畅。所以,项目经理要特别留意,随时发现团队员工出现沟通障碍的情况,采取有力措施精简机构,以及帮助员工克服各种沟通障碍。

团队建设与沟通之间存在一种相互影响、相互依存、相辅相成的辩证关系,综合素质较高的团队沟通质量也较好。顺畅的沟通能促进团队精神和企业文化的建设,而团队精神和企业文化的建设也有助于沟通的顺畅。反之,如果没有良好的团队精神和企业文化,成员之间也不可能有良好的沟通和默契;没有良好的沟通和默契,自然也搞不好团队建设。

在知识经济条件下,专业技术人员一方面要注意对沟通负起责任;另一方面,"高科技需要高情感",在信息系统运维服务部中,由于外部市场的竞争压力和技术创新的动力,许多员工都是负载着繁重的知识劳动,因此,他们也最需要情感,有效的沟通是缓解内心压力和舒张创造力的重要方式。项目经理一定要重视包括正式沟通与非正式沟通的沟通管道建设,并且帮助员工提高沟通技能,建立高效的工作场所、和谐的人际氛围。对"人"的高度重视和对人性张扬的强调也时刻提醒着团队的每一个成员要不断地抛弃狭隘的本位主义、尊卑意识和自我中心倾向。团队建设和管理如同演奏交响乐,只有员工的心跳与团队的心跳合拍了,才能奏起和谐、美妙的乐章。

沟通最困难的是内部人员素质参差不齐的团队,因为素质不等,所以在同样的沟通方式下会产生各种不同的沟通反应。根本的解决之道就是持续地开展内部培训和再教育,让所有员工的思想观念跟得上团队的发展,同时也推动团队寻求更大的突破。

一般情况下,沟通水平不高的人大致可分为三类。

(1) 技术能力强的人:以信任和放权为沟通的基础,激发其责任感,促使其在责任感的驱使下改善沟通。

(2) 能力平平但纪律性甚好的人:主动指导,尤其是针对其薄弱之处多做鼓励、适当批评,让其发现自身的优缺点而主动沟通。

(3) 能力平平且纪律性甚差者:这是最容易产生沟通不畅问题的群体,听之任之或公开惩罚在多次以后就会失却效用,因此需要采用一些特殊的方式,如在某些方面给予一定的肯定及期许性的鼓励,通常荣誉往往比惩罚更能培养个人的责任感,而只要增强了员工的责任感,沟通往往会水到渠成。

4. 倾听是有效沟通的关键

在信息系统运维服务供、需双方的沟通或项目团队内部的沟通中,言谈是最直接、最重要和最常见的一种途径,有效的言谈沟通在很大程度上取决于倾听。作为供、需双方,相互理解,认真倾听对方的意见和看法是保证服务项目成功的关键;作为团队,成员的倾听能力是保持团队有效沟通和旺盛生命力的必要条件;作为个体,要想在团队中获得成功,倾听是基本要求。

有研究表明:在信息系统运维服务项目实施的过程中,那些很好的倾听者的员工总是比那些不好的倾听者的员工工作更出色、成绩更突出。在实际工作中,倾听已被看作是员工获得初始职位、管理能力、工作成功、事业有成、工作出色的重要的必备技能之一。

在倾听的过程中,如果人们不能集中自己的注意力,真实地接收信息,主动地进行理解,就会产生倾听障碍,从而在人际沟通中造成信息失真。通常,影响倾听效率的因素有以下三点。

(1) 环境干扰:环境对人的听觉与心理活动有重要影响,环境中的声音、气味、光线以及色彩、布局都会影响人的注意力与感知，布局杂乱、声音嘈杂的环境将会导致信息接收的缺损。

（2）信息质量低下：双方在试图说服、影响对方时，并不一定总能发出有效的信息，有时会有一些过激的言辞、过度的抱怨，甚至出现对抗性的态度。在现实中我们经常遇到满怀抱怨的顾客、心怀不满的员工、剑拔弩张的争论者。在这种场合，信息发出者受自身情绪的影响很难发出有效的信息，从而影响了倾听的效率。除此以外，信息低下的另一个原因是，信息发出者不善于表达或缺乏表达的愿望。

（3）倾听者主观毛病：在沟通的过程中，造成沟通效率低下的最大原因在于倾听者本身。研究表明，信息的失真主要是在理解和传播阶段，归根到底在于倾听者的主观毛病，这些毛病主要如下。

① 个人偏见：有时，即使是思想最无偏见的人也不免心存偏见。在团队成员的背景多样化时，倾听者的最大障碍往往就在于自己对信息传播者偏见，造成无法获得准确的信息。

② 先入为主：在行为学中被称为"首因效应"，它是指在进行社会知觉的过程中，对象最先给人留下的印象对以后的社会知觉发生重大影响。也就是我们常说的第一印象往往决定了未来。人们在倾听过程中，对对方最先提出的观点印象最深刻，如果对方最先提出的观点与倾听者的观点大相径庭，倾听者可能会产生抵触的情绪，而不愿意继续认真倾听下去。

③ 自我中心：人习惯于关注自我，总认为自己才是对的，在倾听过程中过于注意自己的观点，喜欢听与自己观点一致的意见，对不同的意见往往是置若罔闻，这样往往错过了聆听他人观点的机会。

5. 有效的项目沟通来自心灵沟通

沟通必须以人为本，只有从心开始，进行心灵与情感的沟通，才能真正有效地进行沟通。人是有着丰富感情生活的高级生命形式，情绪、情感是人的精神生活的核心成分。优秀精明的领导者能够最大限度地影响追随者的思想、感情乃至行为。项目经理作为团队领导者，要考虑以什么方式进行沟通，使沟通的双方相互理解、相互信任、相互认同。只有用情感进行沟通，让大家在心理上能愉快地接受对方，才能收到事半功倍的效果。

现代情绪心理学的研究表明，情绪、情感在人的心理生活中起着决定性的组织作用，它支配和组织着个体的思想和行为。因此，情感管理应该是管理工作的一项重要内容，尊重对方、关心对方、以人为本是确保项目沟通顺畅的前提与基础，这一点对信息系统运维服务项目的管理尤其重要。

既然有效的项目沟通来自于心灵的沟通、感情的沟通，为了确保信息系统运维服务项目进展顺利，项目经理首先要认识到，不论是己方（供方）还是对方的员工，只要是参与到信息系统运维服务项目实施工作中来，或者与项目实施关系紧密相关（例如用户需求调研的联系人或调研的对象），大家就组成了一个临时的大家庭，每个成员都是该项目大家庭的一员。对待大家庭中的每位成员，项目经理不妨试试以下小小的情感投资方法：新成员前来上班之际，开个简短的欢迎会，发表一个简短的欢迎词；支持和鼓励成员参加技能培训，培训结束时给学员发个祝贺信，祝贺他学到了新技能；逢年过节给成员发一点小礼品，或者请全体成员吃顿饭；成员生日送个生日蛋糕；对成员的工作成就和额外努力要给予表扬和奖励；成员遇到个人困难时表达出同情和关心。

研究表明,一些最为珍贵的信息是出人意料的:邮箱里的一张贺卡、电子邮件中的电子贺信、出乎预料的小礼品……这些最能体现出小礼物背后的真诚,也最能让人感动,让人难以忘怀。

8.3.4 信息系统运维服务的用户需求调研的工作要求和成果

1. 用户需求调研的工作要求

信息系统运维服务用户需求调研是项目经理为编写用户需求说明文件而做的前期工作,主要是要了解用户真正需要什么样的服务目标、业务、功能和性能,以界定服务范围。

信息系统运维服务项目的用户需求调研的主要工作要求如下。

(1) 真正了解自己和用户:信息系统运维服务项目经理对于用户提出的需求一方面要有自知之明,要头脑清醒地知道哪些是自己能做到的,哪些是自己做不到的,对于做不到的事情要敢于说"不",或明确拒绝,或转包出去;另一方面要尽量多了解有关用户的情况,例如用户的工作性质、内容、范围等,负责人的姓名、年龄、爱好、习惯等。对于信息系统运维服务的众多用户,要分清主次,分清各用户在信息系统运维服务项目中的地位,包括权限、责任、义务、使用频率、重要性和影响力的大小,以及众多用户之间的关系等。

(2) 了解用户所从事的行业:俗话说"隔行如隔山",信息系统运维服务项目经理首先要对用户所从事的行业有所了解,例如了解该行业的一些专业术语、专业知识、专业内容、通常的习惯做法和惯例,以及服务实施过程将要涉及的有关行业规范、标准和规定等。信息系统运维服务项目属于信息化工程的范畴,项目经理对这方面的专业技术知识应当有充分的掌握,并且要充分了解与用户所从事行业的信息化应用及信息化建设事业发展的历史、现状、水平和发展趋势。

(3) 了解原有系统的现状:对信息系统运维服务项目而言,项目经理特别要了解和熟悉用户原有系统的结构、环境、现状、目前存在的主要问题,了解用户信息技术应用的水平,包括信息表示、信息获取、信息处理和信息传递方法,了解原有系统网络平台及信息交换共享平台等,搞清楚信息系统运维服务目的、适用范围和各相关子系统间的关系等。

(4) 了解用户现在的工作流程:必须清楚了解用户现在的业务工作情况,包括工作性质、环境、业务流程、处理方法、文档资料,以及存在的问题和需要改进的地方等。对于信息系统运维服务众多、用户性质不同的工作流程,要分清主次,并征得直接用户的同意认可后列入用户需求内容,按轻重缓急顺序统一进行安排。

(5) 了解清楚用户真正的需求:项目经理要与用户进行充分有效的沟通,并对用户谈话做详细的笔记,搜集涉及信息系统运维服务的,特别是有关用户需求的所有信息,并加以整理分析。项目经理要从用户提出的众多要求中分清哪些是用户真正的需求,哪些是合理的、可实现的要求,摸透用户的思想,明确用户的真正需求。

2. 用户需求调研分析阶段的成果

用户需求调研分析结果要编写成用户需求分析报告,真实地反映用户要求的信息系统功能、性能、进度和费用成本，以及与项目相关的行业标准、规范。用户需求分析报告作为用户需求说明文件编写的依据，可以作为附件单独装订成册，也可以不单独装订成册，将其内容放到用户需求说明文件中描述，目前较为流行的做法是后者，即用户需求说明文件应满足需求调研分析的完整性要求，并保证用户需求说明文件描述的所有功能是可实现的。通常，用户需求调研分析阶段的主要成果如下：

(1) 用户需求说明文件(用户需求规格说明书)。
(2) 服务管理规划。
(3) 项目计划。
(4) 质量保证计划。
(5) 配置管理计划。
(6) 项目测试计划。

8.3.5 信息系统运维服务的用户需求说明文件

用户需求说明文件是项目经理把从用户那里获得的有关项目开发的所有信息进行整理分析编写的调研分析报告。通过这些分析，将用户众多的要求信息进行分类，以区分业务需求及规范、功能需求、性能需求、质量目标、解决方法和其他信息，从而搞清楚用户真正的需求内容和想法。此报告使信息系统运维服务供、需双方针对要实施的服务项目的目标、业务、功能、性能等内容达成一致协议。

1. 用户需求说明文件的编制与作用

用户需求说明文件是用户需求文档化的结果，有时简称为需求文档。它是用户对项目要求的正式陈述，其中主要包括用户对项目明确的和潜在的要求，特别是详细的功能、性能需求描述，以及项目的环境、限制条件和制约因素等。

用户需求说明文件应以一种用户认为易于阅读和理解的方式组织编写，用户要仔细评审此报告，以确保用户需求说明文件内容准确、完整地表达其需求。用户需求说明文件中应当少出现或根本没有计算机方面的专业术语或行话，使得包括需方上级领导在内的所有用户即使没有计算机方面的专业知识也能读懂，并清楚、明白、毫不费力地理解所有的内容。

在编写用户需求说明文件时，需要注意的事项包括表达方式最好采用主动语态；语句和段落尽量简短；语句要完整，且语法、标点等正确无误；使用的术语要与词汇表中的定义保持一致；避免模糊的、主观的术语，如性能"优越"；避免使用比较性的词汇，尽量给出定量的说明，含糊的语句表达将引起需求的不可验证性等问题。

用户需求说明文件在信息系统运维服务实施、服务管理、测试和质量保证过程中起着十分关键的重要作用，一份高质量的用户需求说明文件有助于运维服务部的所有成员目标明确、步调统一、协同合作地实现用户真正需要的项目目标。

作为用户需求调研分析的最终成果，用户需求说明文件必须具有综合性，即必须包括所有的需求。信息系统运维服务供、需双方都应该很谨慎地对待用户需求说明文件的编写和审批，因为对于没有包括在用户需求说明文件中的用户要求，用户不要抱任何希望它可能被最终实现，而一旦在报告中出现了，服务供方就必须要实现它。当然，有时也会发生用户需求变化导致服务范围变更,需要供、需双方互相协商决定其取舍,但这完全是另外一回事。

2. 用户需求规格说明书

1) 用户需求规格说明书的结构

用户需求说明文件通常采用用户需求规格说明书的形式。规格是一个预制的或已存在计算机中的文档模板,它定义了文档中所有必须具备的特性,同时留下了很多特性不做限制。通常,规格的特点是格式简洁、内容全面、标准,并且易于修改。

用户需求规格说明也称为需求规格说明或功能规格说明,是一个简洁完整的描述性通用文档,其基本内容包括目标、需求和工作任务。信息系统运维服务用户需求规格说明书精确地阐述了信息系统运维服务范围,包括信息系统在服务过程中必须达到的功能和性能,以及它所要考虑的限制条件。需求规格不仅是服务范围确定和项目测试的基础,也是项目中所有子系统的规划、设计的基础,服务提供商可用它对服务项目进行计划和管理。

在许多情况下,需求规格也被作为用户使用手册和操作手册的文档模板,广泛地适用于对各类应用领域中的用户问题进行理解与描述,实现用户和供方之间的联系通信,支持服务范围验证和变更管理。除实施上的限制外,用户需求规格一般不包括设计、构建、测试或工程管理的细节。

信息系统运维服务用户需求规格说明书的结构包括以下内容。

(1) 引言:

① 用户需求规格的目的。

② 服务目标、业务范围和工作任务。

③ 定义、首字母缩写词与缩略语。

④ 参考文献。

⑤ 文档概要。

(2) 一般描述:

① 项目概况。

② 项目功能。

③ 用户特征。

④ 环境和限制条件。

⑤ 假设和依赖性。

(3) 专门需要:包括功能需求、非功能需求和接口需求。

(4) 附录。

(5) 索引。

在上面的结构中,第三部分的专门需求是重要的,也是实质的部分,但是由于它在信息系统运维服务实践中的变动性很大,因而不适于给出标准的结构。

2) 信息系统运维服务用户需求规格大纲

(1) 项目概述:

① 项目展望:将该项目相对于其他项目的前景进行展望,应该清楚地对该项目与其他项目之间的相关性进行表述。

②业务范围:描述项目业务范围和工作任务。

③项目功能:提供项目功能方面的简要概括,并把这些功能分成相关的类型,以便于理解。

(2)一般限制:描述项目总体方案的限制,如环境和条件限制、与其他项目和产品接口的需求、必须支持的通信协议、操作的关键部分、符合公认的标准。

(3)假设与相关性:确定影响服务范围的具体假设与相关性。

(4)用户界面:详细说明项目提供的用户界面,包括所有期望出现的屏幕布局、所有预期的用户互操作和输入设备。必要时,可能需要为新的或截然不同的用户界面开发一个用户界面风格指南提交给用户审查,并能得到用户的签字确认。

(5)用户需求:包括项目必须执行的功能需求,可以用很多方法组织安排本部分的信息,但应使用最适合于用户的文档格式。

① 系统行为。
- 输入:描述输入源、数量、范围、限度、精度、允许误差、时间和单价。
- 处理:描述为获得期望输出数据和中间参数进行的所有操作及对异常情况的响应。
- 输出:详细描述输出目的地、数量、单位、定时问题、有效输出范围和错误处理。

② 性能需求。

③ 诊断需求。

④ 安全性需求。

⑤ 可维护性需求。

⑥ 可配置性需求。

⑦ 可升级性需求。

⑧ 可测试性需求。

⑨ 安装性需求。

⑩ 附录。

8.4 信息系统运维服务的用户需求管理

信息系统运维服务项目处在一个不断发展变化的环境之中,因此,项目本身难免发生各种各样的变化,需要对项目进行这样那样的修改,这些变化和修改就是变更。变更发生在用户需求、服务范围、进度、质量、费用、风险、资源、沟通以及合同等各个方面,并对其他方面产生一定的影响。其中,用户需求变更的请求可能由不同的来源提出,以不同的形式出现,例如口头或书面的、直接的或间接的、外部提出的或内部提出的、法律强制的或可选择的等。

8.4.1 信息系统运维服务的用户需求管理的目标、原则和活动

1. 用户需求管理的目标

信息系统运维服务用户需求管理是一种获取、组织并记录用户需求,并使供、需双方对不断变更的范围达成并保持一致的过程。具体来说,用户需求管理包括对用户需求及其环

境进行理解与分析，为用户需求涉及的业务信息、功能和性能建立模型，将用户需求精确化和标准化，形成用户需求说明文件并得到供、需双方达成共识等一系列的活动。

用户需求管理以用户需求说明文件和项目规划作为分析活动的基本出发点，并从系统角度对它们进行检查与调整，避免或尽早剔除早期错误，从而提高服务项目的成功率，降低服务成本，改进服务质量。在用户需求管理中，项目经理的工作是采取适当的措施保证实现服务目标，即要将用户需求文档化，控制用户需求的变化，负责服务实施过程中充分实现和满足用户需求等。用户需求管理要解决的问题是让供、需双方共同明确将要实施的是一个什么样的服务项目。具体来说，用户需求管理的目标主要如下：

（1）通过对用户需求，包括对用户需求信息及其环境的理解、分析和综合，建立分析模型，对用户需求进行识别，对于技术上目前无法实现或不合理的用户要求不要列入用户需求规格说明书。

（2）在完全弄清用户对信息系统运维服务项目的真实要求的基础上，用用户需求规格说明书把用户的需求表达出来，并建立用户需求基线，使用户需求变更受到控制。

（3）使项目计划、活动和可交付成果与用户需求保持一致。

在用户需求管理过程中，需要制定用户需求管理规划。为实现上述第二项目标，必须控制需求基线的变动，按照变更控制的标准和规范进行用户需求变更控制；为了实现上述第三项目标，则必须对用户需求进行跟踪，管理需求和其他联系链之间的联系和依赖，信息系统运维服务供、需双方之间必须就用户需求变更达成共识，对项目计划做出调整。

2. 用户需求管理的原则

为进行有效的用户需求管理，制定用户需求管理规划通常要遵循以下几条原则。

（1）用户需求要分类管理：在进行信息系统运维服务管理的时候，一定要将用户需求进行层次划分，不同层次需求的侧重点、描述方式、管理方式是不同的。例如，需方高层领导提出来的需求是目标性需求，中层管理人员提出来的需求是具体的业务流程的需求，而作业人员提出来的需求是侧重于操作性的需求。对于目标性的需求可能采用简短的几句话就能描述清楚，但这是信息系统运维服务项目的决策性需求，必须很稳定，不能轻易更改，在确定的时候则要慎之又慎。

（2）用户需求要划分优先级：在信息系统运维服务实施的过程中，如果出现过多的需求，通常会导致项目超出预算和预定进度，最终导致项目的失败，因而面对项目众多用户提出的各不相同、多方面的需求，供方项目经理必须要将用户需求进行分类排队，确定需求的轻重缓急，统一规划，重要的先上，次要的后上。

对众多用户需求划分优先级的工作十分重要，实践经验表明，在每一个信息系统运维服务实施的过程中都会遇到这样一个问题，即需方负责提供用户需求的技术人员往往会根据众多用户要求列出长长的功能表，每个功能似乎都是不可或缺的，而当供方项目经理排出服务实施进度表后，却发现服务费用过高、服务工期过长，是需方所不能接受的，这时候必须裁减过多的用户需求。为了裁减用户需求就需要对用户需求划分优先级。一份好的信息系统运维服务项目用户需求分析必须附带有用户需求的优先级安排和建议，并提需方审批，以便进行项目的整体平衡。

(3)需求必须文档化：在信息系统运维服务实施的过程中，首先用户需求必须形成书面文档，即编制完整的用户需求说明文件（需求规格说明书）和用户需求管理规划，并按照文档管理制度进行归档、分类，以便于保管和供其他工作人员借阅。其次，用户需求文档必须是正确的、最新的、可管理的、可理解的，是经过验证审核的，是在受控的状态下变更的。很多需求在用户看来是理所当然的，却被供方完全忽略了。另外，很多供方人员往往有一种错误的偏见，认为简单的、规模小的信息系统运维服务项目不用编写书面的用户需求文档，这种错误认识常常会导致项目失败。因为再简单的小项目都与复杂的大项目一样，需要完整详细的需求文档作为服务实施、测试的依据和基础。只有一开始就与用户沟通好，想清楚、说清楚、写清楚，真正把用户需求整理清楚，才能做到服务实施成功。

(4)重视用户需求变更控制：无论用户需求变化的程度如何，只要内容变化了就必须进行评估审核，这是基本的原则。此外，在供方运维服务部中必须明确指定一个用户需求管理员或用户需求管理组，由其负责整个用户需求管理工作，确保在发生用户需求变更时受影响的系统能得到及时修改，使其与用户需求变更随时保持一致；对于受用户需求变更影响的其他方面，供方也必须在与需方协商一致的情况下及时进行调整或修改。

3. 用户需求管理活动

信息系统运维服务用户需求管理在用户需求调研分析的基础上进行，贯穿于整个服务的实施过程，是运维服务管理的一部分。在运维服务实施过程中，无论处于哪个阶段，一旦有用户需求错误出现或任何有关用户需求的变更出现，都需要借助用户需求管理活动来解决相关问题。

进行用户需求管理的第一步是建立用户需求管理规划，用户需求管理规划的内容（见图8-3）如下。

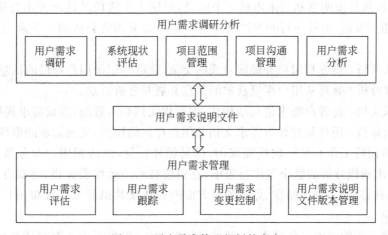

图8-3 用户需求管理规划的内容

(1)需求评审：审查需求说明文件，使信息系统运维服务供、需双方对用户需求内容达成共识。

(2)需求变更控制：确定一个需求变更分析和决策的流程，所有的需求变更都要遵循。

(3) 需求跟踪：定义用户需求中所有子项或工作包之间的关系、需求和服务实施之间的关系，记录并维护这些关系。

(4) 需求版本管理：需求说明文件更新时所采用的保护文件，以保证每个使用者在任何时候都能得到当前最新版本。

(5) 自动化工具：选择合适的用户需求管理类工具。

对于简单的小项目，可能不必使用专业化的用户需求管理工具，用户需求管理过程用计算机文字处理工具、电子表格和个人计算机数据库就能支持。然而，对于比较复杂的大型项目，最好能采用专业的用户需求管理工具，用户需求管理工具对存储、需求变更管理、需求跟踪等方面能起很大的作用，能帮助供方人员在数据库中存储不同类型的需求、为需求确定属性、跟踪其状态，并在需求与其他工作系统之间建立跟踪能力联系链。

8.4.2 信息系统运维服务的用户需求评审

1. 用户需求评审的方式

当信息系统运维服务供方完成了用户需求规格说明书中编写的工作以后，为保证用户需求说明文件的质量以及得到客户的认同，要将该规格说明书提交给用户进行复核评审。用户在服务供方技术人员的配合下，要严格把关，仔细复核及审查该规格说明书中的所有内容，以确保用户需求规格说明书内容的全面性、精确性、一致性、可行性，并使信息系统运维服务的供、需双方对用户需求规格说明达成共识。在用户对需求规格说明书进行审核的过程中，一旦发现错误、遗漏或模糊点，用户要立即通知供方，并与供方技术人员对出现的问题进行深入探讨，当供、需双方对存在的问题都没有疑义时，供方项目经理必须尽快更正。

这里需要强调的是，供方在进行用户需求调研分析时经历了需求调研（信息获取）、需求分析、编写需求规格说明书和需求审核4个阶段，但这4个阶段的活动并不遵循线性顺序，这些活动是相互渗透、增量并行和连续反复的。用户需求调研分析的4个阶段的主要活动如下。

(1) 需求调研：供方和用户开展面对面的交流，获取并记录用户提供的信息。

(2) 需求分析：处理从用户那里获取的信息并展开分析活动。

(3) 需求文档：将客户需求信息结构化，编写成文档和示意图，形成需求规格说明书。

(4) 需求审核：用户复核评审需求文档并纠正存在的错误，完成需求的审核工作。

这4个阶段的工作不是一次性完成的，而是循环往复，渗透到用户业务系统的各个环节，贯穿于需求调研分析的整个工作过程中，直到信息系统运维服务供、需双方在对目标系统的功能、流程、接口、数据、操作、界面等多方面内容达成共识后方可宣布用户需求调研分析任务的结束。

需求调研分析阶段的工作结束后，随着时间的推移，用户需求还有可能会发生变动，因此，用户需求调研分析阶段的结束虽然对整个信息系统运维服务项目的下一阶段工作的开展非常重要，但也只是表示客户需求在一定时期内的"相对锁定"，信息系统运维服务供、需双方仍然要不断地跟踪、控制用户需求的变更。

2. 用户需求评审的内容

用户需求评审的内容如下。

（1）正确性：正确性是指用来确定服务范围的用户需求说明文件是正确的,同时其中每条需求都代表了服务实施所要完成的事情。即如果 A 代表用户需要的全部内容,B 代表列出的需求,则正确的需求是二者的交集 C。在实践中,B 可能包含由用户需要驱动的服务项目实施的细节,也可能包含用户没有要求的内容。在信息系统运维服务项目中,可能发生的情况是遗漏 A 的内容,即没有完全理解用户的需要,以及包含 C 中的多余内容,即添加了用户没有要求的内容。

（2）无歧义：无歧义是指用户需求对供、需双方是无歧义的,并且需求只有一个解释。无歧义对于用户需求来说是很重要的,因为如果供、需双方对同一条需求有不同的解释,则最终构建出来的系统就可能不是用户所希望的。无歧义性要求对用户需求描述的语言和方式提出了要求。

（3）完备性：完备性是指用户需求说明文件是完备的,同时用户需求说明文件描述了用户关心的所有有意义的需求,包括功能、性能、约束、属性及与外部接口相关的需求。完整的用户需求说明文件必须定义项目对现实中所有情况下所有实际输入的响应,而不论该输入是有效的还是无效的,并且,还必须为用户需求说明文件中所有的图、表、名词等定义提供完整的引用和标记。

（4）一致性：一致性是指用户需求说明文件前后是一致的,而且任意两个需求的子项之间没有矛盾。在信息系统运维服务实施的过程中,需求子项之间的矛盾可能很明显,也可能很隐蔽。对于隐蔽的矛盾,需要进行仔细的评审分析才能发现。

（5）需求分级：根据重要性和稳定性给用户需求分级也是很重要的,尤其当服务项目的现有资源不足以实现所有的需求时。各项需求有了级别之后,就可以根据级别的高低决定其实现的先后,甚至当资源短缺时舍弃一些级别低的需求以保证服务项目的按期交付。

（6）可验证性：需求可验证性是指用户需求说明文件是可验证的,并且它所包含的每项需求都是可验证的。换而言之,可验证的需求就是在以后的服务实施过程中可以测试它是否得到满足。

（7）可修改性：可修改性是指用户需求说明文件是可修改的,同时其中每一项需求易于完整、一致地进行变更,且不改变用户需求说明文件的结构和风格。这要求用户需求说明文件的冗余性最小,并具备适当的目录、索引及交叉引用的能力,有很好的组织。一般而言,在信息系统运维服务过程中用户需求总是要发生改变的,尽管我们都不希望这样。但如果需求不可改变,它对服务项目后续工作的指导作用就会逐渐减小,甚至被当成不存在,信息系统运维服务项目可能完全脱离用户需求而进行下去,其结果只能是导致该项目失败。因而,用户需求的可修改性也是一个关键的因素。

（8）可跟踪性：可跟踪性是指用户需求说明文件是可跟踪的,并且它的每项需求都是可溯源的,即来历清晰,同时存在一种机制使得在以后的实施过程中引用该项需求是可行的。可跟踪性意味着用户需求必须以统一的标记进行标识。可跟踪性使得项目团队成员可以更好地处理需求之间的交叉作用,在对需求进行变更时便于评估其影响的范围和程度。

(9) 可理解性：用户需求说明文件是可理解的是指信息系统运维服务供、需双方都完全理解它的整体行为、所提供的功能及其中每项需求的含义。当需求是一般性描述时，通常不难理解，但当需求细化为详细需求，各种描述更加明确和具体，并更多地采用术语时，理解起来就要花一番工夫了。

3. 用户需求评审的注意事项

信息系统运维服务的用户需求说明文件的评审是一项既乏味又比较费力的工作，并涉及很多人，因此这项工作很不容易，需要很好地组织。下面是进行用户需求评审时应注意的几个方面。

(1) 严格控制每一次评审的文档规模及持续时间：过于庞大的文档和过长的持续时间都会导致参与评审人员的厌倦，使得工作效率降低，从而影响评审的质量。

(2) 评审工作要分段进行：信息系统运维服务用户需求说明文件评审涉及的人员可能比较多，有时候让这么多人聚在一起花费比较长的时间开会并不容易。其实，没有必要把所有的事情放在一块做，用户需求评审可以分段进行，这样每次评审的时间比较短，参加评审的人员也少一些，组织会议就比较容易。

(3) 对讨论的问题进行控制：通常，开评审会议时有时会跑题，甚至变成聊天会议。由于评审人员大部分是技术人员，大家会不知不觉地谈论项目如何才能实现的话题。信息系统运维服务用户需求说明文件评审会必须明确一位评审组长，对讨论的问题进行控制。

(4) 避免无谓的争吵：开评审会议时经常会发生争议，适当的争议有利于澄清问题，但当争议变为争吵时就变质了。争吵不仅对解决问题毫无帮助，而且会伤害人与人之间的感情。当会议发生争议时，毫不妥协或轻易妥协都不是好办法，最好是尽可能阐述事实与证据，同时试着从不同的角度去探讨同样的问题。

8.4.3 信息系统运维服务的用户需求变更的控制

1. 用户需求变更的代价

人类的大部分工程建设都有比较严格的计划和质量保证，如土木建筑工程，如果你对已经建成的大楼不满意，要求建筑设计师把大楼的结构调整一下，别人一定会认为这很荒唐。但在信息系统运维服务的实施过程中，特别是在应用软件运维服务子系统中，这样的事情却很常见。统计资料表明：软件开发项目中有 40%～60% 的问题是由在用户需求调研分析阶段埋下的祸根所引起的。

包括信息系统运维服务在内的信息化工程项目的用户需求还很难用人们所熟悉的简单方式表述。例如你想要买衣服，但不知道自己的身材尺寸，即对需求不清楚，这时解决办法是什么？很简单，试穿。但当对于信息系统运维服务项目用户需求不清楚的时候，你能"试穿"吗？很显然，不能。

对于用户需求管理阶段就出现的错误，如果在服务实施进行到后期的时候才发现，那么弥补修复费用是非常高的，如应用软件开发项目，在运行维护阶段修复它的成本约是用户需求管理阶段修复成本的 100～200 倍。出现这种修复成本急剧上升的原因在于，在用户需求管理阶段出现的用户需求错误发现的越迟,需要重新进行开发的工作越多。再比如隐蔽工程(如管道和电缆埋藏在墙壁内),当外面的装修装饰工程完成以后才发现问题,需要报废返工重来,造成的损失要比隐蔽之前进行返工高得多。

对于信息系统运维服务项目中的缺陷,特别是软件开发和隐蔽工程的缺陷,发现和修复的越早,则返工成本越低。但不幸的是,用户需求管理阶段出现的错误往往很难发现,经常会延续到后面的阶段,这就造成了需求错误的代价高昂。因此,做好用户需求管理、减少变更对于降低项目成本是至关重要的。

2. 用户需求变更的原因

在信息系统运维服务实施的过程中,由于各种客观原因导致用户需求总是在变化着,从而引起用户需求的变更。用户需求的变更可能导致服务项目成本、时间、质量或其他服务目标的变更。

引起用户需求变更的原因主要有以下5个方面:

(1) 某个外部事件,比如说,政府颁布了新的法令法规;竞争对手掌握了新的生产技术;国家通货膨胀等。

(2) 发现了新的生产技术或方法手段,如果在服务实施中采用,对项目会产生较大的影响。

(3) 项目团队本身发生变化,如人事变动、组织结构调整。

(4) 编制用户需求说明文件时存在的某些失误或遗漏。

(5) 用户需求发生了变化或用户对项目提出了新的要求,包括以下内容。

① 在项目早期所有的问题不可能被完全定义,用户需求是不完全的,这就注定了用户需求以后需要变更,以便达到完善程度,从而导致用户需求的改变。

② 随着项目的展开和进行,需方对用户需求的理解会发生变化,这些变化也要反馈到用户需求中去。

③ 大型项目通常拥有众多不同类型的用户,有不同的用户需求,他们的需求可能是冲突的或是矛盾的,最后的用户需求不可避免地是它们之间的一个妥协。然而这种妥协的程度在项目进行过程中有可能发生改变,从而导致用户需求的改变。

④ 项目直接用户(客户)和最终用户(用户)不相同,有的项目直接用户可能因为机构原因或预算原因对项目提出一些需求,而这些需求可能和最终用户需求不一致,导致用户需求的改变。

3. 用户需求变更的控制过程

用户需求变更控制过程分为变更描述、变更分析和变更实现3个阶段。

(1) 变更描述:变更描述阶段始于一个被识别的用户需求问题或是一份明确的用户需求变更提议。在这个阶段,要对问题或变更提议进行充分的分析以检查它的有效性,进而产生一个更明确的用户需求变更提议。

(2) 变更分析:变更分析阶段对被提议的用户需求变更产生的影响进行评估,计算变更成本,不仅要修改用户需求说明文件,还要估算项目变更设计和实现的成本。一旦分析完成,就有了对此变更是否合理及是否要执行的决策意见。

(3) 变更实现:一旦用户需求变更分析阶段得到了肯定的结论,即要执行变更,用户需求说明文件及服务方案都要做修改,并要进行和完成具体实施过程。

4. 用户需求变更的影响分析

在进行用户需求变更影响分析时应评估它对项目计划安排的影响,同时明确与变更相关的任务并评估完成这些任务需要的工作量。每个变更都会增加资源消耗,这一点是肯定的。用户需求变更影响分析通过对变更内容的检验及对变更建议的准确理解,有助于确定对变更采取的态度,是接受、修改还是抛弃。

至于变更对项目进度的影响,主要看变更是否处于项目的关键路径。如果一个处于关键路径的任务因变更而延期,则项目肯定赶不上预定进度,甚至造成项目的完成遥遥无期。但如果能避免变更影响关键任务,则变更不会影响项目的进度。

5. 用户需求说明文件的版本管理

用户需求说明文件的版本控制就是保证相关人员能及时得到最新的该文档版本和记录其历史版本。版本控制的最简单方法是在每公布一个新的版本时就附加修正版本的历史记录,包括已做变更的内容、变更日期、变更人的姓名以及变更的原因,也可以采用专门的用户需求管理工具辅助进行用户需求说明文件版本的控制。

用户需求说明文件版本控制是用户需求管理的一个必要方面,要做好用户需求说明文件的版本控制必须保证做好以下几点:

(1) 统一确定用户需求说明文件的每一个版本,并保证每个成员都能得到当前最新版本。

(2) 清楚地将用户需求变更写成文档,并及时通知服务实施所涉及的所有人员。

(3) 为尽量减少困惑、冲突、误传,应只允许指定的人来更新用户需求说明文件。

8.4.4 信息系统运维服务的用户需求的属性、状态和处理结果

1. 用户需求的属性

用户需求说明文件除了描述所要实现的服务目标、业务、功能和性能等内容以外,还要附加一些相关的属性,这些属性的定义及更新是用户需求管理的重要内容。用户需求的属性为用户需求管理提供了背景资料和上下文关系,对于大型复杂项目尤为重要。这些属性包括:

(1) 用户需求说明文件的创建时间。

(2) 用户需求说明文件的版本。

(3) 用户需求说明文件的创建者。

(4) 用户需求说明文件批准者。

(5) 用户需求状态。

(6) 用户需求确定的原因或根据。

(7) 确定用户需求所涉及的子系统。

(8) 用户需求所涉及的系统或产品版本。

(9) 用户需求的验证方法或测试标准。

(10) 用户需求的优先级,即从实现用户需求所涉及的代价、收益、成本、风险4个方面考察其优先级,用自定义的度量标准把优先级表示出来,如可用高、中、低或阿拉伯数字表示。

(11) 用户需求的稳定性表示将来用户需求可能变更的程度,稳定性越差,意味着用户需求越容易发生变更,因而应给予较多的关注。

2. 用户需求的状态

用户需求状态是由用户需求情况决定的一项重要属性,在信息系统运维服务实施的整个过程中,跟踪用户需求的状态是用户需求管理的一个重要方面。何谓用户需求状态?顾名思义,状态是一种事物或实体在某一个时间点或某一阶段的情况的反映。用户需求状态是指某时间点或某一阶段用户需求内容,主要是用户需求情况的反映。通常,用户需求状态可分为下面4种情况:

(1) 用户可以明确且清楚提出的需求。

(2) 用户知道需要做些什么,但却不能确定的需求。

(3) 需求可以由用户提出,但需求的业务不明确,还要等待外部信息。

(4) 用户本身也说不清楚的需求。

3. 用户需求的处理结果

对于这些用户需求,在服务实施进展的过程中,根据不同处理结果可分为8种情况。

(1) 已建议:用户需求已经被有权提出用户需求的人所建议。

(2) 已批准:用户需求已经得到了充分分析,并估计了它对项目其余部分的影响;已经用确定的用户需求说明文件版本号或创建编号分配到相关的需求基线中;项目团队已经同意实现它。

(3) 已拒绝:用户需求已经有人提出,但被拒绝了,将被拒绝的需求列出的目的是因为它有可能被再次提出。

(4) 已审核:已经完成了用户需求审核。

(5) 已实现:已经实现了用户需求。

(6) 已验证:已经使用某种方法验证了已实现的用户需求,运行项目能够达到预期的效果。

(7) 已交付:用户需求完成后已经交付用户进行使用。

(8) 已删除:计划的用户需求已经从基线中删除,但需要给出做出删除决定的原因。

8.4.5 信息系统运维服务的用户需求跟踪

进行信息系统运维服务项目用户需求跟踪的目的是建立和维护从服务项目开始到结束整个过程的一致性与完整性,确保所有的功能实现都以用户需求为基础,确保所有的输出符合用户要求。

1. 用户需求跟踪的必要性

很多人都有这样的误解,即认为如果依照"需求调研－服务实施－测试验收"这样的顺序实施信息系统运维服务,每一步的输出就是下一步的输入,因此就不必担心服务实施和测试会与项目用户需求不一致,从而可以省略用户需求跟踪。但实际情况是,按照服务项目生命周期的严格线性顺序的开发模型并不能保证各个阶段的工作成果与用户需求保持一致,因为项目实施者是人而非机器,容易在信息的传播过程中引入错误。由于人们的表达能力、理解能力不可能完全相同,人与人之间的协作很难达到天衣无缝的地步,所以生活中不乏"以讹传讹"的例子。

信息系统运维服务的实施重视的是过程能力,如果不能严格地确保实施过程中的每一个环节都被不折不扣地执行,实施过程很难成功。用户需求跟踪过程也遵循这一原则,对于用户需求跟踪的每一个环节都要认真对待。用户需求跟踪能力对用户需求变更结果有很大影响,有效的用户需求跟踪有利于用户需求变更的确认和评估。

2. 可追溯性信息

进行用户需求跟踪就要对决定该范围的各种需求之间以及需求和服务实施之间的许多关系进行追溯,同时还要搞清楚用户需求和引起该需求的潜在原因之间的联系。当需求变更发生的时候,必须追踪这些需求变更对用户需求和服务实施的影响。

用户需求跟踪需要维护的可追溯性信息有三类。

(1) 源头可追溯性信息:指连接用户需求到提出需求的相关人员和产生需求的原因。当需求变更时,该信息用来发现项目相关人员,以便能与他们商讨这些变更事宜。

(2) 需求可追溯性信息:指连接用户需求说明文件中彼此依赖的用户需求。该信息用来评估一个需求变更对其余需求产生的影响以及引发的用户需求变更的范围和程度。

(3) 运维服务可追溯性信息:指连接用户需求到其实现的实施子项目模块。该信息用来评估用户需求变更对运维服务的实施带来的影响。

3. 用户需求跟踪的实现

创建用户需求跟踪能力是很困难的。从长远来看,良好的用户需求跟踪能力可以减少服务实施的费用,但在短期之内会造成实施成本的上升,因为积累和管理跟踪信息增加了项目成本。因此,项目供方在实施这项能力的时候应循序渐进,逐步实施。

用户需求跟踪有两种方式,即正向跟踪与逆向跟踪。正向跟踪以用户需求为切入点,检查用户需求说明文件中的每个需求是否都能在后继工作成果中找到对应点。逆向跟踪则以检查服务实施、测试等工作成果是否都能在用户需求说明文件中找到出处。

用户需求跟踪的双向模式可以用用户需求链来表示。用户需求链指的是需求能够上传下达,从用户传达到用户需求说明文件(需求规格说明书),然后从用户需求说明文件传达到后继服务实施,形成一个循环链条,并且可以逆向传达。

实现用户需求跟踪的一种通用方法是采用用户需求跟踪矩阵,其前提条件是标识用户需求链中各个过程的元素,如用户需求的标识号、功能和性能实施(或编码)的标识号、测试的标识号。通过标识的符号就可以使用数据库进行管理,用户需求的变化和用户需求的变更能立刻体现在整条用户需求链的变化上。过程元素之间的关系有以下3种。

(1) 一对一:一个需求应用一个服务过程元素。

(2) 一对多:多个测试用例对应一个需求。

(3) 多对多:一个测试用例导致多个需求,其中一些需求又拥有多个测试用例。

4. 用户需求跟踪的作用

用户需求跟踪提供了一个表明信息系统运维服务合同与服务实施成果相一致的方法。完善的用户需求跟踪能够降低服务实施的成本,改善服务质量,表现在以下几个方面。

(1) 在用户需求验证中的作用:在用户需求验证中,用户需求跟踪信息便于确保所有的用户需求得以实现。

(2) 有助于用户需求变更影响分析:在用户需求增加、删除和改变时,用户需求跟踪信息可以确保不忽略每个受到影响的系统元素。

(3) 便于用户需求的维护:可靠的用户需求跟踪信息使得服务实施时能正确、完整地实施变更,从而提高生产率。如果不能一次性为整个项目建立跟踪信息,那么每次可以只建立一部分,再逐渐增加。

(4) 便于项目跟踪:在服务实施过程中认真记录用户需求跟踪数据就可以得到当前用户需求状态的记录,没有出现完整的需求链意味着还没有相应的阶段性成果。

(5) 减小项目的风险:服务实施过程文档化可减少由于服务团队的一名关键成员离开给服务实施所带来的风险。

(6) 易于资源重用:跟踪信息有助于在新系统中对相同的功能利用旧系统的相关资源,例如功能设计、相关需求、工艺技术、代码、测试等。

本 章 小 结

任何服务项目绝非无源之水、无本之木,而是来源于社会和经济活动的各种需求,因此需求是服务项目产生的根本前提。用户需求调研分析是信息系统运维服务管理中最重要的一个步骤,因为运维服务目标是通过用户需求调研分析来确定的。为确定运维服务范围,最简单的方法就是将服务项目看成一个黑盒,通过描述这个黑盒与外界的交互及自身的特性来决定服务实施过程中所要做的事情,这就是用户需求调研分析需要做的主要事情,以确定一组完整的运维服务项目用户需求。用户需求管理是在用户需求调研分析的基础上进行的,贯穿于整个服务实施过程,是运维服务管理的一部分,其内容包括需求评审、需求变更控制、需求跟踪、需求版本管理和选择合适的用户需求管理类工具。

通过本章的学习,首先要了解企业信息系统现状评估的定义、目的、特点、方法和步骤,其次要了解信息系统运维服务范围管理的定义和内容,信息系统运维服务合同评审的定义、内容和运维服务项目的选择方法,以及工作分解结构的定义和作用,工作分解结构的分解原则、步骤及其编码等。本章学习的重点是要了解和熟悉用户需求的基本概念,用户需求的来源、特点和类型；要了解和掌握信息系统运维服务用户需求调研的目标、任务和方法，造成用户需求偏离的主要原因，并能认识到沟通是信息系统运维服务用户需求调研成功的关键；要熟悉和掌握信息系统运维服务用户需求调研的工作要求和成果，用户需求说明文件的编制与作用，用户需求规格说明书的内容等；要全面了解和掌握信息系统运维服务用户需求管理的目标、原则和活动，信息系统运维服务用户需求评审的方式和内容，以及信息系统运维服务用户需求变更控制的方法等。

习 题

1. 什么是企业信息系统现状评估？其目的是什么？
2. 简述企业信息系统现状评估的内容、特点、方法和步骤。
3. 简述信息系统运维服务范围管理的定义和内容。
4. 如何定义信息系统运维服务合同评审？评审的内容有哪些？
5. 什么是项目工作分解结构？简述其作用、分解原则、分解步骤和编码的内容。
6. 用户需求的来源、特点和类型有哪些？如何区分功能需求和性能需求？
7. 简述用户需求调研的目标、任务和方法，造成用户需求偏离的主要原因有哪些？
8. 简述项目沟通管理的特点及改善沟通的素质与技巧。
9. 举例说明倾听是有效沟通的关键及有效的项目沟通来自心灵沟通。
10. 简述用户需求调研的工作要求及其分析阶段成果。
11. 简述用户需求说明文件的编制与作用。
12. 简述用户需求管理的目标、原则和活动，以及用户需求评审的方式、内容和注意事项。
13. 简述用户需求变更的代价、原因、控制过程和影响分析。
14. 如何进行用户需求说明文件的版本管理？
15. 简述用户需求属性、状态和处理结果的内容。
16. 用户需求跟踪的必要性有哪些？什么是可追溯性信息？如何实现用户需求跟踪。

第9章 信息系统运维服务的规划设计

主要内容
(1) 信息系统运维服务的管理规划。
(2) 信息系统运维服务的大纲、规划和实施细则。
(3) 信息系统运维服务的财务管理。
(4) 信息系统运维服务项目的成本控制。
(5) 信息系统运维服务的组合管理。

9.1 信息系统运维服务的管理规划

信息系统运维服务实施应基于用户需求调研分析,从企业战略出发、以客户需求为中心,对信息系统运维服务进行全面系统的规划设计,建立企业业务战略、企业信息化战略与信息系统运维服务之间清晰的匹配和关联关系,确定所需要的业务服务组件,为信息系统运维服务的部署实施做好准备,以确保为最终客户提供满足其需求的服务。

9.1.1 信息系统运维服务实施的原则、管理制度和特点

确定信息系统运维服务实施原则通常是实施企业高层在理解业务需求、企业现状和运维服务实施难度的前提下为运维服务实施提出合理的实施方向、重点等。实施原则是经过长期检验所整理出来的合理化现象,如何正确选择实施原则是确定信息系统运维服务规划设计成功的关键因素。

1. 信息系统运维服务实施的原则

实施信息系统运维服务的作用一方面是将信息系统作为与企业业务流程联系的纽带,保证业务系统可靠地运行;另一方面提高信息系统的运营效率,让信息技术更好地服务于业务活动。由于企业业务与信息系统的联系越来越紧密,因此,信息系统良好的运维状况对业务正常、高效地运行起到关键的作用。

信息系统运维服务实施的原则主要如下。

(1) **标准性原则**:信息系统运维服务实施应依据国际标准、国家及行业的相关标准进行。

(2) **规范性原则**:供方(服务提供商)的工作过程和所有文档,应具有很好的规范性,以便于运维服务项目的跟踪和控制。

(3) **可控性原则**:供方在保证运维服务项目质量的前提下要按计划进度执行,以保证需方(客户)对于运维服务项目的可控性。信息系统运维服务管理调研的工具、方法和过程要在供、需双方认可的范围之内合法进行。

(4) **完整性原则**:用户需求调研分析和规划设计的范围和内容要完整地覆盖信息系统

运维服务管理所涉及的技术和管理等各个层面，并对这种完整性进行说明论证。

（5）合理性原则：供方的信息系统运维服务管理规划设计必须立足于需方的现实情况，设计方法应合乎逻辑，过程应完备翔实，从而确保结论是可信服的。

（6）可操作性原则：在信息系统运维服务管理的体系架构设计中，应根据运维服务管理要求提出相应的解决方案，方案必须具体可行，易于实际操作。

（7）保密性原则：用户需求调研分析的过程和结果应严格保密，未经需方（客户）授权，对于项目涉及的任何信息不得泄露给第三方。

（8）经济性原则：信息系统运维服务方案的设计和实施应在达到运维服务项目要求的前提下具有较高的性价比和经济性。

2. 信息系统运维服务管理制度的建立

为确保信息系统运维服务工作正常、有序、高效地进行，必须针对运行维护的管理流程和内容制定相应的运行维护管理制度，实现各项工作的规范化管理。运行维护管理制度可分为以下几个方面。

（1）网络管理制度：包括网络准入管理制度、网络配置管理制度、网络运行/监控管理制度等。

（2）系统和应用管理制度：包括对主机、数据库、中间件、应用系统的配置管理制度、运行/监控管理制度、数据管理制度等。

（3）安全管理制度：包括网络、主机、数据库、中间件、应用软件、数据的安全管理制度及安全事故应急处理制度。

（4）存储备份管理制度：包括备份数据的管理制度和备份设备的管理制度。

（5）故障管理制度：包括对故障处理过程的管理制度、故障处理流程的变更管理制度、故障信息利用的管理制度及重大故障的应急管理制度等。

（6）技术支持工具管理制度：包括对日常运行维护平台、响应中心、运维流程管理平台、运行维护知识库、运维辅助分析系统等的使用、维护的有关制度。

（7）人员管理制度：包括对信息系统运维人员的能级管理制度、奖惩制度、考核制度、系统外部人力资源使用的管理制度等。

（8）质量考核制度：制定相关制度，对以上各类制度的执行情况进行考核。

随着企业整个信息化应用内容的不断发展，一些旧的信息系统运维服务管理制度势必不能适应新发展的要求，必须进行不断的改进，并制定相适应的新的管理制度，逐步完善管理机制。

3. 信息系统运维服务实施的特点

信息系统运维服务实施的特点如下。

（1）整体性：信息系统运维服务工作支撑业务活动，并与之融合为一个整体，以保证信息系统能充分满足企业开展业务活动及业务流程再造的要求。

（2）科学性：信息系统运维服务实施不能陷入事务性处理中，要建立在现代管理科学基础之上严格管理，同时，企业运维服务各级组织要形成集中统一的管理模式，避免分散重复处理。

(3) 协调性：信息系统运维服务体系内外相关因素的综合效果最优化，保证了系统众多因素矛盾的综合平衡，包括相互适应、相互依存、相互支持、协同一致等。

(4) 防范性：信息系统运维服务体系中包含各种预案，以实现在系统有故障、问题出现时有章可循，在紧急状态下有应急措施，提高系统运维效率，将运维代价减小到最小。

(5) 指导性：在信息系统运维服务实施过程中发现、解决的问题要反作用于信息系统的开发完善，反作用于优化机构、岗位设置，反作用于企业业务流程的改进。

(6) 知识性：信息系统运维服务属于智力型及具有创造性的工作，运维服务人员在工作中凭借的是知识的积累与智慧的运用。因此，实施信息系统运维服务必须加强运维知识库的建设，以实现运维服务经验共享，帮助广大运维服务人员掌握运维知识，在实践中提高应对系统出现的各种问题的能力。

(7) 风险性：由于信息系统运维服务实施过程中存在众多不确定性因素，其风险性显而易见，因此必须强化运维服务的风险控制，防患于未然，规避风险及降低风险损害等。

9.1.2 信息系统运维服务管理规划的原则和目录梳理

1. 信息系统运维服务管理规划的原则

信息系统运维服务管理规划包括运维服务管理规划大纲、运维服务管理实施规划和运维服务管理实施细则三类文件，分别在项目招标投标阶段和用户需求管理阶段以服务项目为对象而编制，是用于指导信息系统运维服务实施全过程中开展各项活动的技术、经济、组织和管理的综合性文件。信息系统运维服务管理规划作为指导运维服务管理工作的纲领性文件，应对信息系统运维服务管理的目标、内容、组织、资源、方法、流程和控制措施进行确定。信息系统运维服务管理规划的原则如下。

(1) 目的性：运维服务目标是管理规划的核心，运维服务管理实施规划是围绕如何实现目标而制定的，运维服务管理实施细则是落实运维服务管理实施规划的具体内容、方法和措施。

(2) 系统性：运维服务管理规划本身是一个系统，它是由各项子规划构成的，各项子规划不是孤立存在的，而是密切相关的，要使运维服务管理规划形成有机、协调的整体。

(3) 动态性：服务项目所在的环境常处于变化之中，这就会使规划的实施偏离目标。因此，运维服务管理规划要随环境的变化不断调整和修改，确保运维服务目标实现。

(4) 相关性：构成运维服务管理规划的任何子规划的变化都会影响到其他子规划的制定和执行，进而影响到运维服务项目的正常实施，因此在制定运维服务管理规划时必须考虑各子规划之间的相关性。

2. 信息系统运维服务目录的梳理

信息系统运维梳理服务目录可参照国家标准 GB/T 29264-2012《信息技术服务 分类与代码》对服务业务进行全面梳理，形成标准化的服务产品目录，并明确哪些业务是企业的重点发展方向。在此基础上进一步确定标准覆盖人员、企业、设备、系统、工作流程、规章制度等的范围和程度,在部署实施阶段中控制实施范围的变更,通过合理的范围划分还可以划分多个信息系统运维服务实施阶段,降低实施风险和成本。表 9-1 是一个运行维护服务目录的例子。

表 9-1 信息系统运维服务梳理的服务目录(举例)

序号	服务类别	服务项目	服务内容	响应时间	服务频度	交付方式	交付成果
1	数据中心设备运维服务	门禁及监控系统配件	定期维护、检查保养	7×24	12次/年	现场	确保系统正常运行,提交维护记录
		空调(含配件)	定期维护、检查保养	7×24	12次/年	现场	确保系统正常运行,提交维护记录
		UPS 配电室 5P 吸顶空调	定期维护、检查保养	7×24	12次/年	现场	确保系统正常运行,提交维护记录
		UPS 配电室机房专用空调	定期维护、检查保养	7×24	12次/年	现场	确保系统正常运行,提交维护记录
		UPS 主机(含配件及一组电池)	定期维护、检查保养	7×24	12次/年	现场	确保系统正常运行,提交维护记录
2	软件运维服务	数据库的运行维护	检查数据库的运行情况	7×24	1次/周	现场	及时处理数据库故障,提交维护记录
		数据库的优化	定期对数据库进行优化	7×24	1次/周	现场	提高数据库运行效率,提交优化报告
		应用软件中间件运行维护和优化	定期检查、优化应用软件中间件的运行情况,及时处理中间件故障	7×24	1次/周	现场	确保中间件正常运行并进行优化,提交维护、优化报告
		数据维护处理	及时进行数据维护处理	7×24	不限	现场	确保数据正确,提交数据维护报告
		应用软件完善修改	处理应用软件存在的问题,进行完善性修改	7×24	不限	现场	完善应用软件,提交软件修改报告
		信息系统初始化	信息系统年、月度的初始化	7×24	12次/年	现场	提交初始化记录
		配合硬件维护	及时处理硬件维护所涉及的数据库和软件相关工作	7×24	不限	现场	提交配合记录
		完善管理制度	建立和完善数据安全、备份、测试、验证、应急恢复等机制	7×24	不限	现场	协助需方建立和完善相关制度
3	网络运维服务	……					
		……					
4	主机运维服务	……					
		……					
…	…	……					

9.2 信息系统运维服务的大纲、规划和实施细则

信息系统运维服务管理规划纲要主要包括运维服务管理规划大纲(简称服务大纲)、运维服务管理实施规划(简称服务规划)和运维服务管理实施细则(简称服务实施细则)三部分内容,它们是信息系统运维服务管理的指导性文件,对信息系统运维服务工作的正常开展具有重要的指导意义。

9.2.1 信息系统运维服务规划和实施细则的基本概念

1. 信息系统运维服务大纲、规划和实施细则的定义

(1) 信息系统运维服务大纲:《信息系统运维服务大纲》即信息系统运维服务项目投标文件,属于信息系统运维服务的三大纲要性文件之一,也是供方(投标人)为获得信息系统运维服务项目在招标投标阶段编制的项目方案性文件。编制投标文件的目的是要使需方(招标人)信服:采用本运维服务提供商(投标人)制定的信息系统运维服务方案,即能实现需方(招标人)的投资目标和充分满足其需求。其作用是为信息系统运维服务提供商经营目标服务的,起着承接信息系统运维服务项目的作用。编制投标文件(信息系统运维服务大纲)的过程有两大特点:首先,由于它编制的目的主要是为了中标,因此,它必须完全符合和满足需方(招标人)在招标文件中提出的各项要求条件;其次,它通常是由供方(投标人)单位法定代表人授权委托该项目投标小组成员,在相对比较保密的环境条件下编制的。

(2) 信息系统运维服务规划:《信息系统运维服务规划》是以运维服务项目为对象编制的,用于指导服务项目实施全过程中各项服务活动的综合性文件,它是在供、需双方信息系统运维服务合同签订后,根据服务合同规定范围和需方(招标人)的具体要求,由项目的项目经理主持,信息系统运维服务团队的全体成员参与讨论编制,在完成用户需求调研分析工作的基础上综合服务项目的具体情况广泛收集该服务项目信息和资料,以及征求各方面意见和建议的情况下,结合运维服务项目的具体条件制定的指导其整个项目团队开展信息系统运维服务工作的技术管理性文件。《信息系统运维服务规划》应在供、需双方签订运维服务合同后开始编制,完成后,应该经过供方信息技术服务总监审核批准。经信息技术服务总监审核批准后的正式文本一式打印多份,其中一份上交信息技术服务总监办公室或单位档案室保管,还有一份要报送需方(招标人)备案。

(3) 信息系统运维服务实施细则:《信息系统运维服务实施细则》是在运维服务机构(团队)已经建立,各项专业运维服务工作责任制已经落实,配备的专业运维服务工程师已经上岗的情况下,由专业运维服务工程师依据《信息系统运维服务规划》及本专业技术要求针对运维服务项目的具体情况制定的更具有实施性和可操作性的业务文件,它起着具体指导信息系统运维服务实务作业的作用。《信息系统运维服务实施细则》由各专业信息系统运维服务工程师负责主持编制,经项目经理认可批准执行,与此同时,还要打印一份报送信息技术服务总监备案或交单位档案室保管。

2. 信息系统运维服务大纲、规划和实施细则三者的主要区别

虽然《信息系统运维服务大纲》、《信息系统运维服务规划》和《信息系统运维服务实施细则》三者都是由供方(投标人)对特定的信息系统运维服务项目而编制的运维服务工作文件，且编制的依据具有一定的共同性，编制的文件格式也具有一定的相似性，但是，针对同一运维服务项目而言，由于《信息系统运维服务大纲》、《信息系统运维服务规划》和《信息系统运维服务实施细则》三者的作用不同、编制对象不同、编制负责人不同、编制时间不同、编制的目的不同等，在编制内容的侧重点、深度、广度和细度诸方面上都有着显著区别。其中，《信息系统运维服务规划》是整个运维服务项目开展运维服务工作的依据和基础，它相当于一个运维服务项目的"初步设计"，而《信息系统运维服务实施细则》相当于具体的"实施图设计"。《信息系统运维服务大纲》、《信息系统运维服务规划》和《信息系统运维服务实施细则》三者比较的主要区别见表 9-2。

表 9-2 信息系统运维服务大纲、规划和实施细则的主要区别

名称	编制性质	编制对象	编制负责人	编制时间	编制目的	编制作用
信息系统运维服务大纲	按招标文件要求编制的投标文件	项目整体	投标小组	项目招投标阶段	供招标人审查运维服务能力	提高运维服务项目中标的可能性
信息系统运维服务规划	指导服务工作开展的纲领性文件	项目整体	项目经理	运维服务合同签订后	运维服务工作纲领	对运维服务自身工作的业务指导、考核
信息系统运维服务实施细则	具实施性和可操作性的业务性文件	某项专业运维服务工作	专业工程师	建立运维服务部，责任明确后	专业运维服务实施操作指南	规定了专业运维服务程序方法，使运维服务工作规范化

9.2.2 信息系统运维服务规划的编制目的、意义、要求和内容

信息系统运维服务规划是在供、需双方签订运维服务合同后，由项目经理主持制定的指导信息系统运维服务工作开展的纲领性文件。它起着指导信息系统运维服务团队规划自身的业务工作并协调与需方(招标人)在开展运维服务活动中的统一认识、统一步调、统一行动的作用。由于信息系统运维服务规划是在服务合同签订后编制的，运维服务委托关系和授权范围都已经很明确，服务项目特点及条件等资料也都比较翔实，因此，信息系统运维服务规划在内容和深度等方面要比运维服务合同更加具体，更加具有指导运维服务工作的实际价值。

1. 编制信息系统运维服务规划的目的

编制信息系统运维服务规划的目的是将信息系统运维服务合同规定的责任和任务具体化，并在此基础上制订出实施运维服务任务的措施。信息系统运维服务规划是实施运维服

务的工作计划,也是供方为完成运维服务工作任务所编制的一种指导性文件。在信息系统运维服务规划中,应该明确规定运维服务的指导思想、计划目标、计划实施的阶段进度、计划实施的保证措施,包括组织措施、技术措施和管理措施等一系列需要统筹规划的问题。因此,编制信息系统运维服务规划的目的就是把运维服务实施过程纳入规范化、系统化、标准化的科学管理范畴,以确保运维服务任务能顺利完成,最终实现运维服务目标。信息系统运维服务供、需双方在签订合同后,供方应该高度重视信息系统运维服务规划的编制工作。一份完善的、有效的、高质量的信息系统运维服务规划可以充分地显示出供方的组织管理能力,很好地体现出供方的业务素质,同时也为以后运维服务任务的顺利完成打下一个良好的基础。

信息系统运维服务规划在项目经理主持下编制,正式文本经本公司的信息技术服务总监和需方(招标人)备案认可,经项目经理签署后执行。

2. 信息系统运维服务规划的意义

在信息系统运维服务合同签订后,供方应根据合同规定和要求对信息系统运维服务大纲进一步细化,并向需方(招标人)提交信息系统运维服务规划作为供方实施运维服务的行动指南,也可以作为需方考核供方对运维服务合同的实际执行情况的重要依据。

通过规划信息系统运维服务体系架构这一活动,供方对需求分析阶段中初定的实施方案做进一步的细化和具体化,对实施运维服务所需的人员、流程、技术及资源等进行全面系统的规划,以满足标准实施的要求,因此,信息系统运维服务规划在供方经营管理活动中有着重大的现实意义。信息系统运维服务规划要能够体现需方实施运维服务的意图,它是对信息系统运维服务委托合同的签约双方责、权、利的进一步细化。由供方编制的信息系统运维服务规划经过需方审查同意和项目经理签署执行后作为运维服务委托合同的一个重要的附件,同样具有合同效力,因此,供、需双方都必须按信息系统运维服务规划的内容统一认识、统一步伐和统一行动,以保证信息系统运维服务规划的实施。

3. 信息系统运维服务规划的编写要求

信息系统运维服务规划的编写有以下要求。

(1) 统一性:在编制信息系统运维服务规划时应当做到其内容构成力求统一,这是运维服务工作规范化、制度化、统一化的基本要求,也是运维服务工作科学化的要求。针对一个具体信息系统的运维服务规划,必须对整个信息系统运维服务工作的计划、目的、组织、控制等内容进行统一考虑,以目标控制为中心,全面系统地对整个项目的实施进行组织、规划。编制信息系统运维服务规划既要因地制宜、突出重点,又要力求统一、完整。

(2) 针对性:由于信息系统运维服务项目具有独特性和一次性,因此,对某一个具体的运维服务项目而言,信息系统运维服务规划的内容必须根据这个项目的实际来编制。忽视信息系统运维服务规划内容的针对性,采用同一模式、同一方法开展运维服务工作,必然会导致目标偏离计划,甚至出现失误。所以,一个好的信息系统运维服务规划应该针对具体的运维服务项目进行目标规划,建立信息系统运维服务组织和制度。

(3) 时效性:信息系统运维服务规划的内容应该具有时效性是指随着运维服务项目实

施的逐步开展,对其不切实际的实施措施进行不断的补充、完善、调整。实际上,它是把开始勾画的轮廓进一步细化,使得信息系统运维服务规划变得更加详尽可行。在信息系统运维服务工作实施的过程中,如实际情况或条件发生重大变化而需要调整信息系统运维服务规划时,应由项目经理组织专业工程师研究修改,并报需方审核确认。

4. 信息系统运维服务规划的主要内容

信息系统运维服务规划的主要内容如下。

(1) 项目概况:

① 项目名称、地点、业主(需方)名称、项目总投资金额及占地面积、项目建设目的、背景、项目范围、建设内容、系统特点、项目设计单位名称、地址和联系人、项目承建单位名称、地址和联系人,以及项目现状等。

② 运维服务合同金额、运维服务工期(起止日期)、运维服务目标、宗旨、实施原则、内容(范围),以及运维服务重点和难点分析,信息系统运维服务级别协议(SLA)等。

(2) 项目组织结构:

① 项目组织结构图。

② 项目业主(需方)组织结构图。

③ 项目承建单位组织结构图。

(3) 运维服务人员规划:

① 运维服务组织结构图及人员构成。

② 项目经理职责。

③ 项目经理助理职责。

④ 运维服务工程师职责。

⑤ 运维服务助理工程师职责。

⑥ 运维服务员(文员)职责。

⑦ 运维服务工作制度:会议、日记、周报、月报等。

⑧ 运维服务团队建设规划。

⑨ 运维服务人员技能规划。

(4) 运维服务流程规划:

① 事件管理规划。

② 问题管理规划。

③ 配置管理规划。

④ 变更管理规划。

⑤ 发布管理规划。

⑥ 财务管理规划。

⑦ 能力管理规划。

⑧ 可用性管理规划。

⑨ 服务持续性管理规划。

⑩ 知识管理规划。

(5) 运维服务技术规划：
① 技术研发规划。
② 发现问题能力规划。
③ 解决问题能力规划。
(6) 资源规划：
① 运行维护工具。
② 服务台。
③ 备件库。
④ 知识库。
(7) 质量管理规划：
① 质量目标分解。
② 质量管理流程图。
③ 质量控制措施。
(8) 财务管理规划：
① 运维服务价值分析。
② 成本估算。
③ 成本计划（预算）。
④ 成本控制措施。
⑤ 财务决算。
(9) 风险管理规划：
① 风险识别。
② 风险评估。
③ 风险响应。
④ 风险控制。

9.2.3 信息系统运维服务实施细则的编制依据及主要内容

信息系统运维服务实施细则是在信息系统运维服务规划的基础上对信息系统运维服务工作"做什么"、"如何做"的更详细的具体化。信息系统运维服务实施细则应根据运维服务项目的具体情况由专业的信息系统运维服务工程师负责编写。

1. 信息系统运维服务实施细则的编制依据

信息系统运维服务实施细则的编制依据如下：
(1) 已经获批准的信息系统运维服务规划。
(2) 与项目相关的法律法规、国际标准、国家和行业标准规范。
(3) 与项目相关的设计文件和技术资料。
(4) 项目现状分析评估报告。
(5) 用户需求说明文件。
(6) 运维服务招标文件、投标文件和合同文件。

2. 信息系统运维服务实施细则的主要内容

信息系统运维服务实施细则的主要内容如下。

(1) 信息系统日常运行管理实施细则：信息系统日常管理工作是十分繁重的，其中，对系统设备的管理只是整个管理工作的一部分，更重要的是对人员、数据、软件及安全的运行维护管理，包括数据的收集、例行信息处理及服务工作和系统的安全管理等几项任务。

① 数据的收集：包括数据收集、数据校验及数据录入三项任务。

② 例行的信息处理及服务工作：包括例行的数据更新、统计分析、报表生成、数据的复制及保存、与外界的定期数据交流等。

③ 系统的安全管理：系统的安全管理是指保证信息系统安全运行所采取的手段，主要体现在保密性、可控制性、可审查性、抗攻击性 4 个方面。

(2) 信息系统运行情况记录的实施细则：系统的运行情况记录数据对系统管理、评价是十分宝贵的资料。在信息系统的运行过程中，需要收集和积累的资料包括以下几个方面。

① 有关系统工作数量的记录：包括系统开机的时间，每天（周、月）提供的报表的数量、每天（周、月）录入数据的数量、系统中积累的数据量、修改程序的数量、数据使用的频率、满足用户临时要求的数量等反映系统的工作负担、所提供的信息服务的规模以及应用系统功能的最基本的数据。

② 系统工作效率的记录：系统工作效率是指为了完成所规定的工作占用了多少人力、物力及时间，包括系统在日常运行中，例行的操作所花费的人力是多少，消耗性材料的使用情况如何等。

③ 系统信息服务质量的记录：信息服务的质量主要指使用者对于提供信息的方式是否满意，所提供信息的精确程度是否符合要求，信息的提供是否及时，临时提出的信息需求能否得到满足等。

④ 系统维护修改情况的记录：当系统中的数据、软件和硬件发生更新、维护和检修的情况时，都要详细、及时地记录下来，包括更新、维护和检修工作的内容、情况、时间、执行人员等。

⑤ 系统故障情况的记录：系统发生的所有故障，无论发生的时间或规模大小如何，都应该及时地记录下来，包括故障的发生时间、故障的现象、故障发生时的工作环境、处理的方法、处理的结果、处理人员、善后措施、原因分析。

为了使信息记载得完整准确，一方面要强调在事情发生的当时当地、由当事人记录，另一方面，尽量采用固定的表格或本册进行登记。这些表格或登记簿的编制应该使填写者容易填写，节省时间。同时，需要填写的内容应该含义明确，用词确切，并且尽量给予定量的描述。对于不易定量化的内容，则可以采取分类、分级的办法，让填写者选择打钩等。总之，要努力通过各种手段详尽、准确地记录信息系统运行的情况。

(3) 信息系统运行情况检查与评估的实施细则：信息系统在其运行过程中要定期对运行状况进行审核和评价，一般从以下几个方面考虑。

① 系统是否达到预定目标，目标是否需做修改。

② 系统的适应性、安全性评估。

③ 系统的社会经济效益评估。

对系统定期进行各方面的审计与评价实际上是看系统是否仍处于有效、适用状态。如果审计结果是系统基本适用但需要做一些改进,则要做好系统的维护工作,一旦审计结果确认系统已经不能够满足各项管理需求和决策需求,不能适应企业或组织未来的发展,则说明该信息系统已经走完了它的生命周期,必须提出新的开发需求,开始另外一个新系统的生命周期,整个开发过程又回到系统开发的最初阶段。

(4) 信息系统运维服务工作范围的实施细则:具体实施的信息系统运维服务的工作范围及其特点。

① 信息系统基础设施运维服务:对信息系统基础设施进行监视、日常维护和维修保障,服务涉及的基础设施包括网络系统、主机系统、存储/备份系统、终端系统、安全系统、机房动力及环境等。

② 应用系统运维服务:对应用系统进行设计、集成、维护及改进。

③ 安全管理服务:对信息系统基础环境涉及的网络、应用系统、终端、内容信息的安全进行管理,包括安全评估、安全保护、安全监控、安全响应及安全预警等服务。

④ 网络接入服务:提供网络规划和接入,包括互联网接入服务、专网接入服务等。

⑤ 内容信息服务:对内容信息进行采集、发布、巡检、统计、编辑、信息挖掘以及汇报,为内容信息的获取和进一步处理提供支持。

⑥ 综合管理服务:咨询与培训服务、技术支持服务、综合系统服务等。

⑦ 现场服务:派驻现场的项目经理和工程师的人数、能力和现场经验。

⑧ 远程技术支持服务:通过网络或电话为客户提供即时的远程技术支持和技术咨询,在客户的许可下通过远程拨号方式进入客户相关系统分析系统状况、协助客户分析和解决系统问题,或者协调多方服务团队及时跟进未完成的服务请求并及时更新系统信息和状态。

(5) 信息系统运维服务质量指标的实施细则:具体实施的信息系统运维服务质量指标,主要包括以下内容。

① 信息系统基础设施运维服务:质量指标包括服务响应及时率、到达现场及时率、异常报告及时率、异常漏报率和故障修复及时率。

② 应用系统运维服务:质量指标包括维护作业计划的及时完成率、故障隐患发现率、异常主动发现率、故障服务请求及时满足率、业务服务请求及时满足率、问题解决率等。

③ 安全管理服务:质量指标包括漏洞扫描覆盖率、安全报告呈报及时率、安全漏洞遗漏数量、安全漏洞遗漏率、加固设备覆盖率、安全补丁安装及时率、安全事件次数等。

④ 网络接入服务:质量指标有平均响应时间、问题解决比率等。

⑤ 内容信息服务:质量指标包括检索成功率、响应及时率等。

⑥ 综合管理服务:质量指标包括平均响应时间、问题解决比率等。

⑦ 现场服务:质量指标有项目经理资格证书和工作经验、业绩,现场运维服务工程师人数、资格证书、工作经验和业绩,以及现场巡检周期、现场提供的关键部件及备件库等。

⑧ 远程技术支持服务:质量指标包括远程技术支持运维服务工程师和技术专家的人数、资格证书、工作经验和业绩,以及平均响应时间、问题解决比率等。

(6) 信息系统运维服务质量控制的实施细则:主要内容包括信息系统运维服务质量控

制的适用范围、编制依据(运维服务标准、系统检验标准、运维服务实施规范、运维服务验评标准、运维服务文件规定等)、质量控制程序、信息系统运维服务要点(控制点设置及预控措施)、资料管理、有关附录等。信息系统运维服务质量控制的要点如下：

① 质量控制应以预防为主。

② 按信息系统运维服务规划要求对实施过程进行检查,及时纠正违规操作,消除质量隐患,跟踪质量问题,验证纠正效果。

③ 采用必要的检查、测试和验收手段,以验证运维服务实施质量。

④ 对信息系统重点部位和故障类型实施重点监测控制。

⑤ 严格执行故障现场鉴证取样和送检制度。

⑥ 建议并协助需方单位建立、完善和严格执行信息系统管理制度。

(7) 建立信息系统维护档案的实施细则：信息系统维护档案是在实施系统维护活动中形成的具有完整记录的文档资料,其主要作用是为信息系统运行维护工作的正常开展提供清晰、准确的信息,以确保信息系统运维服务的顺利实施。建立信息系统维护档案可分为以下几个方面。

① 服务器和相关主要设备维护档案：记录所需维护设备的品牌型号、数量、配置、采购时间和使用情况,提出日常维护时间、要求、方法与依据。

② 桌面设备维护档案：记录所需维护设备的品牌型号、数量、配置、采购时间和使用情况,提出日常维护时间、要求、方法与依据。

③ 网络和信息安全设备维护档案：记录网络设备配置及运行现状,按安全级别要求和实际需求提出网络维护及安全设置的内容。

④ 网络通信维护档案：记录所需维护网络线路的光纤数量、长度、使用年限和维护内容；通信租赁需说明带宽、数据流量、租赁时间；带宽扩展需提供相关需求依据。

⑤ 机房环境维护档案：记录信息系统机房类型、级别、大小、设备配置、机柜数量、布局、消防措施等,以及需维护内容、要求。

⑥ 音/视频设备档案：记录所需维护设备的品牌型号、数量及配置,建设时间和使用情况,提出日常维护时间、要求、方法与依据。

⑦ 其他设备维护档案：记录其他所需维护设备的基础信息和维护要求。

⑧ 应用系统维护档案：记录所需维护的应用系统名称、建成时间、使用部门、使用人数、维护部门、建设费用、业务运行要求(即系统的连续运行时间、最大许可中断时间等)、运行状况、需维护内容和要求等。软件系统改造应进行深入的需求分析记录,包括业务流程分析,必要的信息传输、存储量预测、数据结构分析,管理与决策支持需求,提出系统的功能需求和性能需求。

⑨ 信息资源维护档案：记录所需维护数据资源的建成时间、内容、数据量及维护情况,提出日常维护时间、要求、方法和依据等,明确维护范围、关键指标,设立考核里程碑。

⑩ 系统软件、工具软件维护档案：购置信息系统软件和工具类软件产品应详细记录软件产品的数量和配置依据。

(8) 制定信息系统运维服务管理制度的实施细则：为确保信息系统运行维护工作正常、有序、高效地进行,必须针对运行维护的管理流程和内容制定相应的系统运行维护管理制度,实现各项工作的规范化管理。信息系统运行维护管理制度可分为以下几个方面。

① 网络管理制度:包括网络准入管理制度、网络配置管理制度、网络运行/监控管理制度等。

② 系统和应用管理制度:包括对主机、数据库、中间件、应用系统的配置管理制度、运行/监控管理制度、数据管理制度等。

③ 安全管理制度:包括网络、主机、数据库、中间件、应用软件、数据的安全管理制度及安全事故应急处理制度。

④ 存储备份管理制度:包括备份数据的管理制度和备份设备的管理制度。

⑤ 故障管理制度:包括对故障处理过程的管理制度、故障处理流程的变更管理制度、故障信息利用的管理制度及重大故障的应急管理制度等。

⑥ 技术支持工具管理制度:包括对日常运行维护平台、响应中心、运维流程管理平台、运行维护知识库、运维辅助分析系统等的使用、维护的有关制度。

⑦ 人员管理制度:包括对运行维护人员的能级管理制度、奖惩制度、考核制度、外部人力资源使用的管理制度等。

⑧ 质量考核制度:制定相关制度,对以上各类制度的执行情况进行考核。

9.3 信息系统运维服务的财务管理

财务管理是实用性和操作性很强的应用科学,是社会经济和资本市场不断发展的必然产物,也是信息系统运维服务管理的核心内容之一。在市场经济条件下,信息系统运维服务供、需双方为了自身的生存和发展都必须拥有更强的财务管理能力,以帮助其正确地理解和控制运维服务需求与供给的各种决定因素,并为决策提供有力的依据。

9.3.1 信息系统运维服务财务管理的基本概念

1. 财务和财务管理的定义

财务一般是指与钱物有关的事务。企业财务是指企业生产或服务经营过程中有关资金的筹集、使用和利润分配活动及其货币关系的总称,即企业的财务活动和财务关系。其中,资金的筹集、使用和利润分配活动称为财务活动;财务活动过程中形成的企业与各方面的货币关系称为财务关系。企业财务是企业生产或服务经营活动的一个重要方面,是企业生产、营销、人事等的集中体现。

财务管理是研究在一定的目标下企业通过财务预测与规划、决策、控制和分析等方法筹集、运用和管理其经营发展所需的资金不断提高资金效率和效益的管理活动,并与金融市场保持密切联系。它是组织安排企业的财务活动,处理企业财务关系的经济管理工作,也是以价值形式对企业的生产或服务经营活动进行综合管理。企业财务管理利用资金、成本费用、收入利润等价值形式来反映企业经济活动中的劳动占用量、劳动消耗量和劳动成果,进而反映出企业经济效益的好坏。财务管理是市场经济条件下企业最基本的管理活动,市场经济越发展,财务管理越重要。

2. 服务价值和服务资产

（1）服务价值：服务价值是指服务提供商在满足客户的需求提供并有效地实施符合其要求的服务活动后企业所获得的价值的满足、利润的增加。从服务管理的角度来看，服务价值由两方面因素决定，即功用和功效。

① 功用：功用是指由客户感知的一些特定的属性，即在实现客户目标的过程中对性能产生了积极的影响或者消除或放松了某些约束条件。

② 功效：功效是指在实现服务功用时所提供的可用性、容量、连续性和安全性。

功用通常是关于满足目的方面的因素，即客户得到什么，而功效则是关于适于使用方面的因素，即服务如何被交付。从某种意义上说，功用相当于服务的结果，它表示某项服务给客户带来的价值和功能。功效相当于服务的过程，它表示的是服务提供方在提供服务时所做出的承诺和保证。通常，服务的价值创造取决于其过程和结果。功用往往被客户视为服务的属性，能对任务绩效达到预期结果产生积极的影响；而功效来自于积极的影响，即在需要的时候是否有足够的可用性、容量、连续性和安全性。

（2）服务资产：对于服务提供商来说，资源和能力是其两种基本的服务资产。

① 资源：资源指的是形成服务生产力的基本要素，即用于提供服务的知识、技能、物资、设备、能源、资金和社会关系等的总和。

② 能力：能力是直接影响人的活动效率，使活动任务顺利完成的个性心理特征。能力的形成和发展受许多因素制约，根据能力影响范围的大小，可将能力分为一般能力与特殊能力；根据能力的主动性、独立性、创造性的不同，可将能力分为模仿能力与创造能力；根据能力影响的活动领域的不同，可将能力分为认知能力、操作能力与社交能力。

信息系统运维服务提供商利用资源和能力这两类服务资产来交付产品和服务，从而创造价值。一般情况下，信息系统运维服务提供商的服务容量依然取决于其控制的资源的规模，而能力可以用来开发、控制和协调这种服务容量。在没有充分和恰当的资源的情况下，能力本身并不能创造价值。

3. 服务费用和服务成本

（1）服务费用：服务费用是指实施服务项目所投入的资金，它是服务项目在实施过程中形成的服务价值的货币表现形式，可分为预算服务费用和实际服务费用。虽然服务费用是在服务项目实施过程中耗费的，但是在耗费之前要进行一系列的预测工作，对服务费用进行估算，形成预算服务费用，并以合同价的形式反映服务费用的预测值。

（2）服务成本：成本与费用在经济分析中是作为同义词使用的。实际上，在描述服务项目的消耗过程中两者却是不同的，主要体现在其组成内容及分析角度上的不同。服务价值的货币表现形式最终体现在以下 3 个部分：

① 已耗费的物质资源价格。

② 服务人员的报酬和服务提供商维持服务经营所必需的费用。

③ 企业向财政缴纳的税金和税后留存的利润，即服务人员在服务实施过程中新创造的价值。

服务成本是信息系统运维服务实施过程中所必需的耗费,指的是第一部分和第二部分耗费的总和。信息系统运维服务费用则包括了全部耗费,是这 3 个部分耗费的总和。也就是说,信息系统运维服务费用是服务成本加上服务提供商(企业)缴纳的税金和税后留存的利润。

4. 服务成本价值和服务潜在价值

由于财务管理是服务管理的核心,服务的价值要素的两个方面(功用和功效)需要进一步转化为实际的货币数值。因此,分析服务价值将要重点关注以下两个价值概念。

(1)服务成本价值:服务成本价值也称为服务供应价值,是指与提供某项服务相关的所有的实际成本,包括有形和无形的服务成本要素。对信息系统运维服务项目而言,这些服务成本要素的实际价值可以从现有的财务核算系统中获得,具体包括以下内容:

① 硬件以及软件成本。
② 硬件和软件的年度维护成本。
③ 维护和支持人员的人力成本。
④ 数据中心和基础设施成本。
⑤ 税收和资本利息。
⑥ 合规方面的成本。

(2)服务潜在价值:服务潜在价值是指客户可以从服务中感知的价值,或客户通过服务可期望获取的功用或功效价值。服务潜在价值要素合计起来构成了一个服务估价的基准。对于服务的每一个价值组件,根据它们的感知价值分别进行货币化、量化就可以用来估计整个服务包的真实价值。所有这些服务组件的价值加起来并对照服务的基准成本价值就可以用来确定服务的最终价值。

5. 信息系统运维服务财务管理的作用

财务管理是从价值方面对信息系统运维服务进行的管理工作,它以货币形式反映了价值的形成、实现和分配过程。信息系统运维服务财务管理的目标是制定信息系统运维服务的成本预算,并监控成本管理计划的执行情况,最终从客户那里收取信息系统运维服务应得的收益。财务管理是信息系统运维服务管理的核心,其作用主要如下。

(1)计划作用:财务计划要以货币形式综合反映计划期内实施信息系统运维服务所需要的各项资金、预计的收入和经济效益。制订财务计划的过程是通过预测和分析找到增收的渠道和节支的途径,包括资金预测、成本预测和利润预测等几个方面,为管理层决策提供重要的财务信息依据,并向客户提供收取信息系统运维服务费用的详细清单,使客户能清楚地了解运维服务的实际花费。

(2)控制作用:财务控制是保证信息系统运维服务实施活动符合既定目标,取得最佳经济效益的一种方法,其主要内容有以下几点。

① 加强财务管理的各项基础工作:主要内容包括健全原始记录,加强成本管理,定期盘存财产物资(备件)以及制定企业内部结算价格制度等,制定不同的费用模型帮助客户选择具体的信息系统运维服务等级标准,并同时影响客户的日常操作行为。

② 财务计划的实施：编制财务计划只是财务管理的起点，最终要真正执行和落实好财务计划才能达到不断改进信息系统运维服务工作、提高效率、降低成本、节约支出的目的。在财务计划的执行过程中，通过对各项财务指标完成情况的分析来评价各项运维服务管理工作的质量。

③ 平衡财务收支：其任务是及时根据实际情况积极调度、合理组织资金，评估和管理日常花费的变更，以保证信息系统运维服务工作的合理需要。

(3) 监督作用：财务监督主要是利用货币形式对信息系统运维服务活动所实行的监督，具体来说就是在信息系统运维服务实施过程中对资金的筹集、使用、耗费、回收和分配等财务活动进行监督，从而促进信息系统运维服务团队挖掘潜力、改善管理、节约开支、增加收入。

9.3.2　信息系统运维服务费用的组成、计费模式和成本管理

1. 服务项目费用的组成

信息系统运维服务费用由以下几部分组成。

(1) 直接服务费用：指直接构成信息系统运维服务实施耗费的有助于项目完成的各项费用。

① 直接费用：能够以简单方便的方式加以追踪的相关费用，即完成信息系统运维服务项目实施任务而直接体现在运维服务实施上的费用，例如，薪金、购买软/硬件配件的货币等都是直接费用。

② 其他直接费：指预算定额中所计列以外的属于直接用于信息系统运维服务项目实施的费用，包括实施辅助费、夜间实施增加费等。

③ 现场经费：指信息系统运维服务现场组织实施活动和管理所需的费用，包括以运维服务的定额直接费为基数计算的基本管理费用和其他单项费用，如现场管理人员的基本工资、工资性补贴、职工福利费、劳动保护费，以及办公费、差旅交通费、工具用具使用费、保险费等。

(2) 间接费用：不能以简单方便的方式加以追踪的相关费用，主要指信息系统运维服务项目实施现场以外为项目提供服务管理的费用，含企业管理费、上级管理费和财务费用两部分。企业管理费指信息系统运维服务提供商为组织实施运维服务活动所发生的管理费，包括管理人员的基本工资、工资性津贴、职工福利费、差旅费、办公费、固定资产折旧修理费和工具使用费、工会经费、职工教育经费、劳动保险费、职工养老保险费及待业保险费、保险费、税金及其他等。财务费用指实施企业为筹集资金而发生的各项费用，包括企业经营期发生的短期贷款利息净支出、汇兑净损失、调剂外汇手续费、金融机构手续费，以及企业筹集资金发生的其他财务费用。

对于配置给项目的间接费用，项目经理很难控制。例如，在一个大的办公楼里，工作于许多项目的成百上千员工所使用的电力费用、纸巾等都是间接费用。

(3) 实施技术装备费：指为信息系统运维服务提供商逐步扩大运维服务实施技术装备的费用和实施方案设计费，包括软/硬件费用，以及根据用户需求或规划设计方案编制运维

服务实施方案所发生的费用等。

(4) 计划利润：按照国家有关规定的企业应取得的利润，依据运维服务类别实行差价利润率。

(5) 税金：指按照国家规定应计入运维服务造价内的营业税、城市建设维护税、教育附加税及企业所得税等。

2. 服务计费模式

服务计费是指针对服务用户所使用的各种服务项目进行定价和收费的一系列活动。在信息系统运维服务实施过程中使用服务计费模式，可以更加明确供方的责任并提高运维服务绩效的透明度。但是，如果信息系统运维服务计费采取的是一种简化的年度总体成本补偿的方式（比如很多公司在实践中经常按照人头摊销总体的运维服务成本进行计费），那么信息系统运维服务计费并不一定能够提高运维服务绩效的透明度。在这种情况下，信息系统运维服务绩效的可见性只能通过规划、需求模拟以及服务价值分析等活动及其输出结果来反映。

实施信息系统运维服务计费的一个很重要的好处在于可以调节用户的使用行为，进而调整对运维服务的需求。对于这种方法来说，其关键的困难在于如何确保计费的公平合理。根据服务成本核算的详尽程度以及业务要求的不同，信息系统运维服务计费也可以采取不同的模式。

(1) 名义计费：这种计费模式信息系统运维服务供方只是向客户提供运维服务成本信息和账单，并不实际收取费用。这种方式比较适合于在实施正式的服务计费之前对信息系统运维服务需方进行成本意识教育，并且可以作为一种过渡性的计费方式，有助于顺利地实施真正的服务计费。

(2) 分级计费：根据信息系统运维服务提供的功用和功效级别选择不同的计费策略。最常见的划分方式是参考行业市场惯例对信息系统运维服务进行等级划分，根据所提供服务质量要求的不同将服务划分为4个等级，即白金服务、金牌服务、银牌服务、铜牌服务。分层计费方式的弱点在于无法根据使用量的不同调整用户的使用行为。

(3) 按量计费：在比较成熟的信息系统运维服务财务管理环境中，可以根据用户的运维服务实际用量进行计费。在按服务用量进行计费时，可以基于不同的服务类型选择不同的服务用量单位进行计费，如按使用时间、用户许可数量、客户端数量等因素进行收费。例如，某信息技术服务集团呼叫中心向集团内部客户提供标准服务的同时也向外部客户提供呼叫应答服务，按5×8标准工时每个呼叫坐席工位5000元/天计费，计算需要多少工位就支付多少费用。

(4) 成本加成计费：这是一种相对简单的计费方式。在采用这种计费模式时，一般要求服务成本能够直接归入到某项服务成本，可以根据一定的比例对间接服务成本进行分摊。

(5) 固定成本计费：这种计费模式是所有计费模式中最简单的一种。这种计费方式一般直接根据某一标准对服务成本进行平均分摊，从而对某一个客户采取固定收费。这种方式对调整用户行为的作用比较小，但却可以确保总体的服务成本能够方便地分摊至所有业务部门，并确保所有的服务成本能够得到有效的补偿。

不论采取何种计费模式,非常重要的一点是,信息系统运维服务计费模式的选用应该能够有助于增加业务的价值。

3. 服务费用分解结构和 S 曲线

(1) 费用分解结构(CBS):将费用按照与工作分解结构(WBS)相适应的规则进行分解,并形成相应的、便于管理的账目分解结构(ABS)。账目分解结构是项目组织为承担分项工作而对其费用加以管理的一种工具。分解的结果可作为项目费用测定、衡量和控制的基准。

(2) 费用累计 S 曲线:S 曲线是项目从开始到结束的整个生命周期的费用累计曲线,它描述了到项目生命周期的某个时点为止的累计费用(见图 9-1)。S 曲线常用来优化项目计划和降低项目的动态总费用(或总费用的现值)。当项目进度计划按所有活动最早开始或最晚开始,或从两者之间的某个时点开始安排时就形成了各种不同形状的 S 曲线,又称为香蕉图,它反映了项目进度允许调整的余地。

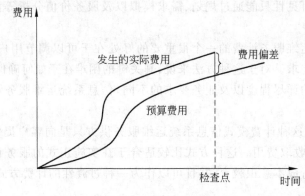

图 9-1　累计费用曲线

在信息系统运维服务项目实施的过程中,服务项目费用偏离有超支和节约两种情况,计算公式如下:

$$偏差 = 预算费用 - 实际费用$$

产生费用偏离的因素是多方面的,主要有宏观的和微观的、项目外的和项目内的,以及具体的,如技术、管理、时间等。如果费用偏差大于零,表示服务项目费用节约;如果费用偏差小于零,表示服务项目费用超支(见图 9-1)。

4. 服务项目成本管理

服务项目成本管理是为了保证完成服务项目的实际成本不超过预算成本的管理过程,包括三大步骤,即成本估算、成本预算(也称为成本计划)和财务决算。服务项目从启动到收尾的整个生命周期都离不开一定的费用支撑,为保障服务项目实施过程中实际发生的费用不超过预算费用,必须对成本进行控制管理。

信息系统运维服务项目成本管理是指在运维服务项目实施过程中预测和计划服务成本,并控制服务成本,以确保运维服务项目在成本预算的约束条件下完成合同要求。其目的是通过对服务成本目标的动态控制,使其能够最优地实现。

9.3.3 信息系统运维服务项目的成本估算和计划

1. 服务项目成本估算

当一个信息系统运维服务项目按合同进行时,应区分成本估算和定价这两个不同意义的术语。服务项目成本估算涉及的是对可能发生的费用的估计,即供方向需方提供服务的花费是多少。而定价是一个商业决策,是供方为它提供的服务要索取多少费用,成本估算只是定价要考虑的因素之一。信息系统运维服务项目成本估算通常用货币单位表示,也可用工时等其他单位表示。在很多情况下,成本估算需要综合采用多种方法进行,并采用多种计量单位表示。

(1) 服务项目成本估算时应注意的事项:

① 当服务项目在一定的约束条件下实施时,价格的估算是一项重要的因素。

② 成本估算应该与工作量的结果相联系。

③ 在信息系统运维服务项目成本估算过程中还应该考虑费用交换的问题,例如,通过增加费用来缩短工期,或临时决定购买更有效的技术或聘请技术专家等。

(2) 成本估算的主要依据:

① 合同及招投标文件:合同及招投标文件是供、需双方签订的法律文件,是信息系统运维服务项目成本估算最重要的基本依据,在编制成本估算时必须予以充分考虑。

② 工作分解结构(WBS):WBS 可用于成本估计,以确保所有工作都被估计费用了。

③ 资源需求计划:即资源计划安排结果。

④ 资源价格:为了计算信息系统运维服务项目的各项工作费用必须知道各种资源的单位价格,包括工时费、配件材料的费用等。如果不知道某种资源的实际价格,应该对它进行估价。

⑤ 工作的延续时间:服务工作的延续时间将直接影响到服务项目工作经费的估算,因为它直接影响分配给它的资源数量。

⑥ 历史信息:同类相似信息系统运维服务项目的历史资料始终是运维服务项目实施过程中可以参考的最有价值的资料,包括项目文件、共用的项目费用估计及项目团队、人力资源等。

⑦ 财务报表:财务报表说明了各种费用结构,这对服务项目费用的正确估算很有帮助。

(3) 成本估算的类型:信息系统运维服务项目成本估算的类型有量级估算、预算估算和最终估算。这些估算法的区别主要体现在它们在什么时间进行,如何应用,以及精确度如何。

① 量级估算:量级估算提供了信息系统运维服务项目成本控制的一个粗略概念,主要在运维服务项目实施正式开始之前应用,供方高层管理人员和项目经理使用该估算法帮助进行项目决策。量级估算的精确度一般从 -25% 到 $+75\%$,也就是项目的实际成本可能低于量级估算的 25%,或高于量级估算的 75%,对于信息系统运维服务项目而言,该精确范围经常更广。例如,许多计算机专业人员为软件开发项目成本估算自动增加一倍。

② 预算估算：预算估算被用来将资金划入一个信息系统运维服务项目的预算，其精确度一般在－10％到＋25％，也就是项目的实际成本可能低于预算估算的10％，或高于预算估算的25％。

③ 最终估算：最终估算提供一个精确的服务项目成本估算，常用于许多服务采购决策的制定，因为这些决策需要精确的预算，也常用于估算服务项目的最终成本。最终估算是3种估算类型中最精确的，通常其精确度为－5％～＋10％，也就是项目的实际成本可能低于预算估算的5％，或高于预算估算的10％。

(4) 成本估算的方法：

① 经验估算法：进行估计的人应该有专业知识和丰富的经验，据此提出一个近似的数字。这是一种最原始的方法，是一种近似的猜测。它仅适合于要求很快拿出一个大概数字的服务项目。

② 自上而下估算法：它利用以往信息系统运维服务类似项目的实际费用作为当前本项目成本估算的根据，这是一种专家判断法，该方法比其他方法更节省，但不是很精确。当以往的信息系统运维服务项目与当前项目在本质上类似而不仅仅是外表上相似，且进行估算的个人或团体具有所需要的专门知识时，类比估算法是最可靠的方法。这种方法也可用于编制成本计划。

③ 自下而上估算法：首先估算信息系统运维服务项目中各个活动的费用，然后按工作分解结构(WBS)的层次自下而上地汇总，估算出总费用。这种方法也可用于编制成本计划。估算的精度由单个工作包的大小和估算人员的经验决定。只要信息系统运维服务项目的各个活动的费用估计得准确，工作分解结构合理，用这种方法估算的结果和由此编制的成本计划一般比其他方法更精确。但是这种方法的缺点是估算工作量是最大的，通常花费的时间长，因而应用代价高。

④ 类比估算法：类比估算法就是将信息系统运维服务项目一个新的系统与已知费用的现有系统进行比较，从而进行项目成本估算的方法。这种估算法适用于早期的成本估算，因为此时有关项目仅有少量消息可供利用。类比估算是专家判断的一种形式，是花费较少的一种方法，但精确性较差。

⑤ 参数模型估算法：在数学模型中，应用信息系统运维服务项目特征参数来估算项目费用。模型可以是简单的，也可以是复杂的。如果开发模型的历史资料可靠，建立模型所用的历史信息是精确的、项目参数容易定量化，并且模型就项目大小而言是灵活的，那么，在这种情况下参数模型是最可靠的。

⑥ 计算机软件方法：利用某些项目管理软件进行项目成本估算。这种方法能够考虑许多备选方案，方便、快捷，是一种发展趋势。

(5) 成本估算报告的主要内容：信息系统运维服务项目成本估算的结果最终要形成两个文档，即成本估算报告和成本管理计划。成本估算报告列出了项目描述（范围说明、工作分解结构等）、基本规则和估算所用的假设、成本估算的详细工具和技术，描述完成项目所需的各种资源的费用，包括人力资源、投入的物资资源、各种特殊的费用项（如折扣、费用储备等）的影响，其结果通常用人力资源耗费（人/月）、提供的物资、服务费用等表示。成本估算的主要内容和过程如图9-2所示。

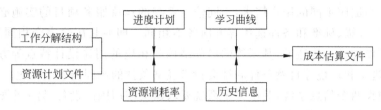

图 9-2 成本估算的主要内容和过程

成本管理计划是一份描述如何管理服务项目费用变化的文件。例如,运维服务供方提交的投标文件中列出的服务费用有的比估算值低,有的比估算值高。一般认为,投标报价在成本估算10%的变化范围内是可接受的,合同谈判时只对高于估算费用10%,或低于20%的各项费用进行谈判。

信息系统运维服务项目成本估算报告的详细说明应该包括以下内容:
① 工作估计范围描述,通常依赖于WBS作为参考。
② 对于估计的基本说明,例如成本估算是如何实施的。
③ 各种所作假设的说明。
④ 指出估算结果的有效范围。

成本估算是一个不断优化的过程。随着项目的进展和相关详细资料的不断出现,应该对原有成本估算做相应修正,在有些信息系统运维服务项目中还要提出何时修正成本估算,估算应达到什么样的精确度等内容。

2. 服务项目成本计划

制定信息系统运维服务项目成本计划(成本预算)应以各项活动和各部分工作的成本估算和工作安排计划为依据,并有规定的费用核算账目和审核程序。

(1) 信息系统运维服务项目成本计划的特点:信息系统运维服务项目通常是一种按服务方式进行交换的商品。它的造价具有一般商品价格的共性,在其形成过程中同样受商品经济规律、价值规律、货币流通规律和商品供求规律的支配。不过,信息系统运维服务项目与一般商品相比还有其特殊的技术经济特点。通常,涉及信息系统运维服务项目成本计划(成本预算)的特点有以下几个方面。

① 服务地点在空间上的固定性:信息系统运维服务对象一般在预先选定的建筑物内外,系统主体通常不会移动,只能在固定的地点使用。由于服务活动所具备的固定性,导致了服务实施的地区性、流动性和其服务价格的差异性。由地区性决定了信息系统运维服务实施团队必须适应当地的自然条件、交通运输条件及技术经济特点。整个服务项目实施活动必然受当地的技术条件、经济条件和自然条件影响。例如,分别在甲、乙两地按照同一标准设计建设的两个信息系统,其中一个交通便利、实施环境好;另一个交通不便、实施环境差,这就会造成服务项目造价的差异。系统越复杂,自然和技术及经济条件越不同,这种差异就越大。

② 信息系统运维服务项目的单件性:信息系统运维服务项目根据每个客户的特定要求和特定系统单独实施,并在指定的地点单独进行运维服务活动,基本上是单个"定做"而非

"批量"生产。为适应不同的用户需求，不同信息系统的运维服务项目的实施必然在总体规划、内容、规模、等级、标准和备件选用等方面各不相同。即使是用途完全相同的信息系统，是按同一标准设计进行建造的，其系统的局部结构和相应的用途设计特点等方面也会因建设时间、技术进步和环境等自然条件和社会技术经济条件的不同而发生变化。例如，按照同一标准设计建设两个信息系统，其中一个系统要求购买使用国产设备，另一个要求使用进口产品，这就会造成系统造价相当大的差异，在信息系统运维服务项目实施之前，要预先测算其价格。

③ 信息系统运维服务实施周期长：信息系统运维服务项目实施的周期长、环节多、涉及面广、程序复杂，同时，由于信息系统运维服务的主体核心技术属于信息技术的范畴，其技术含量高、专业性强、技术跨度大、知识更新快，新技术层出不穷。这种特殊性决定了每个信息系统运维服务价值的构成都不一样，因而需要事先以预算进行约束。在运维服务项目长时间实施过程中，既会面临信息系统运维服务技术更新的问题，也会出现用户需求随技术进步而变化的问题，如果发生用户需求变更或采纳一些新技术取代原有的设计，那么必然会对运维服务项目的费用造成巨大影响。

④ 信息技术发展迅速，产品更新换代快：在信息系统运维服务的实际工作中，我们有时会遇到一些信息系统原先采用的某些品牌、规格、型号的硬件设备或软件产品停产了，不得不改用其他品牌、规格、型号的设备或产品来取代它。这些因素必然影响到运维服务项目的费用，甚至要改变整个运维服务项目的实施程序，从而大大影响运维服务项目的造价。

⑤ 信息系统的技术差价：在信息系统运维服务项目实施的过程中，往往会发现由于信息系统原设计选用的硬件设备和软件产品的品牌、规格、型号、产地、版本、出产年代不同，技术水平不同，系统安装施工技术条件不同等因素的影响，势必造成信息系统的技术等级的差异，从而导致同类别、同功能、同标准、同工期和同地区的工程在同一时间、同一市场内的价格差异，这种价格差异就是由信息系统的技术差价引起的，对信息系统运维服务的费用影响极大。

⑥ 信息系统的时间差价：由于信息技术的高速发展，其产品技术在一个月或几个月之内就会更新换代，新技术、新产品层出不穷。在信息系统运维服务项目实施的过程中，只要实施的时间相差几个月，运维服务人员就必须选用更加先进的硬件设备和软件产品，以及采用更加先进的系统安装施工技术，从而使信息系统运维服务项目的实施随时间的推移必须采用不同的费用计划，以不同的实施技术手段和实施组织手段来完成运维服务项目的实施任务。这些因服务时间和实施工期引起的影响因素在运维服务费用上要予以反映。因实施时间不同而形成的价格上的差别决定了时间差价，它是由于信息系统运维服务项目的特殊性所决定的一种特有的价格形式。

由于信息系统运维服务项目具有以上所述特殊的技术经济特点，以及在实际工作中遇到的许多不可预见因素的影响，因此决定了信息系统运维服务项目成本预算的确定方法只能通过特殊的计划流程用单独编制服务项目成本预算的方法来确定。这既反映了信息系统运维服务项目实施的技术经济特点对其成本价格影响的客观性质，也反映了商品经济规律对信息系统运维服务项目的客观要求。

（2）编制项目成本计划的依据：编制项目成本计划应依据下列文件。

① 合同文件及招投标文件。
② 信息系统运维服务规划。
③ 工作分解结构(WBS)。
④ 市场价格信息。
⑤ 服务项目资源计划和成本估算报告。
⑥ 类似的运维服务项目的成本预算资料。

(3) 编制项目成本计划的要求：编制成本计划应满足下列要求。
① 由项目经理负责编制。
② 自下而上分级编制并逐层汇总。
③ 反映各项成本的指标和降低成本的指标。

(4) 成本预算的方法和技术：对于信息系统运维服务项目成本预算来说，成本估算中所用到的方法与技术在这里同样适用。如果估算的结算比较准确，那么预算的变动一般不会太大。由于估算本身就带有很多假设和不确定性，因而预算也会有同样的问题。所以预算作为服务项目的费用基线必须是动态的、适时调整的，以适应新材料、新技术的出现和突发事件等因素对服务项目的影响。运维服务项目成本预算的常用方法如下。

① 类比预算法：利用以往的、相似的信息系统运维服务项目的实际费用作为本项目成本预算的数据。这是一种专家判断法，虽然不是很精确，但该方法比其他方法更节省。

② 自下而上估算法：首先预算运维服务项目单个工作包的耗费，然后将所有单个工作包的费用相加求和，汇总得到整个服务项目的成本预算值。单个工作包的大小和预算人员的经验决定预算的精确度，把工作项划分的越细越能够提高成本预算的精确度。

③ 参数模型预算法：该方法是利用数学模型预算服务项目的费用。如果建立模型所用的历史信息是准确的、项目参数容易定量化，并且模型就项目大小而言是灵活的，那么，在这种情况下用参数模型法得出的数据是最可靠的。

④ 计算机工具：利用计算机软件工具能够进行各种不同类型的成本预算。利用计算机应用软件作为成本预算的工具有助于改善预算的精度。

应该引起注意的是，在有些情况下会计系统和预算系统会有不协调的地方，主要是由于服务项目预算一般是按照服务项目生命周期分阶段进行的，而会计却要遵守一系列有关财务制度，以及考虑记账的方便，并不是按照服务项目分阶段进行的。

(5) 服务项目成本计划阶段的成果：信息系统运维服务项目成本计划是建立在资源计划和成本估算的基础上的考虑资源的成本形成的计划，包括项目成本管理计划和成本基准计划。成本管理计划是在成本估算阶段完成的，指导如何管理费用偏差，是项目整体计划的一部分。获得信息技术服务总监批准的项目成本计划称为基准成本计划，它是在成本预算阶段完成的，反映的是按时间变化的预算状况，用于测量和监控项目费用的执行情况，按时段把估算出的费用叠加起来就可以得到成本基准计划，它一般表现为一条S曲线。

(6) 成本预算审核的方式：成本预算编制是一项十分细致、复杂的工作，在计算中难免会出现一些疏漏和错误，为此必须搞好审核工作。项目成本预算审核是一项十分重要而又严肃的事情，其审核的方式有以下两种。

① 单独审查：由运维服务供、需双方或审计机构各自独立审查，然后互相交换意见，协

商定案。该方式一般适用于中小型信息系统运维服务项目。

② 联合审查：由运维服务需方或其主管部门与审计机构等有关部门共同组织审查小组进行会审核定。会审时充分讨论，解决审查中提出的有关问题，因而审查速度快，定案比较容易，质量也比较高。该方式一般适用于大中型信息系统运维服务项目。

(7) 成本预算审核的内容：成本预算审核是服务成本控制最重要的方法之一，目的是及时发现并纠正服务成本计划中的错误，从而起到控制成本的作用。

成本预算审核的主要内容是审查合同及招投标文件、用户需求分析报告、现行取费标准、工作分解结构(WBS)、资源需求计划、资源价格、项目估算报告和成本管理计划、同类相似服务项目的历史资料、财务报表，以及其他有关项目实施资料等。

成本预算审核的主要要求是审查成本预算的编制依据是否符合规定，各项费用及各项经济指标是否合理，工作分解结构有无漏项，说明是否全面，内容是否完整，价格是否正确，经济指标及主要硬件设备、软件配置是否合理等。在审查编制依据时，尤其要着重审查以下内容。

① 编制依据的合法性：采用的各种编制依据必须符合国家的编制规定。

② 编制依据的时效性：各种价格依据，如定额、指标、价格、取费标准等，都应根据国家有关部门的现行规定进行，注意有无调整和新规定。

③ 编制依据的有效范围：各种编制依据都有规定的适用范围，如各主管部门规定的各种专业定额及其取费标准只适用于该部门的专业项目，各地区规定的各种定额及其取费标准只适用于该地区的范围。

(8) 成本预算审核的方法：成本预算审核的方法是否得当将直接关系到审核的质量和速度。

① 全面审核法：全面审核法的具体计算和审核过程与编制过程基本相同，按项目实施顺序对各个工作包细目从头到尾逐项详细审查。其优点是全面、细致，审查质量高、效果好；缺点是工作量大，时间较长，需要组织一批分专业的预算工程师、经济师进行。

② 对比审核法：用类似项目成本预算对比来审查拟实施的服务项目。

③ 重点审核法：抓住服务成本预算中的重点进行审查，如发现问题较多应扩大审核范围。重点审查的优点是重点突出，审查的时间短，效果较好。

④ 经验审核法：根据以往的实践经验审核容易发生差错的那些服务成本预算的细目部分。

9.3.4 信息系统运维服务项目的成本控制

1. 服务项目成本控制的定义

服务项目成本控制是指在服务项目实施过程中把服务成本控制在合同费用要求的限额以内，随时纠正发生的费用偏差，合理使用人力、物力、财力，以取得较好的经济效益和社会效益。服务项目成本控制的目的是为确保服务项目资金与资源的充分利用和加强计划性、科学性，将服务项目的成本控制工作推向制度化和规范化，严格控制预算的变更，以消除决算超预算、预算超估算的现象。服务项目成本控制关心的是影响改变项目时间费用基线的因素,确定费用基线的改变并加以控制。

成本控制是一门科学,它属于技术经济领域。项目成本控制的基础是事先对项目进行的成本预算。成本计划完成的好坏,关键在于成本控制,成本控制得好,一切耗费按照计划执行,成本计划就能按时完成;如果控制得不好,不合理的开支无人过问,成本超支也听任自流,成本计划就不可能保证完成。服务项目成本控制的基准就是项目成本预算。在控制费用时,要将已发生的费用与预算相比较,分析费用偏差的情况,最后要找出产生偏差的原因,并采取必要的纠正措施,如图 9-3 所示。

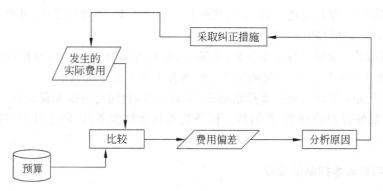

图 9-3　项目成本控制原理示意图

2. 服务项目成本控制的任务

服务项目成本控制主要关心的是影响项目费用开支的各种因素,确定项目实际成本是否偏离成本计划,以及调整实际成本偏离的方法和措施。服务项目成本控制的工作任务如下:

(1) 检查成本计划的执行情况,对照基准成本计划找出实际的与基准计划的费用偏差,做好成本分析和核算,并对费用偏差做出响应。

(2) 对服务项目范围的变化、环境的变化、目标的变化等所造成的费用影响进行测算分析,并调整成本计划,协助解决费用补偿问题。

(3) 签订各种外包合同时,要在合同价格方面进行严格控制,包括价格水准、付款方式和付款期,价格补偿条件和范围等。在实际实施中还应严格控制各款项的支付。

(4) 确保所有发生的费用偏差都能被准确地记录下来,并绘制在费用基线上;避免不正确的、不合适的或者无效的费用偏差反映在费用基线上。

(5) 将基准成本计划中已核准的变更通知有关各方,为各方面的决策提供建议和意见。

(6) 与相关职能部门人员合作,相互提供项目成本分析、咨询和协调工作,例如提供由于技术变更、方案变化引起的费用变化,使各方面在做决策或调整计划时考虑项目费用因素。

(7) 分析寻找服务项目费用发生偏差的原因,找出解决问题的途径,并及时采取有效措施纠正偏差或调整成本计划。

3. 服务项目成本控制的措施

降低信息系统运维服务项目费用的途径,应该是既开源又节流,或者说既增收又节支。只开源不节流或者只节流不开源,都不可能达到降低成本的目的,至少是不会有理想的降低费用的效果。控制运维服务项目成本的措施归纳起来有以下4个方面。

(1) 组织措施:建立健全的运维服务项目成本监管组织及有关制度,落实成本控制的责任。

(2) 技术措施:制订先进的、经济合理的技术实施方案,严把质量关,杜绝返工现象,节省费用开支,以达到提高质量、降低成本的目的。

(3) 经济措施:及时进行成本计划(预算)与实际开支费用的比较分析,严格控制运维服务项目各项费用的开支,在满足质量要求的前提下尽可能降低成本。

(4) 合同措施:签订合同时要严格把关,量力而行,合同定价既要保证充分满足用户需求,又要留有足够合理的利润;严格按合同条款支付运维服务款,防止过早、过量的现金支付,全貌履约等。

4. 服务项目成本控制的要点

信息系统运维服务项目成本控制是涉及面十分广泛的任务,其成本控制要点包括以下几个方面:

(1) 严格控制用户需求变更。

(2) 高度重视运维服务规划工作。

(3) 落实服务项目费用目标,包括落实资源的消耗和工作效率指标。

(4) 以动态控制原理为指导进行成本计划值与实际值的比较。

(5) 采取强有力的组织措施、技术措施、经济措施和合同措施,严格控制服务项目费用支出。

(6) 对于各种费用开支,加强事前批准、事中监督和事后审查。对于超支或超量使用费用的必须作特别审批,追查原因,落实责任。

(7) 利用计算机辅助工具及其他先进技术进行投资控制。

5. 服务项目成本核算

信息系统运维服务项目经理应根据财务制度和会计制度的有关规定,在职能部门的指导下建立服务项目成本核算制度,明确服务项目成本核算的原则、范围、程序、方法、内容、责任及要求,并设置核算台账,记录原始数据。

信息系统运维服务项目成本核算宜以月为核算期,并与运维服务项目管理责任目标成本的界定范围一致,编制月度成本报告。运维服务项目成本核算的过程如下:

(1) 记录运维服务实施过程中消耗的人工、备件、材料、仪器设备台班及费用的数量,这是信息系统运维服务项目成本控制的基础工作,有时还要对已领用但未用完的材料进行估算。

(2) 对运维服务实施任务完成状况的量度。由于运维服务实际工作任务完成状况是作为费用花销所获得的可交付成果，它的量度准确性直接关系到费用核算的准确性，因此项目经理要给予高度重视。

（3）运维服务项目管理费及总部管理费开支的汇总、核算和分摊。

（4）在运维服务实施过程中花费的各种费用核算及盈亏核算，费用支出汇总，编制运维服务项目费用核算报表。

9.3.5 信息系统运维服务项目的财务决算

1. 服务项目财务决算的定义和意义

（1）服务项目财务决算的定义：服务项目财务决算是指以实物量和货币为计量单位，综合反映服务项目的可交付成果和财务状况的总结性文件，它是服务项目实际花费的费用和成本效益的总结，是服务项目总结报告的重要组成部分，是服务项目结束及其合同收尾结果的反映，是对服务项目进行财务监督的手段。

在信息系统运维服务项目结束时，应对项目资金的实际使用情况进行决算，以表明实际项目及其费用的支付均已完成并核实。通过财务决算、审查和分析服务项目成果确定服务项目费用目标是否达到，成本管理系统是否有效。

（2）服务项目财务决算的意义：

① 可正确分析成本效果：财务决算是服务项目的财务总结，它从经济角度反映了服务项目实施的成果。只有编制好服务项目财务决算，才有可能正确考核服务项目实施的成本效果。

② 可分析项目实施计划和预算实际执行的情况：编制好服务项目财务决算，才能了解服务项目实施计划和项目预算实际执行的情况，才能考核服务项目实施成本，才可以分析服务项目预算与财务决算的差额、计划成本额与实际成本额的差距，并可发现费用支出中存在的问题。

③ 可分析总结项目费用支出中的经验和教训：编制好服务项目财务决算，可分析服务供、需双方对服务项目实施财务计划和财经制度的遵守情况，以及项目费用支出的合理性，总结服务项目实施和成本控制中的经验，为有关部门制定类似服务项目的计划提供参考资料和有益的经验。

④ 为修订预算定额提供依据资料：财务决算反映项目的实际物资消耗和劳动消耗，通过服务项目有关资料的积累，可为修订项目预算定额提供必要的依据资料。

2. 服务项目财务决算的编制

在编制信息系统运维服务项目财务决算之前，应对服务项目所有的财产和物资，包括各种设备、备件、材料等逐项清仓盘点，核实账物，清理所有债权债务，做到事成账清。服务项目财务决算必须做到内容完整、核对准确、真实可靠。其内容包括服务项目财务决算说明书、服务项目财务决算汇总表，以及交付使用财产总表和明细表、结余设备材料明细表和应收应付款明细表等。

（1）服务项目财务决算说明书：服务项目财务决算说明书是对服务项目财务决算进行

分析和说明的文件,用来反映服务项目完成后新增的生产能力,以及服务项目实施的实际成本和各项技术经济指标的实际情况,内容包括以下方面:

① 服务项目概况:项目名称、地点、系统规模及主要技术标准,项目计划与实际开始、结束日期。

② 已完成的主要服务指标和可交付成果。

③ 各项技术经济指标及其完成情况。

④ 服务项目成本和成本效益,包括服务项目计划(预算)和实际费用支出情况。

⑤ 投资控制情况分析。

⑥ 服务项目质量检测评估情况。

⑦ 服务项目实施的经验总结,以及存在的主要问题和解决措施等。

⑧ 服务项目新增的生产能力(或收益)。

⑨ 服务项目收尾的处理意见。如果在服务项目结束之后尚有少量收尾工作,则应在此说明书中列出收尾工作的内容、尚需费用数额、负责收尾的单位、完成时间。对收尾工作的成本可进行估算并加以说明,然后列入决算成本。收尾工作结束后不必再另外编制项目财务决算。

(2) 服务项目财务决算表:通常,把服务项目财务决算汇总表称为财务决算表。此表反映服务项目的全部资金来源及其运用情况,以作为考核和分析服务项目成本效果的依据。此表采用平衡表的形式,即资金来源合计等于资金运用合计。在服务项目财务决算表中,应将资金来源与资金运用两栏对应列表。资金来源包括服务项目的各种来源渠道的资金情况,资金运用反映服务项目实施过程中资金运用的全面情况。

3. 信息系统运维服务项目财务决算的审核

在信息系统运维服务项目实施过程中,项目资源计划、项目成本估算、成本计划(预算)、成本控制和财务决算5个过程会相互交叉重叠、相互影响,而且在项目实施的各个阶段中,除了财务决算是服务项目结束时才进行的以外,其余4个过程至少会涉及一次。同时,这些过程相互之间和其他知识领域的过程之间也有着内在的相互联系和相互作用。

审核分析服务项目财务决算是服务项目财务管理工作的一项重要内容。审计人员在深入实际、弄清情况、掌握数据的基础上以国家政策、招投标文件、项目成本计划为依据重点审核分析以下内容:

① 审核服务项目成本计划的执行情况。

② 审核服务项目的各种费用支出是否合理。

③ 审核服务项目实施过程中报废损失和核销损失的真实性。

④ 审核服务项目实施过程中各种账目、统计资料是否准确完整。

⑤ 审核服务项目财务决算说明书和财务决算表是否真实、全面和系统。

⑥ 审核服务项目上应分摊的各项费用是否全部分摊完毕。

⑦ 审核应退余款是否上交、剩余配件和余料是否退清等。

9.4 信息系统运维服务的组合管理

服务组合管理是一种针对信息技术服务提供商在服务管理投资上的动态管理方法，通过价值管理的方法来实施，并通过投资控制的功能来实现。服务组合管理提供一个完整的服务组合，是对服务整个生命周期的全面管理。在服务的整个生命周期中，它作用于包括服务的需求分析、概念定义、设计、转换实施和项目收尾的所有阶段。服务组合管理作为一种战略管控工具，与服务战略制定、需求管理、信息技术服务财务管理等流程具有密切的联系。

9.4.1 信息系统运维服务组合管理的基本概念

1. 服务组合管理的定义

服务组合管理(Service Portfolio Management, SPM)是针对信息技术服务提供商所提供的各种服务项目和种类在时间节奏、资源投放、价值管理等方面进行动态跟踪、协调和控制的一种管理方法。服务组合管理用业务价值来描述服务提供商的服务，它明确了业务需求及服务提供商对这些需求所做出的响应，以及通过定义业务价值术语与市场术语之间的对应关系，提供了服务提供商之间服务竞争力的比较方法，并将之作为投资控制决策框架的基础。在服务组合确定的过程中，需要基于服务战略制定、需求管理、信息技术服务财务管理流程所提供的分析数据和结论。

组合这一术语指的是一系列服务、应用、资产或项目。一套组合基本上就是一组有相似特点的投资，它们用规模、规则或战略价值进行分组。实际上，在信息技术组合管理、项目组合管理、服务组合管理(SPM)之间没有多少本质的不同，它们都使用某些技术来控制，不同之处只是实施的细节。服务组合表示服务提供商对所有客户和所有市场空间做出的承诺和投资。它代表了现有的服务合同承诺、新服务的开发以及由持续服务改进(CSI)牵头制定的持续服务改进计划。在服务组合管理中本身需要贯彻财务上的成本、效益原则，从而可以使服务组合管理起到确保资源投放节奏和数量得到有效控制，从而避免低价值的无效投资。与此同时，服务组合应当包含了第三方(供应商)提供的服务，这也是作为服务提供商提供给客户服务的一个必要的组成部分，服务提供商因此需要对这部分服务进行必要的保证。有时候，一些第三方服务对客户来说是看不见的，比如，在提供给客户的一个最终经过测试上线的系统中融合了第三方测试服务。

信息系统运维服务项目根据客户的风险和收支情况进行服务组合，目的是在可接受的风险水平上取得最大的回报。在管理服务组合时存在一种需求就是采用那些可比较的实践方法，如果条件改变了，服务组合也要随之改变。作为一个决策框架的基础，服务组合战略的价值通过预测变化的能力得到体现，而且它也可以对战略和计划进行跟踪。

2. 服务组合管理的流程

服务组合代表了目前正在使用的所有资源或即将在服务生命周期的不同阶段释放的所有资源，通过服务组合管理，管理者能更好地理解质量需求和相应的交付成本，并且可以通过选择不同的替代方案在确保服务质量的同时降低总体的服务成本。服务组合管理分为3个阶段,即服务通道、服务目录和服务终止,图9-4展现了这三者之间的关系。在服务组合的每个阶段,服务提供商都需要确保有足够的资源来完成各种项目、活动和合同。这是服务组合管理需要确保在服务通道和服务目录中保持一个良好的服务配比,以保持良好的财务灵活度和资金保险量。

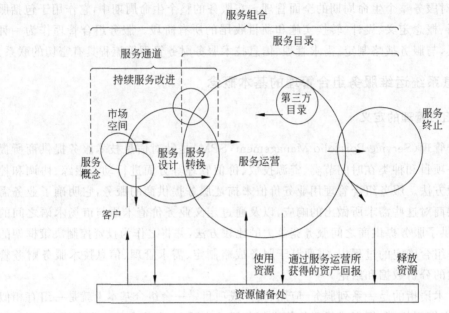

图9-4 服务组合管理示意图

（1）服务通道：服务通道是指那些正在考虑或还在开发但尚未正式批准对外发布运营的服务的集合,服务提供商通过了解当前市场的需求设计和开发出符合市场需要的服务产品,属于服务组合的一部分。在完成设计、开发和测试后,这些服务产品将通过服务转换过程逐步投入运营,有组合地进行配置,以满足客户对价位和性能等多方面的个性化要求。服务通道代表了服务提供商未来的发展和战略远景,在一定程度上也反映出一些新的服务概念和服务持续改进的想法。服务通道管理的主要目标在于通过一个结构化的、可视化的工具对所有新服务的需求、服务改进需求等服务需求进行统一的"管道式"管控,并对实现这些新服务需求的各种项目进行统一的节奏控制和资源协调。

服务组合的评价与选择要采用项目群优化选择技术,以将有限的资源配置到经济效果最好的服务项目上,使所选项目最大限度地提高资源的利用率。为了能对服务组合方案做出评价,必须将各种服务组合成可供选择的各种互斥方案,这些方案称为项目群方案。服务组合的选择与评价就是在这些互斥方案中进行,步骤如下：

① 明确决策的目标与约束条件。
② 获得各个服务组合方案的有关数据。
③ 明确所有服务组合方案之间的相互关系。
④ 构建项目群优化选择的数学模型并进行运算。

⑤ 对运算结果进行分析,得出服务组合的优选结论。

(2) 服务目录:服务目录是服务提供商目前可以直接部署和允许授权给客户使用的服务,即客户能够看得见的所有服务的集合,它包括目前已经在运行交付的服务和那些已经过批准可随时交付的服务。在信息系统运维服务实施的实践工作中,服务目录通常表现为一个数据库或者文档,记录了所有已上线或已就绪可立即部署的服务的所有相关信息。服务提供商把当前所能提供的服务,例如系统集成服务、软件开发服务、服务器和数据库维护、存储设备的策略定制和灾难恢复服务等列成一个服务目录(其内容包括服务可交付成果的名称、价格、联系人和申请流程等信息)提供给目标客户,并由客户自行选择所需的服务项目。

财务管理为服务组合管理提供了关键性输入,服务提供商通过利用财务信息并结合信息技术服务需求及自身能力方面的信息做出是否应该提供某种服务的决策。一般来说,凡被批准纳入服务目录的服务,其相关的成本和风险都进行了良好的评估,并能确保现有的资源能够很好地支持这些服务的运营。服务目录是服务组合中唯一能够为组织回收成本或赚取利润的部分,因为只有这部分服务实现了正式的对外销售。

(3) 服务终止:任何服务都不是永远有效的,都有失效或结束的一天。随着技术条件以及客户需求的变化,服务目录中的一些服务将逐步下线或停用是很正常的事情,例如微软 Windows XP 的桌面维护服务,由于微软开发出更高端的客户端操作系统而不再被微软所支持。服务终止也是服务转移的一部分,为了确保服务终止不会对客户的业务造成不必要的影响,服务提供商需要将服务终止纳入变更控制中,以确保服务终止的过程是一个有计划的受控过程。被终止的服务需要从服务目录中撤出,并转入已终止服务的列表中,通常也意味着这些服务不再对外交付,相应的服务支持和服务保证也将被新的服务所替代。服务终止通常需要供、需双方达成一致,并在此基础上释放相应的服务资产,同时需要将相关的知识和信息存储至知识库,以备将来参考或使用。在特定的情况下,某些终止的服务也可能被再度启用,比如在实施新服务时,变更失败后又退回至原来的服务。

9.4.2 信息系统运维服务组合的数学模型和方法

1. 服务组合管理的数学模型

包括信息系统运维服务在内的服务组合管理过程有一个重要环节是构建数学模型。通常采用的数学模型有线性规划、整数规划和动态规划,其中应用较为普遍的是整数规划。

整数规划用于含离散型变量的决策问题,整数规划的数学模型由一个目标函数和一组约束方程构成。对于服务组合的优化选择来说,目标函数反映从整体考虑所选择方案经济效果最优的要求。目标函数的表达方式可以分为两类:一类是使所选项目的净现值(或净年值)最大;另一类是在满足系统需求和同样服务的前提下使所选项目的费用现值(或费用年值)最小。约束方程是以数学等式或不等式的形式对约束条件的描述,它反映服务组合方案之间的各种技术经济联系和资源条件、社会经济条件对服务组合选择的种种限制。

2. 系统工程方法及其原则

(1) 系统工程的含义:系统工程(Systems Engineering)是在系统论科学思想指导下综

合应用自然科学和社会科学中有关的先进思想、理论、方法和工具组织管理系统的规划、研究、设计、制造、试验和使用的科学方法,是一种对所有系统都具有普遍意义的科学方法。系统工程的研究对象主要是复杂的大系统,该系统由许多密切联系的元素组成。在设计复杂的大系统时,应有明确的预定功能及目标,并协调各个元素之间及元素和整体之间的有机联系,以使系统能从总体上达到最优目标。

(2) 系统工程方法:系统工程方法是指运用系统工程研究问题的一套程序化方法,也就是为了达到系统的预期目标,运用系统工程思想及技术内容解决问题的工作步骤。系统工程方法论的特点是从系统思想和观点出发,将系统、工程所要解决的问题放在系统的形式中加以考察,始终围绕着系统的预期目的,从整体与部分、部分与部分和整体与外部环境的相互联系、相互作用、相互矛盾、相互制约的关系中综合地考察对象,以达到最优地处理问题的效果,它是一种立足整体、统筹全局的科学方法。

(3) 系统工程方法的原则:

① 整体性原则:系统工程方法要求把研究对象(任务、项目)都看成由不同部分构成的有机整体,把全局观点、整体观点贯彻于整个项目(任务)的各个方面、各个部分和各个阶段,从整体上搞好局部的协调。整体化原则要满足下列要求:不能从系统的局部得出有关系统整体的结论;分系统的目标必须服从于系统整体的目标;从优化系统出发开展各分系统之间的活动;从总体协调的需要来确定最佳方案。

② 有序相关原则:系统的有序性是系统有机联系的反映,系统的任何分系统是按一定等级和层次进行的,都是秩序井然、有条不紊的。在系统层次上表现出来的整体特性是由要素或分系统层次上的相互关联、相互制约所形成的。由同类型要素或分系统组成的系统,由于内部组织管理方式的不同,即结构方式、有序程度的不同,系统的整体功能表现出极大的差异性。

③ 目标优化原则:最优化的观念贯穿于系统工程的始终,它是系统工程的指导思想和追求目标。对于每个具体系统工程项目来讲,它的开发、设计、制作和运用,各个阶段的管理、控制和决策,都有着最优化的目标和要求,在系统工程中普通运用最优化原则就能使系统取得满意效果和最佳效果。

④ 动态性原则:系统工程往往是大型复杂的实践过程,研究对象内部复杂的相互作用和外部的环境多变性,使系统工程本身呈现出动态特性。因此,应把实施对象看作一个动态过程,分析系统内外的各种变化,掌握变化的性质、方向和趋势,采取相应的措施和手段,改进工作方法,调整规划和计划,在动态变化中求得系统整体优化。

⑤ 分解综合原则:分解是将多个有比较密切相关关系的要素进行分组。对系统来说就是归纳出相对独立、层次不同的分系统。分解的方法是多种多样的,一般可按结构要素、功能要求、时间序列、空间状态等方法进行分解。综合则是完成新系统的构建过程,即选择具有性能好、适用的分系统,设计出它们之间的相互关系,形成具有更广泛价值的系统,以达到预定的目的。

⑥ 系统创造思维原则:系统创造思维的基本原则有两条,其一是把陌生的事物看作熟悉的东西,用已有的知识加以辨识和解决。从这条原则出发,不只是对新的事物给予旧的解释,还可能给予新的解释,从而创造出新的理论。其二是把熟悉的事物看作陌生的东西,用

新的方法、新的原理加以研究，从而创造出新的理论、新的技术。掌握这条原则，不仅可以克服思维过程中的障碍，还可以通过训练提高创造能力，提高系统分析人员的素质。

3. 服务组合管理方法

服务组合方案内部服务项目之间的平衡整合往往涉及资源共享的问题，其中，资源的可利用总量成为限制因素，这些因素必须在各单个服务项目的计划中被明确提出。单个服务项目计划的制定要围绕着总体资源的限制进行，当大量的资源需要在多个服务项目进行分配时，因为在各个服务项目和各种资源间存在着大量复杂的内部联系，所以有必要制定出充分完整的服务组合管理的综合平衡整合计划。

（1）优先级管理：项目经理在进行服务组合管理时，应当更青睐那些有最高优先权的项目。优先等级的确定要根据企业信息化战略规划的安排来确定，一般情况要根据各个服务项目的重要和紧急程度来安排优先级。对于企业信息化战略规划得以实施的最重要且最紧急的服务项目一般排在最高级，依此类推。在确定优先等级之后，再根据排序来确定综合计划中资源的合理分配。服务组合管理中对各种项目进行优先化排序可能是一项费时的工作，项目经理必须重视并正确执行。

（2）范围变更的综合平衡：在进行服务组合管理的时候，必须理解服务组合的范围变更是通过增强整个服务组合各个项目之间的平衡整合达到的。一个主要范围变更可能会限制项目团队在服务组合管理中实施其他服务项目的有效时间，因此要对服务组合的范围变更进行综合平衡管理，即把服务组合管理整体计划都看作是一个系统，不是追求局部的、单指标的最优化，而是寻求系统整体的最优化。

（3）资源分配的合理化：服务组合管理资源分配的综合平衡是根据客观规律的要求为实现资源计划目标合理地确定各种比例关系，从系统论的角度来说，也就是保持系统内部结构的有序和合理。不平衡的资源计划必然会使系统出现无序性与内耗增加，因此在制定资源计划时必须对计划的各个组成部分、对象与相关系统的关系进行统筹安排。其中，最重要的就是保持任务资源与需求之间、局部与整体之间、眼前与长远之间的平衡。

（4）关键问题优先解决：在寻求服务组合管理整体最优的目标下，首先要分析确定服务组合管理的主要问题，即要平衡对实现服务组合管理目标影响最大的关键矛盾。综合平衡的要素包括服务组合的用户需求、时间安排、费用、质量、资源分配、沟通、采购和风险应对等多个方面，在处理多个冲突问题时平衡的重点是与服务组合管理目标的实现关联最为紧密的要素，即关键问题优先重点解决。

（5）以客户满意为中心：服务组合管理必须以客户满意为中心，其综合平衡的目标是找到使客户达到最大满意度的方案。因此，服务组合管理综合平衡的基础就是对于客户期望的分析，以使服务组合管理综合平衡的结果能够满足客户的需要和期望。

9.4.3 信息系统运维服务组合的成本效益分析和冲突协调

1. 服务组合的成本效益分析

严格来说，成本效益分析不是一种具体的方法，而是一种思想。我们做任何事情，都要付出一定的代价,也期望得到一定的回报,关键在于这种回报是否可以抵偿付出的代价,这就是成本效益分析的本质。成本效益分析的一般过程如下。

(1) 确定分析对象和分析目标:在进行成本效益分析时,首先要明确分析对象和分析目标。分析对象决定了成本效益识别和计量的范围,分析目标确定了成本和效益的标准,两者都是非常重要的。

(2) 成本和效益的识别:成本识别就是要分析和确定服务项目实施所需投入的费用,主要包括投资成本、服务成本、转移支付、间接与外部成本、沉没成本等。效益识别就是分析和确定服务项目实施将带来的经济和社会效益,一般可分为直接效益和间接效益、内部效益和外部效益等。

成本和效益的识别方法有"前后对比法"和"有无对比法"。前者是指将服务项目实施之前与服务项目终止之后的情况进行对比,后者是指将服务项目实施过程中实际发生的情况与若无该服务项目可能发生的情况进行对比。"前后对比法"比较简单,但没有排除服务项目之外的因素的影响。"有无对比法"操作复杂,但它努力排除了服务项目之外的因素的影响,因而更加科学合理。

(3) 成本和效益的计量:成本和效益的计量是成本效益分析的核心,它要把成本和效益放在一个共同可比的标准上进行衡量。成本和效益都有有形和无形的区别。有形的成本和效益可以用实物量和货币量来衡量,无形的成本和效益往往体现为一种社会价值,无法用实物量和货币量来衡量。对实物量一般可以通过价格转化为货币量;对社会价值则可以采用"愿意支付"的方法加以恰当的度量。

(4) 综合评价:在进行完上述步骤之后,需要对各种成本和效益进行综合评价,以确定它们对目标的效果,这往往需要建立一个评价模型。评价模型包括两部分,一个是评价指标体系,它是影响成本和效益各种指标的逻辑层次结构,可以在成本效益识别的过程中完成;另一个是评价方法,一般都是多属性的评价方法。

2. 服务组合费用管理计划的制定原则

服务组合费用管理计划的制定是一个非常复杂的问题,要综合考虑服务组合中各个项目的成本计划、资源平衡等问题,除了各个单项目费用管理计划的内容外,还需要制定服务组合全体项目实施期间总费用负荷状况和各项目之间的费用协调计划。在编制过程中,一般要遵循以下原则。

(1) 总费用不能超支:一般的做法是从上到下逐级给项目、子项目分别设定费用限制,各个项目的费用管理计划都要在这个限制之内完成。为了防止费用超支,应预留部分费用做机动支配。

(2) 费用使用的平稳性:应该使费用的整体使用尽量保持平稳,对人力资源要考虑供求情况,需要雇用和培训的要提前做好准备,对设备、备件和材料等要考虑其生产能力和使用状况,不能超出其极限,费用的平稳使用需全面考虑各个项目的进度计划情况和项目的优先级。

(3) 灵活性:在编制服务组合费用管理计划时,由于服务组合将面临更多的不确定性和风险,需要更高的灵活性和应对风险的能力。

(4) 科学的费用变更程序：服务组合费用管理计划应遵照规定科学的费用变更程序，保证能够及时地对费用计划进行变更。

(5) 成本效益原则：服务组合费用管理是一个复杂的过程，需要花费一定的管理成本。在制定计划时，要考虑以最小的管理成本达到最佳的管理效果。

3. 服务组合项目冲突的协调

在服务组合管理环境中发生项目资源冲突是不可避免的，冲突协调的作用是引导这些冲突的结果向积极的协作方向发展。在解决此问题的过程中项目经理是解决冲突的关键，在做好冲突防范的同时，当冲突发生时分析冲突来源，运用正确的方法来解决冲突，并由此发现问题、解决问题。

(1) 冲突处理：导致冲突的因素多种多样，且同一因素在不同的项目环境及同一项目的不同阶段可能会呈现不同的性质，解决各种各样的冲突有一些常用的方法和基本的策略。

解决冲突的常用方法如下：

① 建立企业范围内的冲突解决方针和程序。
② 在服务项目计划阶段建立项目冲突解决的方针程序。
③ 借助上级的帮助来解决冲突。
④ 冲突双方持解决问题的积极态度进行沟通协调。

解决冲突的 5 种基本策略如下：

① 回避或撤出：这是指卷入冲突的当事人从冲突中撤出来，避免发生实际或潜在的争端。
② 竞争或强制：通过竞争或强制命令达到"非赢即输"的结果。
③ 缓和或调停：此策略的实质是"求同存异"。
④ 妥协：协商并寻求争论双方在一定程度上都满意的方法。
⑤ 正视冲突：直接正视问题和冲突，以诚待人，形成民主的氛围。

(2) 冲突防范：冲突防范是对可能产生的冲突进行预防的最佳方法。为了做好冲突防范，项目经理必须确保所有的成员都清楚他们所期望的工作结果并对服务项目计划十分熟悉。项目经理还必须确保项目团队成员清楚项目的高层目标以及项目实施计划。在项目开始之时，应该预测其他项目优先权及其对本项目可能带来的影响；在项目进程中，应连续地监督与有关部门的沟通结果，预见问题并考虑替代方案，确认需要密切监督的问题，对可能出现差错的关键项目考虑重新调配人员，及时解决可能影响服务组合实施的技术问题。

本 章 小 结

信息系统运维服务管理规划包括运维服务管理规划大纲、运维服务管理实施规划和运维服务管理实施细则三类文件，分别在项目招投标阶段和用户需求管理阶段以服务项目为对象而编制，是用于指导信息系统运维服务实施全过程中开展各项活动的技术、经济、组织和管理的综合性文件。信息系统运维服务管理规划作为指导运维服务管理工作的纲领性文件，应对信息系统运维服务管理的目标、内容、组织、资源、方法、流程和控制措施进行确定。

财务管理是实用性和操作性很强的应用科学,是社会经济和资本市场不断发展的必然产物,也是信息系统运维服务管理的核心内容之一。在市场经济条件下,信息系统运维服务供、需双方为了自身的生存和发展都必须拥有更强的财务管理能力,以帮助其正确地理解和控制运维服务需求与供给的各种决定因素,并为决策提供有力的依据。服务组合管理是针对信息技术服务提供商所提供的各种服务项目和种类在时间节奏、资源投放、价值管理等方面进行动态跟踪、协调和控制的一种管理方法。服务组合管理用业务价值来描述服务提供商的服务,它明确了业务需求及服务提供商对这些需求所做出的响应,以及通过定义业务价值术语与市场术语之间的对应关系提供了服务提供商之间服务竞争力的比较方法,并将之作为投资控制决策框架的基础。在服务组合确定的过程中,需要基于服务战略制定、需求管理、信息技术服务财务管理流程所提供的分析数据和结论。

本章学习的重点是要了解和熟悉信息系统运维服务实施的原则、管理制度和特点,信息系统运维服务管理规划的原则和目录梳理等内容,特别是要了解、熟悉和掌握信息系统运维服务管理规划的基本概念、编制目的、意义、要求和主要内容,以及运维服务管理规划大纲、运维服务管理实施规划和运维服务管理实施细则三类文件的主要区别;要熟悉和掌握信息系统运维服务财务管理的基本概念、信息系统运维服务费用的组成、计费模式和成本管理,包括信息系统运维服务项目成本估算和计划、成本控制、财务决算等;要全面了解和掌握信息系统运维服务组合管理的定义、流程、数学模型和方法等。

习　　题

1. 信息系统运维服务实施的原则和特点有哪些?
2. 简述信息系统运维服务管理规划的原则和目录梳理的内容。
3. 信息系统运维服务大纲、规划和实施细则三者的主要区别有哪些?
4. 简述信息系统运维服务规划的编制目的、意义、要求和内容。
5. 信息系统运维服务实施细则的编制依据及主要内容。
6. 什么是财务和财务管理、服务价值和服务资产、服务费用和服务成本?
7. 简述信息系统运维服务财务管理的作用。
8. 简述信息系统运维服务费用的组成、计费模式、成本估算和成本计划的内容。
9. 什么是服务项目成本控制?服务项目成本控制的任务、措施、要点和核算的内容有哪些?
10. 简述信息系统运维服务项目财务决算的定义、意义、编制和审核的内容。
11. 什么是信息系统运维服务组合管理?简述服务组合管理的流程、数学模型和方法。
12. 简述信息系统运维服务组合的成本效益分析、费用管理计划的制定原则和冲突协调。

第 10 章 信息系统运维服务的管理流程

主要内容
(1) 信息系统运维服务的对象和内容。
(2) 信息系统运维服务的设计。
(3) 信息系统运维服务的转换。
(4) 信息系统运维服务的运营。
(5) 信息系统运维服务的持续改进。

10.1 信息系统运维服务的对象和内容

信息系统运维服务管理涉及服务战略、服务设计、服务转换、服务运营、服务持续改进5个核心模块,这5个核心模块共包含26项流程和4项职能。在讨论信息系统运维服务管理流程之前,先要了解运维服务对象和内容方面的问题,然后展开相关流程的研究。

信息系统的组成主要分为两类,即硬件设备和软件系统。硬件设备包括主机、开放平台、网络设备、存储设备等;软件系统分为系统软件(操作系统、双机软件)和非系统软件,包括中间件、数据库、应用软件等。针对不同的组成部分,运维服务的内容要求也有所区别。

10.1.1 信息系统硬件和软件运维服务的对象和内容

根据服务对象的不同,信息系统运维服务可分为硬件运维服务、系统运维服务和软件运维服务,通过日常的检查能够及时发现问题,保障硬件、系统和软件正常稳定地运行。用户可根据设备和系统的运行级别选择一级(白金)、二级(金牌)、三级(银牌)和四级(铜牌)中最适合运行需求的服务级别,保障设备和系统稳定可靠地运行。

1. 服务对象

(1) 硬件运维服务。
① 大型主机:IBM S/390、IBM Z 系列、IBM P 系列、IBM X 系列、IBM I 系列等。
② 开放平台:IBM、HP、SUN 等。
③ 存储设备:IBM、HP、SUN、IMC、HDS、STK、NetApp 等。
④ 网络设备:交换设备(Cisco、华为、Brocade、Modate)、路由设备、防火墙/入侵检测设备、负载均衡设备等。

(2) 系统运维服务。
① 操作系统:开放系统(IBM AIX、HP UNIX、SUN Solaris、Linux);大型主机(IBM MVS/EAS、IBM VSE、IBM OS/390、IBM Z/OS、IBM Z/Linux、IBM OS400)。

② 双机软件：双机软件 IBM MVS/EAS、HACMP/SYS PLEX、HP MC/SG、SUN Cluster、Linux Cluster、Veritas VCS。

(3) 软件运维服务。

① 中间件：Tuxedo、CICS、Weblogic、Websphere、MQ、JBOSS 等。

② 数据库：DB2、ORACLE、MS SQL Server、SYBASE、MYSQL 等。

③ 其他软件：SAP、PeopleSoft、Tivoli、Openview、BMC Control-M、Sible、Ventas、Legato 等。

2. 硬件和系统运维服务内容

(1) 一级（白金）服务。

① 服务内容：日常巡检、硬件故障处理、备件更换服务、备件服务、备机服务、数据迁移、性能优化、操作系统运维服务、集成系统运维服务、现场常驻技术团队。

② 项目经理要求取得了信息技术服务项目经理资格证书，并取得了 ITIL 专家级别或大师级别资格认证。

③ 现场人员要求至少 3 人有 ITIL 认证资格，且至少两人为专家级别或大师级别（其中至少一人为系统集成或软件人员）。

④ 远程技术支持人员要求有系统分析、架构设计人员和技术专家，其中至少 5 人拥有 ITIL 专家级别或大师级别。

⑤ 服务受理时间：7×24 小时。

⑥ 服务响应时间：即时响应。

⑦ 人员到场时间：现场常驻技术团队。

⑧ 故障恢复时间：≤2 小时。

⑨ 系统备件、备机：可选现场备件库，可选现场备机。

⑩ 巡检周期：按客户要求调整。

(2) 二级（金牌）服务。

① 服务内容：日常巡检、硬件故障处理、备件更换服务、备件服务、数据迁移、性能优化、操作系统运维服务、集成系统运维服务、现场常驻技术团队。

② 项目经理要求取得了信息技术服务项目经理资格证书，并取得了 ITIL 专家级别或大师级别资格认证。

③ 现场人员要求至少两人有 ITIL 认证资格，且其中系统集成或软件人员至少一人为专家级别或大师级别。

④ 远程技术支持人员要求有系统分析、架构设计人员和技术专家，其中至少 4 人拥有 ITIL 专家级别或大师级别。

⑤ 服务受理时间：7×24 小时。

⑥ 服务响应时间：即时响应。

⑦ 人员到场时间：现场常驻技术团队。

⑧ 故障恢复时间：≤2 小时。

⑨ 系统备件、备机：可选现场备件库，现场无备机。

⑩ 巡检周期：按客户要求调整。

(3) 三级(银牌)服务。

① 服务内容：日常巡检、硬件故障处理、备件更换服务、备件服务、数据迁移、性能优化、操作系统运维服务、集成系统运维服务。

② 项目经理要求取得了信息技术服务项目经理资格证书，并取得了 ITIL 中级(从业者级)或以上资格认证。

③ 现场人员要求系统集成或软件人员至少一人有 ITIL 认证资格，且为 ITIL 中级(从业者级)或以上资格认证。

④ 远程技术支持人员要求有系统分析、架构设计人员和技术专家，其中至少 3 人拥有 ITIL 专家级别或大师级别。

⑤ 服务受理时间：5×24 小时。

⑥ 服务响应时间：即时响应。

⑦ 人员到场时间：现场常驻技术团队。

⑧ 故障恢复时间：$\leqslant 4$ 小时。

⑨ 系统备件、备机：可选现场备件库，现场无备机。

⑩ 巡检周期：按客户要求调整。

(4) 四级(铜牌)服务。

① 服务内容：日常巡检、硬件故障处理、备件更换服务、数据迁移、性能优化、操作系统运维服务、集成系统运维服务。

② 项目经理要求取得了信息技术服务项目经理资格证书，或取得了 ITIL 中级(从业者级别)或以上资格认证。

③ 现场无常驻技术团队。

④ 远程技术支持人员要求有系统分析、架构设计人员和技术专家，其中至少两人拥有 ITIL 专家级别或大师级别。

⑤ 服务受理时间：5×8 小时。

⑥ 服务响应时间：$\leqslant 2$ 小时。

⑦ 人员到场时间：$\leqslant 4$ 小时。

⑧ 故障恢复时间：$\leqslant 8$ 小时。

⑨ 系统备件、备机：现场无备件库、无备机。

⑩ 巡检周期：每月一次。

3. 软件运维服务内容

(1) 软件日常运维服务：日志文件检查分析，版本补丁程序检查，数据空间状态检查，数据备份方式检查，补丁升级，故障检查、定位、处理和解决，数据迁移，软件性能优化。

(2) 软件升级运维服务：软件安装与配置，软件策略定制与优化，软件版本升级，综合故障定位与处理，软件性能优化。

10.1.2 主要子系统运维服务的对象和内容

1. 桌面系统运维服务

(1) 服务对象：桌面系统运维服务是为信息系统服务的桌面终端，包括 PC 终端、打印机、办公网络、Windows、防病毒以及相关办公软件系统等，提供运行运维工作，确保用户桌面终端系统正常运行。

(2) 服务内容：设备运行状态检查，软件系统运行维护，防病毒系统升级管理与维护，系统补丁管理与升级，故障排除与处理。

(3) 服务方式：现场专人值守方式，根据客户桌面终端环境设备的数量、种类以及相关软件系统的复杂程度安排相应的专业工程师负责桌面系统的运维工作。

2. 设备环境运维服务

(1) 服务对象：主要针对用户数据中心的信息系统设备和环境，包括大型主机、小型机、存储设备、磁带库、网络设备、服务器、交换机、路由器、精密空调、供电系统、UPS、电池、防雷接地和消防系统等，提供运行运维工作，使数据中心的任何设备系统故障能够被及时发现、处理和排除，并按照相关的管理流程上报，确保整个信息系统的安全稳定的运行。

(2) 服务内容：设备运行状态检查，机房环境检查(温度、湿度、电源、洁净度)，数据备份(日常数据备份作业，更换磁带等)，日终批量作业(日终报表处理、数据备份等)，系统运行监控(基于监控软件平台)设备故障处理、排除和及时上报。

(3) 服务方式：根据用户数据中心设备数量、种类、系统的复杂程度安排专职的工程师现场值守，如果设备或系统出现故障，现场工程师将根据用户的管理变更流程及时上报，由其对应的服务商负责处理解决。同时，设备环境运维服务可以和维护服务中的硬件质保(MA)服务组合，成为增值的质保维护服务，即现场工程师直接负责处理解决设备出现的故障，保障日常运行的正常稳定，保障故障的及时上报，保障问题的最终解决。

3. 信息系统监控管理服务

信息系统监控管理服务系统是基于 ITIL 的流程框架，针对信息系统的集中监控平台，集采集、分析、智能报警、管理于一体，可对系统、数据中心硬件设备及安检等信息系统资源进行全方位监控管理，实现信息系统监控管理的流程化、自动化、规范化。

(1) 监控对象。

① 系统监控：网络设备状态、操作系统和服务器运行状态、业务软件等核心系统的监控。

② 硬件监控：服务器硬件、网络设备、安全设备等硬件资源监控，以及数据中心主机、交换机、空调、温湿度、供变电、电量仪、门禁、防雷接地、UPS、电池和消防系统等设备监控。

(2) 服务内容。

① 视频监控：全天候视频监控，多种可视化视图模式，真实情景一览无余。

② 页面轮巡：多页面自动轮换显示，满足用户个性化需求。

③ 报表管理：实时反映系统监控状态，为决策提供依据。

④ 在线组态：对故障等突发事件可根据预设的流程进行自动流转，方便进行监控和事故处理。

(3) 服务方式。

① 远程监控值守服务：7×24 小时值班监控值守，第一时间告警。

② 远程定时巡检服务：定时进行全部或重点设备、重点测点进行检查，发现事故隐患及时报告处理。

③ 定期现场巡检服务：按照服务等级协议安排巡检计划，进行定期现场巡检，排除隐患。

④ 快速故障处理服务：第一时间发现并准确定位故障，快速启动故障处理流程，提交故障处理报告。

4. 系统综合平台运维服务

随着用户系统环境的日益复杂，多平台、多系统成为用户必须要面对的问题，尤其对于数据中心的一些专有系统，用户希望寻找专业化的运维服务提供商来满足这些专有系统运维服务的要求。

(1) 服务对象：数据中心专有系统，包括 UNIX 操作系统、应用负载均衡集群（Cluster 集群系统）、数据库、中间件、办公自动化（OA）系统、应用软件系统、生产网络系统、IC 卡系统等。

(2) 服务内容：系统日常运维，系统技术支持，故障定位、排查和处理，系统变更与升级闭环的管理流程，解决方案进入知识库，性能调整与优化，用户技术团队培训等。

(3) 服务方式：根据系统的具体情况安排专业的工程师参与用户的运维流程，根据用户的管理流程及时提交变更申请，确保故障得到及时处理和解决，为用户生产系统的安全运行提供一个稳定的系统平台。同时，系统综合平台运维服务可以和维护服务中系统和软件的质保（MA）服务组合，成为增值的质保维护服务，由现场工程师直接负责处理解决系统或软件出现的故障，保障日常运行的正常稳定，保障故障的及时上报，保障问题的最终解决。

系统综合平台运维服务也可以外包的方式提供，按照用户提出的运维指标（一般是全年的非计划停机时间）安排专职的项目组负责现场实时维护，处理所有问题故障，确保系统的安全稳定的运行。

5. 信息系统工具软件实施服务

信息系统工具实施服务主要针对系统层面，提供涉及系统安全、系统运维服务管理的相关工具软件的实施和维护服务。

(1) 信息系统安全管理工具软件。

① 数据安全管理：Axway，安全的文件传输和信息交换平台解决方案。

② 日志安全管理：Arcsight、Symantec SIEM、RSA Envision，集中的安全事件管理和处理平台，通过对企业的日志全面收集保存建立企业事件的集中处理和响应中心，提高企业运维安全水平，并满足监管部门的日志管理和审核要求。

(2) 信息系统运维服务管理工具软件。

① 作业调度解决方案：BMC Control-M，为多平台及异构环境中的复杂作业流及其关系进行自动化管理和调度，保证数据中心的作业管理可控及满足运维服务级别协议（SLA）的要求。

② 信息技术服务管理解决方案：HP SM，一款融合了 HP Service Desk 和 Service Center 的升级版本，并经过 ITIL 验证的信息技术服务管理解决方案。BMC Remedy、Frontrange，梳理企业信息技术运维现状，提供符合标准和最佳实践的信息系统运维解决方案，并通过工具软件使之落实。

③ 性能和业务监控解决方案：BMC Patrol、IBM Tivoli，企业级的基础架构和业务监控解决方案，可对系统软/硬件和应用的事件、性能提供全面的监控、展示和分析，并能提供方便的定制扩充手段。

④ 服务器虚拟化整合解决方案：VMWare，帮助用户进行服务器整合，创建可升级的开发和测试环境，以及实现业务连续性策略等，可以大大降低系统总体拥有成本（TCO），提高运营效率和服务水平，保护已购硬件和操作系统的投资，并为将来的集中网络存储提供可能。

6. 系统安全访问、日志和数据安全管理服务

(1) 数据安全管理服务：在当今信息社会中，企业经常会进行内部以及与合作伙伴的文件传输，但是目前传统上的 FTP 或 E-mail 的文件传输模式都是基于明文传输，并且在口令、密码和权限的管理功能上有很多安全缺陷，为了提高自身的竞争能力，企业要求高性能、高可用性的解决方案，以实现完全的自动化，以及确保安全性和数据完整性。

利用文件传输管理软件（MFT）建设企业内部安全、可靠的大容量数据交换平台能够满足企业发展的需要。它可以将包含各种类型数据的文件在多个平台之间、在完全不同的文件系统和媒介之间移动，实现大容量数据传输自动化，是通过互联网将全球的办公室和业务合作伙伴相联接的理想工具。

图 10-1 展示了某银行内部文件传输和交换管理平台的架构设计。

(2) 系统安全访问管理服务：Kerbsphere 系统访问管理平台软件通过统一和访问权限制定和管理，对用户的信息系统访问行为进行监控、跟踪和事后核查，使之满足管理和法规的要求，可以做到以下几点。

① 监控所有的用户访问操作，包含具体的每一屏幕的输出。
② 提取用户的操作命令，对异常命令和操作进行标记和告警。
③ 根据独立的用户分配权限——授权、审计，根据实名用户进行管理，责任到人。
④ 统一分配和管理密码，做到一次一密，对于高安全性的密码还可强制双人密码认证。
⑤ 定义和管理用户具有的访问权限/后台设备的访问许可。
⑥ 实时查看当前的访问状态，并对有疑问的访问进行阻断。
⑦ 用户的操作更加快捷和方便。
⑧ 对生产系统无任何性能损耗。
⑨ 生产系统无须安装任何附加软件和模块。

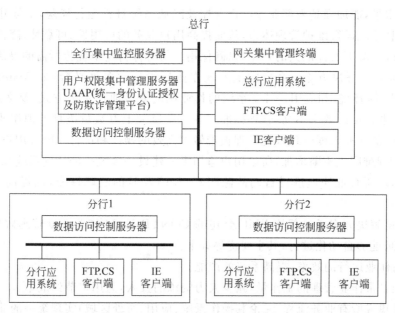

图 10-1 某银行内部文件传输和交换管理平台的架构设计示意图

(3) 日志安全管理服务：通过对 IT 日志进行全面收集和管理，从而实现对安全日志信息的标准化、分类、归并和过滤；通过对安全风险进行关联分析，协调处理跨区域、复杂安全事故和违规事件，并实时展现和响应系统安全事件，实现企业的安全运营。

日志安全平台的实施服务可以实现对信息系统中原始日志信息的规范和统一处理，并在海量的日志信息中找到高风险的安全事件。日志安全平台支持对安全事件进行跨区域关联分析，获取全面准确的信息系统的潜在威胁，提供准确的信息系统安全风险分析报告和风险控制措施，有效处理内部违规操作和外部威胁事件，从遵规和信息安全事件两方面产生不同信息系统管理层（至少包括高管层、IT 风险管理层、操作层）需要的信息系统安全风险分析统计报告。

7. 信息系统运维服务整合解决方案

(1) 信息系统运维服务管理整合集成解决方案：在充分了解用户信息技术战略、信息系统运维实施的实际状况和用户需求以后，要基于用户信息系统运维服务管理的现状以及根据用户行业发展前景专门设计一套基于 ITIL 和其他信息技术服务最佳实践的、领先的运维服务整合集成解决方案。该方案既要给出用户信息系统运维服务管理规划和发展方向，又要制订出详细的实施计划；以用户 IT 部门现有运维职责为基础，对用户岗位的职责分工进行诊断梳理，实现信息技术服务管理体系实施所需的组织职责分工优化；参照 ITIL 最佳实践建立基于运维服务管理流程的绩效考核指标，实现日常工作和流程的匹配框架，确保流程的有效运行；提供全面综合集成的信息系统运维服务模块化架构，用户可根据业务需要选择最适合的模块，包括服务台、事件管理、问题管理、变更管理、发布管理、服务水平管理、配置管理、可用性管理、知识库管理、值班管理、工作管理等模块。

通过信息系统运维服务管理整合集成解决方案的实施，可提高用户信息系统运维服务管理的整体水平,能加强其内部业务流程管控及降低系统日常运行风险,最终建成标准化、规范化的信息系统运行维护管理体系,从而提高用户业务的可用性、可靠性,降低管理成本,并在用户系统环境下发挥最大的效用,以确保用户具有保持竞争优势所需的灵活性。

(2) 作业调度解决方案:客户的批处理作业环境包含多种平台(如 Mainframe、各种 UNIX、Windows 环境)和应用。各个系统的作业调度要么通过手工方式,要么通过自身的调度工具,作业调度的效率不高,管理标准不统一。每天上万数量级批处理作业需要运行,没有统一集中的作业调度管理系统管理很难做到高效的操作和运行。随着用户应用规模的不断扩大,管理难度也不断增加,所以用户迫切需要建设一套统一的调度系统来管理用户的批处理作业,对所有批处理进行自动故障跟踪,保障及时的故障恢复,以提高作业的执行效率。

作业调度解决方案通过部署 BMC 公司的 CONTROL-M 作业调度管理解决方案使用户的作业管理能够自动化进行,其主要优势如下:

① 提高作业运行的效率,提高系统的产能。
② 减轻日常作业管理的工作量,减少人力资源的投入,为用户节约成本。
③ 通过集成所有业务流程(无论其操作系统、应用、所处区域)实现统一的业务流管理。
④ 从单点控制台就可以完全控制复杂的批处理。

(3) 系统性能和业务监控解决方案:随着信息系统对业务应用的支撑作用越来越重要,越来越多的用户认识到需要建立集中和自动化的综合监控管理系统,以便对信息系统的基础架构进行集中监控、集中维护、集中管理,及时发现问题,确保系统的顺畅运行。同时,在大型数据中心大量的增值业务、内部服务导致了服务器数量极为庞大,这使得服务器的管理成为一大难题,它不仅使机房的电力供应和空间日趋紧张,而且在进行服务器资源管理时,现有硬件系统的维护、升级、运营效率保证都成为越来越大的挑战。

系统性能和业务监控解决方案是为了应对信息系统遇到的以上问题和挑战设计的,是一个通过服务器的虚拟化整合建立完善的动态信息系统基础架构,对不同平台上运行的异构环境进行集中统一监控、管理和控制的先进的管理解决方案。它通过对反映信息系统运营状况的信息进行集中监控管理、采集运行信息、采用自动化操作来实现系统管理效率和管理质量的同步提升。

10.2 信息系统运维服务的设计

服务设计以为客户设计策划一系列易用、满意、信赖、有效的服务为目标,广泛地运用于各项服务业。信息系统运维服务设计将人与沟通、环境、行为、流程和物料等因素相互融合,并将以人为本的理念自始至终贯穿于运维服务设计过程。

10.2.1 信息系统运维服务设计的基本概念

1. 信息系统运维服务设计的定义

服务设计是有效地计划和组织一项服务中所涉及的人、环境、对象、过程和物料等相关因素,从而提高用户体验和服务质量的设计活动。服务设计既可以是有形的,也可以是无形的,所有涉及的人和物都为落实一项成功的服务传递着关键的作用。信息系统运维服务设计属于服务设计的范畴。

传统设计关注人和产品间的关系,而服务设计相反,主要关注点包括流程、技术、合作伙伴和人四要素(见图 10-2),并且关注客户随着时间的推移在这些关注点上的交互。信息系统运维服务设计中非常重要的一点是设计整体方案,任何一个单独因素的变动都应该从整体来考虑。因此,信息系统运维服务设计和开发新应用不应孤立思考,而要考虑以下几个方面的影响:整体服务、管理体系和工具(比如服务组合与服务目录)、体系架构、服务管理流程以及必要的评价体系。这不仅能够确保信息系统运维服务设计中的功能因素,还会记录所有管理和运营需求,并成为设计的基础,而不是后期再进行添加。

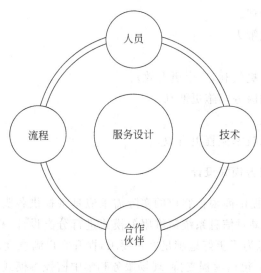

图 10-2　服务设计四要素示意图

2. 信息系统运维服务设计的目标

信息系统运维服务战略是通过有效的运维服务管理把服务提供商的服务能力转化为组织的战略资产,信息系统运维服务设计的主要目的是将新的或变更后的运维服务应用到实际环境中,即信息系统运维服务设计是将战略目标转化为服务资产的方法论和详尽的设计案例,其服务设计的内容包括系统架构、业务服务流程、企业运营策略规划以及指导组织如何提高服务管理能力等。

信息系统运维服务设计的主要目标如下:
(1) 设计满足业务需求的服务,包括新的或变更的服务。
(2) 设计和控制服务过程。
(3) 设计服务级别协议(SLA)、测量方法和指标。
(4) 识别风险,并定义风险控制措施和机制。
(5) 生产和维护信息技术计划、流程、政策、架构和框架文档。

(6) 制定质量管理计划,全面提高服务质量。
(7) 以最优的质量与成本效益进行流程设计。
(8) 通过恰当的设计服务、流程和技术来减少总体拥有成本(TCO)。

3. 信息系统运维服务设计的价值

良好的信息系统运维服务设计能够保证交付优质、经济的服务,并满足业务需求。出色的运维服务设计能带来以下好处:

(1) 核心价值(一个减少,三个提升,一个改进):
① 减少总体拥有成本(TCO)。
② 提升服务质量。
③ 提升信息技术管理。
④ 提升信息化与决策力。
⑤ 改进服务流程。

(2) 辅助价值(一个更便利,三个更有效):
① 使新的或变更的服务实施更便利。
② 服务执行更有效。
③ 服务管理和信息技术流程更有效。

4. 信息系统运维服务模式设计

信息系统运维服务提供商根据客户的实际需求应具备提供各类不同模式的运维服务,结合用户需求分析的结果对信息系统运维服务模式进行分类设计,根据客户需求和服务内容做到随需而变,目的是为了更好地满足客户要求,提升客户满意度。

(1) 传统技术服务:包括远程支持、现场服务和集中监控等模式。
(2) 外包服务:包括信息技术外包(ITO)、软件即服务(SaaS)、基础设施即服务(IaaS)和平台即服务(PaaS)等模式。

10.2.2 信息系统运维服务的目录管理

1. 服务目录管理的定义和目标

服务目录是服务提供商为客户提供信息技术服务集中式的信息来源,它的信息范围包括服务提供商所承诺的所有服务列表,这样确保业务领域可以准确地看到可用的信息技术服务以及服务的细节和状态。服务目录管理就是要创建服务目录,并确保服务目录信息的精确性和更新的实时性。当已经获得服务目录访问许可的人需要访问服务目录时,他们能够很容易地访问和获得一致的和完备的服务目录信息。

服务目录管理的目标如下:
① 确保服务信息来源的一致性。
② 确保服务目录被有效地创建和维护。
③ 确保信息的精确性和更新的实时性。

2. 服务目录管理的分类

由于业务需求并不需要了解技术的详细信息,而技术人员也并不需要直接地了解业务的信息,所以服务目录分为两个层次。

① 业务服务目录(客户视角):包括所有和业务运作相关的信息技术服务的详细信息。
② 技术服务目录(技术视角):包括所有用来作为服务支持与共享的服务和部件。

服务对不同的人有不同的含义。在业务服务的层面,所提供的服务可以是对公司企业IT运作的咨询和企业流程规划服务;在技术服务的层面,就会用到很多具体的技术服务和部件。比如说一个很大的制造企业需要服务提供商提供企业资源计划系统的咨询服务。当给客户提供具体的方案时,要根据客户的实际情况为客户选择具体的技术服务部件。

3. 信息系统运维服务目录管理的实例

下面列出一个信息系统运维服务的技术选型方案:
① 后台服务器可以选择 IBM 的 P 系列的服务器,例如 P595。
② 操作系统是 IBM 的 UNIX,例如 AIX 6.1 操作系统。
③ 数据库是 Oracle 11 或 IBM 的 DB2 9.5.5。
④ 中间件是 IBM 的 Websphere 7.0.0.7 或 Oracle 的 OC4J。
⑤ 网络部件可以选用 Cisco 的路由器和华为的交换机设备。

通过以上技术部件的介绍,可以看到服务目录的管理是分层次的,并且也是很具体的。我们可以选用业界很流行的服务目录管理工具来进行管理,例如 SAGE(http://www.sageworld.com/)。当然,一个简单的服务目录管理也可以通过开发服务目录网站或使用 Excel 表格来实现。

10.2.3 信息系统运维服务的级别管理

1. 服务级别管理的定义和目标

服务级别是指服务提供方与客户就服务的质量、性能等方面所达成的双方共同认可的级别要求。服务级别管理是供方和客户磋商,掌握客户的具体需求,并且在和客户达成一致意见的情况下把具体的需求文档化,双方签订服务级别协议(SLA),服务级别协议记录了服务提供方对客户的所有承诺,包括所提供的服务和这些服务的质量水平,规定了信息技术服务供方(SP)与需方(SD)双方的责任、权利和义务,这是信息技术服务成功运作的重要保障。有了书面的服务级别协议后,接下来要做的就是设置度量标准,并且依照具体的度量标准去监控实际的执行情况和监控供方交付约定服务的能力。最后,还要定期产生相应的报表来衡量所提供的服务是否达到客户的要求和满意度。

服务级别管理的目标是确保供方按照约定的级别来提供信息技术服务,且将来的服务也能按照约定的标准进行交付,同时将通过主动测量来发现和实施对所交付服务级别的改进,以提高客户满意度。

(1) 为服务质量要求提供了具体的度量标准。

(2) 有利于维持和改进信息技术服务质量。
(3) 督促服务提供方的服务水平和质量达到客户的要求。
(4) 对客户需求进行有效管控。
(5) 在合理的成本控制下维持和积极地提高服务的级别,可提高客户满意度。

2. 服务级别协议的类型

服务级别协议是服务提供商所提供服务质量的一个有效的基准和保障,服务级别管理是对每一个信息系统运维服务提供商都非常重要的流程,如果服务级别管理目标能恰当、准确地反映客户业务需求,那么服务提供商交付的服务才能够和业务需求一致,并能达到客户高质量服务的期望;如果服务级别协议中描述的服务目标与业务需求不一致,那么服务提供商将很难为客户提供满足业务需求的服务,随之而来就会产生诸多问题。服务级别管理的成功在很大程度上依赖服务组合管理和服务目录管理的质量,因为它们提供了有关服务的必要信息。

在服务管理流程中,服务级别协议有下面3种类型。

(1) 服务级别协议(Service Level Agreement,SLA):服务供方和客户之间进行磋商后正式记录下来的信息技术服务的标准。例如,某银行和某服务厂商所签的 IBM 主机的维护服务。

(2) 操作级别协议(Operational Level Agreement,OLA):企业内部的 IT 部门与其他业务部门签订的关于企业内部信息技术服务的标准。

(3) 支撑合同(Underpinning Contract,UC):服务供方和第三方供应商之间所签订的服务级别协议。例如,IBM 和美国电报电话公司(AT&T)所签署的网络支持服务。IBM 是通过 AT&T 的网络接入到客户的网络,那么 IBM 就必须保证接入的这段网络的稳定性和安全性,这也是为什么 IBM 要和 AT&T 签署支撑合同的根本原因。

10.2.4 信息系统运维服务的容量管理

1. 服务容量管理的定义和目标

容量管理是在合理的成本控制下能够提供适宜而有效的资源管理,使得信息资源能够被合理地利用,并且能够适应当前和未来的商业需要。容量管理是一种服务性能管理。在性能管理中,可以使用业界比较流行的性能管理工具来产生相应的性能分析报表,通过具体的报表分析来对当前服务性能进行及时的跟踪分析,并采取切实可行的性能调优计划。比如在 IBM P 系列的服务器上通常用 nmon 工具对服务器的性能进行实时的监控和分析,并产生相关的报表。

容量管理关注的是服务能力和性能相关的问题。许多企业通过使用容量管理信息系统来存储所有历史跟踪的数据、分析统计报表和制定容量管理实施计划等。一般的容量管理信息系统是建立在数据仓库的基础上的,通过对历史数据和报表的分析,服务提供商可以了解到对当前客户所提供的服务在目前和未来是否存在容量问题。如果确实存在性能问题,服务提供商可以把具体的数据及时给客户,并制订相应的扩容计划。

容量管理的目标包括以下几个方面：

(1) 及时地考虑、计划和执行未来的信息技术服务需求。

(2) 就容量和性能相关问题为业务和信息技术的其他领域提供建议和指导。

(3) 基于服务级别标准，协助诊断和解决与性能和容量有关的故障和问题。

(4) 评估变更对容量计划、服务和资源的性能和容量带来的影响。

(5) 管理和监控当前 IT 架构中的所有部件，包括服务器、应用软件、存储和网络设备等。对 IT 架构的有效管理和监控可以确保和服务质量相关的突发事件和问题能够被及时地发现和解决。

(6) 在有效的成本控制框架下提高服务性能。

2. 服务容量管理的分类

容量管理会考虑当前客户使用的应用程序选型、未来增长的预测、当前服务的使用率和目前存在的限制等，应用程序选型主要指选择硬件来支持应用运行的环境。容量管理可分为下面 3 种类型。

(1) 业务容量管理：满足未来业务需要的容量管理。例如，一个呼叫中心未来每天所能够承载的呼叫的总量。业务容量管理子流程将业务需求和计划转换成服务和信息技术基础设施的要求，以确保能及时量化、设计、规划和实施未来信息技术服务的业务需求。

(2) 服务容量管理：未来服务需求的容量管理。例如，银行 ATM 机服务交易的响应时间。服务容量管理子流程的重点是管理、控制和预测实际运营的信息系统，其信息技术服务实施和工作负载的端到端性能与容量。它确保对所有服务的性能、服务级别协议(SLA)和服务需求(SLR)中描述的服务目标能够被监控和测量，且记录、分析和报告收集的数据。在必要时，组织可以采取主动和被动措施来确保所有服务的性能都达到约定的业务需求目标。

(3) 资源容量管理：部件的使用率管理。例如，服务器 CPU 和内存的使用率。资源容量管理子流程是管理、控制和预测单个信息技术组件的性能、利用率和容量。资源容量管理确保那些有限资源的信息技术基础设施被监控和测量，并记录、分析和汇报这些收集的数据。

10.2.5 信息系统运维服务的可用性管理

1. 服务可用性管理的定义和目标

服务可用性是指服务时间占整个给客户承诺的服务时间的百分比。它通常以可用率来表示，即在约定的服务时段内客户实际能够使用的服务的时间比例。可用性管理是有关设计、实施、监控、评价和报告信息技术服务的可用性，以确保持续地满足业务的可用性需求的服务管理流程。可用性管理的目标是提供确保业务目标的成本合理的、可用性级别定义的信息技术服务，即客户需求应和 IT 结构及 IT 组织所能提供的能力相一致，如果二者之间存在差距，就需要由可用性管理流程来提供解决方案。

服务可用性也是服务级别协议(SLA)的一部分。如果不能够满足向客户所承诺的服务可用性级别，就达不到向客户承诺的服务级别协议。可用性管理的价值在于如何以一种结构化的、可重复执行和可持续改进的方式对业务所需的可用性进行规划、设计、监控和改进。

可用性管理的目的是优化IT架构和信息技术服务的能力去达到或超过承诺的服务可用性级别。可用性管理包括计划和一系列持续性的行为,比如说系统监控、报表跟踪和不断改进服务措施等。具体的管理行为可以细化到对一切可能影响系统可用性的突发事件、问题和变更请求进行监控和跟踪。

可用性管理着眼于所有服务和资源的可用性相关问题,其具体目标如下:

(1) 生成并维护最新可用性计划。

(2) 管理与服务和资源有关的可用性性能,确保服务可用性均达到或超过所约定的目标。

(3) 帮助诊断和解决与可用性有关的故障和问题。

(4) 评估所有变更对可用性计划以及所有服务和资源的性能和容量的影响。

(5) 前期采用经济高效的主动性措施提高服务可用性。

2. 可用性管理的计算公式

与可用性管理相关的概念如下。

(1) 突发事件故障:非正常的服务操作或服务的意外中断。

(2) 宕机时间:指从突发事件发生的那个点开始到服务正常恢复的时间点之间的平均时长,具体的时间段包括平均事件的响应时间、修复时间和服务恢复时间的总和。

(3) 正常运行时间:指从上次事件恢复点到下次事件发生点之间的平均时长。

(4) 事件间隔时间:指在两次发生的突发事件点之间的平均时长。

可用性管理就是要系统尽量少地产生非正常事件和减少不必要的宕机时间,其计算公式如下:

可用性=(承诺的服务时间-宕机时间)/ 承诺的服务时间×100%

如果这个比例越接近100%,表示服务的可用性越高。可用性管理就是通过各种手段和技术来达到较高的服务可用性。

10.2.6 信息系统运维服务的持续性管理

1. 服务持续性管理的定义和目标

服务持续性管理是指负责预防灾难发生、增强IT基础架构的恢复能力和容错能力,并在灾难发生后迅速恢复信息技术服务正常运作的服务管理流程。信息技术服务持续性管理只是支持业务持续性管理活动,避免业务由于信息技术服务出现问题而导致的损失。同时,信息技术服务持续性管理支持关键的业务功能,因此,实施信息技术服务持续性管理应识别出关键的业务流程,并分析技术和信息技术服务的关键支持流程。

信息技术服务持续性管理的目标是当由于系统硬件的故障或不可抗拒的灾难(地震、火灾或海啸等)造成服务中断时,信息技术服务和服务设备能够在规定的时间范围内恢复回来,即灾难恢复计划和业务影响评估方案。业务影响评估方案的内容可以作为灾难恢复计划的输入,而灾难恢复计划的目的是在业务中断后恢复业务流程所需步骤的计划。该灾难恢复计划还要规定事件触发的机制、涉及的人员和沟通的渠道等。信息技术服务持续性管理可能有多个不同的具体目标,但其范围必须基于业务目标而确定。在评估业务持续性所面临的风险时,要确定这些风险是否处于信息技术服务的持续性管理流程范围内。

信息技术服务持续性管理的目的是支持业务持续性管理流程,确保业务持续性流程所需要的信息技术和服务不间断,满足业务时间和范围上的需要。信息技术服务持续性管理的目标如下:

(1) 维护一套信息技术服务持续性计划和信息技术恢复计划。
(2) 定期进行业务影响分析和风险分析,确保持续性计划与不断变化的业务影响和需求保持一致。
(3) 评估信息技术服务持续性计划和信息技术恢复计划变更所引起的影响。
(4) 确保在考虑成本的情况下采取主动的措施提高服务的可用性。
(5) 在供应商管理流程中,与供应商协商达成提供必要的恢复能力,以支持持续性计划。

2. 服务持续性管理的实施步骤

信息技术服务持续性管理关注系统灾难发生后的业务恢复,灾难对业务持续性的影响由于组织的不同而差别显著。业务影响分析可以测量包括财务损失、声誉损失或者违反规定所产生的后果。信息技术服务持续性管理的范围取决于服务提供相关的组织结构、文化和策略方向(包含业务和技术)及这些因素变化的影响。信息技术服务持续性管理通常不包括由于较小的技术原因而引发的问题(比如关键的磁盘故障),除非这个问题对业务产生了巨大的影响。对于较小的技术问题,一般是由服务台和故障管理流程处理,或者通过可用性管理、问题管理、变更管理、配置管理等一些日常操作的工具解决。

信息技术服务持续性管理的实施步骤如下:
(1) 关键业务影响分析。
(2) 风险分析。
(3) 应急预案和灾难恢复计划。
(4) 执行计划并不断维护计划。

10.2.7 信息系统运维服务的信息安全管理

1. 信息安全管理的定义和目标

信息安全是指要保障信息系统中的人、设备、设施、软件、数据等要素避免受到各种偶然的或人为的破坏或攻击,使它们发挥正常,保障信息系统能安全可靠地工作。信息安全管理是指为了确保信息系统安全而采取的一系列管理和技术措施,这些措施包括防止任何的信息系统功能或数据被非授权的人员访问,使潜在的安全隐患和漏洞最小化,降低安全漏洞所造成的影响,开发相应的安全策略、安全管理流程和工具,并在可用性管理的环节执行该策略。具体的安全管理流程包括信息安全策略、风险评估流程、内部评审流程、信息安全事件管理流程、员工信息安全管理流程和信息资产管理流程等。

信息安全管理的目标是为了保证信息安全和业务安全保持一致，使所有服务和服务管理活动中的信息能够得到高效管理。简而言之，信息安全管理的目标是要实现以下3个方面。

(1) 机密性：保护敏感的信息以防泄漏或被窃听，即保证信息不泄漏给未经授权的人。

(2) 完整性：确保信息的精确和完备，防止信息被未经授权的人篡改。

(3) 可用性：确保信息和重要的信息技术服务在有访问需求的时候总是可用的。

2. 信息安全管理的实施步骤

信息安全管理要确保与服务和服务管理方面有关的安全问题根据业务的需要和风险得到妥善管理和控制。信息安全管理的实施步骤如下：

(1) 制定、审查、修订总体信息安全政策和一套配套的具体策略。

(2) 沟通、实施和加强执行安全策略。

(3) 对所有的信息资源进行评估和分类。

(4) 实施、审查、修订和改进一套安全控制和风险评估、响应的措施。

(5) 监控并管理所有的安全违规和重大安全故障。

(6) 分析、汇报和减少安全违规和故障的数量。

(7) 安排并完成安全评估、审计和试验。

10.2.8　信息系统运维服务的供应商管理

1. 供应商管理的定义和目标

供应商是指那些向买方提供产品或服务并相应收取货币作为报酬的实体，是可以为企业提供原材料、设备、工具、服务及其他资源的企业。供应商管理是指对供应商的了解、选择、开发、使用和控制等综合性管理工作的总称。信息系统运维服务的供应商管理是服务提供商对第三方供应商所提供的备件产品或服务进行管理，以确保其备件产品或服务可以完成供方对客户的运维服务所应达到的业务目标。

供应商管理流程的目标是管理供应商和供应商提供的备件产品或服务，提供无缝的信息技术服务，确保获得财务价值；从供应商管理中获得资金价值，并在满足合同要求的条件下满足多种现实条件。

供应商管理流程的主要目标如下：

(1) 建立供应商名录，评估审核供应商绩效，通过招标或协商等方式选择供应商。

(2) 与供应商协商、签订合同，并采用供应商生命周期的管理思想。

(3) 确保与供应商签署的合同满足业务需求和达到服务级别协议的目标。

(4) 维护供应商政策和支持供应商和合同数据库。

2. 供应商管理的实施步骤

对供应商的管理的关键指标是保护服务免受供应商不好的绩效影响，确保向客户承诺的服务级别和服务的可用性不因为供应商的问题而有所降低。因此，现代企业供应商管理主要采用供应链管理的模式,它是将产品或服务提供给最终用户活动的上游与下游组织所形成的网链结构,这种网链结构代表了一种企业联盟间跨功能部门运作程序的集成与协调,不仅是一条连接供应商到用户的物流链、信息链、资金链,而且是一条价值增值链。供应链管理(Supply Chain Management,SCM)包含了对整个供应链系统进行计划、协调、操作、控制和优化的各种管理活动和过程,目的是要将客户所需的正确的产品或服务能够在正确的时间按照正确的数量、正确的质量和正确的状态送到正确的地点,并完成用户所要求的服务,使总成本达到最佳化。

实施供应链管理大致可分为下面4个主要步骤。

(1) 制定计划:在明确活动目标的基础上制定供应链管理计划。

(2) 选定合作伙伴:合作伙伴的选定除了要看以往的业绩,更要选择经营战略一致、值得信赖、有前瞻性以及今后的合作伙伴关系前景良好的企业。

(3) 计划实施:合作伙伴企业间建立起信息共享、利益共享和风险共担的共赢互惠关系,共同为客户提供最优质的产品或服务,从而提高客户满意度。

(4) 建立供应链管理信息系统:建立和完善供应链管理信息系统,用数据库记录所有供应商信息和合同细节,实现供应链的有效管理,包括整体供应链可视化、整体利益最大化、管理成本最小化。

10.3 信息系统运维服务的转换

信息系统运维服务提供商如果不能对项目的重大变更进行有效的管理,将付出高额的成本并面临巨大的风险。服务转换的目标则是确保服务从设计到投入运营这个转换过程的效果与效率,并将当前与未来的风险降至最低,同时确保服务在运营或交付中所依赖的综合因素都得到支持和保障。

10.3.1 信息系统运维服务转换的基本概念

1. 信息系统运维服务转换的定义

服务转换是衔接服务设计与服务运营的中间阶段,它负责组织协调资源、对服务组件进行客户化,并在充分满足客户要求的前提下使用标准化的方法来计划、实施和管理生产环境中的服务变更或新服务的发布,并在转换的同时控制变更的风险和降低失败的可能性,将服务设计中的所有要素完整地导入生产环境,为服务运营打下稳定的基础。

在信息系统运维服务实施过程中,为应对服务管理流程变更引发的复杂性及风险性,服务转换提供相应的指导。它将服务运营纳入标准化与规范化的轨道,为服务运营定义了详细的运营机制和阶段性的服务目标,并定义服务质量与服务能力的测量和持续改进机制。下面列举两个案例。

(1) 从系统集成到运维(案例一):某组织新开发了一套客户关系管理(CRM)应用系统,在系统测试、部署并正式上线后转入运维期。此时需要通过服务转换来初始化客户关系管理应用系统的运维服务管理机制,如制定客户关系管理应用系统的备份策略与备份计划、将客户关系管理应用系统的各个组件纳入配置管理数据库(CMDB)、定义客户关系管理应用系统的故障等级、收集并整理在客户关系管理应用系统部署过程中出现的已知错误等。

(2) 服务商的切换(案例二)：服务商的切换包含两种情况，从甲方(服务需方)切换到乙方(服务提供商)，或者在两个服务提供商之间切换。本案例仅以两个服务提供商之间的切换为例。某组织的数据中心整体服务由服务提供商 A 提供，现切换为服务提供商 B。对于服务商 B，需要通过服务转换来平滑地接管原先由服务提供商 A 提供的所有服务，并将其纳入自身的服务管理体系。如分析历史服务数据、整理并导出各系统文档与知识库、并行承接各服务职能、逐步收取各系统管理权限、优化原有服务管理流程，例如机房巡检服务规范、定义服务回顾机制等。

2. 信息系统运维服务转换的目标

信息系统运维服务转换的目标是促使服务的标准化和规范化。
(1) 规划发布与部署所需要的能力和资源。
(2) 在服务发布或部署前提供严谨规范的框架用于评估服务的能力和风险。
(3) 在服务转换过程中建立与维护好服务资产和配置项的完整性。
(4) 提供高质量的知识和信息，以快速、有效地进行变更管理、发布与部署管理。
(5) 在预期的成本、质量和时间范围内规划和管理资源，建立新的或变更的服务。
(6) 确保将服务运营和支持团队无法预料的影响控制在最小程度。
(7) 在服务转换的实施中增加客户满意度。
(8) 保障服务、应用和各种技术解决方案的使用效率。
(9) 提供清晰、全面的服务转换计划。

3. 信息系统运维服务转换的价值

有效的服务转换可以大大提高服务提供商处理变更和发布的能力，它使服务提供商能够完成以下事项：
(1) 统一业务需求和服务提供之间的关系。
(2) 确保客户和用户使用新的或变更的服务后产生价值最大化。
(3) 快速适应新要求和市场的快速发展，增强竞争优势。
(4) 对服务的合并与拆分、获取与转移进行管理。
(5) 保障变更和发布的成功率。
(6) 对变更与发布带来的服务级别或服务保障的影响进行有效预测。
(7) 有助于理解变更期间及之后的风险级别，例如服务中断、重复工作。

4. 信息系统运维服务转换的实施步骤

(1) 制定服务转换计划：为确保服务转换的过程在有序、可控的条件下顺利进行，首先要对服务能力和资源进行准确预测，并制定服务转换计划和应急预案。服务转换计划的内容如下：

① 转换阶段的责任人。

② 角色和职责。

③ 各阶段的时间点和里程碑。

④ 各阶段的具体工作任务与负责人。

⑤ 交付物列表。

⑥ 交付物验收标准。

⑦ 对客户的要求。

(2) 服务转换实施准备工作：对服务转换计划所需的资源进行验证，与项目利益相关者进行沟通，对资源提出正式要求。服务转换实施准备工作如下：

① 召开服务转换启动会。

② 与项目利益相关者正式做沟通，确认各方职责。

③ 与客户签订服务级别协议(SLA)。

④ 对资源准备情况的验证。

⑤ 相关资源的初始化。

⑥ 服务转换计划的最终调整。

⑦ 对服务转换团队做培训。

(3) 实施服务转换：利用各种可能的方法提升资源效率，以及利用标准化与规范化的手段来弱化服务运营团队中个人能力的影响或依赖因素，并不断地寻求资源投入与服务级别的平衡点，以最终搭建确保达成服务级别协议(SLA)的最有效的资源组合。

① 服务管理流程和流程考核指标的确定。

② 受控的变更管理机制。

③ 可信赖的发布管理机制。

④ 服务连续性管理机制。

⑤ 服务回顾机制。

⑥ 满意度管理机制。

⑦ 面向服务的配置管理数据库(CMDB)。

⑧ 知识库和文档库管理。

⑨ 服务质量管理计划编制。

⑩ 服务运营团队培训。

(4) 服务转换验收：

① 取得项目利益相关者对服务转换阶段交付物的认可，同时对服务是否可以稳定、可持续的运营做验证。

② 服务转换报告：内容包括服务转换计划完成的情况、资源使用情况、交付物列表、服务转换的经验总结、服务转换期的重大事件回顾(如计划的变更)、对服务运营的建议等。

③ 服务转换回顾。

④ 交付物验收。

10.3.2 信息系统运维服务的变更管理

1. 服务变更管理的定义

变更是指增加、修改或删除一个已经被计划授权更改的服务部件或相关的文档。比如，服务器或数据库的版本升级。变更管理是对变更进行控制和管理的过程，包括变更协商、变更处理程序、制定并落实变更措施、修改与变更相关的资料以及结果检查等工作，确保变更的合理性和正确性。

通常，在变更管理中要问以下 7 个问题：
(1) 谁提交变更请求？
(2) 变更的具体原因是什么？
(3) 变更的回报和好处是什么？
(4) 变更所带来的风险是什么？
(5) 变更所要具备的资源需求是什么？
(6) 谁对变更的方案设计、测试和实施负责？
(7) 本变更和其他变更的关系是什么？

2. 服务变更的类型

根据变更的特性可划分几种不同类型，主要的变更类型如下。

(1) 标准变更：标准变更是一个可以恢复的、众所周知的、流程已经被清晰定义的变更。它是针对服务或基础架构的一种预授权的变更。如用户的系统账号、密码的变更请求为一个标准变更。

(2) 较小变更：较小变更是影响小、资源需求小的变更。如在 IBM AIX 操作系统中安装一个安全补丁，该补丁不影响操作系统的启动内核，所以系统不用重新启动。

(3) 重要变更：重要变更是有重要的影响或需要重要的资源调配的变更。如操作系统的版本升级。

(4) 主要变更：主要变更是有主要的影响和需要非常多的资源，并且可能会影响到组织中的很多部分或部门的变更。如公司网络的变更。

(5) 紧急变更：紧急变更是由于业务的原因要立刻执行的变更。如由于服务器硬盘损坏而导致服务中断，需要立刻更换硬件。

3. 服务变更的实施步骤

服务变更的实施步骤如下。

(1) 及时了解系统变化：要对整个服务项目的实施情况做到心中有数，及时发现和把握系统的变化，认真分析其性质，确定变化的影响。

(2) 提出变更申请：工程变更申请书主要包括变更的原因及依据，变更的内容及范围，变更引起的合同总价和服务期的变化，以及为变更审查所提交的附件及计算资料等。

(3) 变更评审：根据实际情况和变更相关的资料首先明确界定变更的目标，然后评价和判断变更的合理性和必要性。

(4) 变更分析：把握变更造成的影响和冲击，编制合理的变更方案。

(5) 确定变更方案：服务供、需双方进行协商和讨论，并经双方签字认可最优变更方案。

(6) 监控变更的实施：在实施变更的过程中要详细记录系统的变化过程，充分掌握信息，及时发现变更引起的超过估计的后果，以便及时控制和处理。

10.3.3 信息系统运维服务的发布与部署管理

1. 服务发布与部署管理的定义和类型

发布是硬件、软件、文档流程及其他组件的集合，用于实现一个或多个批准的信息技术服务变更。发布单元是一些可以在一起发布的硬件、软件的集合，它们可以是IT基础架构的一部分。变更管理负责对变更执行的关键环节进行里程碑式的控制，而发布管理需要通过执行一套标准化的发布程序来确保达成变更管理的控制要求。

发布和部署管理是如何将新的或者变更的硬件、软件、文档、流程等移动到生产环境中去的活动管理，它覆盖了从开发、测试、发布、实施、存档到实施后的评审全过程。其价值是确保服务提供商能够快速交付变更、降低成本、减少风险，确保提供交付实施与客户的最初需求一致，并保证客户和用户可以按照业务目标使用新的或者已经变更的服务。

发布类型主要包括以下几种。

(1) 部分发布：对在这次发布中的部分配置项的更改。比如，安装微软的 Word 或 Excel。

(2) 包发布：发布一组软件或硬件的发布单元到真正的生产环境中去，这一组软件或硬件组成了一个发布包。比如，安装微软的 Office，Office 包括 Word、Excel、PowerPoint、Access Database 等。

(3) 全发布：覆盖在这次发布中的所有配置项。比如，安装微软 Office 的同时还安装了 IBM 的 Notes 邮件和 Norton 的杀毒软件等。

2. 服务发布与部署管理的目标

发布与部署范围包括打包、构建、测试和部署发布的流程、系统和职能，以及在最终移交给服务运营前在服务设计包中建立指定的服务。

发布与部署管理的最终目标主要如下：

(1) 与客户和项目利益相关者一起，定义并确保每个发布包所定义的发布与部署计划。

(2) 确保每个发布包包含一系列相关资产和服务组件，并确保它们之间的兼容性。

(3) 确保组织和利益相关者的变更可以通过发布与部署活动加以管理。

(4) 具体执行目标主要如下。

① 确保清晰、全面地发布与部署计划。

② 确保发布包能够成功、有效，按时构建、安装、测试和部署。

③ 确保对生产服务、运营和支持组织的不可预料的影响最小。

10.3.4 信息系统运维服务的资产和配置管理

1. 服务资产和配置管理的定义

资产是和财务相关的价值及所有权,资产管理是对购买价格超过一定限额的资产进行监控的一套会计核算流程,它记录了购买价格、折旧、所属业务单元和所处位置等信息。配置项是所有交付服务所需要的可确定的独特实体,比如硬件、软件、网络设备、文档等业务支撑系统基础架构中的所有必须控制的组成部分。配置管理超越了资产管理,它是一个描述、跟踪和汇报所有 IT 基础架构中的每一个配置项的管理流程。配置管理保留了有关配置项的技术信息、配置项相互关系的详细信息以及配置项的标准化和授权状况等方面的信息。配置管理还监控对当前信息的反馈,如 IT 组件的状态、位置以及对其实施了的变更。

服务资产和配置管理是对整个公司或组织内部所有资产配置项和配置项之间的相互关系进行精确的定义、控制和账目管理,以确保它们服务的生命周期的一致性。所有的配置项和配置项的关系记录到配置管理数据库(Configuration Management Database,CMDB)中。这个数据库可以是 Notes 数据库或可支持应用访问的关系型数据库。对配置项数据库进行管理的系统称为配置管理系统(Gonfiguratian Management System,CMS)。IBM、HP 和 BMC 公司都提供这样的 CMS 产品。在说明一个配置项时,通常赋予配置项一个名字和描述,同时也详细记录诸如责任人、状态、配置等相关属性。配置项是分层次的,就像一个分层次的数据结构。比如说软件可以包括微软的办公软件和系统应用软件,而办公软件可以包括微软的 Office 和 IBM 的 Notes;系统应用软件可以是企业资源计划系统(ERP)和客户关系管理系统(CRM)等。当配置项改变时,配置管理数据库中的相关信息也会做相应更新。在配置管理中还会对配置管理数据库进行定期审核,以确保所维护的数据的完整性和一致性。

值得注意的是,每个配置项都是有生命周期的,服务资产和配置管理是维护配置项变更的历史信息和配置项之间的关系,并且负责在整个生命周期中跟踪财务价值及所有权。它通过对每一个配置项的有效管理、跟踪和控制来支持信息技术服务和基础设施的正常运行。比如企业可以把准备开发的一个项目的可交付成果作为一个配置项提前放入配置管理数据库,配置项在数据库中就有了从需求分析、架构设计、开发、发布、运营到最后退出使用的整个生命周期。

2. 服务资产和配置管理的目标

服务资产和配置管理中的配置管理是服务管理的一个核心流程,有效的配置管理能确保 IT 环境中的所有信息系统软、硬件设备和系统的配置信息得到有效而完整的记录和维护,并且维护的内容还包括各个信息系统设备和系统之间的物理和逻辑的关系,从而为实现有效服务管理奠定基础。例如,通过了解当前的系统的配置信息和相关的历史状况,服务台工作人员就可以迅速而正确地判断故障,并及时找出有效解决方案,从而确保了系统的高可用性。服务资产与配置管理的目标如下:

(1)识别、控制、记录、报告、审计和检验服务资产和配置项,包括服务资产和配置项的版本、基线、组件、属性、关系。

（2）通过建立和维护准确完整的配置管理系统，确保控制服务和IT基础架构相关的资产和配置项信息的完整性。

（3）定义和控制服务与基础设施的组件，规划这些配置信息，并维护整个管理的过程。

在服务转换这个重要的模块中，变更管理、资产与配置管理以及发布与部署管理间形成的是一个"铁三角"关系，往往在实施中能起到相互支撑的作用，这三者的关系有点类似于财务部门中的财务经理、出纳和会计这3个角色之间的关系：变更管理（相当于财务经理）负责"权"，发布与部署管理（相当于出纳）负责"钱"，而资产与配管理（相当于会计）负责"账"。

10.3.5　信息系统运维服务的知识管理

1. 服务知识管理的定义和目标

知识是人们通过学习、实践或探索所获得的认识、判断或技能。现在大家常说知识经济时代已经来临，知识就是生产力。知识管理是对知识、知识创造过程和知识的应用进行规划和管理的活动。服务知识管理是通过服务知识管理系统（Service Knowledge Management System，SKMS）来实现的，该系统是一个包含数据、信息、知识和智慧的架构系统。服务知识管理系统（SKMS）包含了配置管理系统（CMS），而配置管理系统（CMS）又包含了配置管理数据库（CMDB）。在服务管理实践中，知识是个人或服务团队的隐形经验、想法和决策的总结，智慧是对目前服务状况的洞察能力和判断能力，它广泛记录了知识和历史的经验数据，比如以往发现问题的解决方案。

信息技术服务提供商一般会选择成熟的知识管理工具来建立自己的服务知识管理系统。知识管理工具可以解决组织自身管理信息的处理和知识发布的需要，比如微软在网上发布的知识库管理数据库就属于这个范畴。通过有效的知识管理能给客户提供高效和高质量的服务，以及通过服务知识管理系统本身更加清晰地了解服务的价值所在。

知识管理流程的目标是确保正确的信息和知识以一种可高效利用的方式传递给所有的服务人员。知识管理的目标是为了以下3个"确保"：

（1）使服务提供商有效提高服务质量，提高满意度，减少服务成本。

（2）确保利用正确的信息来帮助决策和运营支持。

（3）确保组织在整个服务生命周期中可以通过可靠、安全的信息与数据来改进决策管理。

2. 服务知识管理流程活动

（1）制定知识管理战略：将知识管理上升到IT治理层面，制定知识管理战略，内容包括以下方面。

① 治理模型。

② 目前、计划以及今后的角色和责任等组织变更。

③ 知识管理的政策、流程、过程和方法。

④ 技术以及其他资源需求。

⑤ 性能的度量。

(2) 知识传递：在服务生命周期中，组织需要通过解决问题、动态学习、战略规划和决策来发现、共享和利用知识，因此，需要将知识传递到组织的其他部分。知识转移的形式、实用性、易用性都必须符合使用者，其中包括正规的课堂培训、文档、研讨会、期刊和简讯等形式。

(3) 数据和信息管理：信息和数据是知识的基础，因此，需要理解关键的流程输入，如数据和信息是如何使用的。

(4) 使用服务知识管理系统：服务提供商首先要建立一个由其运营人员、合作伙伴和客户共享、更新及使用的服务知识管理系统，以提高运营管理流程的有效性，减少由于缺乏适当机制所造成的风险，帮助减少服务的维护和管理成本。

10.3.6 信息系统运维服务的验证与测试

1. 服务验证与测试的定义和目标

服务验证与测试流程不同于发布与部署管理中的测试环节，该流程需要站在整个服务的全生命周期的角度对处于不同阶段的服务状态进行验证和测试，而不仅仅是在变更执行阶段的技术测试。服务验证与测试可用于整个生命周期，为服务的各个方面提供质量保障，确保服务提供者的能力和资源。测试适用于内部或开发的服务、硬件、软件或基于知识的服务，包括测试新的或变更的服务，检查目标业务单元、服务单元、发布组或环境中的活动。

在发布、构建和部署活动中实施一定级别的测试，可以直接支持发布与部署流程。测试可以评价详细的服务模型，在服务运营之前，确保他们符合目标并适合使用。流程的评价使用测试活动的输出判断其在可接受的风险范围内以及服务绩效的交付情况。

服务失败可能会危害到服务提供者的业务和客户资产，导致信用丧失、金钱损失、时间损失、伤害或死亡等后果。服务测试和确认对业务和客户的主要价值是以一定的可信度保证新的或变更的服务能够交付需求的价值和结果，并了解相关的风险。服务验证与测试流程的目标如下：

(1) 验证新的或变更的服务是否能够支持客户或利益相关者需求，或达到相关的服务级别。

(2) 确保发布的质量。

(3) 在整个转换的生命周期中识别、评估和确认存在的问题、错误与风险。

2. 服务测试的类型

从不同的视角来看，测试分为以下几种类型：
(1) 服务需求和结构测试。
(2) 服务级别测试。
(3) 保障测试（适于使用测试），用来提供交付保障，包括可用性、容量、连续性、安全性等。
(4) 易用性测试。

(5) 合同和法规测试。
(6) 合规性测试。
(7) 服务管理测试。
(8) 运营测试,包括负载和压力测试、安全测试、还原测试、回归测试等。

10.3.7 信息系统运维服务的评估

1. 服务评估的定义和目标

评估是指依据某种目标、标准、技术或手段对收到的信息按照一定的程序进行分析、研究,判断其效果和价值的一种活动,其评估报告则是在此基础上形成的书面材料,评估结论是对评估对象的价值或所处状态的一种意见和判断。这种意见和判断是建立在对评估对象的技术可能性、经济合理性的充分、客观和科学分析过程基础上的,因而能给相关部门或单位提供可靠的参考依据。

评估与价值是相关的,有效的评估可以根据交付的价值确定资源的使用,在未来的服务开发和变更管理中更加准确地关注价值。持续服务改进可以利用评估来分析变更流程未来的改进,预测和度量服务变更绩效。评估流程特别关注的是服务设计在部署期间最终转换到服务运营之前发生的对服务设计中定义的新的或变更的服务的评估,但评估流程与变更管理流程中的评估二者之间是有很大差别的,主要差别是变更管理中的评估侧重于对变更本身从资源和影响两个角度进行评估,从而为授权变更提供决策依据;而评估流程则需要站在变更执行的视角评估服务设计方案在通过服务转换进入服务运营状态整个过程中是否取得了预期的绩效、是否遵循了标准化流程。

评估与测试的一个很大的不同是,评估具有"事前性",是对未来负责,而测试是"事后性",是对过去负责。所以评估会有一个难度,就是要去"设想"一些可能发生的事情,为了这个"设想"尽可能可靠,我们一方面要大量参考历史数据,另一方面要建立一些评估模型和量化指标,比如针对一些变更,我们可以根据历史变更成功数作为风险判断的一种手段。

评估流程的目标主要如下:
(1) 评估的目的是要提供一致、标准化的手段,决定服务及IT基础设施的变更绩效。
(2) 变更的实际绩效根据预计绩效进行评估,并理解和管理两者之间的差异。
(3) 评估服务变更的预期效果与预期外效果。
(4) 评估流程,提供高质量的输出,使变更管理能够快速决策是否批准服务变更。

2. 服务评估的流程活动

(1) 制定评估计划:开展评估活动的第一步是制定评估计划。在制定评估计划时,要能够理解变更产生的结果,要从不同的角度对变更进行评估。
(2) 理解变更的预期效果:仔细分析服务变更、客户需求和服务设计的细节,全面理解变更的目的以及实施的收益,包括运行服务所减少的成本、增加的服务性能、运营服务所减少的资源或改进的服务能力等。
(3) 理解变更的预期外效果:服务变更的最终结果除了有预期效果外,还可能有未预期或未计划的结果。如果要全面理解服务变更的影响,也要考虑这些情况。

(4) 服务变更效果的考虑因素:在评估服务变更效果时要考虑以下因素。

① 服务提供者或服务单元提供需求的能力。

② 服务涵盖服务变更或发布的能力。

③ 组织接受变更的能力。

④ 服务转换后服务运行所需的胜任人员、充足的经费、基础设施、应用系统和其他资源。

⑤ 变更对人员的影响。

⑥ 服务是否符合目标?是否支持需求的绩效?

(5) 性能评估:依据用户需求和验收标准对运营活动开展前后的性能和性能模型进行风险评估,并对预期性能和实际性能进行比较。

10.4 信息系统运维服务的运营

服务运营的目标是服务提供商按照同客户签订的服务承诺协议对客户实施服务,并且能够有效地管理相关应用、技术和基础架构,确保高效地完成日常服务支持的方案,从而保证客户和服务提供商的根本利益。

10.4.1 信息系统运维服务运营的基本概念

1. 信息系统运维服务运营的定义和目标

服务运营是将各种资源转化为服务的活动过程,它是信息技术服务管理生命周期中负责日常运行维护的一个阶段。服务运营的范围覆盖交付和支持服务的日常活动,即服务运营主要关注日常运行活动和用于提供服务的基础架构。服务运营管理是指对服务提供商所提供的服务产品的开发设计,对服务运营过程及其系统的设计、计划、组织和控制等的一系列管理活动。

由于信息系统运维服务运营是通过服务运营人员给客户直接创造价值的,所以信息系统运维服务运营的最主要的目标就是服务提供商在服务承诺的基础上成功实现服务的价值,主要包括以下内容:

(1) 协调和执行运营活动,以确保服务级别达到业务或客户的要求。

(2) 对支持服务的基础设施进行管理和维护。

(3) 监控信息技术基础设施和信息系统运维服务的绩效并实施持续的改进。

2. 信息系统运维服务运营的价值和优化

信息系统运维服务生命周期中的每个阶段都为业务提供价值。比如,服务战略对服务价值模型化,服务设计和服务转换对服务进行设计、预测和检验,持续服务改进提出优化的指标。而在服务运营中,上述计划、设计和优化得到实施和测量。从客户角度看,服务运营阶段才是最终得到实际价值的环节。运维服务运营的最大价值在于其维护了服务的日常实现,并为服务的改进优化提供了基础。

信息系统运维服务运营有许多关键的服务运营流程,它们必须关联在一起才能够提供有效的和整体的信息技术支持结构。信息系统运维服务运营优化有下面两种方式。

(1) 长期的持续改进:这基于评估以往的所有信息系统运维服务运营流程、功能、输出的结果和性能,分析这些报告,并决定是否需要改进。如果需要,就要确定如何才能最佳地通过服务设计和服务转换实施改进。比如,部署一套新的工具软件、流程设计的变更、基础架构的重新配置等。

(2) 短期的日常改进:这是指服务流程、功能和技术本身的日常的、短期的改进。比如,调优、负载均衡、人员调整和培训等。

10.4.2 信息系统运维服务的事件管理

1. 服务事件管理的定义

事件是指任何可被检测或者辨别的、对 IT 基础架构及信息技术服务交付有影响的事情。事件包括 3 种类型,即通知性消息、报警和异常。通知性消息是指那些显示正常运行的事件;报警表示某一项服务或者设备即将达到阈值,这时需要采取恰当的行动避免意外发生;异常情况是指 IT 基础架构中某个设备的相关参数超出了阈值,并已经导致或者即将导致服务中断或者服务质量下降。

事件管理是对企业业务系统日常的信息、报警和异常情况进行跟踪和处理。事件管理是信息技术运营管理的主要活动之一。事件管理流程负责对 IT 基础架构进行监控,并对事件进行全生命周期的跟踪和管理,根据事件的类别和严重程度进行相应的升级处理。事件管理是一个很关键的流程,它为组织提供首先检测事件,然后准确确定正确的支持资源以便尽快解决事件。该流程还为管理层提供关于影响组织的事件的准确信息,以便他们能够确定必需的支持资源,并为支持资源的供给做好计划。

事件管理提供检测、分辨事件并确定恰当的控制行动的能力,因此,事件管理是服务运营监视和控制的基础。通常,事件的监控主要是通过各种监控工具来实现的,例如 IBM 的 Tivoli 产品中有一个系统监控软件叫 Tivoli 监控器,利用这个软件可以对服务器系统、应用和网络层面进行监控,把事件记录到 Tivoli 的事件管理日志中,并通过邮件或短信的形式通知系统管理员,这样就实现了有效的事件管理功能。当然,不仅仅 IBM 有这样的产品,像华为或亿阳信通公司等国内的电信服务提供商也同样推出了他们自己的网络和系统监控的产品。这样的工具主要可以被分为两类。

(1) 主动监控工具:定时扫描配置项以确定它们的状态和可用性,并对任何意外情况产生一个警报,这个警报需要发送给适当的工具或团队以便采取行动。

(2) 被动监控工具:检测和关联由配置项产生的运行警报或通知信息。

2. 服务事件管理的实施步骤

事件管理是监视信息系统运维服务性能和可用性的基础,准确的监视目标和机制应该在服务设计阶段进行说明和批准。信息系统运维服务事件管理的步骤如下。

(1) 事件的查明和记录:利用各种监控工具收集和记录事件的详细信息,包括事件发生的时间、症状、位置、用户和受事件影响的服务等,以便于确认事件的影响。问题管理可以根据这些信息查找事件原因,密切跟踪事件进展。

(2) 初步归类和解决:一般来说,许多事件是重复出现的,因此,当某个事件再次出现时只需要根据以往的经验和措施采取行动即可。当新的事件出现时,要将问题与知识库相匹配,如果匹配成功,就可以直接用现成的方案将其解决,而不需要进一步调查分析。

(3) 事件调查和分析:当以往的经验及知识库相匹配都无法解决时,通常,专家支持小组应介入事件处理过程,依据服务级别协议评价事件影响度和优先级,对其进行调查和分析,并设计和确定解决措施或解决方案等。

(4) 解决事件和恢复服务:实施解决措施或解决方案,解决事件并恢复服务。

(5) 事件终止:解决事件和恢复服务后,服务提供商要与客户一起确认事件的解决是否成功,详细记录事件控制解决过程中的所有相关信息,包括客户满意度、处理事件所花费的时间等。

10.4.3 信息系统运维服务的故障管理

1. 服务故障管理的定义和目标

故障是指系统或设备的功能指标低于正常时的最低限值时丧失规定功能的现象。信息系统运维服务故障是指在运维服务中的一个无计划中断,或者运维服务本身服务性能的降低。它包括系统崩溃、硬件或软件故障,任何影响用户当前业务使用和系统正常运作的故障,影响业务流程或违背服务级别协议的情况等。

故障管理指系统出现异常情况前后的管理操作,是用来动态地维持系统正常运行并达到一定的服务水平的一系列活动。故障管理流程负责尽可能快地恢复意外服务质量下降或因故障而导致的服务中断,使故障对业务产生的影响最小化。故障管理流程具有被动和主动两个方面,被动方面是作为应对出现一个或多个故障的反应而解决问题,主动故障管理是指在故障发生前确定并解决问题和已知错误。

故障管理的目标就是将IT基础设施内的错误引起的事故和问题对业务的负面影响减到最小,尽可能快地恢复到正常的服务运营,并尽可能地防止与这些错误相关的事故再度发生,确保满足服务级别协议(SIA)的要求,达到最好的服务质量和可用性水平。为了实现这个目标,故障管理力求找到引发事故的根源,然后才着手改善或纠正该情况。

2. 服务故障管理的范围

故障管理包括中断或可能中断服务的任何故障,它可能是用户直接报告的故障,也可能是通过服务台提交或者通过事件管理与故障管理之间的工具接口创建的故障。

(1) 故障与事件:事件一般主要指由监控系统所产生的通知性或告警性信息,而故障的来源除了监控系统告警产生之外,还包括用户以及IT人员报告的故障。除了用户报告以及事件管理流程升级故障之外,故障还可能由技术人员报告和记录。因此,并不是所有的事件都会升级为故障进行处理,同时,也并不是所有的故障都是来自事件管理流程。

(2) 故障与服务请求:尽管故障和服务请求都向服务台报告,但不表示它们属于同类请求。服务请求不代表服务中断,它是满足客户需要的一种方式,并记录在服务级别协议(SLA)中。服务请求由服务请求履行流程处理,而故障则由故障管理流程进行处理。

3. 服务故障管理的实施步骤

故障管理流程是信息系统运维服务管理中使用频率最高的流程,明确定义故障管理过程的主要活动、形成标准的故障处理模型并将该故障处理模型整合到故障管理软件平台是目前实践中最常见的做法。

(1) 记录故障:记录包括以下内容。

① 唯一的故障编号。
② 故障分级(通常分解为2至4级)。
③ 故障发生的日期和时间。
④ 记录人的姓名或编号。
⑤ 报障方式(电话、自动通知、电子邮件、面对面报告等)。
⑥ 用户的姓名、部门、电话、地址。
⑦ 反馈方法(电话、电子邮件等)。
⑧ 故障描述和故障状态(处理中、等待中、已关闭等)。
⑨ 故障解决方案和故障处理过程中的活动。
⑩ 故障解决的日期和时间等。

(2) 故障分类、优先级和初步诊断:

① 故障分类:在对故障进行分类时,需要考虑派单、统计、分析、查询等多方面的需要。值得注意的是,故障的分类并不是越细越好。

② 确定优先级:优先级通常通过考虑故障的紧急度(业务能够忍受的最长解决时间)和影响度来确定。影响度通常表示为受影响的用户数量。

③ 初步诊断:服务台人员在受理故障请求后,应根据现有的故障信息展开初步诊断和支持。如果可能,当用户在线时服务台坐席人员就应该解决这个故障,否则应向用户提供故障编号,并将故障及时地派单给二线支持人员,寻找解决方案。

(3) 调查与诊断:

① 准确定位问题所在和用户所发现的状况。
② 确认故障的全部影响,包括受影响用户的数量和范围。
③ 识别触发故障发生的事件(比如最新的变更、某些用户行动)。
④ 通过搜索以前的故障、问题记录、已知错误数据库或者厂商的错误日志或知识库对历史故障进行知识查找。

(4) 解决与恢复:

① 要求用户直接在自己的桌面或远程设备上执行有针对性的活动。

② 服务台远程地使用软件控制用户桌面去诊断和实施解决方案。
③ 请专家支持小组实施特定的恢复行动（比如网络支持小组配置路由器）。
④ 请第三方设备供应商或维护商去解决故障。

（5）故障关闭：在故障解决和恢复行动完成后，服务台应向用户核实确认故障是否已被解决，并了解用户对本次故障解决过程的满意程度。故障的关闭动作通常是由服务台来完成，但是根据实际需要有的时候也可以采用自动关闭或者由用户来关闭的方式来关闭故障。

10.4.4 信息系统运维服务的请求履行

1. 服务请求履行的定义和目标

服务请求是来自用户对信息咨询、建议、访问权限申请或变更等的请求。用户的服务请求大多数实际上是属于微型的、风险较低的变更，它们一般由用户发起，通过服务台使用类似于故障管理的独立流程，但具有单独的服务请求履行记录单（必要时关联到故障或问题记录）。服务请求由服务台统一进行受理，其所有权应该属于服务台。服务台负责对服务请求进行分派、监控、升级和关闭。有时候，服务台自身经过授权就可以履行一部分服务请求。大部分服务请求都会频繁出现，并要求以一致的方式进行处理，以满足约定的服务级别。由于服务请求通常属于可以事先定义的标准化操作，因此，有时候我们可以直接在信息技术服务管理工具平台中明确定义一些标准的服务请求菜单，并事先定义好每一类服务请求的内容和表单格式，这样有助于实现"自助购物式"的服务请求提交。

服务请求履行流程负责处理服务请求，标准变更也属于服务请求的一种，因此，标准变更的处理需要纳入服务请求履行流程的范围。服务请求的特点是数量较大、风险较低，且服务请求的实施过程相对简单。由服务请求履行负责管理服务请求的整个生命周期，包括以下目标：

（1）提供用户请求和接受服务的渠道，并有效地实施服务。
（2）为用户提供服务的信息和如何获取服务的具体步骤。
（3）回答用户的一般询问信息，解决用户的投诉和建议等问题。

2. 服务请求的类型

有些组织为了方便，通过故障管理流程（工具）来管理服务请求，这时，服务请求被作为一种特殊类型的故障。但服务请求与故障是有区别的，区分服务请求与故障有一个很简便的判定原则，即故障通常是一个意外的事件，而服务请求常常是能够事先定义其操作路径和步骤的。

服务请求履行流程受理用户所提出的所有服务请求，具体包括以下几种类型：
（1）标准变更请求。
（2）任务操作请求。
（3）信息查询请求。
（4）投诉和抱怨。
（5）意见反馈。

10.4.5 信息系统运维服务的访问管理

1. 服务访问管理的定义和目标

访问管理又称为身份管理或权限管理,是授权合法用户使用一项或一组服务,而限制非授权用户访问的流程。它的前提是能够准确识别合法用户。访问管理的核心是用户访问系统身份的唯一性,也就是一个用户在一台主机或应用上的账号有且只有一个,并且,访问的权限要以能够满足用户完成该工作的最小权限的标准进行授权。对于已经离职的用户,及时清除原先的访问权限。由于信息系统使用权限申请者最终被允许获取的权限各有不同,不同的授权事项其授权者也各不相同,因此,信息系统的访问管理应和客户的人力资源系统进行自动而有效地关联,并且做到及时和有效地删除已经不需要的账号。

访问管理的目标是提供给授权的用户访问服务和系统的权利,并且能够阻止非授权用户的访问,可以看作操作级别的安全管理,同样也会考虑安全的机密性和完整性、可用性。在服务请求履行、故障管理、变更管理、发布与部署管理、安全管理等流程中,都不可避免地涉及对相关系统、数据的访问权限问题。为了确保信息安全和其他流程的有效、顺畅运行,将组织中与权限申请和授权相关的操作整合成一个规范、正式的流程是非常必要的。服务运营模块中的访问管理流程恰好体现了这一意图。

2. 服务访问管理的范围

(1) 访问管理是可用性管理和信息安全管理在确保服务开通和权限控制方面的具体执行,可支持组织有效地管理数据和知识产权,以确保其管理机密性、可用性和完整性。

(2) 访问管理只是确保用户有权限使用某一项或多项服务,但不能保证该服务在所有规定时间内均是可用的,这需要可用性管理的支持。

(3) 访问管理流程通常由技术管理和应用管理职能执行,通常并不设立专门的岗位或职能,但可能在IT运营管理或服务台中设立一个控制协调点。

(4) 访问管理通常由请求履行流程触发,有关权限申请的请求也是作为一种服务请求统一由服务台负责受理。

3. 服务访问管理的实施步骤

(1) 请求访问:在信息技术服务管理中,访问权限可以通过以下多种机制进行申请。

① 标准请求:通常由人力资源部门在员工入职、提拔、调动或离职时提出。

② 变更请求:实施变更过程中涉及的权限申请均由变更请求触发权限申请请求。

③ 权限请求:通过服务请求履行系统提交的服务请求。

(2) 验证:访问管理需要验证每个访问信息技术服务的请求,包括以下两个方面。

① 请求访问的用户身份真实、准确。

② 服务请求合法。

(3) 授予权限:一旦用户被验证通过,访问管理就可以为用户提供所申请服务的权限。

(4) 监视身份状态:当用户被授予某项服务的使用权限后,访问管理需要及时监控用户的身份状态,以及时调整其权限。

(5) 记录和跟踪访问权限：访问管理不仅负责响应访问请求,还要负责保证这些权限被适当地、合法地使用,确保用户的使用权限不被滥用(如借给其他无关人员)。

(6) 删除或限制权限：在用户的使用权限到期或者组织做出决定需要终止或者限制某个用户的使用权限时,访问管理负责删除或限制该用户的使用权限。

10.4.6 信息系统运维服务的问题管理

1. 服务问题管理的定义和目标

问题是一个或多个突发事件的未知原因,也就是未知的错误,而问题管理是负责问题生命周期的管理。问题管理针对所有的信息技术服务要素(人、流程、技术、合作伙伴)进行问题识别、根源分析、错误评估和解决方案制定。一般而言,问题管理的范围是故障管理、服务请求履行、变更管理、配置管理等流程的管理范围的集合,也就是说,凡是有可能对信息技术服务的质量产生潜在影响的因素都可以纳入问题管理的范围。

问题管理的主要目标是预防问题的产生及由此引发的故障,消除重复出现的故障,并对不能预防的故障尽量降低其对业务的影响。通常,问题管理是和故障管理紧密相关的,问题管理实施的第一步首先要对问题进行记录和分类,然后做问题诊断,最后得出问题解决的方案。在问题的生命周期里,问题管理主要通过以下两个步骤解决问题。

(1) 临时控制(治标方法)：信息系统运行过程中出现的有些问题一时不能够发现其产生的根源,可以采用故障管理(临时措施)的解决方案尽快地降低或消除故障(突发事件)的影响。

(2) 根治消除(治本方法)：彻底查明发生问题的根源,采用永久性解决方案,通过必要的操作或变更来消除引起突发事件(问题)的深层根源,以防止类似事故再次发生。

2. 服务问题管理的分类

有效实施故障管理和服务请求履行流程,能够将信息技术服务从"无序的被动维护"提升至"有序的被动维护",但仍然没有实现"预防性的主动维护",整个服务团队还只是在认真而忙碌地做着"正确的事"。要想实现主动式维护,并且确保整个服务团队在"正确地做事",还必须在"治标"的基础上进行"治本"。问题管理的引入可以有效地实现这个目标,即有效运行的问题管理可以减少故障和事件发生的数量,提高信息系统的运行效率并节约成本,确保信息系统服务可用性和质量得到提升。问题管理分为下面两大类。

(1) 被动问题管理：当问题发生后,找出导致该问题发生的原因,并提出解决措施。

(2) 主动问题管理：通过主动找到系统中的薄弱环节来阻止突发事件或问题的发生,并提出消除这些薄弱环节的解决方案。一般使用具体的工具来实现主动问题管理,如 IBM Tivoli 监控工具。

3. 服务问题管理和故障管理的区别

问题管理是负责对问题进行全生命周期管理的流程,包括识别问题、查找问题根源、评估错误和制定问题解决方案等主要活动。故障管理是指系统出现异常情况前后的管理操作,负责尽可能快地恢复意外服务质量下降或因故障而导致的服务中断,使故障对业务产生的影响最小化。

在实际工作中,很容易将"故障"与"问题"这两个概念混淆。事实上,故障和问题之间虽然有很紧密的联系,但这两个概念是完全不同的。故障和问题是看待同一件事故的两个不同的视角,故障是从治标的角度对事故进行处理,确保对当前的业务影响最小化,关注的焦点是解决速度要快、花费的时间要短,通常采用应急措施或者临时替代方案。问题管理则是从治本的角度对事故进行处理,确保对长远的业务影响最小化,关注的焦点不是解决速度的快慢而是质量,要彻底解决问题,因而花费的时间比较长,查明根源,采用永久性解决方案,侧重于治本,彻底解决。如针对服务器宕机这件事情,故障管理首先要考虑的是通过何种方式确保服务恢复,而问题管理则需要考虑服务器为什么会宕机,其根本原因是什么,用何种方法可以从根本上防止此类故障再次发生。

10.4.7 信息系统运维服务的运营职能

1. 信息系统运维服务运营职能的定义

职能和流程是两个容易混淆的概念。流程是为了完成一个指定的目标而设计的结构化的活动集合,它包含为保证可靠输出而需要的所有的角色、职责、工具和流程控制点。职能则是一组人员的团队和工具来完成一个或多个流程或者活动。在服务运营中,职能模块包括服务台、技术管理、信息系统运营管理和应用管理。

单凭流程不能进行有效的服务运营,还需要稳定的基础架构和适当技能的人员。为了满足这些要求,服务运营需要依赖多组技术熟练的人员,并通过流程使得基础架构与业务需要相匹配。服务运营中的典型职能是要尝试着把用于服务交付的基础架构的管理活动从服务管理的概念中区分出来。服务运营中技术管理的目标并不是为了获得更好的技术表现,而是为了让技术与服务中的流程和人员保持一致性,形成体系,以满足业务目标的需要。

2. 服务台

服务台是支持信息技术服务的一线服务人员的团队总称。服务台为用户提供了一个单一联络点,并为各个服务团队和流程提供了协调点,即为用户与服务人员之间建立起沟通的纽带,确保用户的故障请求和服务请求能够以最快的速度得以满足,确保用户满意。

(1) 服务台职责:作为用户的直接联系媒介,具体的服务控制台职责如下。

① 记录所有的呼入,对事件分类,区分哪些是简单的服务请求或投诉。
② 根据突发事件的紧急程度和影响的大小来制定优先级。
③ 对突发事件进行初始化的评估和提供事件管理级别的解决方案。
④ 监控事件的过程并把事件在必要的时候升级给其他部门进行及时解决。
⑤ 当事件被解决后,在得到用户对该次服务的满意度确认后关闭事件。
⑥ 通知用户关于突发事件的状态和任何进展。

(2) 服务台种类:目前有很多类型的服务控制台,以下是几种主要的典型的组织结构。

① 本地服务台：本地服务台设置在本地，只支持本地的用户。本地服务台的优点是便于提供本土化、个性化的服务，响应速度快；缺点是当用户很多且需要的服务比较相似时，这种模式容易造成重复建设，浪费人力和物力，增加服务台运作的总体成本。

② 集中式服务台：集中式服务台所支持的客户会来自不同的城市或地区，其优点是降低了服务台总体运营成本，在管理控制上得到了加强，提高了资源利用率；缺点是灵活性较差，难以针对各地用户的特殊情况提供个性化的服务。

③ 虚拟服务台：虚拟式服务台是指通过使用现代通信技术和互联网技术将位于不同时区或地点的分布式服务台连接起来，形成一个对外统一的虚拟化的集中式服务台。虚拟服务台其实是在分布式服务台的基础上通过现代技术实现了集中式服务台，在用户看来就像只得到一个唯一的服务组织在给他们提供服务一样。虚拟式服务台的优点是可以提供全天候的服务响应，并且可以整合全球各地的资源提供全球统一的服务支持；缺点是只能提供标准化的服务而无法满足各地个性化需求。

④ 日不落式服务台：日不落式服务台可以理解为是一种特殊的虚拟服务台。服务台可以支持 7×24 小时的服务，服务台调度和控制系统会把客户的呼叫转移到在白天有服务人员上班的国家或地区。比如说，如果用户呼叫的时间正是中国上班时间，该呼叫就会被转到中国的服务控制台。相应的，如果用户呼叫的时间正好是美国的上班时间，该呼叫就会在美国的服务控制台进行处理。

3. 技术管理

技术管理是指提供支持 IT 基础架构日常运行所需的专业的技能和资源，包括专门负责 IT 基础架构管理的团队、部门或小组，通常是指负责网络、服务器、存储设备等硬件设备或数据中心基础设施维护的团队。它确保信息技术服务提供商有权使用正确的形式和级别的人力资源来管理目前的信息技术架构，从而完成客户的业务目标。

(1) 技术管理的目标：

① 帮助计划、实施和维持基础架构的稳定性，支持组织的业务流程。

② 负责设计高度灵活和成本合理的技术架构。

③ 维持 IT 基础架构处于最佳状态。

④ 快速使用专业技能，迅速诊断、解决所有的技术故障。

(2) 技术管理的作用：通过执行以下两项职责，技术管理能够确保所有的信息技术服务管理流程得到支撑而实现良好的信息技术服务管理，从而满足业务的要求。

① 管理和 IT 基础架构相关的所有知识。

② 在设计、转换、运营和改进等信息技术服务生命周期的各个阶段提供具体的技术资源和技术支持。

4. 信息技术运营管理

信息技术运营管理是信息技术服务提供商的内部功能，它负责执行管理信息技术服务和支持 IT 基础架构所需要的日常活动。信息技术运营管理的目标是维持信息技术服务提供商日常流程和活动的稳定性，监控并改进当前的服务质量和解决已经发生的所有信息技术运营故障。

（1）信息技术运营管理的主要职能：信息技术运营管理职能通常对应实际工作中的机房值班人员、备份操作人员、监控人员等日常性维护人员，一般可以划分为下面两个主要的职能。

① 信息技术运营控制：监视和监控IT基础设施中的事件和运营活动，包括服务控制台管理、工作调度、备份恢复、性能维护活动等，其操作由运行操作人员轮流担任，确保日常运行任务被执行。

② 设施管理：管理物理的信息系统环境，包括数据中心、计算机机房、恢复中心所有的供电和空调冷却设备的管理等。

（2）信息技术运营管理的目标：
① 保持组织日常流程和活动的稳定性。
② 实施日常监控，从而在降低成本的同时提高服务的稳定性。
③ 快速应用运营技能，诊断、解决发生的所有IT运营故障。

（3）信息技术运营管理的作用：
① 控制台管理，对网络、应用和关键设备进行监控。
② 作业调度，即常规批量作业或脚本的管理。
③ 替代所有技术和应用管理小组、部门以及用户进行备份和恢复操作。
④ 校对、分发所有书面和电子输出的打印和输出管理。
⑤ 机房访问控制和日志记录。
⑥ 机房物业管理。
⑦ 机房环境控制和管理。

5. 应用管理

应用管理是指提供应用系统开发、测试和维护所需的专业的技能和资源，包括负责软件开发和应用的专业团队、部门或小组。它和技术管理的角色非常相似，所不同的是，技术管理主要负责IT基础架构的日常运行，而应用管理关注的是软件应用，并且与软件开发比较接近。应用管理职能支持和维护运行中的软件应用，同时在软件设计、测试和应用改进中扮演重要角色。应用管理通常基于组织的关键应用系统分成不同的专业小组，这样便于各专业小组能够更加专注于某一个或多个关键应用系统的维护和支持。应用管理的目标是有效地识别应用软件的功能性和非功能性需求，从而更好地支持客户的业务流程。应用管理的主要目标如下：

（1）识别应用软件的功能性和管理性需求，帮助支持组织的业务流程。
（2）帮助设计和部署应用系统，并不断改进应用系统的功能和性能。
（3）确保应用系统正常运作。

10.5 信息系统运维服务的持续改进

服务持续改进的活动支持从服务战略到服务设计、服务转换和服务运营的整个生命周期。它将信息技术服务作为一个整体系统来看待，对每个流程进行关键点的指标测量、控制,并设定相应的改进流程改进整体的信息技术服务质量。

10.5.1 信息系统运维服务持续改进的基本概念

1. 信息系统运维服务持续改进的定义和目标

服务持续改进是指导服务改进措施和效果同服务战略、服务设计、服务转换和服务运营联系起来,建立服务整个生命周期的各个流程内在的联系,并强调流程之间是一个不断往复和提高的过程。服务持续改进也会加入对流程和服务的度量分析,以及改进服务能力和改进流程的有效性,并提供在整个服务的生命周期中对服务的各个阶段进行指导,以提高信息技术服务的效率。

服务提供商负责对服务本身进行持续性改进,也就是在服务生命周期中对很多流程管理的具体实践和方法进行改良。比如,在服务级别管理流程中如何设置更有效的度量标准来监控和提高服务的质量。服务持续改进应该作为一种理念或文化融入企业的日常工作行为中。

持续服务改进的目标是对各生命周期阶段的改进机会进行评审、分析和提出建议,具体包括以下内容:

(1)评审和分析服务级别实现的结果。
(2)识别和实施各项活动,改进信息技术服务质量和服务管理流程的效果和效率。
(3)在不影响客户满意度的情况下改进提供信息技术服务的成本效益。
(4)确保使用适当的质量管理方法支持持续改进活动。

2. 信息系统运维服务持续改进的实施步骤

服务持续改进的最终目标是确保提供高质量的服务产品,为了实现这一目标,服务提供商实施持续改进流程一般可划分为以下 6 个步骤:

(1)了解客户企业发展的战略目标,使信息技术服务的战略规划与客户企业发展目标保持一致。
(2)根据对客户现有系统业务、人员、流程和技术的分析评估客户系统的现状并设立基准。
(3)通过深入理解客户企业发展目标制定的原则确定实施服务改进的优先级。
(4)细化服务持续性改进计划并对现有流程进行必要的改进。
(5)确认服务度量方法和指标,确保服务级别达到业务目标和优先级要求。
(6)确保服务改进的变更能够得到实施,保证服务的持续性改进。

10.5.2 信息系统运维服务持续改进的方法

1. 信息系统运维服务持续改进的 PDCA 方法论

信息系统运维服务管理采用全面质量管理(TQM)的工作方法,即 PDCA 循环(戴明循环)方法,该方法是有效进行任何一项工作的合乎逻辑的工作程序。之所以将其称之为

PDCA 循环,是因为 Plan-Do-Check-Action 这 4 个过程不是运行一次就完结,而是要周而复始地进行,中途不得中断。每一个计划指标都要有保证措施,一个循环完了,解决了一部分的问题,可能还有其他问题尚未解决,或者又出现了新的问题,必须转入下一轮循环解决,这样才能保证计划管理的系统性、全面性和完整性,最后通过工作循环一步一步地提高水平,把工作越做越好,如图 10-3 所示。

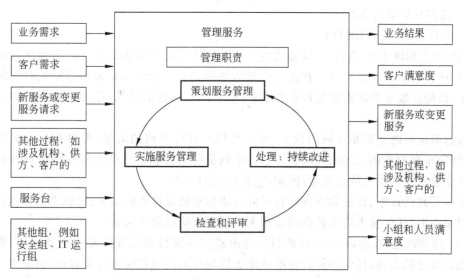

图 10-3　信息系统运维服务管理过程的 PDCA 工作方法

（1）策划服务管理（P 阶段）：对信息技术服务管理进行策划,形成的计划至少应定义以下内容。

① 服务提供方的服务管理范围。
② 服务管理要完成的目标和要求。
③ 要执行的过程。
④ 管理角色和职责的框架,包括高层责任人、过程责任人和供方（服务提供商）的管理。
⑤ 服务管理过程与协调活动方式之间的接口。
⑥ 识别、评估并管理在完成规定目标过程中的问题和风险时所采取的方法。
⑦ 与创建或修改服务的各项目进行接口的方法。
⑧ 完成规定目标所必需的资源、设施和预算。
⑨ 支持过程的适当工具。
⑩ 如何管理、审核并改进服务质量。

为评审、授权、通报、实施并保持这些计划,应具备条理清晰的管理导向和形成文件的职责,任何针对特定过程生成的计划都应与服务管理计划保持一致。

（2）实施服务管理（D 阶段）：服务提供方应实施服务管理计划加以管理并交付服务,包括以下内容。

① 资金和预算的分配。
② 角色和职责的分配。

③ 编制并保持每个过程或过程集合的策略、计划、规程和定义。
④ 服务风险的识别和管理。
⑤ 团队的管理,例如补充并培养适当的人员,对人员的连续性进行管理。
⑥ 设施和预算的管理。
⑦ 包括服务台和服务运行组在内的团队的管理。
⑧ 按照计划报告进度。
⑨ 各服务管理过程的协作。

(3) 检查和评审(C阶段):服务提供方要采用适宜的方法来监视并适当地测量服务管理过程,这些方法应证实过程具有达到计划结果的能力。管理层要根据计划的时间间隔进行评审,以确定服务管理需求是否符合服务管理计划、标准的要求,是否得到有效的实施和保持。

考虑拟审核的过程和区域的状况、重要性以及以往审核的结果,要对审核方案进行策划,应规定审核的准则、范围、频次和方法。审核员的选择和审核的实施应确保审核过程的客观性和公正性。审核员要避免(回避)审核自己的工作。

服务管理的评审、评估和审核的目标应与诸如审核及评审的结果、已识别的补救措施等一并记录在案,任何重大的不符合项及相关事宜都应通报给相关方。

(4) 持续改进(A阶段):处理的目标是改进服务交付和管理的有效性及效率,要发布有关服务改进的方针,任何不符合标准或服务管理计划的项都应进行补救;应清楚定义服务改进活动的角色和职责,对所有建议的服务改进进行评估、记录、排定优先顺序并授权,使用服务改进计划来控制活动。

服务提供方要具有一个适当的过程来识别、测量、报告并管理处于进行中的改进活动,包括单个过程的改进,可由过程责任人和相关人员来实施,例如执行单个纠正和预防措施,还包括整个组织的改进或多个过程的改进。服务提供方应执行的活动如下:

① 收集并分析数据,为服务提供方的能力建立基线和标杆,以管理和交付服务与服务管理过程。
② 识别、策划并实施改进。
③ 与所有相关方进行商议。
④ 设定改进质量、成本和资源利用的目标。
⑤ 考虑来自所有的服务管理过程改进的有关输入。
⑥ 测量、报告并通报服务改进。
⑦ 修订服务管理方针、过程、规程和计划中必须修订的内容。
⑧ 确保所有批准的措施都已交付执行,并达到了预期目标。

2. 改进信息系统运维服务质量的七步法

改进服务质量的七步法是将通常持续改进工作的PDCA循环过程细分为7个关键步骤,整理出来形成指导改进服务工作开展的具体方法,它是开展持续改进工作的基本方法,具有广泛的适用性。

(1) 第一步定义问题:遵照具体问题具体分析、解决的原则,首先要明确服务工作中存在的问题及所要达到的目标。在服务生命周期的开始阶段,服务战略和服务设计应该已经确定此项内容。

(2) 第二步了解现状:将问题细化,调查收集以往的和当前的相关数据,查明问题出在哪里,进一步明确改进方向。收集数据所用的测量方法必须可靠,数据收集的范围和方法必须前后连贯一致,确保可以用来进行对比分析。

(3) 第三步收集数据:针对已明确定义的目标来收集数据。通常,需要收集以下三类指标数据,以支持服务持续改进活动。

① 技术指标:这些指标主要是指基于组件或应用系统的性能、可用性等技术参数。

② 流程指标:服务持续改进流程可以基于这些流程指标发现流程改进的机会。

③ 服务指标:这些指标用来衡量端到端服务的质量。

(4) 第四步处理数据:对来自多个独立来源的数据进行核对和处理,并通过适当的技术手段消除数据缺失所造成的影响。

(5) 第五步分析数据:对数据进行深入分析和挖掘。

(6) 第六步研讨对策:研究改进服务的措施和方法,并制定改进服务的行动计划和方案。

(7) 第七步实施计划:实施改进服务计划和方案,按照行动计划落实每个人的责任,用获得的知识来优化、提高和校正当前的服务流程。在应用实践中改进质量的七步法是一个不断循环的流程。

10.5.3 信息系统运维服务的度量

1. 信息系统运维服务度量的定义

度量与测量是两个语义雷同的词语,在大多数场合,度量是一个名词,测量是一个动词,它被看作为获得度量的方法和手段。测量的定义是利用合适的工具确定某个给定对象在某个给定属性上的量的程序或过程。作为测量结果的量通常用数值表示。该数值是在一个给定的量纲或标准尺度系统下由属性的量和测量单位的比值决定的。度量的定义是指在现实世界中把数字或符号指定给实体的某一属性,以便以这种方式根据已明确的规则来描述它们。在这种时候,度量被看作是测量的标准。但是在现代服务行业的快速发展过程中,在不少场合,度量一词又往往被习惯地作为一个动词使用,因此,大家不必拘泥于它们之间的词汇属性问题,适应"习惯成自然"才是最重要的。

信息系统运维服务度量的定义是指对运维服务项目、过程及其交付成果进行数据定义、收集以及分析的持续性定量化过程,目的在于对此加以理解、预测、评估、控制和改善。通过信息系统运维服务度量可以改进运维服务过程,促进运维服务项目成功,获得高质量的服务交付成果。度量取向是运维服务诸多事项的横断面,包括顾客满意度度量、质量度量、技术度量、流程度量以及品牌资产度量、知识产权价值度量等。度量取向要依靠事实、数据、原理、法则;其方法是测量、审核、调查;其工具是统计、图表、数字、模型;其标准是量化的指标。

信息系统运维服务有以下4个基本原因去监控和度量数据:

(1) 校验以前的决定是否正确。

(2) 指导行为去满足设定的目标。
(3) 由实际的证据去证明行为的正确性。
(4) 在适当的点进行干预和执行改进行为。

2. 信息系统运维服务度量的级别划分

信息系统运维服务度量能够提供有关运维服务项目的各种重要信息,其实质是根据一定的规则将数字或符号赋予系统、构件、过程或者质量等实体的特定属性,即对实体属性的量化表示,从而能够清楚地理解该实体。信息系统运维服务度量贯穿于整个运维服务生命周期,是运维服务过程中进行理解、预测、评估、控制和改善的重要步骤。运维服务质量度量建立在度量数学理论基础之上。

信息系统运维服务没有度量就不能控制。通常,运维服务度量按照级别划分可以分为3个度量级别,分别是流程度量、服务度量和技术度量。也就是说,可以分别在流程、服务和技术层面上设置控制点去度量其有效性,如表10-1所示。

表10-1 信息系统运维服务度量级别划分表

序号	度量类型	主要内容	关注重点
1	服务度量	以质量度量为中心,包括服务级别、可用性、可靠性、易用性、连续性、安全、变更、服务资产和配置等内容	管控运维服务过程质量和结果质量两方面,对运维服务的整个生命周期进行质量预测的控制
2	技术度量	以IT基础架构日常运行所需的专业的技能和资源为中心,包括专门负责IT基础架构管理的团队、部门或小组	通过管控运维服务级别、专业技能和人力资源的使用情况评估系统的信息技术架构和业务目标的正确性
3	流程度量	以生命周期和规范化的流程为中心,包括流程分析定义、资源分配、时间安排、流程质量与效率测评、流程优化等内容	流程度量在整个运维服务生命周期内具有战略意义,管控系统现状和进行未来运维能力的预测,包括流程随着内、外环境的变化需要被优化

3. 信息系统运维服务度量的目标、活动和价值

(1) 信息系统运维服务度量的目标:信息系统运维服务度量的目标是监视、测量并评审运维服务目标的完成情况,分析与运维服务计划的差距,并为运维服务改进提供数据,包括以下内容。

① 度量运维服务实施过程中不同阶段的费用。
② 制定流程度量以监控不断演进的系统。
③ 确定对运维服务质量和性能的要求,以便使这些要求是可测量的。
④ 度量可交付成果和流程的属性。
⑤ 使得供、需双方及运维服务团队成员可以同步跟踪一个特定的运维服务项目。
⑥ 应用度量来预测运维服务项目的一些重要特性。

(2) 信息系统运维服务度量的活动:
① 服务管控测量。

② 服务级别分析。
③ 服务容量分析。
④ 服务质量分析。
⑤ 项目客户满意度评测与分析。
⑥ 服务执行测量。
⑦ 事件统计分析。
⑧ 问题统计分析。
⑨ 变更与发布统计分析。

(3) 信息系统运维服务度量的价值：
① 验证服务改进决策的正确性。
② 比较服务成本、质量、有效性等方面的改进效果。
③ 证明服务改进活动的必要性。
④ 指导服务改进的方向和目标。

10.5.4 信息系统运维服务的报告

1. 信息系统运维服务报告的定义和目标

信息系统运维服务报告是运维服务提供商与客户之间沟通交流的书面工具。运维服务报告有明确的目标客户，如客户和用户、业务部门、供应商、技术人员、管理层等，由于不同客户关心的内容是不同的，所要求的服务报告周期也不同，所以应根据客户的需要制定报告。运维服务报告通常分为定期和不定期两大类，定期的运维服务报告有 4 种形式，即运维服务日志、周报、月报和年报；不定期的运维服务报告往往是由违反服务级别突发事件引起的重大故障总结报告，报告的内容既可以是对突发事件的分析，也可以是对可能发生的服务级别违规事件的预警。

信息系统运维服务报告是运维服务实施过程中供、需双方沟通联系最重要的文件之一，也是实施运维服务持续改进最重要的依据，因此对运维服务报告的编写从形式、时间、格式、内容和组织安排上都要有严格的规定，以确保运维服务报告的及时性、准确性、客观性、正确性和可阅读性，特别是要充分理解不同受众所关注的运维服务报告内容，包括具有清晰一致的运维服务报告方针和具有准确可靠的运维服务报告数据，并要重视对运维服务报告所呈现结论的后续跟踪及改进。

信息系统运维服务报告的目标是为适当的受众呈报各种运维服务度量数据和工作总结，并作为后续活动的参考依据，其类型包括运维服务总结报告、运维服务工作计划、运维服务改进计划等。

2. 信息系统运维服务报告的主要形式和内容

信息系统运维服务报告的主要形式是 4 种定期报告，实际上是运维服务团队定期编写的运维服务工作总结，以及对下一阶段实施的运维服务工作计划和运维服务改进计划。

(1) 运维服务日志：在信息系统运维服务实施过程中，每天服务团队的每位成员在工作结束后都要填写自己的运维服务日志,要求及时、准确、真实地记录每天运维服务的工作内容、系统的运行情况、发现的问题、处理情况及当日大事等。

(2) 运维服务周报:运维服务周报每周一份,是由项目经理在每周末编写的本周运维服务总结报告。其主要内容是汇总本周内服务团队所有成员的运维服务日志反映的情况,重点是本周服务级别评估分析和总结,真实反映本周服务质量的客观指标,比如服务质量分析、突发事件数量、问题解决结果和响应时间等,与此同时,提出下周的运维服务工作计划和改进计划。

(3) 运维服务月报:运维服务月报每月一份,是由项目经理在每月末编写的本月运维服务总结报告。其主要内容是在本月 4 份周报的基础上认真进行本月服务级别评估分析和总结,真实反映本月服务质量的客观指标,并在总结经验的基础上提出下月的运维服务工作计划和改进计划。

(4) 运维服务季报:运维服务季报是每个季度三个月的统计汇总报表,由项目经理在每季度末填写。主要内容是对该季度三个月内所发生的重大问题和情况进行分门别类的统计汇总。例如呼叫中心的呼叫总量,包括简单的服务请求数量和投诉数量等;系统发生的事件、事故和变更的数量,包括非正常的服务操作或服务意外中断的次数、宕机的次数、最长和最短的响应时间、修复时间和服务恢复时间;系统最长和最短的正常运行时间、事件间隔时间;安全违规和故障的数量、性质、类型和损失总量;已交付和可交付成果数量等。

(5) 运维服务年报:运维服务年报是一年的工作总结,由项目经理组织团队成员在年末或新的年初编写,既包括本年度主要运维服务工作内容、运维资金使用情况、重大安全、质量事故等问题回顾,有价值的经验,以及服务级别评估分析总结、客户满意度评估等,也要对新的一年进一步开展运维服务工作做出改进预测和业务展望,提出下一年度的运维服务工作计划和改进计划。

本章小结

流程是为达到特定的价值目标而设计的一组结构化的活动集合,活动之间不仅有严格的先后顺序限定,而且活动的内容、方式、责任等也都必须有明确的安排和界定。流程是因客户存在的,流程管理的真正目的是为客户提供更好、更快的服务,其关键在于要能够利用一条线把流程的一切基本要素合理地串联起来。信息系统运维服务管理涉及服务战略、服务设计、服务转换、服务运营、服务持续改进 5 个核心模块,这 5 个核心模块共包含 26 项流程,即服务战略制定、需求管理、服务财务管理、服务组合管理、服务目录管理、服务级别管理、可用性管理、容量管理、服务持续性管理、信息安全管理、供应商管理、转换规划与支持、变更管理、服务资产与配置管理、发布与部署管理、服务检验和测试、评估、知识管理、事件管理、故障管理、问题管理、访问管理、服务请求履行管理、服务报告、服务度量、服务改进,以及服务台、技术管理、应用管理、信息技术运营管理 4 项职能。

通过本章的学习,首先要了解信息系统硬件和软件运维服务对象和内容、主要子系统运维服务对象和内容,以及信息系统运维服务整合解决方案,然后要着重了解、熟悉和掌握信息系统运维服务设计的基本概念及其包含的 7 个流程;信息系统运维服务转换的基本概念及其包含的 7 个流程;信息系统运维服务运营的基本概念及其包含的 5 个流程和 4 个服务运营职能;信息系统运维服务持续改进的基本概念及其包含的 3 个流程和 PDCA 方法论、改进服务质量的七步法等内容。

习　题

1. 信息系统硬件和软件运维服务对象有哪些?
2. 简述硬件、系统和软件运维服务内容。
3. 简述信息系统主要子系统运维服务的对象和内容。
4. 什么是信息系统运维服务设计?简述其目标、价值和模式设计。
5. 什么是服务目录管理?列举信息系统运维服务目录管理的案例,简述其目标和分类。
6. 什么是服务级别管理?简述其目标和类型。
7. 什么是服务容量管理?简述其目标和分类。
8. 什么是服务可用性管理?简述其目标和计算公式。
9. 什么是服务持续性管理?简述其目标和实施步骤。
10. 什么是信息安全管理?简述其目标和实施步骤。
11. 什么是供应商管理?简述其目标和实施步骤。
12. 什么是信息系统运维服务转换?简述其目标、价值和实施步骤。
13. 什么是服务变更管理?简述其类型和实施步骤。
14. 什么是服务发布与部署管理?简述其目标。
15. 什么是服务知识管理?简述其目标和流程活动。
16. 什么是服务验证与测试?简述其类型。
17. 什么是服务评估?简述其目标和流程活动。
18. 什么是信息系统运维服务运营?简述其目标、价值和优化。
19. 什么是服务事件管理?简述其实施步骤。
20. 什么是服务故障管理?简述其目标、范围和实施步骤。
21. 什么是服务请求履行?简述其类型。
22. 什么是服务访问管理?简述其范围和实施步骤。
23. 什么是服务问题管理?简述其目标和分类。服务问题管理和故障管理的区别有哪些?
24. 信息系统运维服务运营职能包含哪些内容?
25. 什么是信息系统运维服务持续改进?简述其目标和实施步骤。
26. 简述信息系统运维服务持续改进的 PDCA 方法和改进服务质量的七步法。
27. 什么是信息系统运维服务度量?简述其目标、活动和价值。
28. 什么是信息系统运维服务报告?简述其目标、主要形式和内容。

参考文献

[1] 赵捷.企业信息化总体架构.北京：清华大学出版社,2001.
[2] 符长青.信息系统工程监理.北京：机械工业出版社,2005.
[3] 韦沛文,陈婉玲.企业信息化教程.北京：清华大学出版社,2006.
[4] 谢柯凌.我国人力资源管理发展趋势及对策思考.中国人力资源开发,2007(1).
[5] 章斌.基于ITIL的IT服务管理导论.北京：清华大学出版社,2007.
[6] 符长青,毛剑瑛.智能建筑工程项目管理.北京：中国建筑工业出版社,2007.
[7] (荷)博恩.基于ITIL的IT服务管理基础篇.章斌译.北京：清华大学出版社,2007.
[8] (荷)撒旦斯.IT管理的知识体系.李东,刘芳,等译.北京：清华大学出版社,2007.
[9] 北京神州泰岳软件公司.中国IT服务管理指导规范研究.北京：北京邮电大学出版社,2008.
[10] (南非)本永,(英国)约翰斯顿.服务协议管理导论.刘向辉译.北京：清华大学出版社,2008.
[11] 赵刚,罗文.IT管理体系——战略、管理和服务.北京：电子工业出版社,2009.
[12] 姚国章.应急管理信息化建设.北京：北京大学出版社,2009.
[13] 工信部软件服务业司.中国信息技术服务标准(ITSS)白皮书.北京：电子工业出版社,2010.
[14] 刘通,刘秦豫,王前.ITIL V3服务管理与认证考试详解.哈尔滨：哈尔滨工业大学出版社,2011.
[15] 贾平.供应链管理.北京：清华大学出版社,2011.
[16] 符长青,明仲.信息系统工程项目管理.北京：机械工业出版社,2011.
[17] 丛国栋.IT服务外包风险管理——理论、方法与实践.武汉：武汉大学出版社,2012.
[18] 李华北,刘颖.IT服务管理及CMMI-SVC实施.北京：电子工业出版社,2012.
[19] 程栋,刘亿舟.中国IT服务管理指南实践篇.北京：北京大学出版社,2012.
[20] 陈宏峰,刘亿舟.中国IT服务管理指南理论篇.北京：北京大学出版社,2012.
[21] 孟秀转,于秀艳,郝晓玲,等.IT治理：标准、框架与案例分析.北京：清华大学出版社,2012.
[22] 符长青,符晓勤.信息系统工程概论.北京：清华大学出版社,2013.
[23] 赵晨,干红华,蔡晓平,等.IT服务管理.北京：人民邮电出版社,2013.
[24] 符长青,符晓兰.企业信息化.大连：大连理工大学出版社,2013.
[25] 廖昕,等.ITSS实施之运维服务业务运营指南.北京：清华大学出版社,2014.
[26] 刘通,梁敏,梁亚,等.ITIL服务管理与安全资产详解.哈尔滨：哈尔滨工业大学出版社,2014.